U0165639

律令法與天下法

高明士　著

五南圖書出版股份有限公司

自序

　　春秋時代以前的法制，是用禮刑表現，也就是屬於禮、刑二分時期，所謂「禮不下庶人，刑不上大夫」（《禮記・曲禮上》）云云，即指此事；《荀子・富國》說：「由士以上，則必以禮樂節之；眾庶百姓，則必以法數制之。」還寓有此意。戰國時代，由於禮崩，貴族淪沒；另一方面，法家刑書的律令應運而生。雲夢秦簡中，除在商鞅變秦後到秦始皇年間呈現大量的秦律以外，也有「犯令」、「廢令」之語（見《法律答問》），而「秦律十八種」的律文中，也有「犯令」、「不從令」之語；這個「令」，也就是律，只是當時屬於單行法規，所以《史記・杜周傳》說：「三尺安出哉？前主所是著爲律，後主所是疏爲令。」漢代，將單行法規的詔令，按其重要程度，編成令甲、令乙、令丙等類；相當於詔敕集的，簡稱爲令。就成文法而言，令可視爲律的追加法，或謂副法，違令時與違律一樣須受處罰。因此，戰國秦漢期間，是爲律令不分時期，同時也是禮刑合一時期。到了西晉泰始律令（268），律與令成爲相對關係，同時自漢以來主張禮（德）主刑輔說，也在此時獲得初步落實，到唐朝乃作一總集成。

　　基於此故，拙稿所謂律令法，指令典成爲完整性的法典而與律典成爲相對關係的法典體系，其事始於西晉泰始律令（268），完備於隋唐律令（583～907），代表一統中國時期（268～907）的法典體系。但西晉泰始律令的成就實肇始於曹魏律令，而西晉末到隋初期間，中國又陷入南北長期分裂，此期成長有限；另外，唐朝安史亂後，唐朝實際轉衰，律令政治亦漸流爲形式化，法律形式漸由詔敕凌駕一切，宋代以後更爲明顯。但就形式上的律令政治而言，可延伸至

明初洪武年間，此後乃由律典、律例及會典取代。因此，就律令法的實施而言，較具體可談，輒爲西晉及隋唐而已，尤其盛唐時期。所以七、八世紀是中國法制成就最爲輝煌時期，在同時期的世界史是無與倫比的。也因此之故，在七、八世紀之際出現「東亞文化圈」（或曰中國文化圈），同時在法制方面也有「法文化圈」（或曰中華法系）的成立，這是在東亞文化圈發展過程中，很受矚目的一支成果。

　　立法原理方面，在漢武帝實施獨尊儒術後，諸儒不斷鼓吹建立禮（德）主刑輔、失禮入刑的法則，初步實現於西晉泰始律令（268），而確立於隋唐律令。就這個意義而言，西晉至隋唐可說是先秦以來儒學在禮律方面最具體的實踐，並非如學界一般所說已經轉衰。

　　律令法適用於中國本土，中國本土以外的「天下」（尤其東亞地區），中國另有一套政治秩序的運作原理。這個運作原理，也是自殷周以來經過長時期的摸索，在古代經典指導下，至隋唐時期分別予以具體實施。這樣的天下秩序，從法制的觀點而言，筆者暫名之爲「天下法」，有別於今日所謂的「國際法」。明清時期，中國再度穩定強盛時，又賦予實施，實是中國史上極爲特殊的歷史事實。

　　清末民初，在帝國主義侵略下，中國人信心崩潰，乃至出現反傳統運動。此時雖有一連串的改革，力圖振作，不免矯枉過正。其中拋棄傳統最爲徹底者，厥爲傳統法律與教育制度。由於教育在養成國民內在的心智，法律則約束國民外在的行爲，於是從意識型態到行爲準則皆喪失民族特性，百多年來迄今，一直無再摸索出屬於自己民族特性的制度，迷失、盲從、違反倫常，經常成爲社會亂象，這是很嚴重也是很嚴肅的歷史課題。就學界本身而言，歷來缺乏立足傳統而加以反省，尤其掌握學術資源乃至決策者，教育學界如此，法學界亦然。就傳統法史而言，不論國內所實施的律令法，或對外所實施的「天下

法」，每以負面評價，實非持平之論。最近甚至有以為「國家法成為『外來法』」的法制危機感，提出呼籲，[1]值得注意。

　　拙書各章節，部分係新作，部分則就原刊論文略作補正，時間前後達二十年，因持論重點無改變，為呈現筆者研究歷程，或有益於初學者，所以一併收錄於此。此一期間，詳我所略之新作甚夥，無法一一補正，敬請讀者諒察。拙書旨在提出己見，著重史事解析，或可藉古鑑今，進而拋磚引玉，則吾人幸甚。

---

1 參看王啟梁，〈法律移植與法律多元背景下的法制危機——當國家法成為「外來法」〉（《雲南大學學報‧法學版（昆明）》2010-3，頁130-137；此處係引用中國人民大學書報資料中心編，《法理學‧法史學》2010-10，頁17-25。該文所謂「國家法」，雖指中國大陸現行法，但臺灣現行法也是來自大陸時期所制定，甚至源自清末民初的立法，其為「外來法」性質，較於現行中國大陸國家法，只有過之而無不及。

目錄

導論
——中古律令制度發展的特質及其歷史意義

前　言

　　漢唐間的歷史，在筆者的歷史分期，是定爲「中古」時期，尤其指漢武帝以後。此期可稱爲確立儒教主義國家時期，主要是建立以禮、律爲治國大法。較爲全面性展開，是在魏晉以後，到隋唐而大備，所以漢唐間的歷史也可稱爲廣義的「中古」，而魏晉至隋唐可稱爲狹義的「中古」。[1]拙稿所稱的律令制度，兼及廣狹兩義，但以隋唐爲主；依律令制度而施政，稱爲「律令政治」，在中國史上，實以隋朝及盛唐時期最具特色，這也是拙稿側重隋唐時期的原因所在。欲知隋唐的光輝，甚至中國史的光輝，若捨去律令制度或律令政治，這個光輝將較爲暗淡。

　　總的說來，中古法制最大的成就，到唐朝時，完成政治的法制化，可說是先秦以來儒教初次在禮律方面最具體的實踐。就這個意義而言，中古儒學的發展，並非如學界一般所說已經轉衰，但也遇到若干不易克服的問題。以下分別再作說明。

1　參看高明士，《中國中古政治的探索》（臺北，五南圖書出版公司，2006一刷，2007二刷），〈導論——漢唐間爲「中古」的初步看法〉，頁1-13。

第一節　法典體系的完成

一、國內法：律令格式

　　中古法制發展過程，學界論述甚夥，此處不擬贅述。但就完成律、令、格、式的法典體系，則始於隋文帝開皇年間。此即開皇二年（582）先頒行《開皇令》三十卷，三年（583）頒行《開皇律》，大幅縮減內容，《隋書・刑法志》說：

> 除死罪八十一條，流罪一百五十四條，徒杖等千餘條，定留唯五百條。凡十二卷。……自是刑網簡要，真而不失。

律典由十二卷（篇）五百條構成，堪稱簡要，自此以下至清律，大致維持這樣的內容，所以就法文化在律典的穩定性而言，完成於隋《開皇律》，至唐律而完備，實是千餘年來法文化發展累積的成果。至於《開皇令》三十卷（篇），是對晉《泰始令》以來整理而成。此外，並有格與式。所以就法典體系而言，隋代完成律、令、格、式四大法典形式，煬帝大業年間雖有修訂，但至唐朝，基本上仍以隋開皇舊制爲據，再經唐朝的修訂而大備。

　　唐朝的律、令、格、式，自高祖、太宗、高宗，至玄宗開元年間，均作全面性的整理，其他時期包括後半期的憲宗元和年間，則有局部修正。[2]就法典內容的整備，進而影響東亞諸國，是以高宗永徽年間所修成的法典最受矚目，尤其是永徽四年（653）頒行的《律疏》（即通稱的《〔故〕唐律疏議》），影響最爲深遠。惟就整體而言，唐朝的律、令、格、式並不脫隋朝開皇規模。

2　詳細說明歷次制定法典經緯，可參看劉俊文，《唐代法制研究》（臺北，文津出版公司，1999），第一章〈唐代立法研究〉，頁1-63。

　　關於律、令、格、式的定義，《唐六典》卷六「刑部郎中員外郎」條曰：

> 凡律以正刑定罪，令以設範立制，格以禁違正邪，式以軌物
> 程事。

《新唐書・刑法志》曰：

> 唐之刑書有四，曰：律、令、格、式。令者，尊卑貴賤之等
> 數，國家之制度也；格者，百官有司之所常行之事也；式
> 者，其所常守之法也。凡邦國之政，必從事於此三者。其有
> 所違及人之為惡而入于罪戾者，一斷以律。

此即以律作爲量刑定罪，相當於今日之刑法，有十二篇（卷）；令、格、式三者原則上不附罰則，有違此三者，由律處罰；三者是規定「邦國之政」，所以相當於今日的行政法，尤其是令，即規定國家諸制度，有二十七篇（細分爲三十卷）。

　　以令作爲規定制度的法典形式，若以晉《泰始令》的頒行計起，持續至明太祖洪武元年（1368）頒行《大明令》一卷共一百四十五條爲止，令典作爲行政法，實施了一千一百年之久（268～1368），尤其隋唐令影響東亞諸國甚鉅。因此，令典在法制施行上的穩定性，可謂僅次於律典，不可忽視。令典在隋唐之後，不能夠進一步充實，反而逐漸衰退，而使律典一枝獨秀，當與中國皇帝制度的獨裁化有莫大關係，直接阻礙中國政治走向法制化的契機，殊爲可惜。

　　格是皇帝現行的行政命令，也就是「編錄當時制敕，永爲法

則，以爲故事」（《唐六典》卷六）。論法典位階，格居最優先，這是因爲皇帝擁有擅斷權的緣故，宋以後更直接以敕行事，凌駕所有法典。唐代的格有二十四篇，以中央尙書省二十四司爲篇；式即尙書省二十四司及其他部門在執行法令（格、律、令）時，各自訂定的公文施行程式，有三十三篇。

　　至於唐玄宗開元年間所編纂的《唐六典》，一般視爲行政法典，[3]此說有待商榷。因它不具有強制執行的效力，而是對開元前期之令、式與格敕，根據《周禮》六官作有系統的整理，可說屬於現行的行政制度簡編，以作爲施政者查閱參考用。這種編纂體例，非屬於成文法典，但影響日後的《會典》編纂。[4]

二、國外法（天下法）

　　相對於國內法，對國外關係有「天下法」。此處不用「國際法」，這是傳統時代的特殊性。

　　天下法的天下，是取狹義，適用於傳統中國所設定的「外臣」地區。廣義的天下，則包含中國本土以及外臣、不臣地區。

　　國內法與天下法的區別如下：

3　例如張晉藩、李鐵，《中國行政法史》（北京，中國政法大學出版社），〈前言〉，頁2。

4　參看仁井田陞，〈唐六典〉（仁井田陞，《唐令拾遺》，東京，東京大學出版會，1964年覆刻發行。初版於一九三三年由東方文化學院東京研究所發行），頁61-65。內藤乾吉，〈唐六典の行用に就いて〉（收入內藤乾吉，《中國法制史考證》，東京，有斐閣，1963），頁64-89。最新的看法，參看奧村郁三，〈唐六典〉（收入滋賀秀三編，《中國法制史——基本資料の研究》，東京，東京大學出版會，1993），頁257-260。錢大群、李玉生，〈《唐六典》性質論〉（收入錢大群，《唐律與唐代法律體系研究》，南京，南京大學出版社，1996），頁248。

1.國內法實施個別人身（兩稅法以後爲戶別家長）統治，天下法實施君長人身統治。

2.國內法所要達成的目的在於收取賦役，宣揚德化；天下法則要求蕃國朝貢，而中國對外臣，較親近者有給予冊封，疏遠的外臣則宣示德化。

國內法與天下法共同的立法原理，在於德主刑輔，失禮入刑，依此原理建立政治秩序。[5]

三、中華法系（東亞「法文化圈」）的形成

所謂法文化圈或法系，指在特定地區具有法文化的體系。在近代以前的法系，有諸種分類，五大法系說是較多用法，此即中華法系、印度法系、伊斯蘭教法系、大陸法系、英美法系。[6]中華法系是適用於東亞地區，指中國本土以及今日的日本、朝鮮、越南。因爲此地區的立法，是以中國成文法的法律體系爲藍本，所以稱爲中華法系（或中國法系），又稱爲中國法文化圈，此處簡稱爲法文化圈。

中國法律體系的發展，最基本爲律與令。這樣的律令制度發展，到唐代臻於成熟。正當此時，朝鮮半島上的新羅與隔海的日本都努力建設國家，乃大量攝取唐朝律令制度。可惜今日有關新羅法制史料的遺存極少，尚幸日本保存了大寶、養老令以及律的殘卷，尤其是

---

5 詳細論證，參看高明士，〈天下秩序與天下法〉（《法制史研究》14，2008-12），頁1-48；拙書，第七章。

6 有關「法系」學說史介紹，參看楊鴻烈，《中國法律在東亞諸國之影響》（上海，商務印書館，1937；臺北，臺灣商務印書館，1971臺一版），頁1-35。最近之介紹，參看張友漁主編，《中國法學四十年》（上海，上海人民出版社，1989年），頁112-116。

《養老令》。正巧地，唐令大多散佚，而律文差不多保存。因此，藉唐律可使日本《養老律》獲得相當程度的復原；而藉日本大寶、養老令，也可使唐《永徽令》、《開元前令》獲得相當程度的復原。這種互補工作，正是當日文化交流的結果。最近發現的寧波天一閣所藏明鈔本《天聖令》殘卷，證實這個問題，同時也提供以《開元二十五令》（《開元後令》）為主的部分（約三分之一）唐令面貌，極為珍貴。[7]

　　整體而言，七、八世紀之際的東亞，已自成一個歷史世界。這個世界是以中國文化（或曰漢字文化）的普遍性存在為其特徵；其普遍要素之一，就是律令制度的行用。其後，儘管中國有宋、元、明、清諸朝的遞嬗，朝鮮半島也有高麗王朝、朝鮮王朝的更替，日本進入武家、幕府政治時代，越南自十世紀中葉脫離中國，在建國過程中，也出現幾個王朝。凡此地區（或曰東亞世界）的政治變遷，皆不影響律令制度的攝取。例如高麗王朝的法制，是採用唐制；李氏朝鮮時代，是採用大明律，並做《大明會典》編纂《朝鮮經國典》、《經國大典》等。日本諸藩的法條，乃至明治維新後的《暫行刑律》、《新律綱領》、《改定律例》等；越南阮世祖的《嘉隆皇越律例》、憲祖的《欽定大南會典事例》等；以及琉球尚穆的《科律》、尚泰的《法條》等，均做自明法或清法。所以中華法系，或曰法文化圈，在七、八世紀之際，隨著中國文化圈的成立，已在東亞地區形成。自此以後，一直持續到近代為止。[8]

7　詳細說明，參看拙書第六章，此處從略。
8　概略說明參看島田正郎，《東洋法史》（東京，東京教學社，1962三版），第一部第二章。東亞個別事例之比較探討，詳見仁井田陞，《補訂：中國法制史研究》（東京，東京大學出版會，1980補訂版），全四冊。

附表　導論1　中日令典篇目一覽表

令名稱	晉令	梁令	北齊河清令	剛開皇令	陳令徵令	日本大寶令(推測)	日本養老令	唐開元七年令	唐開元二十五年令	宋天聖令	宋慶元令(推測)	金泰和令	元通制條格	明令
年代 A.D.	二六八	五〇三	五六四	五八一	五八二	七〇一	七一八(七五七施行)	七一九	七三七	一〇二九	一一九五	一二〇一	一三二三	一三六七
卷數	四〇	三〇	五〇	三〇	三〇	一一	一〇	三〇	三〇	三〇	三〇	一二〇	二三	六
編篇數	二〇	二七	五〇	二七	三〇	(三〇~一八)	一〇	二七	二七	三〇(一二)	五〇	三九	三七	一
出處	唐六典卷六	唐六典卷六	唐六典卷六	唐六典卷六	唐六典卷六	令集解引古記	令義解	唐六典	唐令拾遺	部領遺書志卷八	慶元條法事類	金史卷五五	通制條格刊例統載成城	大明令

9　錄自池田溫，〈唐令と日本令——《唐令拾遺補》編纂によせて〉，頁168-169（收
入池田溫編，《中國禮法と日本律令制》，東京，東方書店，1992）。又，接獲池田
先生華翰，教示附表中有三處誤植，已代為更正，特申謝忱。

　　歸納而言，七、八世紀所形成的東亞法文化圈，其共通諸要素，有如下幾項：1.晉唐律爲藍本的成文法典；2.則天應時立法設刑；3.倫理化的法典；4.民族和諧的法理化。[10]

四、立法原理：禮主刑輔、失禮入刑

　　理論上，自周代以來即施行「明德愼罰」（《尙書·康誥》）。自漢以來，儒生亦不斷鼓吹制律必須本於禮的主張，而逐漸落實。例如董仲舒對策時就提出教化論，而有所謂「任德教而不任刑」，「節民以禮，故其刑罰甚輕而禁不犯者，教化行而習俗美也。」（《漢書·董仲舒傳》）在此前提下，孔子所說的：「導之以政，齊之以刑，民免而無恥；道之以德，齊之以禮，有恥且格。」乃成爲政者的圭臬。

　　隋初制定刑律時，進而確立禮主刑輔原則。《隋書·刑法志·序》曰：

> （聖王莫不）仁恩以為情性，禮義以為綱紀，養化以為本，明刑以為助。

其具體事例，如隋文帝開皇元年（581）頒新修刑律於天下，詔曰：「以輕代重，化死爲生，條目甚多。」此即死刑除絞、斬以外，其餘殘酷刑罰均廢除（按，魏晉律死刑猶有三：梟、斬、棄市）。至

---

10 詳細說明，參看拙書第八章，此處從略。

三年（583），再敕蘇威、牛弘等寬減新律，除死罪八十一條，流罪一百五十四條，徒杖等千餘條，定留唯五百條，凡十二卷。（《隋書‧刑法志》）

唐代制律，雖有若干修改，但大致與隋律相差無幾。於是刑律五百條爲之定型，並成爲此後各朝修律之藍本。儒家的恤刑寬仁精神在隋唐律獲得具體的展現。至高宗永徽四年（653）完成《永徽律》之《律疏》三十卷，即今日吾人所見《（故）唐律疏議》者。其《名例律》之《疏》議序曰：

> 德禮為政教之本，刑罰為政教之用。

這是提示唐律及其《疏》議內容，即以禮主刑輔原則來編纂，其視漢以來禮刑合一原則，[11]實是一大突破，也是隋唐律與漢律較爲不同之處。其目的，可謂爲制律或注律諸臣欲凸顯德禮在律典中的作用，以更接近原始儒家的主張，雖然實際上仍無法擺脫君權至高無上的權威，但其用心良苦，概可想見。

自漢引禮入律以來，至西晉泰始律令（268）初次完成儒教化的法典，《晉書‧刑法志》曰：「峻禮教之防，準五服以制罪。」此一立法原理，至隋唐律令而完備。由於喪服禮制，正是顯現人倫親疏尊卑關係，由此而訂立的律令制度，就不可能出現有如今日西方所謂法律之前人人平等的立法原理；相反的，在刑法方面正是要由人倫關係顯現「同罪異罰」原則，尤其呈現在親屬相犯、親屬相盜、親屬相姦

---

11 後漢和帝時，陳寵爲廷尉，奉命整理律令，在其上奏書，具體指出禮刑相互爲表裏關係，曰：「禮之所去，刑之所取，失禮則入刑，相爲表裏者也。」（《後漢書》卷四十六〈陳寵傳〉）此即典型之禮刑合一論。

等案件，使唐律成為「喪服法律化」的最好範本。[12]

　　隋唐律，納禮入律的具體事例，在今本《唐律疏議》[13]隨處可見。唐律所見的八議、以服制論罪、子孫違犯教令、犯罪存留養親、官當，乃至十惡等，均是以儒家倫常禮說入律的典型例子。[14]無怪乎《四庫提要》謂《唐律疏議》是「一准乎於禮」。茲再舉一例，十惡第六惡曰「大不敬」，注云：「謂盜大祀神御之物、乘輿服御物，盜及偽造御寶（下略）。」《疏》議曰：

> 禮者，敬之本；敬者，禮之輿。故〈禮運〉云：「禮者君之柄，所以別嫌明微，考制度，別仁義。」責其所犯既大，皆無肅敬之心，故曰「大不敬」。（《唐律‧名例律》「十惡」條（總6條））

此即說明「大不敬」條規定，係源自《禮記‧禮運》。又第七惡曰「不孝」。注云：

> 謂告言、詛罵祖父母父母，及祖父母父母在，別籍、異財，若供養有闕。（下略）

《疏》議對「供養有闕」釋曰：

> 《禮》云：「孝子之養親也，樂其心，不違其志，以其飲食

---

12 鄭定、馬建興，〈略論唐律中的服制原則與親屬相犯〉（收入中國人民大學書報資料中心編，《法理學、法史學》2004-1），頁73；原載《法學家》2003-5，頁41-50。
13 《唐律疏議》（北京，中華書局，1983。以下所引同。）
14 武樹臣等，《中國傳統法律文化》（北京，北京大學出版社，1994），頁383。

而忠養之。」其有堪供而闕者，祖父母、父母告乃坐。

所謂《禮》云，指的就是《禮記・內則》引曾子曰。所以隋唐律是以德禮爲政教之本，當無疑問；而法制上以禮爲常經，刑爲變則的原則，至此可謂完全確立。

就納禮入令而言，《新唐書》卷五十六〈刑法志〉序云：「令者，尊卑貴賤之等數，國家之制度也。」此即除說明令的性質是規定國家的制度以外，又以令來規定禮制；《荀子・富國篇》說：「禮者，貴賤有等、長幼有差、貧富輕重皆有稱者也。」此處的禮，就是前引《新唐書・刑法志》所說的令。日本《養老・官位令》《集解》引「或云」：「令者教未然事，律者責違犯之然。」更直接將令解爲禮（參看前引《大戴禮記》）。就令的篇目而言，如前述《祠令》、《學令》、《選舉令》、《儀制令》、《喪葬令》等，本皆見於禮典。

再者，自西晉泰始律令以來，已建立違禮令入律原則。如上所述，由於許多禮儀已規定在令典中，所以違禮令入律原則，大部分指的還是違令入律原則。例如《新唐書》卷五十六〈刑法志〉說：「其有所違（按，承上文，係指違反令、格、式），及人之爲惡而入于罪戾者，一斷以律。」即此原則的運用。再如《唐律・雜律》「違令式」條（總449條）規定：

> 諸違令者，笞五十（注曰：謂令有禁制而律無罪名者）；別
> 式，減一等。

這是以律對違令的一般處罰。又如《唐律・職制律》「律令式不便輒奏改行」條（總149條）規定：

諸稱律、令、式，不便於事者，皆須申尚書省議定奏聞。若
不申議，輒奏改行者，徒二年。即詣闕上表者，不坐。

《疏》議曰：

（前略）若先違令、式，而後奏改者，亦徒二年。所違重
者，自從重斷。

這是嚴格規定不可任意改動令、式規定，刑罰較重，其與違令處罰
者不同。又如《唐律·名例律》「稱期親祖父母」條（總52條）規
定：「嫡孫承祖，與父母同。」《疏》議曰：

依禮及令，無嫡子，立嫡孫，即是「嫡孫承祖」。若聞此祖
喪，匿不舉哀，流二千里。故云「與父母同」。

此處所謂「禮」，當指《儀禮注疏》卷三十〈喪服〉「齊衰不杖期」
條云：「適孫。」鄭玄注曰：「周之道，適子死，則立適孫，是適
孫將上爲祖後者也。」此即「嫡孫承祖」之由來。所謂「令」，當
指《封爵令》，《唐令拾遺·封爵令》二乙「開元七年」、「開元
二十五年」規定：

諸王公侯伯子男，皆子孫承嫡者傳襲。若無嫡子及有罪疾，
立嫡孫（下略）。[15]

---

15 仁井田陞著，《唐令拾遺》（東京，東京大學出版會，1964），頁305。

　　以上都是在說明到唐朝制定律令時，將納禮入律令、違禮令入律原則予以具體化，而顯得更爲完備。

第二節　律令制度發展的特質

　　中古法制化的發展過程中，歸納而言，出現以下三個基本特質，此即：律令法典的儒教化、政治法制化，以及「令」成爲制度法典。

一、律令法典的儒教化

　　所謂律令法典的儒教化，指立法原則依據儒家禮教學說，以建立國家社會的親疏、尊卑、貴賤等級的秩序。此處不採學界常用的「儒家化」而曰「儒教化」一詞，是著重於儒家學說的教化作用，尤其是禮教。筆者及學界常用「儒家化」，今再思考，以爲欠妥。蓋「儒家化」偏重儒家其人其說，可有各種不同主張，欲求儒家學說的普世性或共相，唯有禮教作說明，正本清源，則以「儒教化」較爲妥當。何況「儒教」一詞，漢以來已見常用，例如《史記》卷一二四〈游俠列傳・魯朱家〉曰：「魯人皆以儒教」。（《漢書》卷九十二〈游俠傳・朱家〉亦同）又如蔡邕〈太尉楊秉碑〉曰：「公承夙緒，世篤儒教。」（清・嚴可均校輯《全上古三代秦漢三國六朝文・全後漢文》卷七十五）由此可知自漢以來所使用「儒教」一詞，並無宗教意義，但因魏晉南北朝時期，由於佛、道二教盛行，朝野乃將儒教與佛、道並稱爲「三教」。北周至隋唐，進而在國學，甚至在御前、皇帝誕日，聚集三教名流大德進行講論。唐玄宗開元末，由三教論難演變成三教歸一，進行調和。羅香林指出：儒家爲中國學術主流，本非宗教，然以其特重禮制，且自魏晉以來常與佛教道教發生衝突，故以三

教稱之，堪謂允當。[16]例如陶弘景〈茅山長沙館碑〉曰：

> 夫萬象森羅，不離兩儀所育。百法紛湊，無越三教之境。
> （《全上古三代秦漢三國六朝文・全梁文》卷四十七）

又如《周書》卷五〈武帝紀〉建德二年（573）十二月癸巳曰：

> 集群臣及沙門、道士等，帝升高座，辨釋三教先後，以儒教
> 為先，道教為次，佛教為後。

同書卷三十一〈韋夐傳〉曰：

> 武帝又以佛、道、儒三教不同，詔夐辨其優劣。夐以三教雖
> 殊，同歸於善，其跡似有深淺，其致理殆無等級。乃著三教
> 序奏之。帝覽而稱善。

足見南北朝以後，並稱儒、釋、道爲「三教」之風已普遍化，直至明
清亦然。清末民初，甚至將儒教視爲國教，導致「五四」反傳統，實
際反儒教，其視先秦乃至漢代的儒教原始意義，則爲枉然與誤解。至
今吾人將儒教視爲宗教大有人在，這樣的誤解，似仍未完全冰釋。拙
稿於此主張宜回歸儒教原本面貌，而使用「儒教」一詞。

　　律令法典的儒教化，其具體表現，爲納禮入律、令，進而建立天

---

16 參看羅香林，〈唐代三教講論考〉（收入羅香林，《唐代文化史》，臺北：商務印
　書館，1974四版），頁159。又，饒宗頤，〈三教論及其海外移殖〉（收入饒宗頤，
　《選堂集林》，下冊，頁1238-1240，臺北，明文書局，1982；原刊香港，中華書
　局，1982），亦可參看。

下秩序。就全面性且系統化制定儒教化的法典而言,初步完成於西晉泰始律、令,到隋唐律、令而達於完備。西晉泰始律、令,所以被稱爲儒教化的法典之始,主要是因爲從事立法諸臣大多爲儒家,而立法原理則由禮刑合一改爲禮主刑輔。

　　所謂納禮入律、令,即以禮之三義(禮之儀、禮之制、禮之義)作爲律、令基本立法原理,尤其禮之制與禮之義。[17]《儀禮》及當代之儀注,屬於禮之儀,除若干基本規定外,一般之儀注規定較爲繁瑣,而且分量龐大,屬於細則成分較多,所以隋及唐朝前期諸現行禮典,除《貞觀禮》與貞觀律、令同時於貞觀十一年(637)正月頒行外,通常都是律、令法典頒行後隨即完成儀注禮典。這個事實,說明禮之三義中,以禮之制、禮之義與律、令關係最爲密切。由於禮之三義,有頗多被規定在令典中,所以違禮,也常成爲違令;違禮、令,就是由律來懲罰。這樣的立法原理,自戰國出現成文法以來,其演變過程是漫長的,茲再略作說明於下。

　　戰國晚期,諸學派已經逐漸合流,尤其法家的儒家化與儒家的法家化。雲夢秦簡、郭店楚簡已融入儒家思想。漢以後,諸儒亦多法家化,乃至陰陽家化。漢初的法律是在秦法基礎上修訂,例如蕭何所制定的九章律,是就秦六律(盜律、賊律、囚律、捕律、雜律、具律)增補三律(戶律、興律、廄律)而成。惟在立法原理上,董仲舒於漢武帝對策時,曾提出遵循儒教原理,「任德教而不任刑」(《漢書·董仲舒傳》),因而主張立法著重德禮,「前德而後刑」、「大德而小刑」(《春秋繁露》卷十一〈陽尊陰卑〉),也就是「刑者,德之輔」的「德主刑輔」學說。(《春秋繁露》卷十一〈天辨在人〉)後

---

17 參看拙作,〈中華法系基本立法原理試析〉(收入《中華法系》第一卷(北京,法律
　出版社,2010-12),「禮之三義」一節,頁18-23。

來甚至有「春秋決獄」事例，以救濟法律之不足。到後漢，應劭集經義折獄事例而成專書，稱爲《春秋斷獄》。（《後漢書・應劭傳》）利用經義斷獄之事，到六朝還可看到。[18]這種以德禮爲主、刑罰爲輔，乃至引禮經治獄，實對孔孟學說的具體落實，也成爲此後傳統法文化立法的張本。

只是在漢武帝一朝及其後的西漢諸帝，要具體實施「德（禮）主刑輔」的立法原理，也就是達到眞正的獨尊儒術，依然可疑，能夠實施賈誼的禮刑合一論也就不容易了。所以宣帝說當時的施政是「霸、王道雜之」，也就是雜以「刑、禮」。但論其實際，漢代立法原理所落實者，可謂「禮刑合一」。所謂「禮刑合一」，仍以賈誼說爲代表，其上疏給文帝，論政事說：「凡人之智，能見已然，不能見將然。夫禮者，禁於將然之前；而法者，禁於已然之後。」（《漢書・賈誼傳》、《大戴禮記・禮察篇》）賈生將人的行爲，分作「將然」與「已然」兩階段，也就是今日刑法所謂從預備到實行，由禮、法（此處即是刑）分別加以制約，兩者不能偏廢。禮爲德教禮義的簡稱，法則爲法令刑罰的簡稱，秦因不用德教禮義而專法令、任刑罰，以致速亡。所以賈誼提出禮、法規範行爲的將然、已然說，可視爲「禮刑合一」論。後漢和帝時，陳寵爲廷尉，奉命整理律、令，在其上奏書，具體指出禮刑相互關係，曰：

> 禮之所去，刑之所取，失禮則入刑，相爲表裏者也。今律令死刑六百一十，……宜令三公、廷尉平定律令，……悉刪除其餘令，與禮相應。（《後漢書・陳寵傳》）

---

18 關於春秋折獄，黃源盛有詳論，可參看黃源盛，《漢唐法制與儒家傳統》（臺北，元照出版公司，2009），上編〈經義折獄與儒家法學〉所收總共四章的論述。

此即以禮刑相爲表裏，失禮則入刑作爲立法原理。這是禮刑合一論的具體應用，所以整理律、令的原則是「與禮相應」。陳寵後來以他故得罪，結果新整理的律、令不獲施行，甚爲可惜。但是陳寵爲理官（廷尉）時，議決疑獄，仍然「每附經典，務從寬恕，帝輒從之，濟活者甚眾。」（同前引《後漢書·陳寵傳》），足見陳寵是以禮正刑，也就是活用禮刑合一原理，「務從寬恕」，正是儒家基本精神的實踐。

漢朝在獨尊儒術之下，終漢末，不只未能完成一部儒家禮典，即連法典也只就某些條文進行增補而已。這種現象，元帝時已有「律令煩多而不約，自典文者不能分明」之歎。（《漢書·刑法志》）《晉書·刑法志》說：「漢興以來，三百二年，憲令稍增，科條無限。」到漢末曹魏（明帝）之際，律有六十篇，令有三百餘篇，「凡斷罪所當由用者，合二萬六千二百七十二條，七百七十三萬二千二百餘言，言數益繁，覽者益難」，可謂治絲益棼。

從具體立法來考察法典的儒教化，漢律已啓其端，禮刑合一論漸成常軌。蓋漢律已有唐律「十惡」之「不道」、「大不敬」、「不孝」條目。[19]《周禮·春官》「冢人」條，鄭玄注「以爵等爲丘封之度與樹數」一句，引《漢律》曰：「列侯墳高四丈，關內侯以下至庶人各有差。」此處的《漢律》，當指《葬律》。二〇〇六年十一月雲夢縣睡虎地七十七號漢墓發掘，墓葬時代在文帝末年至景帝時期，出土竹簡中包含數支《葬律》簡文，內容除記載用棺槨數目、棺槨尺寸大小、墓園牆垣規模尺寸、祭品規格外，亦有「墳土 方 六十三丈，

---

19 參看戴炎輝，〈唐律十惡之溯源〉（收入財團法人戴炎輝文教基金會發行《傳統中華社會的民刑法制——戴炎輝博士論文集》，1998；原載中國法制史學出版《中國法制史論文集》，1981），頁441-494。

高三丈」、「墳大於□」等簡文。[20]若以墳高三丈計，約6.9公尺，較唐宋一品墳高規定爲一丈八尺（《天聖·喪葬令》宋24條、復原唐令29條），約5.31公尺爲高；其邊長六十三丈，約爲144.9公尺，亦較唐宋一品墳邊長規定爲九十步，[21]約爲132.75公尺爲長。漢之《葬律》的內容，既然規定列侯以下至庶人，足見其規定除根據官爵高低而外，亦含親疏的服紀。違律者有罰。[22]至於漢代的《葬律》與唐宋的《喪葬令》關係爲何？有賴全文公告始得知曉。

　　但在法制方面較多呈現儒教原理，當數曹魏的《魏科》及《魏律》。杜佑《通典》記載：「漢、魏故事：無五等諸侯之制，公卿朝士服喪，親疏各如其親。」（卷九十三〈禮典·凶禮·三公諸侯大夫降服議〉）說明漢、魏均有規定服紀條文。《通典》同卷又記載西晉摯虞曰：「昔魏武帝建安中，已曾表上，漢朝依古爲制，事與古異，

---

20 參看曹旅寧，〈睡虎地七十七號漢墓出土的漢《葬律》簡〉（簡帛網，2009.11.17http://www.bsm.org.cn/show_article.php?id=1174），頁1-2，尤其頁1；睡虎地七十七號漢墓《葬律》內容蠡測曹旅寧，〈睡虎地七十七號漢墓《葬律》內容蠡測〉（簡帛網，2009.11.27http://www.bsm.org.cn/show_article.php?id=1181），頁1-2；湖北省文物考古研究所雲夢縣博物館〈湖北雲夢睡虎地M77發掘簡報〉（《江漢考古》2008-4/總109期），頁31-37。（以上三文，係由中正大學歷史研究所博士生李昭毅君所給，特此申謝。）

21 參看天一閣博物館、中國社會科學院歷史研究所天聖令整理課題組校證，《天一閣藏明鈔本天聖令校證·附唐令復原研究》（北京，中華書局，2006），校錄本《喪葬令》宋二十四條，頁356；吳麗娛，〈唐喪葬令復原研究〉，復原唐二十九條，頁629。

22 程樹德，《九朝律考》（北京，中華書局，1963一版，1988二刷；上海，商務印書館，1927初版），頁64有舉「坐葬過律」及「坐冢過制」受罰的實例。另外，藤川正數從《儀禮》、《禮記》所載喪葬制探討兩漢的大臣的「奪服」制，參看藤川正數，《漢代における禮學の研究》（東京，風間書房，1968），第六章大臣奪服の制について〉。李如森，《漢代喪葬禮俗》（瀋陽，瀋陽出版社，2003），探討漢代葬禮外，也舉漢代王侯墳丘數例，都超過漢律規定。（頁207-208）詳細探討漢代喪禮入法，可參看李莎，〈論漢代喪禮中的以禮入法現象〉（《東岳論叢》28-4，2008.7），頁115-118。

不皆施行。施行者著在魏科，大晉採以著令。宜定新禮皆如舊。」[23]
這段話說明漢、魏之際，公卿朝士喪服無按古禮五等爵制定服紀，
而改依親疏原則實施某種程度的服紀規定，[24]曹操爲丞相時（在建安
十三年（208）六月以後），曾上表言其事；而在曹魏則規定於《魏
科》，也見於西晉《泰始令》（268）。但西晉建國後所制定的《新
禮》（265？），卻依古禮制定王公五等諸侯之服紀，摯虞因而主張
採《魏科》及西晉《泰始令》（詳後）之制，修訂《新禮》。詔可
（291），只是西晉《新禮》並無付諸實施。

　　至於魏律的制定，曹魏明帝時，詔改刑制，命陳群、劉邵等
數人，「刪約舊科，傍采漢律，定爲魏法，制新律十八篇，州郡令
四十五篇，尚書官令、軍中令合百八十餘篇」，太和三年（229）頒
行。足見魏律的制定，是採取精簡原則，刪減了「舊科」，也就是前
面所提到的「魏科」，再參照漢律，而完成魏律十八篇。就漢之正律
九篇而言，雖增一倍，但對於「旁章、科、令」條文則爲簡省。（以
上見《晉書・刑法志》）這是漢至魏律，由繁而簡、由嚴而寬的進步
表現。而魏律有規定「雜抵罪七」、「大逆無道，要斬，家屬從坐，
不及祖父母、孫」、「除異子之科，使父子無異財也。毆兄姊加至五
歲刑，以明教化也」等。（《晉書・刑法志》）這些規定包含所謂
「八議」、親親，以及隋唐律之《戶婚律》禁止「子孫別籍異財」
等，則又較漢律更具儒教化。

　　西晉《泰始律》（268年公布）有二十篇（卷），是以「峻禮教
之防，準五服以制罪也。」（《晉書・刑法志》）作爲立法原理。明
法掾張裴注律，上表亦曰：「禮樂崇於上，故降其刑；刑法閑於下，

---

23 《晉書・禮志》對「不皆施行」一句，記載爲「皆不施行」，此處採《通典》說。
24 參看丁凌華，《中國喪服制度史》（上海，上海人民出版社，2000），頁200-203。

故全其法。是故尊卑敘，仁義明，九族親，王道平也。」說明當時的立法，已經全面性考量以禮教爲上、爲主，施政在行王道，尤其在親屬株連與親屬相犯方面。但眞正完成法典儒教化的目標，應數唐高宗永徽四年（653）頒行《永徽律》的《律疏》，也就是今日所見的《〔故〕唐律疏議》（十二篇、卷）。就以「準五服以制罪」的原則而言，整部唐律502條，涉及家族主義法有154條，占全律條文的31%；其中服敘法有81條，占全律條文的16%，這也是儒教在國家社會實踐的說明。[25]所以〈名例律〉之《疏》議序曰：「德禮爲政教之本，刑罰爲政教之用。」此處明確指出立法原理是基於禮本刑用，實際也就是禮（德）主刑輔原理，使儒家的恤刑寬仁精神，在隋唐律獲得具體的展現。

魏法中的魏令，有「州郡令四十五篇，尚書官令、軍中令合百八十餘篇」，已初步將令篇由具有刑法性質之律的副法，改變爲制度法。到西晉《泰始令》制定，才全面完成作爲制度法典。從制定法歷史的演進而言，自漢魏到西晉完成泰始律、令，實是重要里程碑。它的意義，在於西晉泰始律、令繼承曹魏律、令，而全面將律典與令典定位爲對等關係，同時納禮入律、令。戰國秦漢的令文不過是律文的副法或追加法，但此時的令典成爲規定制度的法典，具有王化、教

---

25 關於晉唐間，「準五服以制罪」入律之探討，詳細參看前引丁凌華，《中國喪服制度史》，第三章第二節〈魏晉南北朝時期「准五服制罪」原則的初步確立〉、第三節〈《唐律疏議》中「准五服制罪」原則的發展〉，頁200-225；馬建興，《喪服制度與傳統法律文化》（北京，知識產權出版社，2005），第五章〈「準五服以制罪」原則的確立〉、第六章〈服制原則在《唐律》中的體現〉，頁204-265。但丁氏以爲「『准五服制罪』原則始于東漢建安年間曹操制定的《魏科》，時間上較《晉律》早了六十年。」（前引丁凌華，《中國喪服制度史》，頁200。）而馬氏不贊同丁氏說，以爲《魏科》或許與「準五服以制罪」原則之定罪量刑有一定聯繫，但也僅是一項內容而已，是個別的，其與「準五服以制罪」原則仍有巨大的距離。筆者於此贊同馬氏說，這是從「全面性考量以禮教爲上、爲主」的立法原理，來檢討「準五服以制罪」原則，所獲得的結論。

化意義。到唐朝制定律、令時，如前所述，已將納禮入律、令，違禮、令入律原則予以具體化，可說是儒學在法制上的具體實踐。

　　至於法典的儒教化，如何運用於天下秩序的問題。其基本原則，律令制度只行用於中國本土，中國以外的地區，如同《尙書·禹貢》曰：「三百里蠻。」孔安國傳曰：「以文德蠻來之，不制以法。」鄭玄注曰：「蠻者，聽從其俗，羈縻其人耳。」簡單說，蠻夷地區不適用中國律令制度，但以羈縻方式行之。惟中土行用的失禮入刑原則，也同樣適用於外邦。所謂「大刑用甲兵」（《國語·魯語上》），尤其是天子親征，在天下秩序觀念下，用兵即是用刑，也就是兵刑合一，此事不能純粹用現代軍事觀念來解釋。外邦人（唐律稱化外人）在中國本土犯法時，同類相犯，依本俗法斷之；異類相犯，依唐律為斷。前者為屬人主義，依《唐律疏議》《名例律》「化外人相犯」條（總48條）《疏》議的解釋，是因為蕃夷之國，已各有君長，各有風俗，制法也不同，所以中國尊重其俗。關於後者為屬地主義，指中國本土的人民同受國法（唐律）規範。明、清律改採屬地主義，而規定：「凡化外來降人犯罪者，並依律擬斷。」（明、清律《名例律》「化外人有犯」條），越南的《皇越律例》亦同。這是明朝建立以後，有意強化國家管轄的地域觀念和司法主權觀念。惟由明、清兩朝實際執行看來，原則上仍依唐律規定辦理。也就是說，以唐律為代表的涉外規定，基本上尊重各民族的「風俗、制法」。其後，沿襲此項規定者，包括《日本律》、《宋刑統》、《遼律》、《金律》、《高麗律》、《安南黎律》等。

二、政治運作的法制化

所謂政治運作的法制化，就是今日常說的依法行政。易言之，政治的運作須依據法律，雖然法律的頒行經由君主認可。惟法律一旦公布，即具有約束力、強制力，理論上君臣均須守法，在中古時期可稱作「律令政治」。以中古時期所見的史實而言，至少可分由君權的法制化與依據律、令、格、式施政兩方面作說明。

（一）君權的法制化

所謂君權的法制化，指君權的由來及其保障，由法律明文加以訂定。論其法制化過程，可追溯至秦漢律，到隋唐律而大備。此即隋唐律對秦漢以來刻意要深入人心的皇權來源理論，亦即天命與祖靈，予以具體法制化。例如隋《開皇律》（唐律亦同）在周齊律影響下，首列十惡，有五惡之懲處規定（一曰謀反、二曰謀大逆、三曰謀叛、六曰大不敬、九曰不義），目的是在保護皇權及其相關事項；此外五至六惡（四曰惡逆、五曰不道、七曰不孝、八曰不睦、九曰不義、十曰內亂）的場合（其中「不義」含公私倫理，故列兩處），則在規範社會倫理秩序。這是因為隋朝一建國，即以統一大業作為施政的主要目標，所以反映在刑律上，是以保障及強化君權為至高與最後。

再者，《唐律・名例律》「十惡」條（總6條）一曰：「謀反」（注曰：「謂謀危社稷」）。《疏》議曰：

> 案公羊傳云：「君親無將，將而必誅。」謂將有逆心，而害
> 於君父者，則必誅之。左傳云：「天反時為災，人反德為
> 亂。」然王者居宸極之至尊，奉上天之寶命，同二儀之覆

載，作兆庶之父母。為子為臣，惟忠惟孝。乃敢包藏凶慝，將起逆心，規反天常，悖逆人理，故曰「謀反」。

所謂宸極，《晉書》卷十七〈律歷志中〉云：「聖人擬宸極，以運璿機。」也就是北極星天帝所居的地方。此處的聖人，比喻為古代的王者，與《律疏》的王者，其實同義。所謂二儀，指天地，《周易‧繫辭》云：「易有太極，是生兩儀。」這一段的意思，說明王者居於天帝至尊地位，承奉天命，如同天覆地載施恩德於萬物，作為萬民的父母。所以作臣子者，應該盡忠盡孝。又，律《疏》對注曰：「謂謀危社稷」議曰：「不敢指斥尊號，故託云：『社稷』。」唐律律文因「不敢指斥尊號」，所以無直稱皇帝，而託曰社稷、人君、王者、聖人等。相近於這條規定，又見於《唐律‧賊盜律》「諸謀反及大逆者」條（總248條）曰：

　　人君者，與天地合德，與日月齊明，上祗寶命，下臨率土。

這些規定，具體指出王者是秉承天命而治天下，其權力來源，為出自天命。足見先秦及秦漢以來的王權天命論，以及家長父長制（「君父」）的皇權論，到唐朝而法制化。這是自古以來，有關王權論的重大結論。此後千年間的天命王權，不但有理論，而且有法制依據，使王權更加鞏固，甚至獨裁。

另外，上舉十惡條其二曰：「謀大逆」。注云：「謂謀毀宗廟、山陵及宮闕。」宗廟、山陵及宮闕本都是皇家建築物，為何侵犯這些建築物成為十惡的「謀大逆」？《律疏》解釋「謀大逆」云：「此條之人，干紀犯順，違道悖德，逆莫大焉，故曰：『大逆』。」這是指冒犯法紀、天常，背悖道德，悖逆罪以此最大，所以叫「大

逆」。冒犯宗廟、山陵及宮闕，視同冒犯天理、人倫、法紀，顯然將
宗廟等作爲「皇帝權威象徵」。[26]所謂宗廟，《律疏》曰：「宗者，
尊也。廟者，貌也。刻木爲主，敬象尊容，置之宮室，以時祭享，故
曰宗廟。」所謂山陵，《律疏》曰：「山陵者，古先帝因山而葬，黃
帝葬橋山即其事也。或云帝王之葬，如山如陵，故曰山陵。」所謂宮
闕，《律疏》曰：「宮者，天有紫微宮，人君則之，所居之處，故曰
宮。」所謂闕，《律疏》曰：「爾雅釋宮云：『觀，謂之闕。』郭璞
云：『宮門之闕也。』」唐代的宗廟，起初立四廟，後來增至七廟，
乃至於十一廟。其建制，包括始封君、受命君等不遷之廟以及諸親廟
等。[27]山陵是本王朝諸帝王陵。所以宗廟與山陵兩者，皆指本王朝諸
皇帝及其先祖，此等「祖靈」，均屬於現世皇帝承繼權力的由來；而
宮闕則是現世皇帝執行權力所在地。整個說來，宗廟、山陵及宮闕都
是象徵皇權的有形建築物，所以規定爲神聖不可侵犯。這是皇權源自
祖靈說的法制化證明。

　　依此看來，所謂皇權，除皇帝本人所執行的權力而外，同時還
包括象徵皇權的有形建築物所代表的權力意義。創業君主的權力，著
重於天命源頭，其繼任的皇帝則著重於繼承祖靈要素。天命與祖靈合
而爲一，然後展現皇權的地方，就是宮闕。於是侵犯皇帝以及象徵皇
權之有形標的物，成爲罪大惡極，乃規定於十惡之前三惡，一曰謀

26 參看滋賀秀三說，見於律令研究會編，《譯註日本律令》（東京，東京堂，1979），
　　卷五，頁35的〈注記〉。
27 有關唐代宗廟問題，參看章群，〈宗廟與家廟〉（收入章群《唐代祠祭論稿》，
　　頁1-36，臺北，學海出版社，1996；原刊中國唐代學會《會刊》4，頁1-25，
　　1993.11）；高明士，〈皇帝制度下的廟制系統──以秦漢至隋唐作爲考察中心〉
　　（《國立臺灣大學‧文史哲學報》40，1993.6），頁75；高明士，〈禮律意義下的宗
　　廟──以中國中古爲主〉（收入高明士編，《東亞傳統家禮、教育與國法：家族、家
　　禮與教育》(一)，頁23-86，臺北，國立臺灣大學出版中心，2005）。

反（注：謂謀危社稷），二曰謀大逆（注：謂謀毀宗廟、山陵及宮闕），三曰謀叛（注：謂謀背國從僞）。據此可知《律疏》又將皇帝及其象徵皇權之有形標的物，廣義解爲社稷、國家，明清律皆同。[28]

令典方面，從晉令、梁令篇目到隋唐令篇目順序的變動，由重民轉而重政，可窺知其立法傾向在於強化中央集權的意圖。（詳見後述）但從另一角度來觀察時，皇權的強化則被法律所規範，這就是君權法制化的象徵。

（二）依據律令格式施政：「罪刑法定主義」？

唐朝自高祖武德七年（624）至玄宗開元二十五年（737），多次全面性制定律、令、格、式成文法典，成爲施政準繩。理論上，君臣都要守法，施政提以律、令、格、式爲準繩，稱之爲「律令政治」。如何具體施行？《唐律・斷獄律》「斷罪不具引律令格式」條（總484條）規定：「諸斷罪皆須具引律、令、格、式。」即在司法審判時，明確規定要依據律、令、格、式條文。睿宗文明元年（684）四月十四日，下敕要官人熟悉律、令、格、式條文。（《唐會要》卷三十九「定格令」條）中宗復位後，御史中丞姚廷筠於景龍二年（708）十二月奏稱：

> 律、令、格、式，懸之象魏，奉而行之，事無不理。比見諸司僚寀，不能遵守章程，事無大小，皆悉奏聞。……自今以後，若緣軍國大事，及牒式無文者，任奏取進止。自餘據章

---

28 有關君權的法制化，參看高明士，〈論唐律中的皇權〉（收入《慶祝韓國磐先生八十華誕紀念論文集：中國古代社會研究》，廈門，廈門大學出版社，1998），頁27-41。

程合行者，各令準法處分。其故生疑滯，致有稽失者，望令
準御史隨事糾彈。

上從之。（《唐會要》卷六十一「御史臺中・彈劾」條）此處除重申
施政須依據律、令、格、式外，並要求凡事勿隨意奏聞。即使到晚唐
時期，仍有重申文明元年四月敕規定之舉。[29]

實例方面，太宗貞觀七年（633），貝州鄃縣令裴仁軌，私役門
夫，唐太宗要斬仁軌，殿中侍御史李乾佑奏曰：

法令者，陛下制之於上，率土尊之於下，與天下共之，非陛
下獨有也。仁軌犯輕罪而致極刑，是乖畫一之理。刑罰不
中，則人無所措手足。臣忝憲司，不敢奉制。

太宗意解，仁軌竟免。乾佑尋遷侍御史。（《舊唐書》卷八十七〈李
乾佑傳〉、《唐會要》卷四十「臣下守法」條）殿中侍御史屬於御
史臺察官，從七品上，位階不高，職責之一在於察「獄訟冤濫」，
乾佑不奉制書（當屬於七種王言之一的「發日敕」，為處罰流以上
罪用），[30]是就其職責提出異議。蓋依《唐律・職制律》「役使所監
臨」條（總143條），曰：

諸監臨之官，私役使所監臨，及借奴婢、牛馬拖騾驢、車
船、碾磑、邸店之類，各計庸、賃，以受所監臨財物論。即
役使非供己者，（注曰：非供己，謂流外官及雜任應供官

---

29 參看拙書第五章第一節、第六章第二節之一。
30 以上參看《唐六典》卷九「中書省」條、卷十三「御史臺」條。

事者。）計庸坐贓論，罪止杖一百。其應供己驅使而收庸直
者，罪亦如之。（注曰：供己求輸庸直者，不坐。）

縣令裴仁軌私役門夫，依律爲「計庸坐贓論，罪止杖一百。」此即處
罰最重時只能杖一百，太宗在盛怒下竟執意要處斬，實是用法過重。
此時之裁決，是依據君意抑或法令？結果「太宗意解，仁軌竟免。」
太宗非但免除縣令裴仁軌死刑（按律仍應杖一百），而且擢升殿中侍
御史李乾佑爲侍御史（從六品下）。其實乾佑力爭此案時，曾表明法
令者爲君臣共守，並非天子一人獨制，正是伸張律令政治的基本精神
所在。只是就本案的裁決而言，形式上雖由皇帝定奪，仍有聖君政治
凌駕律令政治的假象，其實是太宗放棄自己的決斷，而採納李乾佑之
議，並爲乾佑升官，實質上在於履行律令政治，「貞觀之治」所以成
爲後世歌頌效法的緣由在此。

再如《新唐書》卷一一九〈賈曾傳附賈至〉曰：

（肅宗）至德中，將軍王去榮殺富平令杜徽，肅宗新得陝，
且惜去榮材，詔貸死，以流人使自効。至諫曰：「聖人誅
亂，必先示法令，崇禮義。……律令者，太宗之律令，陛下
不可以一士小材，廢祖宗大法。」帝詔群臣議，太子太師韋
見素、文部郎中崔器等皆以為：「法者，天地大典，王者不
敢專也。帝王不擅殺，而小人得擅殺者，是權過人主。開元
以前，無敢專殺，尊朝廷也；今有之，是弱國家也。太宗定
天下，陛下復鴻業，則去榮非至德罪人，乃貞觀罪人也。其
罪祖宗所不赦，陛下可易之耶？」詔可。

至德中，指二載（七五七）十月收復陝郡。[31]此時將軍王去榮殺害富
平縣令杜徽，肅宗以為剛收復陝郡，為惜去榮將材而免死斷流，但賈
至（即賈曾子）諫阻，以為「陛下不可以一士小材，廢祖宗大法。」
所謂祖宗大法，即「律令者，太宗之律令。」韋見素、崔器等亦以為
去榮是小人擅殺，權過人主，不可赦。肅宗終於接納賈至等之議。此
時安史之亂未平，群臣猶守律令大法，而曰：「法者，天地大典，王
者不敢專也。」君臣守法，正是實施律令政治最佳詮釋。

　　但唐律又將皇權規定為最高與最後，而成為實施律令政治的致命
傷。[32]因此，政治之良窳，端賴於君明臣賢與否而定。於是律令政治
之有效實施常與厲行君主專制出現二律背反，這就是律令政治與君主
專制的弔詭所在。

　　若從《唐律》斷罪的程序規定看來，實有接近於今日法學上所
謂的「罪刑法定主義」。[33]前引《斷獄律》（總484條）規定：「斷
罪，皆須具引律、令、格、式正文。違者，笞三十。」即以律、令、
格、式條文為審判依據。若違令、格、式規定，則據律處罰。[34]

　　唐律究竟有無所謂「罪刑法定主義」之特質問題，學界說法紛
紜。[35]沈家本以為古代是實施律無正條不得為罪的制度，也就是罪刑

---

31 收復陝郡，在至德二載（七五七）十月，史籍皆同；惟日期則不一，《新唐書・肅宗
　本紀》曰：「戊申」（初四）；《舊唐書・肅宗本紀》曰：「癸丑」（初九）；《資
　治通鑑・唐紀》曰：「己未」（十五日），一時難斷，暫予存疑。
32 參看前引高明士，〈論唐律中的皇權〉，頁27-41。
33 關於唐律之罪刑法定主義特質，參看戴炎輝，《唐律通論》（臺北，國立編譯館，
　1964初版，1977四版，第二章第一節〈罪刑法定主義〉。戴炎輝，〈中國古代法上之
　罪刑法定主義〉（收入前引財團法人戴炎輝文教基金會發行，《傳統中華社會的民刑
　法制──戴炎輝博士論文集》，頁285-303，1998；原載《社會科學論叢》，第十五
　輯，頁59-70，1965）。
34 唐律關於違令、格（敕）、式等處罰，詳細參看前引戴炎輝，《唐律通論》，頁10。
35 從法制史看「罪刑法定」的發展，可參看黃源盛，〈傳統中國「罪刑法定」的歷史發
　展〉（《東海法學研究》11，1996-12）。

法定。漢以後才有比附律令之法。至唐律，仍然實施依律斷罪，無條者勿論。此時雖有比附之事，但限制甚嚴。沈氏雖無明確使用「罪刑法定主義」一詞，但對於唐律性質，看來是傾向於罪刑法定。[36]王世杰以為所謂「無律文則無刑罪」的原則，是中國歷來所無的觀念。此即認為傳統上根本無罪刑法定主義之存在。[37]但楊鴻烈舉《唐律・斷獄律》「斷罪不具引律、令、格、式」條（總484條）、《唐律・職制律》「違令式不便輒奏改行」條（總149條）的規定，就可知道有唐一代是怎樣勵行罪刑法定主義了。[38]戴炎輝的看法，以為就近代罪刑法定主義的定義而言，在舊律上是未曾存在的。但以唐律而言，並非從正面規定罪刑法定主義，而是從側面令官司斷罪時須引正文。也就是說，唐律原則上是承認它的存在而已，但因律條至為個別且具體，所以另有彈性的處理規定。[39]陳顧遠認為唐律有罪刑法定主義的傾向，但不能確定它的存在。[40]陳樸生以為唐律是「間接承認罪刑法

---

36 參看沈家本，《歷代刑法考》（北京，中華書局，1985）〈明律目箋一・斷罪無正條〉。

37 轉引自楊鴻烈，《中國法律發達史》（臺北，商務印書館，1988臺二版，1930初版），頁4-5。

38 參看楊鴻烈，《中國法律思想史》（臺北，商務印書館，1970臺二版。上海，商務印書館，1936初版），下冊，頁100。

39 參看戴炎輝，《中國法制史》（臺北，三民書局，1966初版，1995十版），頁24。

40 參看陳顧遠，〈從中國文化本位上論中國法制及其形成發展並予以重新評價〉（收入陳顧遠，《中國文化與中國法系》，臺北，三民書局，1969初版，1977三版），頁96-9。陳氏此說亦是反駁日本仁井田陞以為晉及後魏律內已有關於罪刑法定主義之條的說法。按，仁井田陞說，以為中國古來已有罪刑法定主義的制度無誤，但他以為這種法定主義，並非基於嚴格意義或在個人主義、自由主義的學說下以保障個人自由而產生的結果。相對的，因在君主、官員的擅斷下而受到制約。於是法定主義與擅斷主義成為對立抗爭存在。參看仁井田陞，《補訂・中國法制史：刑法》（東京大學出版會，1980。1959初版）第五章〈唐律に於ける通則的規定との來源〉（此文原載《東方學報（東京）》11-2，1940-7）、第六章〈宋以後における刑法上の基本問題〉。日本學界對於唐律乃至於傳統刑律，有無罪刑法定主義的特質問題，素來持謹慎的贊否，不能單純地問其有無，而必須從歷史條件去思考東西方歷史的差異性。各說（包括小野清一郎、仁井田陞、瀧川政次郎、奧村郁三等人）的詳細檢討，參看岡野誠，

定主義之原則」，因為法官裁量權過大。[41]最近黃源盛對罪刑法定主義的發展史及其理論，作了簡要的說明，同時指出「中國的舊刑律，即使有時表現出『罪刑法定』傾向的一面，也不過是基於法家的霸道意識與儒家王道精神融合的法律文化結晶……並不是近世個人主義、自由主義下的產物，更不是想貫徹嚴格意義的罪刑法定。」[42]

　　總之，罪刑法定主義是西方近代的觀念。[43]以西方近代的觀念去衡量中國傳統有無存在，頗感困難乃理所當然。[44]上述諸說，大致是持有條件的肯定，其中以戴炎輝說最具說服力。日本仁井田陞甚至指出三世紀的晉朝在劉頌建議之下，原則上採用罪刑法定主義，此事早於西歐一千年以上，值得注意。[45]但一九五〇年以來的大陸學界，對此問題似較少討論。楊廷福在〈唐律內容評述〉，指出唐律是有「罪刑法定主義的傾向」，這是因為唐律一方面規定對於犯罪行必須據律條量刑定罪，一方面又給予司法官較靈活引用和解釋律文之權，使法律能夠解決問題。[46]這個說法，其實是與戴炎輝說類似。

〈中國古代法の基本的性格——いわゆる「罪刑法定主義」をめぐって〉（唐代史研究會編，《中國律令制とその展——周邊諸國への影響を含めて——》，1979-3）。
41 參看陳樸生，〈罪刑法定主義之演進及其運用〉（《東吳法律學報》1-2，1977-5），頁98。
42 參看黃源盛，〈唐律中的不應得為罪〉（收入黃源盛《漢唐法制與儒家傳統》，元照出版公司，2009。此文原題「唐律不應得為罪的當代思考」，臺北，《法制史研究》，第五期，2004.6），頁246。
43 關於現代觀念中的罪刑法定主義解說，參看前引陳樸生，〈罪刑法定主義之演進及其運用〉。
44 董聲即認為不能用西方近兩百年的法治成就來看唐律，其實唐律在當時是可傲視世界的。就罪刑法定主義的觀念或思想而言，唐律已有了。參看董聲，〈我國古代有無罪刑法定主義？——兼論唐律的地位與價值〉（《中華雜誌》3-7，1965-7），頁27-28。
45 參看前引仁井田陞，《補訂‧中國法制史：刑法》，頁174。
46 參看楊廷福，〈唐律內容評述〉（收入楊廷福，《唐律初探》，天津人民出版社，1992），頁126-129。

三、「令」成為制度法典

　　西晉泰始律令（268）另一重要的里程碑，在於將律典與令典定位為相對關係，隋唐時期（七、八世紀）臻於完備，實是當時世界最先進的法制成就。直至明初，作為規定制度性質的令，約發達了一千一百年，在法制史上，其存在的意義，是值得注目的。[47]這個成就，當與儒者掌握較多行政、立法發言權有關，如何進一步評價，必須慎重思考，尤其最近發現宋仁宗《天聖令》殘卷，影響今後有關唐宋法制研究甚鉅，不得等閒視之。

　　自戰國秦漢以來，令文不過是律文的副法或追加法，此時成為規定國家社會制度的法典，而且具有王化、教化意義。《晉書・刑法志》說：「故不入律，悉以為令。施行制度，以此設教，違令有罪則入律。」這個立法原則，就「令」而言，主要有三項：1.令是規定施行制度；2.令具有教化意義；3.違令有罪則入律。所以自晉《泰始令》開始，明確宣示令典就是規定諸制度的法典；杜預在《晉律》序說：「律以正罪名，令以存事制，二者相須為用。」（《北堂書鈔》卷四十五〈律令〉）是對上述三項作更簡要的說明。到唐朝，如《唐六典》卷六「刑部郎中員外郎」條曰：「令以設範立制。」這是直接就規定制度的功能作定義。《新唐書・刑法志》曰：「令者，尊卑貴賤之等數，國家之制度也。」所謂「尊卑貴賤之等數」，就是禮之義，納禮入法之義；而「國家之制度」，正是以令典作為規定制度的最佳說明。《唐六典》與《新唐書・刑法志》也同時規定違令入律原

---

47 參看前引池田溫，〈中國律令と官人機構〉（收入《仁井田陞博士追悼論文集第一卷：前近代アジアの法と社會》，勁草書房，1967），頁151。明初，雖有《大明令》一卷，但存在意義不大。

則。所以基本上前述晉令的三項立法原則均爲唐令繼承。學界一般是
將唐令定位爲行政法典，這是以現代法學觀點作籠統說明，粗略而
言，是可以接受，但爲明確顯示晉唐令典性質，仍以當時的用語來表
示較爲貼切，所以稱爲「制度」法典。**48**

　　西晉《泰始令》有四十篇，其編目順序，根據《唐六典》卷六
可知以戶、學、貢士諸令居前，梁令繼承晉令，也是如此。這樣的設
計，著重於儒家的政治主張，此即施政以民生、教育、用賢爲首要；
《戶令》是規定關於百姓戶口問題，《禮記·大傳》曰：「聖人南面
而治天下，必自人道始矣。」即寓有此意。《學令》是規定教育問
題，《禮記·學記》曰：「玉不琢，不成器，人不學，不知道。是
故，古之王者，建國君民，教學爲先。」這是眾所熟知的一段古訓。
孟子更嚴厲指出：「不教民而用之，謂之殃民。殃民者，不容於堯
舜之世。」**49**至於舉才薦士，可以用仲弓爲季氏宰，向孔子問政，孔
子回答說：「先有司，赦小過，舉賢才。」**50**凡此都是先秦儒家的理
論，負責修撰晉泰始律令是杜預以下諸儒，當知此理，所以諸儒制定
令典時，首重「禮教」。

　　但是這樣的令典篇目順序，到隋文帝制定《開皇令》被改變，
成爲以官品、職員諸令在前，戶、學、選舉諸令在後，即以吏治先於
戶口養士。易言之，晉令是以民先於政，隋令則以政先於民。隋唐之
際，雖仍以律與令並立，但令目順序的改變，透露爲政目標已有轉變

---

48 李玉生在〈再論唐代律令格式的性質問題——「律令格式皆刑法」說質疑〉（收入
　韓延龍主編、中國法律史學會編，《法律史論集》第五卷，北京，法律出版社，
　2003.9）一文，指出唐令是以行政法律規範爲主，同時包含民事法律規範、訴訟法規
　範、軍事法規範等多種部門法規範的綜合法典，反對令、格、式皆爲刑法說。（頁
　22）此說與筆者說法相近，惟筆者仍以當時用語爲據作說明。
49 《孟子·告子下》。
50 《論語·子路》。

的訊息。此即晉政以儒家禮教為優先，蓋晉室司馬氏亦為世家大族，其政權不免與士族妥協。楊隋政權樹立後，顯然以集權中央為優先考量，此與楊家世掌兵符以及新政權亟欲建立中央集權，以利統一大業，有莫大關聯。隋朝令典篇目對西晉令典的更易，在法制史上似乎已經為令制的後退，埋下先機。唐朝繼承隋制，在前期雖力撐隋朝的律令制，安史大亂卻使西晉以來所建立的律令立法原理，大為動搖，每況愈下，到明初乃告休止。從政治的法制化的過程而言，此一變化令人惋惜，蓋法制化的契機從此喪失。但若理解隋唐以及宋代以後皇權的發展，即可理解令制的後退是無法挽回。最近發現的《天聖令》殘卷，透過唐宋令的比較，可見其端倪。例如前述唐朝律令對五品以上高官（屬於「貴」）犯死刑，是賜自盡，猶有刑不上大夫之意；但宋《天聖令》刪除。此外，在《天聖令》中常見到「聽旨」、「奏聞」、「申奏」，但在唐令通常是規定依職責處理。

　　宋神宗以後，令兼作約束禁止，於是令與敕混雜而多未能分，此為令之一變。其後，令典漸不受重視，至元代無定令。到明初，只見頒行《大明令》一卷而已，《明史・藝文志》無著錄，到明代已不重視令典乃極為明顯。到清代，終於不再編定令典。元、明、清時代的令典雖不發達，但有以「會典」形式規定了諸制度。例如元文宗時有《經世大典》，共十篇，關於君事者四，關於臣事者六，實際上可說是以令入典。到明孝宗以後，凡三修《會典》。清代自康熙以後，凡五修《會典》，主要以六部為目編列，內容多達二百數十卷。這種《會典》性質，類似於晉以來的令典，但實質上與令典有別，尤其違令入律的立法原理，不適用於《會典》。令典分篇分卷有系統規定國家社會諸制度，具有強制性、權威性，而《會典》只是法規類編而已，並不具法典性質。所以論其實際，《會典》與其說係受令典影響，不如說受《唐六典》的影響。蓋《唐六典》係諸令、式的簡編，

以方便官府吏員檢索政府組織規定。《唐六典》或明清《會典》的性
質，相當於今日爲官須知或手冊，並非爲行政法典。

基於此故，宋、清間的法制發展，實際上是凸顯了「敕」與
《會典》的作用，正反映行政法制化的後退，亦即以社會力制衡皇權
（政治力）的後退，相對促使皇權的獨裁化。

至於格、式，除元代較重條格，可作律之用以外，其餘各朝，
已無唐代的用法。宋代雖有「敕、令、格、式」的用法，但因敕有獨
立地位，而非如唐作爲格之所出，所以宋世之格與敕分開，格之地位
已不如唐，更不再有如唐代每朝修格之舉；其式亦不若唐代的法典地
位，只存體制而已。明清時代，另有事例、條例或則例等編撰，卷數
龐大，究其內容，亦相近於格、式。

第三節　法制發展的歷史意義：聖君政治凌駕律令政治

　　先秦是以聖爲王，秦漢以後則以王爲聖。唐朝計數歷任皇帝，常曰幾聖，例如唐玄宗開元十三年（725）十一月封禪泰山，其〈紀太山銘〉曰：「重基五聖。」此處的五聖即指高祖、太宗、高宗、中宗、睿宗。即連安史之亂時，在其統治下的臣民，也稱安祿山、史思明爲「二聖」。[51] 所以秦漢以後皇帝體制下的政治，也可稱爲「聖君政治」。所謂「聖君政治」，指國家施政係以皇帝意旨爲依歸；但律令政治是要實現君臣守法、依法行政，於是聖君政治與律令政治常成爲二律背反的弔詭現象。

　　由於唐律賦予皇帝有「權斷制敕」之權，所以皇權在法制上屬於最高、最後。因爲皇權獨斷，以格破律，於是造成聖君政治凌駕律令政治的矛盾現象。《唐律・名例律》「除名」條（總18條）《疏》議曰：「非常之斷，人主專之。」《唐律・斷獄律》「諸制敕斷罪」條（總486條）《疏》議曰：「事有時宜，故人主權斷制敕，量情處分。」凡此皆說明君主不須據律斷刑。[52]

　　君主權斷的法源，遠承原始法家思想，《商君書，修權篇》云：

　　　　國之所以治者三：一曰法，二曰信，三曰權。法者君臣之所
　　　　共操也，信者君臣之所共立也，權者君之所獨制也。……權

---

51 《新唐書》卷一二七〈張嘉貞傳附弘靖傳〉曰：「俗謂祿山、思明為『二聖』」。又，關於此事的說明，參看陳寅恪，《唐代政治史述論稿》（臺北，里仁書局，1981）上篇〈統治階級之氏族及其升降〉，頁34-35。
52 有關「權斷制敕，量情處分」之說明，參看前引戴炎輝，《唐律通論》，頁10。

制斷於君則威。

法家對於君主權斷，著重在立威。但上述《律疏》在486條的解說，較直接的法源，當來自西晉三公尚書（六曹尚書之一）劉頌之議，其曰：

> 法欲必奉，故令主者守文；理有窮塞，故使大臣釋滯；事有時宜，故人主權斷。

依此看來，《律疏》所規定的君主權斷，是有其前提，或在「非常」情況之下，或屬於「事有時宜」。也就是針對特殊情況或實際需要的問題，予以特別處理，並非將君主權斷適用於一般案件，或單純表現君主權威而已。所以從法的觀點而言，《律疏》所規定的君主權斷與《斷獄律》規定：「諸斷罪皆須具引律、令、格、式。」（總484條）也就是守法原則，在實施「德化」的專制政治時，[53]可以相輔相成。從好的方面看，可以救濟法律的不足；從壞的方面說，由於直接破律而助長皇帝的獨裁化。

唐律規定下的君權，可以定位為最高、最後的權力，但不是絕對的。[54]皇帝擁有何種最高、最後的權力？一般而言，即掌握立法權、

---

53 君主政體之專制主義與德治主義可以成為一致。也就是說，理論上最為有德的君主同時也可以是最具專制的君主。參看拙譯西嶋定生，〈中國古代帝國形成史論〉（收入劉俊文主編，《日本學者研究中國史論著選譯》，北京，中華書局，1993。原載西嶋定生，《中國古代國家と東アジア世界》，東京，東京大學出版會，1983），頁59-62。

54 君權非為絕對，參看拙著，《中國傳統政治與教育》（臺北，文津出版社，2003），頁45-47〈約束皇權諸要素〉。

行政權、司法權以及軍事權等，是名副其實的專制君主。[55]關於皇權當中的行政權、軍事權，容易理解，此處擬再說明的是立法權中的以格破律及司法權中的上請決斷。

一、以格破律

　　關於立法權中的以格破律。所謂格，《唐六典》卷六〈刑部郎中員外郎〉條注云：「（格）蓋編錄當時制敕，永爲法則，以爲故事。」《新唐書·刑法志》曰：「格者，有司之所常行之事也。」所以格是將現行「制敕」，經過整理編輯而完成的法典，並非只作制敕的翻版而已。其與所謂「格後敕」也不相同，格後敕僅將制敕或敕節文分類編集，並無進行加工改寫。[56]格在形式上可分爲兩種，一種是編入格典的正格，一種是零散的雜格。雜格又可分爲兩種，一種是選格、賞格等臨時頒布的單行格，此種格一般都有固定的時限和固定的施用範圍；一種是隨時發布而標明爲「永格」、「常式」的制敕，稱爲敕格，此種格一般累積到一定數量時就會編入格典。[57]《斷獄律》「輒引制敕斷罪」條（總486條）規定曰：

　　　　諸制敕斷罪，臨時處分，不爲永格者，不得引爲後比。若輒

---

55 參看王立民，《唐律新探》（北京，北京大學出版社，2007），第十一章〈唐律與專制統治〉，頁167-181。
56 關於格與制敕、格後敕等的差別，詳細的討論，參看劉俊文，〈論唐格——敦煌寫本唐格殘卷研究〉（收入中國敦煌吐魯番學會，《敦煌吐魯番研究論文集》，上海，漢語大詞典出版社，1991），頁542。又見劉俊文，《唐代法制研究》（臺北，文津出版社，1999），第二章第三節〈唐格初探〉，頁139。
57 參看前引劉俊文，〈論唐格——敦煌寫本唐格殘卷研究〉，頁548。

　　引，致罪有出入者，以故失論。

　　此條規定法司不得援引皇帝臨時處斷時所頒行的制敕來治罪，因爲它不是「永格」。所以格典雖是由皇帝的制敕加以編錄，但它是選取具有長遠性效力者。其目的，有以爲並不是要破壞律、令、式等國家大法的穩定性，反而是要在保持穩定的前提下，增強其靈活性。有唐一代，格的編纂和施用遠多於律、令、式，其原因即在於此。[58]這個說法，是有其道理，但除此而外，無可否認的，其目的正是要強化皇權。以格破律，就是皇權（此處特指行政權）侵犯司法權。唐以後，皇權走向獨化，格的優先性提供法制的基礎。其具體事例，可舉敦煌殘卷的「神龍散頒刑部格」（P.3078、S.4673）作代表。此殘卷首完尾殘，共存五紙一百二十行，格文所見，其規定一般說來均較律文嚴格，也有律文所無者，或者對律文作補充者。[59]

　　施行律令制度時，格可破律，《唐律·名例律》「彼此俱罪之贓」條（總32條）有關「私鑄錢事發」《疏》議曰：

---

58 參看前引劉俊文，〈論唐格──敦煌寫本唐格殘卷研究〉，頁556。
59 詳細的檢討，參看劉俊文，《敦煌吐魯番唐代法制文書考釋》（北京，中華書局，1989），頁246-269。王立民《唐律新探》，（北京，北京大學出版社，2007），頁189-190，亦略有討論。又《神龍散頒刑部格》有一條規定「私鑄錢人」（第四十~四十五行），是源自高宗永淳元（六八二）年五月敕文（文見於《通典》卷九〈食貨·錢幣下〉）參看前引劉俊文，《敦煌吐魯番唐代法制文書考釋》，頁262注12），而《宋刑統》卷二十六「私鑄錢」條「准刑部格，敕私鑄錢」云云之規定，與永淳敕文幾乎皆同。足見永淳敕文被收進開元新格，而爲《宋刑統》引用。論刑罰，《神龍散頒刑部格》較《宋刑統》引《刑部格》（也就是永淳敕文）嚴屬。令人疑惑的是編錄《開元新格》時，爲何捨最近的《神龍散頒刑部格》，而取較遠的永淳敕文？合理的解釋，可能是要顯現開元治世，乃捨嚴取輕。滋賀氏以爲《開元新格》刪減《神龍格》，而變爲輕刑。（參看律令研究會編，《譯註日本律令》（東京，東京堂，1979）卷五，頁186《名例律》三十二條注5）此說恐誤，蓋開元新格係捨《神龍格》而採用永淳敕文之故，但《神龍格》當依據永淳敕文修改而成的，則無疑義。

其鑄錢見有別格，從格斷。餘條有別格見行破律者，並準此。

此處說明「以格破律」的原則，不但適用於此條，而且適用於其他條文。《宋刑統》卷二十六「私鑄錢」條曰：「准刑部格，敕私鑄錢及造意人及句合頭首者，並處絞，仍先決杖一百。（下略）。」所謂「刑部格」，當指開元二十五年（737）的「開元新格」。正是以「別格」破律爲斷的例子。[60]又《唐律‧斷獄律》「諸赦前斷罪不當者」條（總488條）《疏》議引《獄官令》曰：

犯罪未斷決，逢格改者，格重，聽依犯時；格輕，聽從輕法。（總31條《疏》議引《獄官令》略同）

這是「以格破令」，同時也規範「律」的規定。[61]格在這種場合，顯然是屬於特別法，而律、令則屬於普通法。因爲強調皇權的優越性，乃賦予格的優先性，正是此一時期的特色。

---

60 參看前引律令研究會編，《譯註日本律令》卷五，頁186《名例律》三十二條注5（滋賀秀三注釋）、仁井田陞，《增補‧中國法制史研究——法と慣習‧法と道德》（東京，東京大學出版會，1980補訂版，1964初版），頁290-298。

61 前引天一閣博物館、中國社會科學院歷史研究所天聖令整理課題組校證，《天一閣藏明鈔本天聖令校證‧附唐令復原研究》，校錄本《獄官令》宋二十八條曰：「諸犯罪未發及已發未斷決，逢格改者，若格重，聽依犯時；輕者，聽從輕法。」（頁332）雷聞參照《唐六典》卷六「刑部郎中員外郎」條、《養老‧獄令》「犯罪未發」條等，將此條文無修改而復原爲唐《獄官令》三十四條，（同前，頁623）應可接受。由此看來，《唐律‧斷獄律》「諸赦前斷罪不當者」條（總四百八十八條）《疏》議引《獄官令》是省略「未發及已發」五字；總三十一條《疏》議引《獄官令》更爲簡略。所以《唐律疏議》引用令文未必爲原文，透過《天聖令》更可了解，這是過去無法肯定者。

二、上請決斷

關於司法權中的上請決斷。唐律有關上請奏裁之規定，指對於特定觸犯死刑行為，須由皇帝作最後決斷定罪，有以下兩種情形：[62]

（一）特別身分犯

下列身分，因為較為特殊，雖犯凡人之死刑罪，須經上請後才確定。此即：八議者（議親、議故、議賢、議能、議功、議貴、議勤、議賓）（《唐律‧名例律》「八議者」條，總8條）、皇太子妃大功以上親、應議期以上親及孫、或官爵五品以上者（指文武職事四品以下、散官三品以下、勳官及爵二品以下，五品以上）（《名例律》「皇太子妃」條，總9條）、凡人之祖父母父母老疾應侍而家無期親成丁者（《名例律》「犯死罪應侍家無期親成丁」條，總26條）、流人聽侍者（同前引《名例律》）、八十以上、十歲以下及篤疾犯反、逆、殺人應死者（《名例律》「老子及疾有犯」條，總30條）、七十九以下犯反逆、殺人應死八十事發或廢疾時犯罪篤疾時事發或十歲殺人十一歲事發（《名例律》「犯時未老疾」條，總31條）等。

（二）特別犯罪行為

下列犯罪行為，雖侵犯皇權，但因非出於故意，或為保護皇帝而犯法，情猶可原，乃上請而由皇帝裁決罪責。此即：因「迷誤」而持

---

62 簡單的說明，可參照前引戴炎輝，《唐律通論》，頁10；前引王立民，《唐律新探》，頁73-76，170。

仗闌入上閣及通往三內諸門，或者雖無持仗但因「迷誤」而至御在所者（本來各應處斬）（《唐律・衛禁律》「闌入宮殿門及上閣」條，總59條）、諸在宮殿內營作完工「不覺」眾人已出或者「迷誤」方向而錯向別門並非故意不出者（《衛禁律》「宮殿作罷不出」條，總65條）、論國家法式言議是非而涉及乘輿者（《職制律》「指斥乘輿及對捍制使」條，總122條）、告以謀反、謀大逆、謀叛之事不周詳同時非爲故意誣告者（《鬥訟律》「誣告謀反大逆」條，總341條）、捉獲匿名投書告人謀反、謀大逆而驗狀屬實者（《鬥訟律》「投匿名書告人罪」條，總351條）、以矯行制敕收捕謀反、逆、叛有功者（《詐偽律》「詐爲制書及增減」條，總367條）等。

結　語

　　漢武帝以後，建立儒教主義國家，從政策上初步落實先秦儒學的
理想。兩漢之際，儒者不斷建言實施禮治，施政上也有局部建樹，但
較全面性在禮、律大法予以實踐，恐要等到魏晉以後，至隋唐時期乃
集其大成。所以中古時期可視爲儒學在禮、律大法的實踐時期，並非
如一般所謂儒學已轉衰微。

　　中古時期，法制方面（禮制方面，另文說明）具體實踐儒學的
成就，在於律令法典的儒教化、政治運作的法制化，及以「令」作爲
制度法典，就法制的演變而言，有其進步意義。惟在隋唐時期所完成
的律令制度，隱藏有不易克服的兩大內在問題，一爲聖君政治凌駕律
令政治，一爲隋唐繼承北朝法制系統的內在包袱，貞觀、開元由於仁
君德治，所以將這些內在問題降至最低點，而有盛世的開創；安史之
亂卻引爆這些問題，終於使律令政治爲之變形。關於前者，已論述於
前；關於後者，容於第五章說明。

附表　導論2　文獻所見漢至唐律令法典編纂簡表

西元	年代	法典名稱	卷數、總條數	編纂者（含主編及參纂者）	典據	備註
202-195 B.C.	漢高祖年間	律	律九章	蕭何	《晉書·刑法志》30/922、《唐律疏義·名例一》疏議／2	未載明公布時間
		律	律二十七章	叔孫通	《晉書·刑法志》30/922	未載明公布時間
180-157 B.C.	漢文帝年間	令	令三十章	鼂錯	《史記·袁盎鼂錯列傳》101/2747	未載明公布時間
140-86 B.C	漢武帝年間	律	律六十章（律九章、叔孫通傍章十八篇、《越宮律》二十七篇、《朝律》六篇）	張湯、趙禹等	《漢書·刑法志》23/1101、《晉書·刑法志》30/922-923	未載明公布時間

西元	年代	法典名稱	卷數、總條數	編纂者（含主編及參纂者）	典據	備註
227-240	魏明帝年間	律	《新律》十八篇	陳群、劉劭、韓遜、庾嶷、黃休、荀詵	《三國志·魏志》21/618、《晉書·刑法志》30/923-926、《唐六典·尚書刑部》6/181	未載明公布時間
		令	《州郡令》四十五篇，《尚書官令》、《軍中令》百八十餘篇			
268	晉武帝泰始四年	律	《泰始新律》二十篇	賈充、杜預、鄭沖、荀勗、荀顗、羊祜、王業、杜友守、裴楷、周權、郭頎、成公綏、柳軌、榮邵	《晉書·賈充傳》40/1167、《唐六典·尚書刑部》6/181、184	
		令	《晉令》四十篇			
431	後魏太武帝神䴥四年	律	《神䴥律》	崔浩	《北史·魏本紀》2/47、《魏書·刑罰志》111/2874-2875	
		令	《神䴥令》	崔浩、游雅等	《唐六典·尚書刑部》6/184	
491	南齊武帝永明九年	律	《永明律》二十卷	竟陵王子良、宋躬、王植	《南齊書·孔稚珪列傳》29/835-836、《唐六典·尚書刑部》6/181	未施行
492	後魏孝文帝太和十六年	律	《太和律》	不傳	《魏書·刑罰志》111/2877	
		令	《太和令》			
503	梁武帝天監二年	律	《梁律》三十卷	蔡法度、王亮、王瑩、沈約、范雲、柳惲、傅昭、孔藹、樂藹、許懋	《隋書·刑法志》25/698、《唐六典·尚書刑部》6/181-182	
		令	《梁令》三十卷		《唐六典·尚書刑部》6/184	
		科	《梁科》三十卷	蔡法度	《隋書·刑法志》25/700《唐六典·尚書刑部》6/185	
541	東魏靜帝興和三年	格	《麟趾格》四卷	文襄王等	《魏書·孝靜紀》12/305	後魏以格代科。
544	西魏文帝大統十年	式	《大統式》五卷	蘇綽	《周書·文帝紀》2/21、27-28	

西元	年代	法典名稱	卷數、總條數	編纂者（含主編及參纂者）	典據	備註
558	陳武帝永定元年	律	《陳律》三十卷	范泉、沈欽、徐陵、元饒、賀朗	《隋書·刑法志》25/702-703、《唐六典·尚書刑部》6/182	
		令	《陳令》三十卷			
		科	《陳科》三十卷			
564	北齊武成帝河清三年	律	《齊律》十二篇十二卷	趙郡王叡等	《隋書·刑法志》25/705-706	
		令	《新令》四十卷二十八篇、《權令》二卷		《隋書·刑法志》25/705、《唐六典·尚書刑部》6/184	《唐六典》作「撰令五十篇」。
564	北周武帝保定三年	律	《大律》二十五卷二十五篇	趙肅、搞拔迪	《隋書·刑法志》25/707-709	
583	隋文帝開皇三年	律	《開皇律》十二卷	高熲、鄭譯、楊素、常明、韓濬、李諤、柳雄亮、裴政、蘇威、牛弘	《隋書·刑法志》25/710-712、《隋書·裴政列傳》163/2638	
		令	《開皇令》		《唐六典·尚書刑部》6/184-185	
607	隋煬帝大業三年	律	《大業律》	不傳	《隋書·刑法志》25/716-717、《唐六典·尚書刑部》6/183	
		令	《大業令》三十卷		《隋書·經籍志》33/973	《新唐書·藝文志》作十八卷
624	唐高祖武德七年	律	《武德律》十二卷	裴寂、殷開山、郎楚之、沈叔安、蕭瑀、李綱、崔善為、丁孝烏、房軸、李桐客、徐上機	《新唐書·經籍志》58/1494、《新唐書·刑法志》56/1407-1408、《唐六典·尚書刑部》6/183、《唐會要》39定格式	
		令	《武德令》三十一卷			
		格	？			
		式	《武德式》十四卷			
637	貞觀十一年	律	《貞觀律》五百條	長孫無忌、房玄齡、裴弘獻	《舊唐書·刑法志》50/2135-2138、《新唐書·藝文志》58/1493、《唐六典·尚書刑部》6/183	減開皇律大辟入流者九十三條；通典刑三刑制下及兩唐書刑法志「三」並作「二」。

西元	年代	法典名稱	卷數、總條數	編纂者（含主編及參纂者）	典據	備註
		令	《貞觀令》三十卷		《舊唐書・刑法志》50/2138、《新唐書・藝文志》58/1493	
		格	《貞觀格》七百條、《貞觀留司格》		《舊唐書・刑法志》50/2138	
		式	《貞觀式》		《新唐書・刑法志》56/1410	
651	永徽二年	律	《永徽律》十二卷	長孫無忌、李勣、于志寧、張行成、高季輔、宇文節、柳奭、寶玄、令狐德棻、高敬言、劉燕客、趙文恪、李友益、張行實、元紹、王文端、賈敏行	《舊唐書・刑法志》50/2141、《新唐書・藝文志》58/1495、《唐會要》39定格令	《永徽式》十四卷，《唐會要》39定格令作四十卷。
		令	《永徽令》三十卷			
		格	《永徽格》（《留司格》十八卷、《散頒格》七卷）			
		式	《永徽式》十四卷			
653	永徽四年	律疏	《永徽律疏義》三十卷	長孫無忌、李勣、于志寧、唐臨、段寶玄、劉燕客、賈敏行	《舊唐書・刑法志》50/2141、《新唐書・藝文志》58/1495	
662	唐高宗龍朔二年	格	《永徽格中本》	源直心、李敬玄、李文禮	《新唐書・藝文志》58/1495、《舊唐書・刑法志》50/2141	
677	唐高宗儀鳳二年	格	《永徽留本司格後本》十一卷	劉仁軌、戴至德、張文瓘、李敬玄、郝處俊、來恆、高智周、李義琰、裴行儉、馬載、蕭德昭、裴炎、李義琛、張楚金	《新唐書・藝文志》58/1495、《唐會要》39定格令	

西元	年代	法典名稱	卷數、總條數	編纂者（含主編及參纂者）	典據	備註
685	垂拱元年	格	《垂拱格》二卷	裴居道、岑長倩、韋方質、袁智弘、王守慎	《舊唐書·刑法志》50/2143、《新唐書·藝文志》58/1496	
		式	《垂拱式》二十卷			
705	唐中宗神龍元年	格	《神龍散頒格》七卷	韋安石、祝欽明、蘇　　、狄光嗣	《舊唐書·刑法志》50/2149、《新唐書·藝文志》58/1496	
		式	《神龍式》二十卷			
712	唐睿宗太極元年	格	《太極格》十卷	岑義、陸象先、徐堅、唐紹、邵知與、陳義海、張處斌、張名播、羅思貞、閻義顥	《舊唐書·刑法志》50/2149-2150、《新唐書·藝文志》58/1496、《唐會要》39定格令	
715	開元三年	令	《開元令》	盧懷慎、李乂、蘇頲、呂延祚、魏奉古、高智靜、侯郢瑅、閻義顥	《舊唐書·刑法志》50/2150、《新唐書·藝文志》58/1496	
		格	《開元前格》			
719	開元七年	律	《開元律》	宋璟、蘇頲、盧從愿、慕容珣、楊滔、劉令植、高智靜、侯郢瑅	《舊唐書·刑法志》50/2150、《唐六典·尚書刑部》6/183-184	刪定律令格式，律令式仍舊名，格曰開元後格。
		令	《開元令》三十卷			
		格	《開元後格》十卷			
		式	《開元式》二十卷			
731	開元十九年	格	《開元格後長行》六卷	裴光庭、蕭嵩	《舊唐書·刑法志》50/2150、《唐會要》39定格令	
737	開元二十五年	律	《開元律》十二卷	李林甫、牛仙客、王敬從、崔見、陳承信、俞元杞	《舊唐書·刑法志》50/2150、《唐會要》39定格令	
		令	《開元令》三十卷			
		格	《開元新格》二十五卷			
		式	《開元式》二十卷			

西元	年代	法典名稱	卷數、總條數	編纂者（含主編及參纂者）	典據	備註
			《格式律令事類》四十卷			
810	唐憲宗元和五年	格	《元和刪定開元格後勑》三十卷	許孟容、韋貫之、蔣乂、柳登	《新唐書·藝文志》58/1497、《唐會要》39定格令	
818	唐憲宗元和十三年	格	《元和格後勑》三十卷	鄭餘慶、崔郾、陳諷、庾敬休、王長文、元從質、林寶用	《舊唐書·刑法志》50/2154-2155、《新唐書·藝文志》58/1497、《唐會要》39定格令	
833	唐文宗大和七年	格	《太和格後勑》五十卷	謝登、刑部	《新唐書·藝文志》58/1497、《舊唐書·刑法志》50/2155-2156	
839	唐文宗開成四年	格	《開成詳定格》十卷	狄兼謩	《舊唐書·刑法志》50/2156、《新唐書·刑法志》56/1414	
851	唐宣宗大中五年	格	《大中刑法總要格後勑》六十卷	劉琢	《舊唐書·刑法志》50/2156	
853	大中七年五月	刑統	《大中刑律統類》十二卷	張戣	《唐會要》39〈定格令〉、《新唐書·刑法志》56/1414、《新唐書·藝文志》58/1497	

附註：

1.表中略稱，說明如下：

　《舊唐書·禮儀志》26/996（26為卷數，996為頁數），以下類推。

2.本表所列，限於文獻所見資料，不含新近發現秦漢簡牘律令。

第一章　隋代的律令制度

前　言

　　隋文帝開皇元年（581）二月即位後，就規定「易周氏官儀，依漢、魏之舊。」（《隋書》卷一〈高祖本紀〉）的立國方針。關於「儀」（禮樂）的部分，如《開皇禮》（開皇五年）等的編纂，將於另文說明，此處要說明的是「官」的部分。官，根據《隋書》卷六十崔仲方傳是指北周六官，也就是官制；但用在文帝即位之初，實是一種政策性用語，也就是規定隋代立國方針；就此意義而言，所謂官，宜解爲律令制度。蓋「官」之古典用語，本有事、職之意，所以隋代建立了律令制度。詳細而言，應說律、令、格、式制度，簡稱爲律令制度。

　　律、令、格、式法典體系的完成，是在隋文帝開皇年間。[1]但論此四法的藍本，形式上是來自西魏、北周，實質上則來自東魏、北齊。尤其東魏《麟趾格》與北周《大統式》，對隋唐格、式法典的成立，影響甚大。[2]至於開皇律令的內容，大多來自北齊。從文帝仁壽年間到煬帝完成大業律令制度，對開皇律令制度又有若干修正。以下略作說明。

1　參看池田溫，〈律令官制の形成〉（收入岩波講座《世界歷史》5，東京，岩波書店，1970），頁284。又，黎傑謂隋代無格、式之書（參看黎傑，《隋唐五代史》，頁33，臺北，九思出版公司，1978臺一版），此說有誤。

2　參看內田吟風，〈北周の律令格式に關する雜考〉（收入內田吟風，《北アジア史研究》，京都，同朋舍，1975。原載《東洋史研究》10-5，1949。），頁253-257；堀敏一，〈中國における律令法典の形成〉（收入堀敏一，《律令制と東アジア世界——私の中國史學(二)》，東京，汲古書院，1994，以下引用據此），頁80-81（原收入唐代史研究會報告第五集，《中國律令制の展開とその國家・社會との關係》，頁14-15，東京，刀水書房，1984）。

第一節　律令格式的編纂

一、開皇律令格式

《隋書》卷三十三〈經籍志・史部・刑法・序〉曰：「隋則律、令、格、式並行。」同書卷四十一〈蘇威傳〉曰：「律、令、格、式，多威所定，世以爲能。」同書卷七十三〈趙軌傳〉亦云：「軌參撰四法。」文帝臨終遺詔曰：

> 律、令、格、式，或有不便於事者，宜依前敕修改，務當政要。

據此可知開皇年間，完成律、令、格、式四法典體系，是不容置疑的。而李淵建唐後，所繼承的法典，也正是開皇四法。武德四年（621）七月，平定王世充、竇建德，以天下粗定，宣布大赦令，其中云：「律、令、格、式，且用開皇舊法。」（《唐大詔令集》卷一二三〈平王世充赦〉、《資治通鑑》卷一八九）正是此事的說明。

開皇律、令、格、式的編纂，並非一次完成；以律而言，共編纂兩次，一在元年，一在三年；令則完成於二年，格與式不明，頗疑與令同時完成。另外，仁壽初，似有修訂律、令、格、式之舉，但無完成。茲再分別檢討於下。

關於開皇律、令、格、式的編纂，《隋書》除明載律的編纂過程以外，其餘的令格式皆不明；即使就《隋書》所載的部分而言，也頗多混雜，以致常墮入五里霧中。《開皇律》分別完成於開皇元年、三年，此由《隋書・刑法志》、《隋書・文帝本紀》，可獲證明，學界

亦無異議；惟對於令，有謂與律同時編纂，[3]有謂開皇元年律頒下以後開始編纂；[4]至於格式，可謂停留於推測，[5]具體的，有謂在開皇元年與律令同時修定，頒布於開皇二年或三年。[6]說法不一，茲檢討於下。

《隋書》卷二十五〈刑法志〉云：

> 高祖既受周禪，開皇元年，乃詔尚書左僕射勃海公高熲、上柱國沛公鄭譯、上柱國清河郡公楊素、大理少卿平源縣公常明、刑部侍郎保城縣公韓濬、比部侍郎李諤、兼考功侍郎柳雄亮等，更定新律，奏上之。

此處就是開皇元年（581）詔修律的基本記載。但從其他文獻看來，尚有二事可補充說明，此即編纂人員不只此數（七人），以及修律以外並含令格式。請看以下諸事例，《隋書》卷三十八〈鄭譯傳〉云：

> 上（文帝）受禪，……未幾，詔譯參撰律令。

譯是上述七人之一，此處指出其參撰者是爲「律令」，足見令也是此次的主要工作。又如同書卷六十六〈裴政傳〉云：

> 開皇元年，（政）轉率更令，加位上儀同三司。詔與蘇威等

3　參看淺井虎夫，《支那ニ於ケル法典編纂ノ沿革》（京都，京都法學會，1911），頁132。
4　參看石田勇作，〈隋開皇律令から武德令へ〉（收入栗原益男先生古稀記念論集《中國古代の法と社會》，東京，汲古書院，1988），頁224。
5　參看前引堀敏一，〈中國における律令法典の形成〉，頁85。
6　參看前引石田勇作，〈隋開皇律令から武德令へ〉，頁225。

修定律令。政採魏、晉刑典，下至齊、梁，沿革輕重，取其
折衷。同撰著者十有餘人，凡疑滯不通，皆取決於政。

據此，編纂人宜有十餘人，其與《隋志》所載七人相較，[7]又多出蘇
威、裴政二人，共得九人；而政且是負責實務的核心人物。《玉海》
卷六十五「隋新律」條、《資治通鑑》卷一七五記載此事時，雖只列
舉高熲、鄭譯、楊素、裴政等人，但也將裴氏列於其中。[8]又，文中
指出蘇、裴等是「修定律令」，足見開皇元年的工作，不是單只修律
而已，律以外，至少還包括令。《隋書》卷四十二〈李德林傳〉云：

開皇元年，令與太尉任國公于翼、高熲等，同修律令。
（《太平御覽》卷六三八〈刑法部・律令〉條引《隋書》
同）

此處再度證明開皇元年的修律工作，是包括令；而編纂人員又多出李
德林、于翼兩位，連前共十一位。除此而外，《隋書》卷四十〈元諧
傳〉、卷四十六〈趙芬傳〉記載元諧、趙芬與王誼，在高祖受禪後
（或曰開皇初），奉詔參修「律令」。於是參修人數，總共可得十四
人；[9]而開皇元年除編纂律之外，又有令，再度獲得證明。另外，

7　《唐六典》（日本，內田智雄補訂，廣池學園事業部，1973）卷六「刑部郎中員外
　　郎」條注云：「隋開皇元年，命高熲等七人定律。」此說證之《隋書・裴政傳》，顯
　　然有誤。參看後述。
8　石田勇作以為蘇威並不參與開皇元年之修律，蓋蘇威是參與「修定律令」，而令頒布
　　於開皇二年，因此，蘇氏所參與的工作，宜是開皇二年修令與三年修律。（前引石田
　　勇作，〈隋開皇律令から武德令へ〉，頁239注11），此說不敢贊同。當宜如原文所
　　說，參與修撰開皇元年的律令。詳見後述。
9　倪正茂在《隋律研究》（頁14-23，北京，法律出版社，1987），簡介撰修隋律人
　　員，計裴政以下十六人，另外常明、韓濬二人，無資料可查，從缺。這是用籠統記述
　　法說明，無法明瞭開皇元年、三年，乃至大業修律人員的差異性，可參考性低。

《隋書·李德林傳》在前引文之後又云：

> 格令班後，蘇威每欲改易事條，德林以為格式已頒，義須
> 畫一，⋯⋯不可數有改張。**10**⋯⋯蘇威又言廢郡，德林語
> 之云：「修令時，公何不論廢郡為便？今令纔出，其可改
> 乎？」然高熲同威之議，⋯⋯由是高祖盡依威議。

按，令已知是公布於二年（詳後），此處云「格令班後」，足見格也
是與令同時頒布。其下又云「格式已頒」，則式亦與令同時頒布。易
言之，令、格、式三者皆同時公布於開皇二年，較律遲一年。蘇威之
議，均出現在令、格、式公布以後至開皇三年再修律以前，所以《資
治通鑑》將此事繫於開皇二年十一月條，而將更定新律事繫於該年
十二月條，是妥當的。

　總之，《隋書·刑法志》所載開皇元年修律事，實際上，是進
行編纂律、令、格、式四法。只是律於是年先完成，而令、格、式三
法，則遲至翌年（二）始公布。《玉海》卷六十五〈律令·隋律令格
式〉條云：「二年七月甲午（？），行新令。」《隋書》卷二十八
〈百官志·太子詹事〉亦曰：「（開皇）二年，定令。」此為開皇二
年定令的基本記載，但由上述《隋書·李德林傳》得知格、式也是公
布於此年。又，《隋書》卷四十一〈蘇威傳〉云：

---

10 《隋書·李德林傳》其下接著敘述蘇威奏置五百家鄉正一事，然後才敘述威議廢郡之
　事。此一順序，在時間上是有衝突。蓋《資治通鑑》卷一七七將威議五百家為鄉一
　事，繫於開皇九年二月，而隋廢郡，其事在開皇三年十一月（《隋書》卷一〈高祖本
　紀〉）。是故議廢郡之事，宜接於開皇二年頒布令之後。《隋書》此段記事是有錯
　亂。

（威）所修格令章程，並行於當世；然頗傷苛碎，論者以為
非簡允之法。

所謂「章程」，就是「法式」[11]；「格令章程」就是格、令、式。或
許因為「苛碎」而非為「簡允之法」，所以蘇威在格、令、式頒布
後，「每欲改易事條」，但為李德林所阻。以上是開皇元年到二年，
編纂律、令、格、式四法的情形。律公布於元年十月戊子（十二日）
（《隋書》卷一〈高祖本紀〉），格、式當與令同時公布於二年七月
甲午（按，七月無「甲午」，恐為「甲子」即二十二日之誤）。

　　然則，文帝即位之初，為何急於編纂律、令、格、式？實值得再
檢討。《資治通鑑》卷一七五〈陳紀〉「太建十三年（581）九月」
條載隋初修律的理由，曰：「周法比於齊律，煩而不要。」（《玉
海》卷六十五〈律令・隋新律〉亦同。《唐六典》卷六「刑部郎中員
外郎」條注云：「（周律）比於齊律，煩而不當。」）此說見於《隋
書》卷二十五〈刑法志〉，曰：「（北周大律）其大略滋章，條流苛
密，比於齊法，煩而不要。」（《通典》卷一六四〈刑法・刑制〉亦
同）其意指北周武帝保定三年（563）所完成的法律曰「大律」，與
齊律相較時，可謂繁雜苛細，不得其要。平齊後，為治齊地荒亂，武
帝再制定《刑書要制》，此法「深重」。楊堅輔靜帝時，廢除此刑
書，同時為行寬大之典，並刪略舊律（即大律），而新作《刑書要
制》。（同前引《隋書・刑法志》）[12]據此，可知文帝即位前後，實

---

11 顏師古注章程之「程」，曰：「法式」。（參看《漢書》卷一下高祖紀，頁70，
　　80。）陳顧遠亦以為古代之品式章程，皆有式之意。（參看陳顧遠，《中國法制史概
　　要》，臺北，三民書局，1977五版，頁82；1964初版。）
12 關於靜帝時，楊堅修法之經緯，參看前引內田吟風，〈北周の律令格式に關する雜
　　考〉，頁264-247。又，《隋書・刑法志》所稱北周武帝頒行《刑書要制》一事，在
　　《周書》卷四十一〈王褒傳〉、《隋書》卷六十六〈郎茂傳〉均謂武帝作《象經》，

施寬政，以獲人心，是其首要目標。即位後，又在去周制、依漢魏之
舊的立國政策下，立即修定北周律令，是可理解的。再者，由於此一
工作在文帝即位前就已開始，所以開皇年間，修律令要早於制禮樂，
當亦是由於此故。

　　如前所述，開皇元年到開皇二年，完成了律、令、格、式體
系。開皇三年，帝「覽刑部奏，斷獄數猶至萬條。以爲律尚嚴密，故
人多陷罪」；所以又敕蘇威、牛弘等，更定新律。（同前引《隋書‧
刑法志》）詳細時間不明，至遲在是年底以前便已完成。[13]此次的工
作，可能只是修律，並不含令、格、式，《隋書》卷二十八〈百官
志〉「太子官署」條云：「開皇初，置（太子）詹事。二年定令，罷
之。」此處引用《開皇二年令》，說明此年之後已廢太子詹事，正
好可用來證明開皇二年以後已無新令的修定。由此可推知《隋書》
所散見的「令」、或「新令」，均指《開皇二年令》。《隋書》卷
四十一〈蘇威傳〉云：「律、令、格、式，多威所定，世以爲能。」
又云：「所修格令章程，並行於當世，然頗傷苛碎，論者以爲非簡允
之法。」兩處均未說明蘇氏參修律、令、格、式或「格令章程」的年
代，但如前所述，蘇氏不但參與開皇元年至二年的律、令、格、式修
定工作，而且也參與開皇三年的修律工作。前一條引文，曰：「律、

〈王褒傳〉且謂武帝令褒作注；〈郎茂傳〉載武帝作《象經》後，楊堅對郎茂說：
「象經多糾法（《北史》卷五十五〈郎茂傳〉曰：「亂法」），將何以致治？」足見
《象經》是刑書，也就是《刑書要制》，無誤。但《隋書》卷三十三〈經籍志‧史
部‧刑法〉條無收錄《刑書要制》或《象經》；惟在〈子部‧兵〉條收錄了「象經一
卷，周武帝撰。象經一卷，王褒注。象經三卷，王裕注。象經一卷，何妥注。象經
發題義一卷。」並將此等《象經》，與圍棋法等著作置於同處。顯然在唐初已不知
《象經》爲何物，望文生義，而將象與棋視爲同類。《隋志》誤植，兩《唐志》亦不
察，踵繼其誤，而著錄在〈子部‧雜藝術〉類，仍與圍棋類同處。此事必須改正。
13 《資治通鑑》卷一七五，頁5469，將蘇威、牛弘等更定新律一事，繫於開皇三年底，
　暫以此時間作爲定律的下限。

令、格、式，多威所定」者，當指開皇元年及三年的律與二年的令、格、式，威皆參與；所謂「世以爲能」者，當指開皇元年與三年律，受到讚賞；但令、格、式，如後一條引文所示，流爲苛細，即連威本人亦不滿意。無論如何，不能根據以上兩處記載，說明開皇三年除律以外，亦編纂令、格、式。

另外，根據《隋書》卷七十三〈趙軌傳〉云：

> 高祖受禪，（軌）轉齊州別駕，……在州四年，考績連最。……徵入朝。既至京師，詔與奇章公牛弘撰定律、令、格、式。時衛王爽爲原州總管，上見爽年少，以軌所在有聲，授原州總管司馬。

此處又指出趙軌與牛弘曾參與撰定律、令、格、式。如前所述，牛弘並無參撰開皇元、二年的律、令、格、式，然則此處趙、牛兩人參撰律、令、格、式一事，宜如何作解？按，牛弘是與蘇威參撰《開皇三年律》，而趙軌既然與弘共撰，此處至少可確定趙軌所參修者，是爲《開皇三年律》；至於令、格、式云者，恐衍。蓋開皇三年宜無修定令、格、式。但前引文所述諸事，在時間上有若干問題。其赴京師與牛弘撰律，是在州考之後，若以高祖受禪下數四年，應在開皇四年以後，此一年段，以今傳文獻所知，四年或稍後並無編纂律、令、格、式的紀錄。是故，出任齊州別駕，恐在高祖受禪的前一年，至開皇三年始可曰「在州四年」。此由下文的記述，可窺知一、二。

按，衛王爽出任原州總管的時間，是開皇二年（582）六月（《隋書》卷一〈高祖本紀〉），當時並任雍州牧，據《隋書》卷四十四〈衛王爽傳〉云：

> 及（高祖）受禪，立為衛王。尋遷雍州牧，領左右將軍。俄
> 遷右領軍大將軍，權領并州總管。

此處雖無記載爽出任原州總管之事，但因出任斯職之前已是雍州牧，
是故可推知爽出任原州總管，當在任職雍州牧之後、權領并州總管之
前；也就是文帝即位後不久，《隋紀》繫於二年（582）六月，當可
確信。依此看來，趙軌與牛弘參撰律之事，正當衛王爽任職原州總管
期間。三年律公布後，授軌為原州總管司馬，用以輔佐年少的原州總
管衛王爽。此段記事，大致與開皇三年（583）修律事符合。因此，
參撰《開皇三律》人員，除蘇、牛二人外，尚含趙軌，當可確信。只
是「趙軌傳」的記述，多列令、格、式一事，當係誤植。

　　再者，《隋書》卷七十五〈房暉遠傳〉云：「奉詔預修令
式。」同書同卷〈劉焯傳〉云：「焯又與諸儒修定禮、律。」《舊唐
書》卷七十二〈李百藥傳〉云：「（隋文帝）詔令修五禮，定律令，
撰陰陽書。」（《新唐書》卷一〇二〈李百藥傳〉亦同）諸人參修律
令事，似不在上述時間之內，宜如何理解？試再說明如下。關於房暉
遠預修令式，《隋書‧房暉遠傳》云：

> 高祖受禪，遷太常博士。……吏部尚書韋世康薦之，為太學
> 博士。尋與沛公鄭譯修正樂章。丁母憂解任。後數歲，授殄
> 寇將軍，復為太學博士。未幾，擢為國子博士。會上令國子
> 生通一經者，並悉薦舉，將擢用之。……祭酒（元善）因令
> 暉遠考之，……尋奉詔預修令式。……仁壽中，卒官，時年
> 七十二。（《北史》卷八十二〈儒林‧房暉遠傳〉略同）

國子生要出仕，依唐制必須通二經（《唐六典》卷二十一），隋制

不明，當同於唐制。隋文帝此時要擢用通一經者，是為特例，通常是皇帝親臨國學釋奠時方恩賜之。若以祭酒為元善、釋奠講論《孝經》（參照《隋書》卷七十五〈元善傳〉、卷五十六〈宇文敬傳〉）作考慮時，可知此事是在平陳之後，也就是開皇十年（590）十一月辛卯（初七）文帝幸國學，而「頒賜各有差」（《隋書》卷二〈高祖紀〉）一事。依此看來，暉遠預修令式最早必須在開皇十一年（591）以後。由於此後暉遠之經歷不明，加以此後並無修撰律令的紀錄，頗疑暉遠所參預者，可能是仁壽年間的工作（參照下述）。

　　關於劉焯，《隋書》本傳記載其與諸儒修定禮、律，是在「（蜀）王以罪廢」之後。（《北史》卷八十二〈儒林·劉焯傳〉亦同）按，蜀王楊秀被廢於仁壽二年（602）十二月，但是年閏十月詔修五禮，至三年六月完成。（《隋書》卷二〈高祖紀〉）所以劉焯參與修定五禮，自是在二年年底以後。如〈劉焯傳〉的記事無誤，則仁壽二年的修禮，其實並含修律。再如新、舊《唐書》〈李百藥傳〉記事，似也當設定在仁壽年間。《舊唐書》卷七十二〈李百藥傳〉云：

> （開皇）十九年，……令襲父爵。左僕射楊素、吏部尚書牛
> 弘雅愛其才，奏授禮部員外郎，皇太子勇召為東宮學士。詔
> 令修五禮，定律令，撰陰陽書。

足見百藥參與修撰五禮、律令，皆是開皇十九年（599）之後的事，論其實際，當然是仁壽二年（602）的工作。此處明白指出修撰「五禮、律令」，則仁壽二年閏十月的工作，不只修五禮，同時還應包括律令。但由房暉遠事例所示，律令之外，還應有式，同時也可再推知並含有格。易言之，五禮之外，還有律、令、格、式。但從上述諸事例所示，此次的工作，實際只完成修定部分五禮而已。或許由於此

故，文帝遺詔云：

> 律、令、格、式，或有不便於事者，宜依前敕修改，務當政
> 要。

所謂「前敕」，不見《隋書》收載，根據以上說明，可知當頒布於仁壽二年（602）閏十月詔修五禮的同時，或其前後。總之，上舉房暉遠、劉焯、李百藥三人，當是仁壽二年以後修定律、令、格、式的重要人物。由於此次的工作沒能完成，因而列入遺詔中的規定項目。煬帝即位後，果然完成此項工作。

事實上，文帝在開皇末，用法已趨於嚴厲；仁壽中，行事更不復「依準科律」。（《隋書》卷二十五〈刑法志〉）此時楊素擅權用事，所以仁壽二年（602）的修訂律、令、格、式工作，可能由楊素來主持，但不久受到彈劾，終仁壽末，不負實權。（《隋書》卷四十八〈楊素傳〉）或許由於此故，修訂律、令、格、式一事，終於無成。

二、大業律令格式

煬帝即位後不久即詔修律令。《隋書》卷二十五〈刑法志〉云：「煬帝即位，以高祖禁網深刻，又敕修律令。」此處並無說明編纂時間，但《資治通鑑》卷一八〇「大業二年冬十月」條云：「詔改律令。」《玉海》卷六十五「隋新律」條云：「煬帝以開皇律令猶重，大業二年十月，更制大業律（令）。」足見編撰時間，是在大業二年（606）十月，當可確信。至大業三年（607）四月甲申（初

六）頒布律令。（《隋書》卷三〈煬帝紀〉）歷時半年。上引《玉海》雖只曰：「更制大業律。」但因《隋紀》曰頒布「律令」，然則大業二年的編纂事業，至少指律令，殆無疑問。事實上，除律令以外，仍當含格式。《隋紀》煬帝大業二年五月乙卯（初二），詔曰：

> 自古已來，賢人君子，有能樹聲立德、佐世匡時、博利殊功、有益於人者，並宜營立祠宇，以時致祭。墳塋之處，不得侵踐。有司量為條式，稱朕意焉。

此即將營立祠宇一事，規定在「條式」之中。其事雖在更改律令之前數月，但由此可推知在更制律令時，當同時包含式。《隋紀》大業四年（608）十月乙卯（十六日），曰：「頒新式於天下」，正是大業有式的證明，只是其頒布已晚於律令。《大業式》晚頒布的原因，或許修訂度量衡等事尚未完成的緣故。如上所述，大業律令頒布於三年（607）四月甲申（六日），至壬辰（十四日），「改度量權衡，並依古式。」（《隋紀》）已晚於頒布律令數日，除此而外，相信尚有其他未修訂完成的式，以致延至一年半後，即翌年（608）十月始公布。**14**至於格的編纂情形，仍然不明；惟《隋書》卷三十三〈經籍志〉云：「隋則律、令、格、式並行。」此事除適用於開皇以外，當亦適用於大業。易言之，大業二年除進行編纂律令以外，當亦包含式與格；律令是其簡稱，開皇如此，大業亦然。

---

14 胡三省於《資治通鑑》卷一八〇「大業四年十月乙卯頒新式」注云：「去年四月壬辰，改度量權衡，並依古式，今頒於天下。」乍看之下，似以為「新式」的內容，就是依古式而建立的度量衡制度。果是如此，新的度量衡制度，早在大業三年（六〇七）四月壬辰（十四日）既已完成，為何要延遲一年半始公布？令人費解。再者，「新式」在法制史上的意義，當不僅止於制定新的度量權衡而已。胡氏注解，恐未盡得其實。

　　大業律、令、格、式的編纂者，《玉海》（卷六十五）、《通鑑》（卷一八〇，頁5628）只曰「牛弘等」；但《隋書》卷七十五〈儒林・劉炫傳〉云：「煬帝即位，牛弘引炫修律令。」可知除牛弘以外，尚包括劉炫，其餘不明。由開皇有十幾人的編纂規模看來，大業的編纂者當然不只牛、劉二人而已。

第二節　律令格式的卷數、篇數

　　文帝時代編纂法典，如上所述，宜有三次，此即開皇元年（581）、三年（583）、以及仁壽二年（602）。三次的成果不一，開皇元年完成律，至二年始完成令格式；三年，再完成修律；至於仁壽二年的事業，皆無成果。《開皇元年律》，《隋書》無記載其卷數，但《舊唐書‧經籍志》（卷四十六，頁2010）、《新唐書‧藝文志》（卷五十八，頁1494），皆揭載「隋律十二卷，高熲等撰」（此據《舊志》，《新志》曰：「高熲等隋律十二卷」）。如前所述，高熲領銜者是爲《開皇元年律》，所以兩《唐志》所著錄者，是爲《開皇元年律》無疑。其篇目亦不明，但由下述《開皇三年律》的篇目有十二篇看來，元年律當與三年律相同。《開皇三年律》，似由蘇威領銜，其對元年律進行修訂的結果：

> 除死罪八十一條，流罪一百五十四條，徒杖等千餘條，定留唯五百條，凡十二卷。（《隋書》卷二十五〈刑法志〉，《通典》卷一六四〈刑法‧刑制〉、《冊府元龜》卷六一一〈刑法部‧定律令〉亦同）

《唐六典》卷六〈刑部郎中員外郎〉、《玉海》卷六十五〈律令‧隋新律〉將十二卷記載爲十二篇。此事似透露《開皇三年律》對元年律雖有大幅刪修，但形式上仍然維持十二卷、十二篇，若再參照北齊律（詳後述），則宜有目一卷。十二卷、十二篇（似一卷一篇）的形式，開皇元年、三年律皆同，惟由上述三年律對元年律所刪除的條數看來，元年律的缺點，在於蕪雜，修定後的三年律，只有五百條，的確是「簡要」（《隋志》）。

　　開皇元年（581）的編纂事業，在於元年十月先頒行新律；至

二年（582）七月，再頒新令；而格與式也可能在此同時或其前後公布。《隋書》卷三十三〈經籍志・著錄〉曰：「隋《開皇令》三十卷，目一卷。」其他史籍都著錄《開皇令》三十卷，而略去目一卷；如《唐六典》卷六「刑部郎中員外郎」條注云：「隋開皇命高熲等撰（令）三十卷」、《舊唐書》卷四十六〈經籍志〉曰：「隋《開皇令》三十卷，裴正（政）等撰」、《新唐書》卷五十八〈藝文志〉曰：「牛弘等隋《開皇令》三十卷」、《玉海》卷六十五「隋律令格式」條曰：「高熲等撰令三十卷」。但兩《唐志》皆著錄唐《武德令》為三十一卷，而武德律令篇目是一准於隋（見前引《唐六典》），足見《武德令》也是本文三十卷，目一卷。[15]因此，《隋志》所載無誤，前述《唐六典》以下所載，確實略去目一卷；惟諸史籍對於修令領銜者的記載不一：如《唐六典》、《玉海》皆舉高熲，《舊志》舉裴政，《新志》舉牛弘等為代表。代表修令人物雖不同，但皆屬於參修元年律的成員，此事正好可說明開皇二年的新令，原為元年編纂法典的工作之一，只是律先公布，令後公布而已。至於格與式的卷數、篇目不明。仁壽年間的編纂工作，似無成果，自無卷數、篇目問題。

　　煬帝大業三年（607）四月頒布新律令，四年（608）十月頒布新式（或含格）。大業格、式卷數、篇目不明，以下只就大業律令作說明。《大業律》有十八卷、十八篇，似亦一卷一篇，仍含五百條。（《隋書》卷二十五〈刑法志〉）[16]至於《大業令》，只見《隋書》

---

15 參看仁井田陞，〈唐令の史的研究〉（收入仁井田陞，《唐令拾遺》，東京大學出版會，1964覆刻發行，1933初版），頁13。

16 諸史籍之記載，與開皇律一樣，或取卷數，或取篇數。惟《隋書》卷三十三經籍志著錄「隋大業律十一卷」，恐誤。其曰十八篇者，如《隋書》卷二十五〈刑法志〉、《唐六典》卷六〈刑部郎中員外郎〉、《通典》卷一六四〈刑法・刑制〉、《（宋本）冊府元龜》卷六一一〈刑部・定律令〉《資治通鑑》卷一八〇、《玉海》卷

卷三十三〈經籍志〉著錄三十卷（《玉海》卷六十五亦同），篇目不明。由於《開皇令》除《隋書・經籍志》多著錄目一卷以外，其他史籍亦皆著錄三十卷，頗疑《大業令》仍有目一卷，即其卷數、篇數仍同於《開皇令》，而其內容或有若干修訂。

六十五〈律令・隋新律〉；其曰十八卷者，如《舊唐書》卷四十六〈經籍志〉、《新唐書》卷五十八〈藝文志〉等。

第三節　律令格式的篇名

一、律

　　一般所謂的《開皇律》，是指《開皇三年律》。蓋《開皇三年律》是對元年律修正而成的，所以《隋書‧經籍志》所著錄的篇名，是屬於三年律。但就卷數、篇名而言，元年、三年律皆為十二卷、十二篇，此一形式，當源自北齊河清三年（五六四）律（《隋書》卷三十三〈經籍志〉曰十二卷，《隋書》卷二十五〈刑法志〉曰十二篇）；惟《河清律》有目一卷（同前引〈經籍志〉），則開皇元、三年律亦宜有目一卷。《隋書‧刑法志》記載《開皇三律》的篇名如下：

　　　　1.名例，2.衛禁，3.職制，4.戶婚，5.廄庫，6.擅興，7.賊盜，8.鬥訟，9.詐偽，10.雜律，11.捕亡，12.斷獄。

　　若取上引《開皇三年律》篇名與北齊律（篇名，見《隋書‧刑法志》）相較，可知有五篇名稱（名例、擅興、鬥訟、詐偽、雜）皆同；而《開皇律》之衛禁、戶婚、盜賊三篇名稱，雖與《河清律》正相反，但論其內容恐無二致（參看《唐律疏議》）；又，開皇之捕亡、斷獄二律，是由北齊之《捕斷律》分而為二，《職制律》則由河清《違制律》改名而來。（同前引《唐律疏議》）依此看來，《開皇律》十二篇當中，實際有十一篇同於《河清律》。只有河清《毀損律》，是為《開皇律》所無。按，北齊《毀損律》當源自曹魏《毀亡律》、漢之《賊律》、《金布律》，[17]是規定損壞財物的處罰，屬於

---

17 參看內田吟風，〈北齊律令考〉（收入前引《北アジア史研究》），頁238。

實體法，置於《捕斷律》之後，並不合法律體例。蓋捕斷法相當於現代的刑事訴訟法，兩者性質不同。隋《開皇律》取消《毀損律》，將其內容併入《雜律》，又將《捕斷律》析為捕亡、斷獄二律，而置於《雜律》之後，一如後魏律，唐律踵之，此一立法技術，似較為得體。[18]

　　有謂北周《大律》二十五篇之中，詐偽、斷獄、雜犯三篇與《開皇律》相同；而刑名與法例、婚姻與戶禁、衛宮與關津、劫盜與賊叛、逃亡與繫訊等，也與《開皇律》有關篇目大體相當，只不過在北周是一析為二，在隋則二而為一罷了。因而視此為《開皇律》因襲《北周律》之一因素。[19]愚意以為此說牽強，蓋詐偽、斷獄二篇，不只是《開皇律》與北周律相同，其實也是魏、晉、宋、齊、梁、後魏皆同的篇名。因此，就詐偽、斷獄二篇之篇名而言，與其說是因襲北周，不如說是取法後魏（源自魏、晉）。至於《雜律》，亦是漢、魏以來的舊名，反而北周將《雜律》改為《雜犯律》，其內容或可能同於《雜律》，名稱終究已變，不能視為《開皇律》因襲北周律之依據。[20]

　　再者，刑名與法例以下的說法，更是想當然而已，因為北周諸律的內容，今日已無法知其詳。整個說來，此一立法原則，仍然是「依漢、魏之舊」的實施。其立法諸人，雖然大多為周室舊臣，而且也有

---

18 參看李光燦主編，《中國刑法通史》第四分冊（寧漢林著）（瀋陽，遼寧大學出版社，1989），頁475-6。韓國磐以為隋朝是將《毀損律》諸條析入有關諸篇中（參看〈略論隋朝的法律〉，頁302，收入韓國磐，《隋唐五代史論著》，北京，三聯書店，1979），此說嫌於籠統，從唐《雜律》內容視之，以析入《雜律》為近是。
19 參看前引倪正茂，《隋律研究》，頁105。
20 關於諸律在各時代之篇名，參看梁啟超，《中國成文法編制之沿革》（臺北，中華書局，1971。1936初版），頁21，「戰國至隋法律篇目表」；前引石田勇作，〈隋開皇律令から武德律令へ〉，頁222-3表 I。梁表與石勇表有出入時，以石勇表為據。

不少人曾參加北周律令的編纂，但若因爲這些人的參與，而將《開皇律》當作「一部活的周律」[21]，還是牽強。其因除取法漢、魏的立國政策不可違背以外，《開皇元年律》的實際負責人是裴政、蘇威、李德林等；三年律（583）的實際負責人是蘇威、牛弘等，除蘇威是典型的北周系官僚以外，裴政、牛弘皆屬南學系之北周官僚，而李德林則爲北齊系之北周官僚，由於出身背景不同，制律時，蘇威常受制於李德林，加以楊素賞識牛弘，所以自元年律至三年律的修訂過程，在「依漢、魏之舊」的原則下，摒除北周要素，直取北齊、後魏，遠祖漢、魏，當可理解。所謂「北魏、北齊、隋、唐律爲一系相承之嫡統，而與北周律無涉也」之說法，[22]自是可信。

以《大業律》而言，十八篇之篇名如下：

　　1.名例，2.衛宮，3.違制，4.請求，5.戶，6.婚，7.擅興，
　　8.告劾，9.賊，10.盜，11.鬥，12.捕亡，13.倉庫，14.廐牧，
　　15.關市，16.雜，17.詐僞，18.斷獄。

其十八篇名與開皇（三年）律相同者，有名例、擅興、捕亡、雜、詐僞、斷獄等六篇；其與北周律相同者，有衛宮以下八篇（篇名略，以下同）[23]；其與北齊律相同者，有名例以下六篇，並不多。但是《大業律》與漢九章律，有戶、賊、盜、雜等四律相同；其相同篇目最多者，則爲晉律、梁律、後魏律等，篇數都在十一以上；尤其是後魏

---

21 此說見前引倪正茂，《隋律研究》，頁103。
22 參看陳寅恪，《隋唐制度淵源略論稿‧刑律》（臺北，里仁書局，1981），頁115。
23 文中所舉漢以下諸律篇名，是以前引石田勇作，〈隋開皇律令から武德令へ〉，頁226-7表Ⅱ爲據。惟大業律中的請求律，與魏律‧晉律的請賕、梁律的受賕律，在石田表上列爲類似篇名；但筆者此處則以相同計。所以魏、晉、梁律篇數，較石田氏統計多出一篇。

律，《大業律》與其相同者，達十六篇；而《大業律》與魏律相同者，也有九篇。《大業律》與後魏律相同的十六篇是：

> 2.衛宮、3.違制、5.戶、7.擅興、9.賊、10.盜、11.鬥、12.捕亡、14.廄牧、16.雜、17.詐偽、18.斷獄，以及4.請求、6.婚、8.告劾、15.關市等。（阿拉伯數目是大業律篇目順序）**24, 25**

就此一事實而言，《大業律》是有意避開《開皇律》，乃至北齊、北周律，而直取晉及後魏律。蓋《大業律》與《開皇律》相同篇目中，只有開皇《名例律》具有新意，其餘如《擅興律》是源自魏律，《捕亡律》、《詐偽律》、《斷獄律》源自後魏律，《雜律》源自漢律。因此，廣義而言，《大業律》可說比開皇更具體實現「依漢、魏之舊」的立國政策。**26**

---

24 後魏律二十篇的篇目，程樹德從《魏書》、《通典》、《唐律疏議》等，考出十五篇名（參看程樹德，《九朝律考》，臺北，商務印書館，1973，頁412-3；1927初版）；梁啟超前引表，補告劾、請賕、水火、關市四篇；韓國磐再補婚姻一篇（參看前引韓國磐，〈略論隋朝的法律〉，頁301），共為五篇，總計二十篇。拙稿暫取韓氏說，以二十篇計算。

25 後魏律二十篇的篇目，程樹德從《魏書》、《通典》、《唐律疏議》等，考出十五篇名（參看程樹德，《九朝律考》，臺北，商務印書館，1973，頁412-3；1927初版）；梁啟超前引表，補告劾、請賕、水火、關市四篇；韓國磐再補婚姻一篇（參看前引韓國磐，〈略論隋朝的法律〉，頁301），共為五篇，總計二十篇。拙稿暫取韓氏說，以二十篇計算。

26 石田只推論大業律是以北魏律為中心來修改，而非繼承開皇律，似嫌不足。（參看前引石田勇作，〈隋開皇律令から武德令へ〉，頁228）此事仍當由「依漢、魏之舊」的立國政策來考慮。

二、令

　　關於令方面，《開皇令》（582）有三十卷（三十篇，詳下）以及目一卷，《大業令》（607）卷、篇數，當同《開皇令》。論其淵源，當源自晉令（泰始四年，268）。晉令有四十卷、四十篇（或亦含目一卷），其下至隋朝之令，史籍詳載其篇目者，唯梁令而已。按，《唐六典》卷六「刑部郎中員外郎」條注云「宋、齊（令）略同晉氏」，據此，可知宋、齊有令，仍然屬於晉令系統，詳細不明。梁令有三十篇（同前引《唐六典》）、三十卷、錄一卷（《隋書》卷三十三〈經籍志〉），陳令亦三十卷（或亦有錄一卷），可能襲用梁令。至於北朝諸令，如後魏太和十六（492）所頒行的律令，篇目皆不明；北齊令（564）有五十卷，是「取尚書二十八曹為其篇名」（同前引《唐六典》）；北周令（563）篇目亦不明（同前引《唐六典》）。[27]

　　據此，其篇目可舉者，只有晉令、梁令，而北齊令可由諸曹推知。茲將諸令篇目開列於下，晉令四十篇：

　　1.戶，2.學，3.貢士，4.官品，5.吏員，6.俸廩，7.服制，8.祠，9.戶調，10.佃，11.復除，12.關市，13.捕亡，14.獄官，15.鞭杖，16.醫藥疾病，17.喪葬，18.雜上，19.雜中，20.雜下，21.門下散騎中書，22.尚書，23.三臺秘書，24.王公侯，25.軍吏員，26.選吏，27.選將，28.選雜士，29.宮衛，30.贖，31.軍戰，32.軍水戰，33.34.35.36.37.38.軍法，

---

27 關於晉令以來諸令的發展，參看前引程樹德，《九朝律考》，頁324-494；前引仁井田陞，〈唐令の史的研究〉，頁5-9。

39.40.雜法。（《唐六典》卷六「刑部郎中員外郎」條注）

梁令三十篇：

1.户，2.學，3.貢士贈官，4.官品，5.吏員，6.服制，7.祠，8.户調，9.公田公用儀迎，10.醫藥疾病，11.復除，12.關市，13.劫賊水火，14.捕亡，15.獄官，16.鞭杖，17.喪葬，18.雜上，19.雜中，20.雜下，21.宮衛，22.門下散騎中書，23.尚書，24.三臺秘書，25.王公侯，26.選吏，27.選將，28.選雜士，29.軍吏，30.軍賞。（同前引書）

北齊令五十卷（以尚書二十八曹爲其篇名，似有五十篇）茲依據《隋書・百官志》所載六尚書二十八曹名列於下：

吏部──1.吏部、2.考功、3.主爵
殿中──4.殿中、5.儀曹、6.三公、7.駕部、
祠部──8.祠部、9.主客、10.虞曹、11.屯田、12.起部
五兵──13.左中兵、14.右中兵、15.左外兵、16.右外兵、
17.都兵都官──18.都官、19.二千石、20.比部、21.水部、
22.膳部度支──23.度支、24.倉部、25.左户、26.右户、
27.金部、28.庫部

《開皇令》三十卷的目次如下：

1.官品上，2.官品下，3.諸省臺職員，4.諸寺職員，5.諸衛職員，東宮職員，7.行臺諸監職員，8.諸州郡縣鎮戍職

員，9.命婦品員，10.祠，11.戶，12.學，13.選舉，14.封
爵俸廩，15.考課，16.宮衛軍防，17.衣服，18.鹵簿上，
19.鹵簿下，20.儀制，21.公式上，22.公式下，23.田，24.賦
役，25.倉庫廐牧，26.關市，27.假寧，28.獄官，29.喪葬，
30.雜。（《唐六典》卷六刑部郎中注）

從《開皇令》與晉令、梁令、北齊令諸篇目的比較中，不論篇
數或篇名，均可發現《開皇令》與北齊令無涉，而接近晉、梁令；梁
令源自晉令，所以《開皇令》的源頭，宜曰晉令，也就是取法漢、
（魏）晉政策的具體實施。但《唐六典》在記述《開皇令》時，不曰
篇而曰卷，共有三十卷，這一點與晉令、梁令均曰篇者不同。《開皇
令》在列目次時，則明確曰：「一、官品上、二、官品下……三十、
雜。」均是令篇篇名，足見《開皇令》是以一卷作一篇，在體例上
依然是承晉令、梁令順序而詳列篇名。[28]但論其內容，北齊令恐猶是
《開皇令》的直接藍本。蓋如前述開皇禮、律，既多取法北齊，定令
時，自不當例外；而令之性質，如《唐六典》卷六的規定，曰：「設
範立制。」也就是規定諸制度；開皇立制，是「廢周官，還依漢、
魏」（《隋書》卷二十六〈百官志・序〉）。所謂漢、魏之制，實則

---

28 淺井虎夫亦以為隋《開皇令》為三十篇三十卷。（參看淺井虎夫，《支那二於ケル
法典編纂ノ沿革》，頁132，京都，京都法學會，1911）但池田溫、堀敏一則以為隋
《開皇令》為三十卷二十七篇。（參看池田溫，〈唐令〉，頁213-215，收入滋賀秀
三編，《中國法制史——基本資料の研究》，東京，東京大學出版會，1993。前引堀
敏一，〈中國における律令法典の形成——その概要と問題點〉，頁84。由於隋《開
皇令》「二十七篇」說，不見史籍記載，看來只是推測。若由唐《貞觀令》三十卷
二十七篇（《唐會要》卷三十九〈定格令〉、《新唐書》卷五十六〈藝文志〉）體例
來推測，恐不如《唐六典》自晉令、梁令至《開皇令》皆著錄篇名，而《開皇令》明
確將《官品令》上、下各占一卷（篇），至三十卷（篇）曰雜令，即具體記各篇篇
名，並提示《開皇令》為一卷占一篇。所以此處對隋《開皇令》為三十卷二十七篇
說，持以保留立場。

大抵自魏太和傳授北齊之制。[29]杜佑《通典》卷二十五〈總論諸卿〉注云：「隋氏復廢六官，多依北齊之制。」是對此事作最具體的注腳。

　　就《開皇令》各篇目而言，除幾篇（如祠、戶、醫疾、假寧、喪葬等令）特殊安排外，其學至考課諸令，原為吏部職掌；衣服、公式諸令，原屬禮部職掌；即其諸令篇目的順序，大致是按照吏、兵、禮、戶、刑、工等六部排列。這種序列絕非偶然，顯然取法北齊《河清令》的尚書二十八曹順序而排列。[30]此外，後魏令、北周令雖然不明，也不能說《開皇令》與其無關；蓋隋之均田、租庸調、府兵等制度，仍是承襲自後魏、北周、北齊，因而與上述諸制度有關的令制規定，如戶、田、賦役，乃至宮衛、軍防等令，除北齊令以外，當與北周、後魏令有關，甚至遠祖晉令。例如後魏令的遺文中，其可考的，有品令、職令（或曰職品令）、獄官令等篇名[31]，當源自晉令，但對開皇的官品、諸職員、獄官等令，應有影響。

　　就《開皇令》與晉令、梁令的比較而言，有以下二點值得注意：第一，晉、梁令的構成，顯然分成兩部分，一是由戶令起至雜令，可視為前半；一是由門下散騎中書、宮衛至軍法、雜法乃至軍賞令，可視為後半。但在《開皇令》則不然，自《官品令》至《雜令》，已是一氣呵成。[32]只是《開皇令》中的官品、祠、戶、宮衛、關市、獄官、喪葬、雜、學以及俸廩等十篇，或由前令變更，或係新篇，較受矚目，但目前仍難斷定皆屬於《開皇令》的創意。蓋後

---

29 參看前引陳寅恪，《隋唐制度淵源略論稿》，頁85。
30 參看池田溫，〈中國律令と官人機構〉（收入《仁井田陞博士追悼論文集第一卷：前近代アジアの法と社會》，勁草書房，1967），頁155-6。
31 參看前引程樹德，《九朝律考》，頁458-460；前引仁井田陞，〈唐令の史的研究〉，頁9。
32 參看前引池田溫，〈中國律令と官人機溝〉，頁154。

魏、北齊、北周諸令篇目不明之故。**33**第二，篇目順序，在晉令是以A：戶、學、貢士（贈官）分列爲第1、2、3、；以B：官品、吏員、祠以及門下散騎中書、尚書、三臺秘書、王公侯，分列爲第4、5、8.以及第19、20、21、22，選吏、選將、選雜士分列爲24、25、26、；（梁令略同）但《開皇令》是以晉令B群列爲篇首，此即官品、諸司職員令、以及祠令等居前，而列爲第1.至第10.篇目；以晉令A群列於B群之後，此即以戶、學、選舉、封爵俸廩、考課分列爲第11.、12.、13.、14.、15.篇目。揆諸《開皇令》調整篇目順序的目的，不外是在取法漢、晉之舊的原則下，爲配合其中央集權化政策所作的措施。其以B群的官品、諸司職員令、以及祠令諸篇目居前，無非強調政府組織與公家禮儀的優先性；易言之，以（職）官、（禮）儀爲第一，以A群的戶、學、舉等篇爲第二。用後世的名詞而言，即以治統優先於道統。

何以說A群篇目相當於後世所說的道統？蓋戶令的內容，從《唐令拾遺》看來，不外規定社會組織與人際關係；而學令、貢士令（相當於隋唐選舉令），即規定教育與舉賢，也就是作育人才。簡言之，就是明人倫，也是孔、孟教養學說的主題；從後代看來，正是道統說的主要內容所在。所謂「民爲貴」（《孟子・盡心下》），或謂「善政不如善教之得民也」（《孟子・盡心上》），或謂「建國君民，教學爲先」（《禮記・學記》）；或如《禮記・禮運》所說的「選賢與能」、「男有分，女有歸」的「大同」世界，與「設制度，立田里」的「小康」世界等，皆是後世儒家用以持論的基本政治理念。西晉泰始律令的編纂者，如賈充、杜預、裴楷等皆爲士族，即連王室司馬氏

---

33 參看前引仁井田陞，〈唐令の史的研究〉，頁10。

亦是名族，彼等編纂之中心目標雖無可考，但由泰始律、令遺文看來，相當儒教化，已是學界所公認。[34]因此，對於新創立的行政法典——晉令，取相當於道統觀念的儒家中心政治理念，作爲篇目之首，當可理解。

　　杜佑《通典》序云：

> 夫理道之先，在乎行教化；教化之本，在乎足衣食。……是以食貨為之首，選舉次之，職官又次之，禮又次之，樂又次之，刑又次之，州郡又次之，邊防末之。

杜序所云，可謂爲典型儒家官僚的政治理念，其以食貨、選舉（包括學校）諸典居首，提示施政之首要工作，在於食貨、教化；此與晉令之戶、學、貢士諸篇（A群篇目）正相呼應；其以職官、禮、樂、刑諸典等居次，正與晉令之官品、吏員、祠等篇目（B群篇目）相呼應。杜氏著《通典》已遠在編纂晉令之後，其編目之理念固然不能直接用來說明晉令，但因晉令已散亡，乃藉杜氏書作一旁證，似不失是一有效方法。此意即以A群→B群的編目順序，提示道統是凌駕治統，這也是孔、孟以來的儒者所刻意追求的目標。西晉泰始律、令是較全面性法制儒教化的完成，實具有畫時代的意義。至隋文帝《開皇令》，大幅改動其編目順序，此即採用B群—→A群的編目順序，反而提示治統高於道統。因此，從《泰始令》到《開皇令》編目的變

---

34 參看前引陳顧遠，《中國法制史概要》，頁371；祝總斌，〈略論晉律之儒教化〉（《北京大學哲學社會科學優秀論文選》第二輯，北京大學出版社，1988），頁288-318；堀敏一，〈晉泰始律令の成立〉（收入堀敏一，《律令制と東アジア世界——私の中國史學(二)》，東京，汲古書院，1994，以下引用據此），頁51（原刊《東洋文化》60，1980，頁36）。

化，已透露出中古時期政治力與社會力消長的訊息。

　　由以上兩項晉、隋間律、令制度的變遷，可知歷來學者對於此段
法制的發展，似有過小評價之嫌。**35**

　　《大業令》方面，由於其卷數與《開皇令》同（有三十卷，並宜
有目一卷），其篇數亦當與《開皇令》無二致（有三十篇）。惟三十
篇之篇目是否同於《開皇令》，則不敢斷定。蓋《大業令》的修定，
對《開皇令》顯然有頗多改動，以官制而言，《隋書》卷二十八〈百
官志〉云：

---

35 梁啟超雖視晉令有別於晉律，但仍以為晉令是晉律的「補助品」，律與令之關係則
　具有主從之形。（參看前引梁啟超，《中國成文法編制之沿革》，頁18）梁說視晉律
　令為主從關係，當不能成立。陳寅恪在前引《隋唐制度淵源略論稿·刑律》，只論及
　律；蓋以「律令性質本極近似，不過一偏於消極方面，一偏於積極方面而已。」因
　而對於令的淵源關係，幾無著墨。陳顧遠主張秦漢及魏時期為「令以輔律」，兩晉至
　隋唐則以令為律之外的一大法典，是為「令有專典」時期。（前引陳顧遠，《中國法
　制史概要》，頁68-71）陳顧遠說雖無用律、令對等觀念，但已排除主從關係。惟對
　於令的「專典」意義，並無進一步的發揮。關於西晉泰始律、令的對等性，可參看
　前引池田溫，〈中國律令與官人機構〉（頁151）。再如吉田孝以為晉、梁至隋、
　唐令的變遷，是為貴族制的體制演變至官僚制的體制。（參看吉田孝，〈隋唐帝國
　と日本の律令國家〉，頁369-370，收入唐代史研究會編，《隋唐帝國と東アジア世
　界》，東京，汲古書院，1979）堀敏一則以為晉令的編成，除受曹魏令的影響以外，
　就是由於行政發達的緣故。所謂行政的發達，可由下列二事說明：一是九品官人法的
　實施，使官僚制體系化（如戶令——學令·貢士令——官品令的順序）；一是國家對
　民眾的直接掌握（即所謂「個別人身支配」，就晉而言，指行政村落組織與占田·
　課田之制）（參看堀敏一，〈晉泰始律令的成立〉，頁45-46）。隋唐令所以將《戶
　令》、《學令》、《選舉令》等移於《官令》、《職員令》之後，是由於廢止九品
　官人法之故。以上吉田、堀兩氏說，基本上是由貴族制與官僚制的變遷來解釋，顯然
　側重在制度層面的分析。但筆者以為制度背後的學理，以及歷史發展的潮流，才是
　晉、隋間律令，尤其是令，變遷的關鍵所在，所以用治統與道統的消長來解。至於堀
　氏以九品官人法的廢止、貴族制的後退，作為隋唐《官品令》、《職員令》居篇首的
　理由，在時間上恐不易成立。蓋《開皇令》成於二年，而廢九品官人法最早也得在開
　皇七年，因此，《開皇令》以《官品令》居首，當與廢九品官人法無必然關係；相反
　地，當說文帝為集權於中央，其於立制之初，乃取《官品令》作為令制篇首；但為安
　撫門閥，九品官人法猶讓其存在。至開皇七年（五八七），中央集權工作大致完成，
　始廢此法。

煬帝即位，多所改革。三年定令：品自第一至于第九，唯
置正從，而除上下階；罷諸總管，廢三師、特進官；分門
下、太僕二司，取殿內監名，以為殿內省，并尚書、門下、
內史、祕書，以為五省；增置謁者、司隸二臺，并御史為三
臺；分太府寺為少府監，改內侍省為長秋監、國子學為國子
監、將作寺為將作監，并都水監，總為五監；改左右衛為左
右翊衛、左右備身為左右驍衛，左右武衛依舊名，改領軍為
左右屯衛，加置左右禦，改左右武候為左右候衛，是為十二
衛，又改領左右府為左右備身府，左右監門依舊名，凡十六
府。（下略）

按，同書〈百官志〉所載開皇官制，顯然是《開皇令》所規定之制；
其中央官制的規定，包括三師、三公及五省（尚書、門下、內史、祕
書、內侍等省）、二臺（御史、都水等臺）、九寺（太常、光祿、衛
尉、宗正、太僕、大理、鴻臚、司農、太府等寺）、及國子寺、將作
寺（合九寺，宜有十一寺）、與十二衛府（左右衛、左右武衛、左右
武候、左右領、左右監門、左右領軍等）。《大業令》之改制，除官
品廢上下階（開皇令設定於正四品以下）、罷廢諸總管、三師、特進
等事以外，其於中央政府則修定為五省、三臺、九寺、五監（此時或
宜曰三監，詳後）、十六衛府的體制。

　　此即《大業令》與《開皇令》，均以省、臺、寺（監）及衛府
來規定中央政府與軍府的規模，但論其內部結構，已多所釐正。諸如
五省之中，用殿內省來取代內侍省，內侍省則改為長秋監；而殿內省
是將門下省的尚食、尚藥、御府、殿內等局，以及太僕寺的車府（後
來稱為尚輦）、驊騮（後來稱為尚乘）等署合併而成，取殿內為省
名。（《唐六典》卷十一「殿中省」條注）門下省的組織與職責，在

北齊除掌獻納、諫正以外，本含進御之職；至隋開皇時，猶掌陪從。
（《唐六典》卷八「門下侍中」條注）煬帝《大業三年令》，將門下
省掌侍御諸機構，畫歸殿內省，對門下省而言，自此時起才正式成為
純粹的審議機關。[36]唐朝相權機構所見的尚書、中書、門下三省分權
制度，初步奠立於隋文帝的《開皇令》，但至煬帝的《大業令》始告
確立。其關鍵所在，當即門下省確立其專掌審議、封駁權。

此外，前引《隋志》謂大業又有三臺、五監之制，大部分是成
立於《大業令》。以三臺之制而言，御史臺早有其制，而謁者、司隸
之相關職責，先前固然有其職[37]，但設臺則當始於煬帝《大業令》。
此為煬帝即位之初，重視吏治運作的具體表現。至於五監，其長秋
監、國子監之監名，可確定是《大業三年令》的改稱（《唐六典》卷
十二、二十一）；但分太府寺為少府監，則在大業五年（《唐六典》
卷二十二）；其曰將作監、都水監，已分別見於文帝開皇二十年、仁
壽元年（《隋書》卷二十八〈百官志〉），《隋志》為何將「將作寺
為將作監，并都水監，總為五監」云云，置於《大業三年令》之後敘
述？其意似指制定令之前曰將作寺，制定令以後曰將作監，但都水監
名稱，在制定令前後似皆不變。

《隋志》曰：

> 將作監改大監、少監為大匠、少匠，……五年，又改大匠為
> 大監……少匠為少監。……都水監改為使者，……五年，又
> 改使者為監，……加置少監。

---

36 參看曾資生，《中國政治史‧第四冊隋唐五代》（臺北，啟業書局，1974。1944初
　　版），頁24。
37 參看《通典》卷二十一〈中書省‧通事舍人〉、卷三十二〈州郡‧司隸校尉〉條。

從北齊至隋初，以大匠爲長官時，其機構名稱曰將作寺；以大監爲長官時，其名稱曰將作監；同樣地，以使者爲長官時，其機構名稱曰都水臺；以監爲長官時，其機構名稱曰都水監。（《隋書》卷二十七、二十八〈百官志〉）由此一史實推之，前引《隋志》記載「將作監改大監、少監爲大匠、少匠」一事，宜解爲煬帝即位之初，猶襲用文帝開皇二十年之改制，曰將作監；《大業三年令》改曰將作寺；至五年，又改曰將作監。如此，《隋志》曰「將作寺爲將作監」云云，自可迎刃而解。其於都水監，因無特別指明其前身機構（都水臺），是故，煬帝即位之初乃至三年定令、五年之改使者爲監，似仍襲用文帝仁壽元年之改制，而曰都水監，是爲較特殊之例。此說若不誤，所謂五監之制，當至大業五年始完成（即都水監襲用仁壽舊稱外，長秋監、國子監是立於三年，少府監、將作監則立於五年）。在制度上，以監名機構，當始自《大業令》。此外，軍制方面，是由十二衛府擴增爲十六衛府。

　　總之，隋代經由《開皇令》到《大業令》的編定，在制度方面，確立尚書六部的規模，以及釐清漢季以來尚書六部與諸寺、監職權糾纏不清，甚至重複混淆的情形；尤其建立尚書、中書、門下三省的相權分權制度。凡此，皆由唐因襲，而成爲一代規模者。[38]但《大業令》在國家基本組織結構的規定，與《開皇令》並無顯著差異，所以推測其篇目恐亦與《開皇令》無二致。再者，《大業令》在內容上，雖修定《開皇令》不少，但是立法原則仍謹守開皇的「依漢、魏之舊」的立國政策。例如對於「開府儀同三司」一職的規定，《隋

---

38 參看曾資生，《中國政治史》第四冊《隋唐五代》，頁22-24。又關於唐代尚書六部與九寺、諸監的關係，參看嚴耕望，〈論唐代尚書省之職權與地位〉（收入嚴耕望，《唐史研究叢稿》，九龍，新亞研究所，1969），頁1-101；嚴氏簡要的說明，參看〈唐代六部與九寺諸監之關係〉（《大陸雜誌》2-11，1951-6），頁18-19。

書》卷二十八〈百官志〉云：

> 開皇中，以開府儀同三司為四品散實官，至是改為從一品，
> 同漢、魏之制，位次王公。

按，同書同志謂文帝「採後周之制」，規定開府儀同三司為十一等「散實官」之一，並規定為正四品上。此制或為《開皇令》文，顯然不在「漢、魏之舊」的範圍，而屬於北周之制。至煬帝時，始用「漢、魏之制」，將開府儀同三司之職，規定為從一品。此處所謂「漢、魏之制」，其實就北齊之制；北齊即規定開府儀同三司為從一品。（《隋書》卷二十七〈百官志〉、《唐六典》卷二「吏部郎中員外郎」注）《隋書》卷二十六〈百官志·序〉云：

> 高祖踐極，百度伊始，復廢周官，還依漢、魏。……煬帝嗣位，意存稽古，建官分職，率由舊章。大業三年，始行新令。

此事在杜佑《通典》卷二十五「總論諸卿」注云：

> 隋氏復廢六官，多依北齊之制。

即由北齊之制去追溯漢、魏之制，是文帝立國以來的基本政策。文帝時代對於此一政策顯然未能完全實現；煬帝即位後，如《隋志》所云：「意存稽古，建官分職，率由舊章。」所以其《大業三年令》的立制原則，當較《開皇令》更具體實施依法漢、魏之舊。

遵循漢、魏之舊的文化認同工作，可謂為整個隋代不變的立國政

策。此一政策，在文帝、煬帝即位之初，大都還能認眞執行，《開皇令》、《大業令》的制定，是其成果。可惜文帝後期、煬帝後期，不再謹守令制，政治遂敗壞。

《隋書》卷二十八〈百官志〉末云：

> （煬）帝自三年定令之後，驟有制置；制置未久，隨復改易。

同書卷二十六〈百官志‧序〉亦云：

> 大業三年，始行新令。……既而以人從欲，待下若讎，號令日改，官名月易。尋而南征不復，朝廷播遷，圖籍注記，多從散逸。今之存錄者，不能詳備焉。

此處主要指出二點，一是《大業令》頒行後，制度屢易；一是朝廷播遷，圖籍散逸，唐初編撰《隋書》，已無法詳載其事。前者，從《隋志》所著錄之官制，可知至少在大業五年、十二年、十三年等年度，有較多的改制；後者，便是《大業令》篇目名稱不能知其詳的基本原因。

第四節　隋代的律令政治

　　隋代建制一代規模，爲唐因襲，正如秦代建制一代規模，爲漢因襲，已是學界一般的共識。此處所謂的隋制，主要指三省制、均田制、租庸調制、府兵制、選舉制等。王夫之氏則舉置倉、遞運之類，其《讀通鑑論》卷十九「隋文帝」條之五云：

> 隋無德而有政，故不能守天下而固可一天下。以立法而施及
> 唐、宋，蓋隋亡而法不亡也，若置倉、遞運之類是已。

隋代建倉、開鑿運河等事，的確亦影響唐、宋深遠。此又是另一種見解。惟此等說法，無非是就事實面而論；若就「立法而施及唐、宋」之法而言，則欠周延，而宜曰禮樂律令，狹義而言，仍宜曰令。蓋自西晉以來，令用來規定制度，已與律成爲對等的地位，例如關於三省等制度，是見於《官品令》、《諸司職員令》等；關於均田、租庸調制，是見於《田令》、《戶令》、《賦役令》等；關於府兵制，是見於宮衛・軍防令；關於科舉等選舉，是見於選舉令、學令、考課令等；關於置倉、遞運，是見於倉庫令、關市令等。即以禮樂而言，隋代有《開皇禮》、《仁壽禮》、《江都集禮》等禮典，其於令文中的相關篇目，有《祠令》、《衣服令》、《鹵簿令》、《儀制令》、《假寧令》、乃至《喪葬令》等。史書各志，基本上也是由諸律令、禮典整理出來。因此，歸根究柢，若欲論隋之「立法而施及唐、宋」者，非由禮樂律令不可。這是因爲西晉以來，除用令來規定制度以外，並已進入納禮入律令，違禮令入律時期。拙稿強調文帝、煬帝即位之初，便汲汲於議禮樂、修律令，就是基於此故。

一、文帝時期的律令政治

隋文帝即位後，便積極制定律令制度。結果，元年完成律，二年完成令、格、式，三年，鑑於律猶嚴苛，而再修定律。《隋書·經籍志》著錄「隋律十二卷」，當指《開皇三年律》。另外，由文帝遺詔及《隋書》〈房暉遠傳〉、〈劉焯傳〉、《舊唐書》〈李百藥傳〉等處看來，文帝在仁壽二年（602）曾再進行修訂五禮及律、令、格、式，但除葬禮儀注等少部分有所增補以外，似皆無成就。煬帝即位後，在大業三年制定律令，四年制定新式（或含格），可視爲完成文帝的遺志。

隋代，在文帝、煬帝時期，不論議禮樂，或修律令（即所謂「官儀」），其政策均以廢棄北周舊制，「依漢、魏之舊」爲原則，實際則爲直追北齊之制。就「依漢、魏之舊」的立國原則而言，正是文化認同的表現，而煬帝看來甚至較文帝更爲「稽古」，這一點，與其對峙的南朝，是無法比擬的。北朝自北魏孝文帝實施漢化政策，到西魏、北周的關中本位政策，以及隋朝二帝採用漢、魏（晉）政策，都是積極進行不同形式的文化認同。

文帝、煬帝即位之初，猶銳意政治，具體實施禮樂律令。例如《開皇禮》頒行天下後，《隋書》卷八〈禮儀志〉云：「其喪紀，上自王公，下逮庶人，著令皆爲定制，無相差越。」此即其喪紀，在《開皇·喪葬令》中，皆有明白規定，上自王公，下至庶人，都不可逾越。這也是「納禮入令」的一個典型例子，只是著令時《開皇禮》尚未完成，此時所用的禮，可能是北齊禮。又如《隋書》卷七十一〈劉子翊傳〉記載一則事例，開皇十八年（598），永寧令李公孝早在四歲喪母，九歲外繼，其後父更別娶後妻，此時繼母去世；河間劉炫以爲繼母無撫育之恩，主張不必解官。侍御史劉子翊駁奏曰：

傳云：「繼母如母，與母同也。」……是以令云：「為人後
者，為其父母並解官，申其心喪。父卒母嫁，為父後者雖不
服，亦申心喪。其繼母嫁，不解官。」此專據嫁者生文耳。
將知繼母在父之室，則制同親母。若謂非有撫育之恩，同之
行路，何服之有？服既有之，心喪焉何獨異？三省令旨，其
義甚明。……今炫敢違禮乖令，……不覺言之傷理。

文帝從子翊之議。劉子翊之議，主要引用《左傳》、以及「令」（指
《開皇・喪葬令》）**39**，認為繼母制同親母，依令必須解官。劉炫的
議論，是「違禮乖令」。此例正是《開皇令》具體實施的說明（即納
禮入令）。

　　再如《隋書》卷六十二〈劉行本傳〉記載雍州別駕元肇上奏於文
帝曰：

有一州吏，受人餽錢三百文，依律合杖一百。然臣下車之
始，與其為約。此吏故違，請加徒一年。

黃門侍郎劉行本駁奏云：

律令之行，並發明詔，與民約束。今肇乃敢重其教命，輕忽
憲章。欲申己言之必行，忘朝廷之大信，虧法取威，非人臣
之禮。

---

39 參看前引程樹德，《九朝律考》，頁515。

此即雍州別駕元肇對州吏某人因受賄三百文，依律當杖一百，其引用律文若無誤，就現存唐律（《唐律疏議》）而言，則此州吏當屬於無祿之監臨主司因受財而枉法者，即適用《職制律》「臨主受財枉法」條（總138條）。前引文曰：「三百文」，恐為二百文之誤，即相當於一匹絹價。

《職制律》「臨主受財枉法」條（總138條）規定：

> 諸監臨主司受財而枉法者，一尺杖一百，一疋加一等，十五疋絞；

《疏》議曰：

> 「監臨主司」，謂統攝案驗及行案主典之類。受有事人財而為曲法處斷者，一尺杖一百，一疋加一等，十五疋絞。

律文又曰：

> 不枉法者，一尺杖九十，二疋加一等，三十疋加役流。

《疏》議曰：

> 雖受有事人財，判斷不為曲法，一尺杖九十，二疋加一等，三十疋加役流。

律文又曰：

> 無祿者,各減一等:枉法者二十疋絞,不枉法者四十疋加役
> 流。

《疏》議曰:

> 應食祿者,具在祿令。若令文不載者,並是無祿之官,受財
> 者各減有祿一等:枉法者二十疋絞,不枉法者四十疋加役
> 流。

按,州吏職位不明,但由此案例看來,當屬於本條《疏》議所謂的「攝案驗及行案主典之類」,也就是「判官」以上(《名例律》「稱監臨主守」條,總54條)。其犯罪構成要件有二:一為無祿之監臨主司受財(坐贓)一疋,一為枉法。符合這兩個要件時,依《職制律》總138條,應處杖一百。

由於《隋書·劉行本傳》記載雍州別駕元肇上奏文內容過於簡略,要確定上述兩項犯罪構成要件,尚須旁證作解析。先說「枉法」,元肇上奏文曰:「然臣下車之始,與其為約。此吏故違,請加徒一年。」黃門侍郎劉行本駁曰:「律令之行,並發明詔,與民約束。今肇乃敢重其教命,輕忽憲章。欲申己言之必行,忘朝廷之大信,虧法取威,非人臣之禮。」足見行本所堅持要遵守的「律令」,是指「依律合杖一百」,反對的是「加徒一年」,也就是加一等定罪。文帝接受行本之議,所以是依律行事。但元肇上奏文指出該州吏上任時就與其有「約」,此約內容不明,但從元肇以為「此吏故違,請加徒一年」,顯然是指要安分守己。該吏既然「故違」受財,顯然為枉法之故意犯。此其一。

州吏「受人饋錢三百文」如何解釋?由於唐律計價是以絹疋計

算，所以三百文必須以當時的絹匹來解。根據《隋書‧劉行本傳》可知行本出任黃門侍郎是在文帝即位不久之事，而此案例當是行本於黃門侍郎在職之時，所以可視爲文帝開皇前期，正是文帝英明推動「開皇之治」階段。管見尙無法查到此時期絹匹之價，但可以如下二則資料來推斷：一爲《魏書》卷一一○〈食貨志〉記載北魏孝文帝太和十九年（495）曰：「內外百官祿皆準絹給錢，絹匹爲錢二百。」至孝莊帝永安二年（529）秋，曰：「絹匹止錢二百，而私市者猶三百。」此事說明孝文帝遷洛陽後絹價的穩定性，都維持在一匹二百文，但私市有到三百文。下距隋文帝開皇元年（581）爲五十二年。再看唐玄宗開元十三年（725），杜佑《通典》卷七〈食貨典〉「歷代盛衰戶口」條曰：「封泰山，米斗至十三文，青、齊穀斗至五文。自後天下無貴物，兩京米斗不至二十文，麵三十二文，絹一疋二百一十二文。」這是「開元之治」的情況，再往前推一百年的「貞觀之治」，其物價比開元稍便宜。若從北魏孝文帝下看唐玄宗，二百年間的盛世時期，其絹價均能維持在一疋二百文，恐亦是史上少見。**[40]**依此而言，隋初州吏坐贓案例的絹價，當亦以一疋二百文計算，其「受人餽錢三百文」，尙不到二疋，所以依律到加一等（徒一年），行本主張不可「虧法取威」，是正確的，文帝終於贊同行本之議。這是君臣共守「憲章」，也就是遵守律令的佳例。此其二。

只是文帝到晚年，尤崇佛、道，又信鬼神，刑罰趨於嚴厲。開皇二十年（600），下詔「沙門、道士壞佛像天尊，百姓壞岳瀆神像，皆以惡逆論。」（《隋書》卷二十五〈刑法志〉）所謂「惡逆論」，

---

40 惟《冊府元龜》卷四六九〈臺省部‧封駁〉、同書卷六一七〈刑法部‧守法〉、《太平御覽》卷六三八〈刑法部‧律令下〉均記載「受人餽錢二百文」，其典據顯然同出一源，與《隋書》相較，少一百文，此處仍採用《隋書》所載。

是隋律十惡規定的第四惡，也就是用最重的刑律來保障佛、道的推行。此一重刑，到唐律，於十惡中刪除，規定於《賊盜律》，相對減輕許多。**41**

二、煬帝時期的律令政治

　　煬帝即位之初，也有守法的表現。《隋書》卷六十六〈源師傳〉云：

> 煬帝即位，拜大理少卿。帝在顯仁宮，敕宮外衛士不得輒離所守。有一主帥，私令衛士出外，帝付大理繩之。師據律奏徒，帝令斬之。師奏曰：「……即付有司，義歸恆典，脫宿衛近侍者更有此犯，將何以加之？」帝乃止。

顯仁宮是煬帝於大業元年（605）三月，在洛陽興建的宮殿，當時曾下詔不許宮外衛士擅離職守。結果發生有一主帥私自命令一衛士外出辦事而觸法。煬帝交給大理寺審訊，當時擔任大理少卿的源師「據律奏徒」，但煬帝則執意要處斬。所幸大理少卿源師據理力爭，主張「義歸恆典」，即應守法，帝乃止。大業初年的煬帝，致力國政，使隋朝達到鼎盛；同時也展現守法的一面，其與後來成為暴君之形象，是不可同日而語。現在要討論的是源師所謂「據律奏徒」，此律是根

41　《唐律疏議‧賊盜律》「盜毀天尊佛像」條（總兩百七十六條）曰：「諸盜毀天尊像、佛像者，徒三年。即道士、女官盜毀天尊像，僧、尼盜毀佛像者，加役流。真人、菩薩，各減一等。盜而供養者，杖一百。盜、毀不相須。」

據何者？查《唐律疏議》實無直接可引用的條文，但根據下列條文，可比附辦理。《衛禁律》「闌入廟社及山陵兆域門」條（總58條）曰：

> 諸闌入太廟門及山陵兆域門者，徒二年；（注曰：闌，謂不應入而入者。）……主帥又減一等。（注曰：主帥，謂親監當者。）故縱者，各與同罪。（注曰：餘條守衛及監門各準此。）

此處提及「餘條守衛及監門各準此」，且主帥若是「故縱者，各與同罪。」也就是徒二年。若就被私遣的衛士而言，實觸犯「宿衛人在直而亡者」，即使在宮城之外，其罪也與宿衛無別，也就是「一日杖一百，二日加一等（徒一年）」，稍輕於主帥。《捕亡律》「宿衛人亡」條（總460條）曰：

> 諸宿衛人在直而亡者，一日杖一百，二日加一等。即從駕行而亡者，加一等。

《疏》議曰：

> 問曰：衛士於宮城外守衛，或於京城諸司守當，或被配於王府上番，如此之徒，而有逃亡者，合科何罪？
> 答曰：宮城之外，兼及皇城、京城，若有逃亡，罪亦與宿衛不別。

所以大理少卿源師「據律奏徒」，無誤，煬帝不再堅持己見，此時堪

稱英明。

　　禮樂律令是依據古典及傳統作爲所完成的國家基本大法，理論上
是有其權威性，即如前所述的「憲章」、「恆典」，一經公布，君臣
自應守法，始有開創治世的可能。《隋書》卷四十二〈李德林傳〉記
載「（開皇）格令班後，蘇威每欲改易事條；德林以爲格式已頒，義
須畫一，縱令小有蹉駁，非過蠹政害民者，不可數有改張。」德林的
說法，代表強調實定法的權威性，也可說當時儒者所刻意要完成的目
標。理論上，自西晉頒行泰始律令後，是以政治法制化作爲君臣共守
的理想境界。

　　只是禮樂律令制度建立後，初期君臣都還能遵守，後來卻常成
爲具文；也就是法制的權威性，無法始終如一，其故安在？檢討其原
因，簡而言之，就是自秦漢以來君權過度膨脹的緣故。隋代雖將禮樂
律令予以法制化，但仍將君權設定爲至上，如禮典規定宗廟爲大祀，
《開皇律》首次明定「十惡」，主要均是用以保障君權。因此，君權
在施行禮樂律令制度時，依然是最高、最後。試看以下諸事例。

　　例如前述李德林主張格令等不可任意更動，但高熲贊同蘇威提
出修改，文帝採納威議，這當是《開皇元年律》之後，又有《開皇三
年律》的由來。（《隋書》卷四十二〈李德林傳〉）再如《隋書》卷
六十六〈柳莊傳〉云：

　　　尚書省嘗奏犯罪人依法合流，而上處以大辟；莊奏曰：「臣
　　　聞張釋之有言，法者，天子所與天下共也。……伏願陛下思
　　　釋之之言，則天下幸甚。」帝不從，由是忤旨。

此是文帝以皇權堅持改易尚書省的判決，柳莊雖引漢朝張釋之之言，

而曰：「法者，天子所與天下共也。」[42]皇帝終於不遵守律令，說明皇權是最高、最後。至於文帝晚年、煬帝後期不守法的情形，《隋書・刑法志》有頗多的說明，如曰：「（文帝）仁壽中，用法益峻，……不復依準科律。」對於煬帝，則因盜賊群起，而「益肆淫刑」。由於煬帝淫刑，使即位初年的德政，[43]付之東流，而將其弊政直承文帝晚年，百姓無法負荷，隋代於是迅速崩潰。

　　煬帝由於非為嫡長繼承，即位之後，為一新耳目，乃有大業禮樂律令制度的修撰。該制度仍然遵守開皇初年「依漢、魏之舊」的立國原則，但不若開皇直追北齊之制，反而更加復古地接近漢、魏（晉）。所以大業之制，不盡同於開皇。但因隋亡於煬帝，所以唐建國後，其武德之制，棄大業而接近開皇；但貞觀又對武德修正，亦吸收部分大業要素，而成一代規模，為後代所模仿，貞觀之制因而不盡同於武德。

---

42 按，此說本亦原始法家的共同主張，如商鞅、韓非子等。
43 例如《隋書・刑法志》謂《大業律》頒行後，百姓「喜於刑寬」。

結 語

　　綜合以上所述，可知隋代所建立的律令制度，是對魏、晉以來諸建制的總整理。其與魏、晉，尤其西晉，最大不同的地方，在於藉律令制度的釐正，而將皇帝作爲頂點的中央集權體制，凌駕於儒家所主張的貴民說之上，此在律的十惡、八議規定以及令的篇目順序調整，所反映的政治理念，格外明顯。所以律令制度的發展，到隋代，可說具有如下三項特質：1.從制度上具體落實文化認同政策；2.具體實施以皇帝爲頂點的中央集權政策；3.依法（律令）爲治。這些特質，其實也就是兩帝初即位時的立國方針。隋初在法制（律令）上落實中央集權，唐初沿襲隋制，不但使隋文帝順利完成統一中國工作，也使隋之開皇、唐之貞觀政治，成爲後世之美談。至於後來變質，以致不守，是屬於另一問題，但至少暴露出邁向法制化過程中，雖完成律令制度，仍有其無法克服的弱點。這個弱點，在於法制上自始（理論上可追溯至秦漢）規定尊君，而無制君之法，當然更無主權在民的保障。所以一旦律令政治崩壞，所謂治世也就不在。君主若專橫不法，臣民依然束手無策，最後只有採取孟子所說的「易位」（《孟子・萬章下》之法，進行「易姓革命」。自魏晉至隋唐所完成的律令制度，本可爲中國政治走向法制化帶來曙光，但因上述第二特質，始終無法作合理的安排；宋以後「令」制的衰退與皇權的獨裁化，說明中國必須再走一段悲劇之路，其盡頭是皇帝制度的結束，與民主與法治的來臨，只是代價慘痛。[44]

---

44 參看拙作〈治國平天下〉（收入《中國文明的精神(一)・政治理想與政治制度》，廣播電視事業發基金，1990），頁173-176。

第二章　唐代武德到貞觀律令的制度

前　言

　　論及唐初立制，一般都說是沿襲「隋制」或「隋舊」。曰「隋制」者，如《通典》卷十五〈選舉典・歷代制〉說：「大唐貢士之法，多循隋制。」同書卷十九〈職官典・歷代官制總序〉說：「大唐職員多因隋制。」。其曰「隋舊」者，如《新唐書》卷十四〈選舉志〉說：「唐制，取士之科，多因隋舊。」同書卷四十六〈百官志〉說：「唐之官制，其名號祿秩，雖因時增損，而大抵皆沿隋故。」《舊唐書》卷四十二〈職官志〉也說：「高祖發跡太原，官名稱位，皆依隋舊。及登之初，未遑改作，隨時署置，務從省便。」這樣看來，唐初的制度，沿用隋朝的制度，大致無問題。只是所謂「隋制」或「隋舊」，究竟應該指時代較近的煬帝大業制度？或者指時代稍遠的文帝開皇制度？對於這個問題，初步的回答，應當說是開皇制度；果如是，大業制度應該放在什麼地位呢？也還是問題。其次，一般以為貞觀制度是針對武德制度加以修正的，那麼，修正後的貞觀制度是更接近開皇或者去開皇轉而接近大業？易言之，論及唐初的制度，勢必要同時解決武德、貞觀與開皇、大業之間的交互關係，進而才能檢討唐初的立國政策問題。茲先檢討武德、貞觀律令的編纂問題。

第一節 武德律令格式的編纂

在史籍上，有關編纂《武德律令》的記載略有出入，引起學界若干質疑。茲以《舊唐書》卷五十〈刑法志〉（以下簡稱《舊志》）爲據，先引述如下：

> A.高祖初起義師於太原，即布寬大之令。百姓苦隋苛政，競來歸附。旬月之間，遂成帝業。B.既平京城，約法爲十二條，惟制：殺人、劫盜、背軍、叛逆者死，餘並蠲除之。C.及受禪，詔納言劉文靜與當朝通識之士，因開皇律令而損益之，盡削大業所用煩峻之法。又制五十三條格，務在寬簡，取便於時。D.尋又敕尚書左僕射裴寂、尚書右僕射蕭瑀及大理卿崔善爲、給事中王敬業、中書舍人劉林甫、顏師古、王孝遠、涇州別駕靖延、太常丞丁孝烏、隋大理丞房軸、上將府參軍李桐客、太常博士徐上機等，撰定律令，大略以開皇爲準。于時諸事始定，邊方尚梗，救時之弊，有所未暇，惟正五十三條格，入於新律，餘無所改。至武德七年五月奏上，乃下詔曰……。是頒行天下。（號碼爲筆者所加）

此段文字，就是《舊唐書》有關編纂《武德律令》過程的基本記載。茲配合其他史籍，依序說明如下：關於A，公布「寬大之令」，《宋本・冊府元龜》卷六一二〈刑法部〉「定律令」條亦同。按，李淵是在大業十三年（617）七月癸丑（初五）誓師於太原（溫大雅《大唐創業起居注》卷中、《通鑑》卷一八四）[1]，根據前引溫大雅《大唐

---

1 《新唐書》卷一〈高祖本紀〉謂七月壬子（初四）「誓眾於野」，此說異於前引兩書，恐誤。

創業起居注》，誓辭中並無宣布「寬大之令」，只數煬帝之秕政，以致「十分天下九爲盜賦」，而欲興「勤王之師」；並移檄所在郡縣。在行軍中，有實施敬老、用才等措施，所以「義旗之下，每日千有餘人」。（同前引書）惟誓辭中，曰：「征稅盡於重斂，民力殫於勞止。」所以，「廢昏立明，……雪乎今日」。此即義軍所過，除卻隋末苛政。就此意義而言，所謂「寬大之令」，並非公布屬於法規條文之「令」，而是行仁政，以收服人心。

關於B，所謂約法十二條問題。諸史籍的記載，詳略不同。《新唐書》卷五十六〈刑法志〉（以下簡稱《新志》）曰：

> 唐興，高祖入京師，約法十二條，惟殺人、劫盜、背軍、叛逆者死。

同書〈高祖本紀〉將此事繫於大業十三年十一月丙辰（初九）克京城之後。（舊紀無載）《通鑑》卷一八四亦同，惟又曰：「悉除隋苛禁。」此事在《點校本·通典》（以下皆用此本）卷一七〇〈刑法典〉「寬恕」條云：

> 大唐高祖初至京師，革隋峻法，約為十二條，殺人、劫盜、背軍、叛逆者死，餘並蠲除之。（同書卷一六五「刑制」條略同，惟少「革隋峻法」一句）

《唐會要》卷三十九「定格令」條所載略同《通典》。這個意思，是說李淵於大業十三年七月初五起兵於太原時，是先實施親民措施；到十一月丙辰（初九）入關後，始宣布廢除所有隋朝苛政，同時公布十二條臨時法規，以約束百姓；其內容，主要是規定：「殺人、劫

盜、背軍、叛逆者死」，其餘隋朝（指大業？）刑律規定都廢除。依此看來，《新志》的記述太簡單，沒有記載革除苛政等事，易引起誤會；《通典》、《舊志》、《通鑑》、《唐會要》、《冊府元龜》諸書的記載雷同，而以《通典》、《唐會要》、《冊府元龜》爲詳。

　　關於C，李淵即位後，除去大業「煩峻之法」，並公布「五十三條格」。此事諸史籍的記述也不盡相同，請看下表：

附表2-1　武德元年五十三條格諸紀事

史　籍	紀　事	備　註
舊　志	及受禪，詔納言劉文靜與當朝通識之士，因開皇律令而損益之，盡削大業所用煩峻之法。又制五十三條格，務在寬簡，取便於時。	卷五十
舊　紀	武德元年五月甲子（二十日）即位。壬申（二十日），命相國長史裴寂等修律令。六月甲戌（初一），廢隋大業律令，頒新格。	卷一
新　志	及受禪，命納言劉文靜等損益律令。武德二年，頒新格五十三條，唯吏受賕、犯盜、詐冒府庫物，赦不原。凡斷屠日及正月、五月、九月不行刑。	卷五十六（新紀無載）
通　鑑	武德元年五月甲子（二十日）即位。壬申（二十八日），命裴寂、劉文靜等修定律令。六月甲戌（初一），廢隋大業律令，頒新格。	卷一
通　典	及受禪，詔宰相劉文靜因開皇律令而損益之，盡削大業苛慘之法，制五十三條，務存寬簡，以便於時。	卷一七〇
通　典	及受禪，又制五十三條格，入於新律，武德七年頒行之。	卷一六五
會　要	武德元年六月一日，詔劉文靜與當朝通識之士，因隋開皇律令而損益之。逐制爲五十三條，務從寬簡，取便于時。其年十一月四日，頒下。仍令尚書令左僕射裴寂、吏部尚書殷開山、大理卿郎楚之、司門郎中沈叔安、內史舍人崔善爲等，更撰律令。十二月十二日，又加內史令蕭瑀、禮部尚書李綱、國子博士丁孝烏等同修之。	卷三十九

史　籍	紀　事	備　註
冊　府	武德元年，既受隋禪，詔納言劉文靜與當朝通識之士，因開皇律令而損益之，盡削大業所用煩峻之法。	卷六一二
舊　史	武德元年五月壬申（二十八日）命相國長史裴寂等條（修？）律令。六月甲戌（初一），廢隋大業律令，頒新格。十一月，詔頒五十三條格，以約法緩刑。	《玉海》卷六十六引

從以上諸史籍所載，可知開始修撰律令之時間，諸史籍之記載略有不同，約有三說：一曰受禪後開始者，有《通典》、《舊志》、《新志》、《冊府》等；一曰即位後開始者，有《舊紀》、《通鑑》、《舊史》等；一曰武德元年六月一日開始者，有《會要》等。受禪後之說，宜指武德元年五月戊午（十四日）受禪以後；即位後之說，宜指同年五月二十日即位之後。論其實際過程，自宜以即位以後，也就是《通鑑》所載的五月二十八日說，較符實情。其曰受禪後，當是約略的說法，不能太認真。整個過程，似當如此說：李淵於武德元年（618）五月甲子（二十日）即位，不久，即壬申（二十八日），乃命裴寂、劉文靜等根據開皇律令修定新律令（《舊紀》、《舊史》、《通鑑》等）。

此次修定律令，因為國家草創，天下還沒統一，所以不是通盤的整理，而是取當前急需部分，先整理公布實施。六月甲戌（初一），詔廢隋大業律令，頒「新格」（《舊紀》、《舊史》、《通鑑》等）。但《會要》在六月一日之下，曰：「遂制為五十三條，務從寬簡，取便于時。其年十一月四日，頒下。」顯然是以六月一日作為制定五十三條的時間，而以十一月四日作為五十三條格公布之時間。《舊史》除記載六月一日頒「新格」外，在十一月，又曰：「詔頒五十三條格。」這種情況，似乎說明六月一日公布的「新格」與十一月四日公布的「五十三條格」不同。易言之，《舊史》明顯將兩事並

存；[2]《舊志》雖沒有指出「新格」，但似乎也有兩階段之意，所以記載爲「又制五十三條格」。此事即以爲武德元年之修法，宜有兩階段，所以出現兩種「格」。六月公布的「新格」內容不明，可能極爲簡要，尚不足以應急，所以到十一月又公布五十三條格，此格當包含六月的「新格」。史官修史時將兩者給予混淆了。

　　爲什麼修格工作分爲兩階段？這個事情，可能與劉文靜離開修撰工作有關。按，武德元年（618）修法工作，如前表所示，主要是由劉文靜、裴寂及「當朝通識之士」完成的。《舊唐書》卷五十七〈劉文靜傳〉曰：

> 時制度草創，命文靜與當朝通識之士更刊隋開皇律令而損益之，以爲通法。高祖曰：「本設法令，使人共解，而往代相承，多爲隱語，執法之官，緣此舞弄。宜更刊定，務使易知。」

據此，可知此次修法，起初是由劉文靜主持，其目標是要除去隱語，使人易知，也就是前引《通典》卷一七○所說的「務存寬簡，以便於時」。這種工作，應當不是一、二天可達成，但如前所述，高祖在五月壬申（二十八日）任命修撰，到六月甲戌（初一），實際只有二天（五月無三十日），如此短暫時間內，要「因開皇律令而損益之」，並制五十三條格，應該不是那麼容易的。但《舊紀》、《舊史》、

2　《玉海》卷六十六所引的《舊史》，其性質不明，從其內容看，頗近於《舊紀》，其取材當雷同。惟對於「新格」記事，《舊史》則將史籍不一之情形，予以集中表現，或正代表其取材於不同來源之特徵。又，近人石田勇作提出折中的看法，以爲武德律令是開始於武德元年的五月到六月之間。（參看石田勇作，〈隋開皇律から武德律令へ〉，頁231，收入《栗原益男先生古稀記念論集：中國古代の法社會》，東京，汲古書院，1988），此說不具體，暫不取。

《通鑑》等，確實記載「六月甲戌（初一），廢隋大業律令，頒新格。」這是第一個階段所完成的「新格」。

六月癸未（初十），薛舉寇涇州，以秦王世民爲元帥、文靜爲元帥府長史拒之。此役被打敗，文靜也被除名。其後，又從世民討舉，平之。至翌年，隨著世民鎮守長春宮。（《通鑑》卷一八五、《舊唐書》卷五十七〈劉文靜傳〉）由此看來，自從武德元年六月十日薛舉入侵，文靜隨世民出征以後，當同時離開修撰新格工作，六月一日所公布的「新格」，是在文靜主持下進行，其成果可能有限。文靜離開後，修法的工作當改由裴寂負責，《舊紀》、《舊史》的記述只提裴寂，恐即反映此一事實；另外，《通鑑》是將裴寂與文靜並提，或有反映部分事實；而《會要》在十一月頒布以後，有詔繼續修撰律令諸人中並無文靜，似亦說明此事。十一月四日由裴寂所主修而完成的「五十三條格」，才是武德元年「新格」的最後定案，這是第二階段修格。

至於《新志》以爲至武德二年始頒新格五十三條，繫年有誤，其下所載諸規定，實際是武德二年正月、二月頒布的，與武德元年制格之事無關。所以《新志》說法背離史實太遠，不予以採用。[3]而《通

---

3 《新唐書‧刑法志》此條規定「唯吏受賕、犯盜、詐冒府庫物，赦不原。凡斷屠日及正月、五月、九月不行刑。」其實是武德二年以後之事。《宋本‧冊府元龜》卷六一二〈刑法部〉「定律令」條載武德二年正月（甲子）詔曰：「自今已後，每年正月、五月、九月及每月十齋日，並不得行（死）刑。」有關禁行死刑時節之新規定，又見於《新唐書》卷一〈高祖本紀〉。至於不赦的新規定，是在同年二月頒行，同前引《冊府元龜》制曰：「官人枉法受財及諸犯盜、詐請倉庫、隱藏官物者，罪無輕重，皆不得赦原。」《新志》將這兩項新規定，混爲武德元年的「新格」，顯然有誤。（參看劉俊文，〈新唐書刑法志證誤〉，頁78-79，收入《中華文史論叢》，第四十輯，1968-4）馬建石、楊育棠，《舊唐書刑法書注釋》（北京，群眾出版社，1984），頁4注8，據《新唐書‧刑法志》，以爲此五十三條格是武德二年頒布，此說不足爲據。又，喬偉根據《新唐書‧刑法志》武德二年此條規定，進而認爲「這是唐朝立法的開端」，此說亦不可取。喬氏又指出武德四年詔裴寂、蕭瑀、崔善爲等人撰

典》卷一六五所載：「及受禪，又制五十三條格，入於新律，武德七年頒行之。」雖繫於高祖受禪之後，但所謂「入於新律」，實另指他事，詳後。

總之，高祖在即位之初，先確定廢棄大業律令，而改採開皇律令作為李唐立國制定律令的藍本。其修法的基本原則，是「務存寬簡，以便於時」。但因時間急迫，天下未定，乃於六月一日先草定「新格」，內容不明。劉文靜離開後，改由裴寂領銜，至十一月四日始制定新格五十三條；它的內容，除包含六月公布的「新格」而外，整個說來，當是在開皇律令的基礎上，針對非常時期的需要而臨時制定的特別法。《會要》所謂「因隋皇律令而損益之」，就是這個意思。廣義而言，「五十三條格」是包含新格，這些格文，屬於臨時性的刑罰，附有罰則，而有近乎律的作用。[4]《通典》曰：「盡削大業苛慘之法。」（《舊志》略同）而在《舊紀》則曰：「廢隋大業律令。」（《通鑑》、《舊史》亦同）文字雖有異，其意當相近。

關於D，所謂武德七年（624）律令與五十三條格關係。高祖自武德元年（618）五月即位以來，便積極進行修撰律令。其修撰原則，是就隋開皇律令加以損益，並宣布廢除隋大業律令。結果，由於天下未統一，在是年十一月只完成「五十三條新格」。當公布實施新格的同時，又下詔繼續修撰律令；其未完成以前，在法制的行用上，依然以隋開皇律令作為準據。例如除武德元年五月即位後，詔示「因開皇律令而損益之」（《通典》卷一七〇）外，武德四年（621）七月在平王世充後的赦書中，仍曰：「律、令、格、式，且用開皇舊

定律令，「大略以開皇為準」，以下據《舊唐書・刑法志》而立論。（參看喬偉，《唐律研究》，頁29-30，濟南，山東人民出版社，1985）按《舊志》此處無明載武德四年。喬氏之立論，對史料缺乏批判，又任意添補，用以論史，極為危險。
4 參看前引劉俊文，〈新唐書刑法志證誤〉，頁75-76。

法。」（《唐大詔令集》卷一二三、《通鑑》卷一八九）直至七年四
月[5]庚子（初一），頒行律令，此即所謂武德律令，猶「大略以開皇
爲準」。但實際上「惟正五十三條格，入於新律，餘無所改」（《舊
唐書・刑法志》、《冊府元龜》卷六一二）。原因是：「于時諸事始
定，邊方尚梗，救時之弊，有所未暇。」（同前引書）也就是由於建
國以來，群雄並未完全平服，而國內百廢待舉，所以無法全力從事修
法工作。

雖是如此，自武德元年十一月頒行「五十三條新格」後，到七年
三月二十九日撰成，[6]是年四月一日頒布實施《武德律令》爲止，其
間仍有若干階段的變化，需要作說明。

就編纂人員而言，武德元年六月十日以後，由於劉文靜參加李
世民征討薛舉之役，所以此後主持修撰工作，應當是裴寂。前引《唐
會要》卷三十九〈定格令〉條記載頒布武德元年十一月「五十三條
（格）」之下，又曰：「仍令尙書令左僕射裴寂、吏部尙書殷開山、
大理卿郎楚之、司門郎中沈叔安、內史舍人崔善爲等，更撰律令。
十二月十二日，又加內史令蕭瑀、禮部尙書李綱、國子博士丁孝烏等
同修之。」計裴寂以下共八人。另外，《新唐書・刑法志》也說：
「已而，又詔僕射裴寂等十五人，更撰律令。」[7]均透露裴寂是繼劉
文靜之後，主持編纂工作者。就《會要》所提供的編纂人員而言，其
階段性增加情形如下：

---

5 四月說，是採用《舊唐書》卷一〈高祖本紀〉、《新唐書》卷一〈高祖本紀〉以及
　《通鑑》卷一九〇。但《舊唐書・刑法志》、《冊府元龜》卷六一二皆曰五月，恐
　誤。

6 武德律令撰成的時間，據《唐會要》卷三十九「定格令」條知是在七年三月二十九
　日。《通鑑》卷一九〇謂七年三月「初定令」，亦指撰成而言。

7 《新唐書・刑法志》將「已而」以下之文字置於武德四年條下說明，此一繫年當有問
　題，茲暫以《唐會要》爲據。

　　　十一月四日以後：

　　　　裴寂、殷開山、郎楚之、沈叔安、崔善為等[8]

　　　十二月十二日以後：

　　　　蕭瑀、李綱、丁孝烏等

這是到武德元年年底為止，從《唐會要》可考出八位的修撰人員。

　　除這八位而外，其實還有幾個線索，《舊唐書》卷一八九下〈儒學・郎餘令傳〉云：

　　　祖楚之，武德初，為大理卿，與太子少保李綱、侍中陳叔達
　　　撰定律令。

郎楚之已列於十一月四日以後之名單，但據此可知尚有李綱、陳叔達二人。[9]《舊唐書》卷八十〈韓瑗傳〉云：

　　　父仲良，武德初，為大理少卿，受詔與郎楚之等掌定律令。

此處又多出韓仲良一人，[10]連同上列李、陳二人，共計十一人，此數

---

8 《宋本・冊府元龜》卷六一二刑法部「定律令」條武德七年五月條末小字注之內容亦同。

9 李綱修律令之事，亦於見於《舊唐書》卷六十二〈李綱傳〉（《新唐書》卷九十九〈李綱傳〉無載）；陳叔達修律令之事，兩《唐書》本傳皆無記載。

10 王昶，《金石萃編》卷五十〈韓仲良碑〉（收入《石刻史料新編》，臺北，新文豐出版公司，1977），無記載仲良參與修撰律令事，不免使人生疑。所以，王昶曰：「兩書（按，指兩《唐書》之經籍或藝文志所載參與修撰武德律令名單）詳略不同，然（碑文中）並無仲良及郎楚之姓名，然則瑗傳語（詳後）恐未確也。」按，《舊唐書》此段記載，又見於《冊府元龜》卷六一二，足見《舊唐書》與《冊府元龜》皆有所據，只是兩者所據有雷同之處。因此，碑文中雖無記載修撰律令事，恐是省略的緣故，王昶之疑，暫時不採用。

爲武德元年底可考的人數。

　　依此看來，《新志》所謂「已而，又詔僕射裴寂等十五人，更撰律令」應當就是武德元年十一月四日以後，另外下詔（也可能在是日公布五十三條格之同時又下詔）修撰律令的法定人數。此次的修撰工作，由裴寂領銜，而以大理卿郎楚之、大理少卿韓仲良負實際任務。

　　如前所述，高祖在武德元年五月二十八日，對劉文靜等修撰律令，詔示新法令「務使易知」；此次再詔修律令時，大理少卿韓仲良秉承此一認知，而上奏曰：

> 周代之律，其屬三千；秦法已來，約爲五百。若遠依周制，
> 繁紊更多。且官吏至公，自當奉法，苟若徇己，豈顧刑名？
> 請崇寬簡，以允惟新之望。

高祖然之。於是「採定開皇律行之，時以爲便。」（《舊唐書》卷八十〈韓瑗傳、《宋本·冊府元龜》卷六一二〈刑法部〉「定律令」條亦同）。據此可知這次的修法原則，也是強調「寬簡」，寬簡原則當由此確定。而開皇律正是「寬簡」的象徵，所以取之爲準繩。但所謂「採定開皇律行之」，已是武德七年四月完成修律以後的事了。

　　另外，《新唐書》卷五十八〈藝文志〉、〈刑法志·武德令〉三十一卷之下注云：

> 尚書左僕射裴寂、右僕射蕭瑀、大理卿崔善爲、給事中王敬
> 業、中書舍人劉林甫、顏師古、王孝達、涇州別駕靖延、太
> 常丞丁孝烏、隋大理丞房軸、天策上將府參軍李桐客、太常
> 博士徐上機等，奉詔撰定。

此處共列十二人，可視爲修撰《武德律令》的最後名單。其中畫線的
裴寂、蕭瑀、崔善爲以及丁孝烏四人，與《會要》所列重複；說明武
德元年底所指定的十五位參撰人員，到武德七年四月完成修法工作
時，只剩四位繼續參與而已。

　　武德七年四月所完作的律令制度，究竟包括那些內容？此事當指
律令制度本身與《舊唐書‧刑法志》所說的「惟正五十三條，入於新
律，餘無所改」的五十三條入於新律之事。先說明武德七年的律令制
度。茲取《新唐書》卷五十八〈藝文志〉所著錄的武德律、令、格、
式與隋開皇制作一比較：

附表2-2　武德與開皇律令格式對照表

	武　　　　德	開　　　　皇
律	12卷（12篇）500條	12卷（12篇）500條
令	31卷（內含目1卷）	30卷，另有目1卷
格	53條（入於律）	？
式	14卷	？

　　《唐六典》卷六「刑部郎中員外郎」條、《玉海》卷六十五
〈律令‧隋新律〉皆將隋律十二卷記載爲十二篇，《武德律》既
然是因襲開皇之舊，當亦如此。另外，據《隋書‧刑法志》得知
《開皇律》是十二卷，共有五百條，《武德律》亦然（《唐會要》
卷三十九）。《武德令》方面，《隋書》卷三十三〈經籍志〉著錄
曰：「隋開皇令三十卷，目一卷。」但在《新唐書‧藝文志》只著錄
三十一卷（《舊唐書‧經籍志》亦然），以隋《開皇令》推之，即
三十卷之外，另含一卷目錄，所以成爲三十一卷。[11]至於開皇格、式

11 參看仁井田陞，〈序說第一：唐令の史的研究〉（收入《唐令拾遺》，東京大學出版
　　會，1964覆刻，1933初版），頁13。

定數如何，不知其詳，但如前引武德四年七月「平王世充赦」書中，確實指出「律、令、格、式，且用開皇舊法」，然則開皇有格、式，自無疑問。[12]《武德式》，在《新志》是著錄十四卷；《武德格》無著錄，當非無格之存在，而是有「入於新律」的五十三條格。

　　此處有幾點疑惑，首先，武德律令制度對隋開皇制究竟修改了多少？其次，武德七年的五十三條格與武德元年的五十三條格有何差別？所謂「入於新律」又如何解釋呢？

　　首先討論《武德律》問題。《唐六典》卷六「刑部郎中員外郎」條云：

> 其（武德律）篇目，一准開皇之律；刑名之制，又亦略同。
> 唯三流皆加一千里，居作三年、二年半、二年，皆為一年；
> 以此為異。[13]

按，《隋書》卷二十五〈刑法志〉云：

> 流刑三，有一千里、千五百里、二千里。應配者，一千里居
> 作二年，一千五百里居作二年半，二千里居作三年。

此即說明《武德律》只修改《開皇律》的流刑與流配規定。《武德律》將《開皇律》的三流刑（簡稱為三流）規定，各增加一千里，成為二千里、二千五百里、三千里；其流配，則不再分別遠近，一律加

---

12 關於開皇的律令格式問題，參看拙作，〈從律令制度論隋代的立國政策〉（收入中國唐代學會，《唐代文化研討會論集》，1991），頁369-370；拙書第一章各節。

13 《新唐書・刑法志》記載此事，其「居作三歲至二歲半者」之「者」字上面，根據《唐六典》所載，當脫「二歲」二字。

役一年。這個規定，唐律沿襲之（見《唐律疏議·名例律》總第4、24條）。《武德律》爲何作如此修改？原因不明。除此而外，似無修改。

至於武德七年所謂「五十三條格」，宜如何解釋？在未解答其性質以前，必須對史書的表現方式先作檢討。歸納而言，有以下幾種方式：

A.曰惟正五十三條格，入於新律，餘無所改。
——《舊志》、《通典》、《會要》、《冊府》
B.曰凡律五百（條），麗以五十三條。
——《新書·刑法志》
C.曰以五十三條附新律，餘無增改。
——《新書·藝文志》
D.曰比開皇舊制，增新格五十三條。
——《通鑑》
E.曰除苛細五十三條。
——《六典》

自A～D，所謂入、麗、附、增等用字，廣義而言，都是相近，指《武德律》是在原來的《開皇律》內，增列五十三條格。這些新格，當附在律文之末（究竟分散在各條律文之末抑或集中在全部的律文之末，目前無法判定），就原來的《開皇律》而言，這種作法，是附麗，是增列，或是補入，使「格」具有與律同等的效力。所以這個時候的格，當附有罰則，與律同樣具有刑罰的作用。從這個觀點來比較武德元年的五十三條格與武德七年的五十三條格，基本上是雷同的，其內容或有若干修正，但形式上不變。

　　按，「格」的定義，《唐六典》卷六「刑部郎中員外郎」條
云：「格以禁違正邪。」《新唐書・刑法志》曰：「格者，百官有
司之所常行之事也。」這是完備化的格的定義，包括二要項，一是
禁斷，違者有罰（如《六典》規定）；一是現行的行政法規集（如
《新志》規定）。後者，在前引《唐六典》「凡格二十四篇」注云：
「（格）蓋編錄當時制敕，永爲法則，以爲故事。」易言之，格就是
詔敕集，屬於現行法；其中有屬於刑法，有屬於行政法，將來經過整
理後，才歸入律或令、式。武德元年及七年的五十三條格，還不到完
備階段，當屬於「禁違正邪」的刑罰性質。但因武德元年的修法工作
尙未定制，所以新定的五十三條格，是與開皇律令並行。到武德七
年，修法工作已告一段落，至少在名稱上已確定爲武德律令，以作爲
唐朝此後施政的準繩。雖然實際上武德七年定律，只修正前述流刑與
流配二項而已。

　　另外，武德七年五十三條格的條數雖與武德元年的條數相同，
但在內容上，武德七年對武德元年五十三條格應有所修正。例如《冊
府元龜》卷六一二〈刑部〉「定律令」條所載武德二年正月詔（規定
不得行死刑時節）與二月制（規定吏受賕等罪行不得赦原）**14**，當收
在武德七年的五十三條格中。依此而言，唐《武德七年律》既然襲用
隋《開皇律》，其具有武德時代性的法制，當是自元年以來所集成的
五十三條格。但是這個五十三條格，被編入律文中，所以兩《唐書》
〈經籍（藝文）志〉著錄時，無著錄《武德格》，當是由於此故。

　　武德年間，由於受到「邊方尙梗，救時之弊，有所未暇」
（《舊唐書・刑法志》）的限制，所以武德七年雖頒行律令，其實

---

14 武德二年的二項詔書內容，詳見注3。

「哀矜之科，有所未盡」（同前引《冊府元龜》武德七年條小注）。
唐代要建立完備的律令制度，需等到貞觀以後。

　　至於E條《唐六典》所載的「除苛細五十三條」云者，與前述諸
史籍所載迥異，當是錯簡或傳鈔錯誤所致，此處不取。**15**

　　篇目方面，《武德律》如前引《六典》所說：「其篇目一准隋開
皇之律，刑名之制，又亦略同。」則《武德律》之篇目，宜是：

　　　1.名例；2.衛禁；3.職制；4.戶婚；5.廐庫；6.擅興；7.賊
　　　盜；8.鬥訟；9.詐偽；10.雜律；11.捕亡；12.斷獄

此即十二篇，每篇各占一卷，也就是十二卷。這樣的體例，成為唐朝
的通例，所以唐律的體例，其實直接源自隋《開皇律》。

　　《武德令》方面，與律相同，「大略以開皇為準」（《舊唐
書·刑法志》、《唐會要》卷三十九），其體例是三十卷（篇目）
（實際是二十七篇），外加目錄一卷，成為三十一卷。茲根據《唐六
典》卷六所見隋《開皇令》篇目，開列《武德令》篇目，並根據仁井
田陞《唐令拾遺》、池田溫等《唐令拾遺補》**16**所收《武德令》逸文
標示條數於各篇之後：

---

15 內田智雄亦不明其所據，參看內田智雄編，《譯注·續中國歷代刑法志》（東京，創
　文社，1970），頁126注16。《唐六典》的錯簡，可能將武德元年五月高祖即位後，
　廢棄隋大業「苛慘之法」，而制五十三條格之事，與武德七年之五十三條格相混同。
　即以武德元年事來說明武德七年事，試比較下列諸記載可確知：《唐六典》卷六曰：
　「武德中，命裴寂、殷開山等定律令。……又除苛細五十三條。」《通典》卷一七〇
　曰：「（高祖受禪）盡前大業苛慘之法，制五十三條。」《舊唐書》卷五十曰：「及
　受禪，……盡削大業所用煩峻之法。又制五十三條格。」《六典》之文，顯然是將上
　述文字予以簡化，並將武德元年事，誤植於七年說明，以致混淆。
16 池田溫等，《唐令拾遺補──附唐日兩令對照表一覽》（東京，東京大學出版社，
　1997），第二部〈唐令拾遺補訂〉。

附表2-3 《武德令》篇目及條數一覽表

武德令篇名	唐令拾遺條數	唐令拾遺補增減條數（＋表示新增，－表示削除）[17]	備註
1.官品上	1		
2.官品下			
3.諸省臺職員	2		
4.諸寺職員			
5.諸衛職員			
6.東宮職員	3		
7.行臺諸監職員			
8.諸州郡縣鎮戍職員			
9.命婦職員			
10.祠	8		
11.戶	8	－1，＋1	
12.學			
13.選舉	1		
14.封爵俸廩			
15.考課			
16.宮衛軍防			
17.衣服	59		
18.鹵簿上	1		
19.鹵簿下			
20.儀制			
21.公式上		＋1	
22.公式下			
23.田	11	－3	

17 表中所謂「新增」，除該條文本來就列為「新增」者外，亦將律條列為「追加」者計入（不含「參考資料追加」）；惟對只列為「唐」而不明其具體時代性者，暫不計入。

	武德令篇名	唐令拾遺條數	唐令拾遺補增減條數（＋表示新增，－表示削除）[17]	備註
	24.賦役	5		
	25.倉庫廐牧			
	26.關市			
	27.假寧	1		
	28.獄官	1		
	29.喪葬			
	30.雜	1		

　　《武德格》方面，頗疑李淵進入長安時所公布的約法十二條，也被收進在五十三條格中，而在《武德律》及令、式公布前後，即以敕作為施政依據。所以《貞觀格》是根據武德、貞觀以來敕格三千多件刪減為七百條而成的；其餘二千多條敕格，恐屬於「不為永格者」居多，《斷獄律》規定：「諸制敕斷罪，臨時處分，不為永格者，不得引為後比。若輒引，致罪有出入者，以故失論。」（總486條）也就是在時效上稍次，所以不收入。

　　《武德格》定為五十三條，其內容主要咸信屬於「禁違正邪」（《六典》），具有禁斷作用，正如約法十二條內容，有違者，以律處罰。前引《冊府》所載武德二年正月詔禁行死刑時節、二月制以官人的某些犯罪行為不得赦原，這二條規定，咸信都收進五十三條格之內。到《貞觀律》制定的時候，似也都成為律文的一部分，如前者見於《斷獄律》（總496條）[18]，後者見於《名例律》（總18條）。

　　再者，公布於武德元年（618）十一月的五十三條格，從諸詔

---

18 參看戴炎輝，《唐律各論》（臺北，三民書局，1965），頁320〈斷獄律第二十八條：「立春後不決死刑」〉。

敕內容看來，除禁斷性質之外，尚含有酬賞之規定，如武德三年
（620）七月的「募擒王世充爵賞詔」，曰：「酬賞之科，仍依別
格。」（《唐大詔令集》卷一二三、《全唐文》卷一）五年（622）
三月，令京官五品以上及諸州總管刺史各舉一人詔，曰：「賞罰之
科，並依別格。」（《唐會要》卷二十六「舉人自代」條、《全唐
文》卷二）從這些例子看來，七年（624）所公布的《武德格》，實
包含禁斷規定與賞罰之科。

　　《武德式》方面，其內容，起初是沿用《開皇式》，但也有武德
年間所規定者。例如武德二年（619）二月十六日，詔每州置宗師，
其中並規定「所司明立條式」（《全唐文》卷一〈每州置宗師詔〉、
《唐會要》卷六十五「宗正寺」條），此「（宗正寺）式」咸信收入
七（624）年四月公布的《武德式》中。又，七年二月，詔諸州舉送
明經、州縣鄉立學釋奠，亦規定「所司具為條式」，此「（國子學）
式」亦當是《武德式》的新規定之一。

　　至於武德格、式的篇目，則不知其詳，蓋隋開皇格、式的篇目
並不明瞭。但如前所述，《武德格》定數為五十三條，因為「入於新
律」，所以沒有單獨成卷，宜無卷數。《武德式》在《新唐書·藝文
志》的著錄是十四卷，篇目不明。根據前述之唐格的性質，可知格基
本上是當代的詔集；而式，則為施行細則規定，《唐六典》卷六曰：
「式以軌物程事。」《新唐書·刑法志》曰：「式者，其所常守之法
也。」均指官署處理政事時所應遵守的細則程式。依此看來，格與式
皆具有現時性，在編撰時，其與前朝之差異必大，所以格、式之體
例、內容，恐不必強求與隋開皇一致，這也就是史書在陳述律令制度
之傳承時，曰：「大略以開皇為準。」其大略云者，指律令方面差異
不大，但格與式差異較大，籠統言之，曰：「大略。」是可理解。

第二節　貞觀律令格式的編纂

太宗即位後，於貞觀元年（627）正月己亥（十五日）命長孫無忌、房玄齡與學士、法官釐正《武德律令》。（《通鑑》卷一九二）到十一年（637）正月庚子（十四日），「頒新律令於天下」（《舊唐書》卷三〈太宗本紀〉）[19]，此即所謂貞觀律令，但實際上包含格、式。

太宗即位後，爲何急於要再修定律令呢？此事是由於武德時代對開皇律令的修定工作，實際是沒完成，原因是：「于時諸事始定，邊方尙梗，救時之弊，有所未暇。」（前引《舊唐書・刑法志》）所以太宗即位後，立即進行釐律令，一方面除了繼續武德時代未竟的事業以外；另一方面，太宗以非常手段取得帝位，所以新政權必須重建體制，予人耳目一新，對喪亂後的中國而言，自是一個重生的機會。貞觀三年（629），裴寂被免官，欲放歸本邑時，太宗曾批評武德政情與裴氏之過，曰：「武德之時，政刑紕繆，官方弛紊，職公之由。」（《舊唐書・裴寂傳》）如前所述，裴寂是武德律令主要領銜者，雖然裴寂免官在太宗修律令之後，但武德政刑紕繆，就太宗而言，早已是存在的事實，以這個觀點來說明太宗即位後，將全面整理律令作爲首要工作，也就是等於釐正武德政刑的紕繆，作爲首要工作，應該是可以成立的。

太宗於即位之初，除全面整理律令而外，其實也同時下詔房玄齡、魏徵等禮官學士修改「舊禮」（《開皇禮》及武德之相關禮令）（《舊唐書・禮儀志》）；而貞觀十一年正月庚子（十四日）頒新律令於天下後，不久，即同月甲寅（二十八日），也頒行房玄齡等所修

---

19 《唐會要》卷三十九「定格令」條同《舊紀》繫年，惟《會要》曰：「頒新格于天下」。論其實際之情形，此處當以《舊紀》曰：「頒新律令於天下」說爲是。

之「五禮」（通稱爲《貞觀禮》）（《舊唐書·太宗本紀》）[20]。這個事實，說明太宗即位後，立即對禮、律的整理，等於是對武德、甚至開皇以來國家體制的全面性整理，其成敗自關係到李唐立國的根基是否扎實的問題，此事有必要另行檢討。

在修定律令的過程中，舊有的律令不斷受到質疑，這可能是修律令的工作共花費十年才完成的原因（當然連帶的也使修禮的工作受影響）。例如貞觀元年正月下詔修律令後，蜀王法曹參軍裴弘獻上疏駁律令不便於時者有四十多條（參看《舊唐書·刑法志》，《通典》卷一六五、《宋本·冊府元龜》卷六一二亦同）[21]，太宗於是令弘獻參掌刪改律令事宜。至貞觀十一年（637）正月，完成的律、令、格、式。其詳目如下：

貞觀律：12卷（有12篇，500條）

貞觀令：30卷（有27篇，1590條）

貞觀格：18卷（有24篇，700條）

貞觀式：？卷（？篇）[22]

---

20 關於武德至貞觀修禮的情形，參看拙作，〈從武德到貞觀禮的成立〉（收入中國唐代學會編，《第二屆國際唐代學術會議論文集》，臺北，文津出版社），頁1159-1214。

21 《唐六典》卷六「刑部郎中員外郎」條注所載曰：「三十餘條」，此說與前引諸書有異，暫不取。

22 以上諸數目，主要依據《通典》卷一六五、《會要》卷三十九等。因兩《唐書》〈刑法志〉以及《新唐書·藝文志》有關貞觀制的記載，多抄自《六典》開元前期制度，並不可靠。（關於此事，可參閱滋賀秀三，〈漢唐間の法典についての二三の考證〉，《東方學》十七期，1958-11）詳見下文的檢討。關於《貞觀令》的條數，計有三說：一曰一千五百四十六條（《六典》、《新唐書·藝文志》），二曰一千五百九十條（《通典》、《舊唐書·刑法志》、《唐會要》、《冊府元龜》），三曰一千五百九十餘條（《資治通鑑》）。此處據第二說，《六典》之數，是開元前期（七年令）之制，《新唐書·藝文志》顯然抄自《六典》，皆不能取。第三之《資治通鑑》說，其實與第一說同類。又，《新唐書·藝文志》記載《貞觀令》有二十七卷，有誤，宜曰二十七篇，三十卷，參看《唐會要》。關於格之七百條，在《通典》、《唐會要》、兩《唐書·刑法志》、《新唐書·藝文志》及《冊府元龜》

　　以下略作解說。

　　關於《貞觀律》，如前所述，有十二卷，但崔融〈爲百官賀斷獄甘露降表〉云：

> 謹按《貞觀律》唯有十卷，其《捕亡》、《斷獄》兩卷，乃是永徽二年長孫無忌等奏加。（《玉海》卷六十六《唐貞觀律》引《會要》條注、《全唐文》卷二一八）

崔融上〈表〉的前文提到「一昨伏見御史中丞吉頊」。按，吉頊出任御史中丞是在武則天萬歲通天二年（697）以後，到聖曆二年（699）臘月，遷天官侍郎同鳳閣鸞臺平章事以前（《舊唐書》卷一八六上〈崔融傳〉），則融表上奏時間，自當在六九七～六九八年之間，也就是在武則天晚年，較《六典》說爲早。崔融說，除《全唐文》揭載其表之全文外，亦見於《玉海》所引《唐會要》。由此看來，崔說之信憑性，自無可置疑。

　　問題是《六典》以下諸史籍皆無記載《貞觀律》只有十卷之事，以《舊唐書・刑法志》而言，詳載了自太宗即位以來制律過程，但無提及長孫無忌補二卷之事，如曰：「玄齡等遂與法司定律五百條，分爲十二卷。」（《宋本・冊府元龜》卷六一二亦同）《唐六典》卷六云：「又命長孫無忌、房玄齡等釐正（《武德律》），凡爲五百條。」爲何諸史籍不提長孫無忌補二卷？此事一時不易有解答，但有一點可疑者，此即開皇、武德律皆爲十二卷、十二篇，內中均有

皆同。關於式，曰三十三篇，二十卷，見於《六典》、《舊唐書・刑法志》、《冊府元龜》，但後兩者顯然抄自《六典》的開元前期制，而《新唐書・藝文志》著錄爲三十三卷，亦誤。其實，《貞觀式》的卷篇數不明。

捕亡、斷獄二律（篇），至貞觀十一年完成《貞觀律》，實在沒有必要將二律刪除，至少形式上仍應維持十二律十二篇（詳目參看前述武德律）。所以，崔融的十律說可疑。但崔說有一可能性，那就是貞觀十一年正月定律令時，對這兩律來不及作最後修定，此事仍交由無忌繼續完成。結果，無忌在修永徽時，同時也把這二律修成，並將它取代原來未修正的貞觀二律。易言之，崔融說對一半，此即無忌釐正捕亡、斷獄二律，完成《貞觀律》未完的工作；另外，《舊志》所載也對一半，此即《貞觀律》十二卷、十二篇說，其中的捕亡、斷獄二律似未修完，而仍維持武德律之舊，所謂頒新律令云者，其實仍有未竟者。

敦煌文書的唐律《捕亡律》殘卷（「主守不覺失囚」條，總四百六十六條），似可提供此一線索。此殘卷現藏英國倫敦印度事務部圖書館，編號為CH0045，現存14行，上半部皆殘。現在特別要提出來者，是第5.、9.、13.、14.行，[23]如下：

（《捕亡律》「主守不覺失囚」條，總466條律文及注曰：）

5. 自首，各減一等。 餘條監當官司及主司各准此。此篇監臨主司應坐。當條不立捕訪限。不覺故提者，並准此法。

（《捕亡律》「容止他界逃亡浮浪」條，總467條律文曰：）

9. 曲、奴婢亦同。若在軍役有犯者， 隊正以上、折衝以下，各准

---

23 以下所錄，敦煌卷文，參照劉俊文，《敦煌吐魯番唐代法制文書考釋》（北京，中華書局，1989），頁99-104所錄之〈CH0045貞觀捕亡律斷片〉；另外據日本《養老律》逸文（參看律令研究會編，《譯註日本律令‧三「律本文篇下卷」》，東京堂出版，1975），補第五條缺文。

（《捕亡律》「知情藏匿罪人」條，總468條注曰：）

13. 者，與同罪。即尊長匿罪人，尊長死後，卑幼仍匿者，減五等。尊長死後，雖經匿，但已遣去而事發，及匿得相容隱者之治；並不坐。小功以下，亦同減例。若

14. 赦前藏匿罪人，而罪人不合赦免，赦後匿如故；不知人有罪，容奇之後知而匿者，皆坐如律。其展轉相使而匿罪人，知情者皆坐，不知情勿論。

其第五行注文，在「此篇」上面的「餘條監當官司及主司各准此」十二字，不見於今本《唐律疏議》，但見於日本《養老·捕亡律》逸文，[24]而「主司各准此」見於此文書，說明此文書與《養老律》有同源，而與今本不同。此其一。第九行正文中有「折衝」，即折衝都尉，此名是太宗貞觀十年（636）更改「統軍」而來，所以可確定此律文內容最早當追溯到貞觀十一年（637）完成的《貞觀律》。此其二。第十三行注文中，有「及匿得相容隱者之治」，其「治」字，在今本《唐律疏議》及養老律逸文皆作「侶」，當是文書抄寫之筆誤。問題是「治」字，為高宗之名，若在高宗之後，應當避諱，即使是筆誤，亦不容許。所以，此文書之底本，不應晚於永徽律及其後之律文。[25]此其三。第十四行之注文，清楚地以「不知情勿論」結束，其

---

24 參看黑板勝美編輯，《新訂增補·國史大系：律》所收《律逸文·捕亡律》（東京，吉川弘文館，1978），頁170引《法曹至要抄》。

25 參看仁井田陞，〈敦煌唐律ことに捕亡律斷簡〉（收入仁井田陞，《中國法制史研究——法と慣習·法と道德》，東京大學出版會，一九八〇年十二月補訂版第一刷。原載《岩井博士古稀記念典籍論集》，1963），頁320；又，頁322注17引《通典》卷三十三〈職官典〉注曰：「京兆少尹，……武德初，復為治中。永徽元年，以大皇帝諱，改為司馬。……開元元年，並改為尹。」指出永徽元年有以「治中」改為司馬之事；即有避諱「治」之例。茲再舉一例，《唐會要》卷六十〈御史臺上·御史中丞〉條云：「隋以國諱，改中丞為治書侍御史。武德初，因隋舊制不改。貞觀二十三年七月三日，避高宗諱，改為御史中丞。」足見「治」字在高宗即位後，必須避諱而改。再者，前引律令研究會編，《譯註日本律令·三「律本文篇下卷」》，頁821，827，引述此卷時，稱為「開元捕亡律斷簡」，並注明參閱前引仁井田陞〈敦煌唐律ことに捕亡律斷簡〉，

下無文字。但在今本《唐律疏議》及《養老律》逸文，其下尚有律本
文「罪人有數罪者，止坐所知」十字。則此文書所用之底本不但不同
於今本唐律（《永徽律》），也不同於日本《養老律》。此其四。就
書風而言，屬於唐朝早期的風格。此其五。殘卷無「律疏」，亦無則
天時代文字，雖然在則天時代的敦煌文書裡，仍有律文而無疏的殘
卷，但上述兩點特徵的存在，也是不能否認。此其六。以上六點考
慮，此一殘卷之底本，只能晚於《貞觀律》，而早於《永徽律》，依
此看來，只有貞觀律文。[26]

　　若將此殘卷與日本《養老律》逸文、今本《唐律疏議》三者有
關《捕亡律》部分加以比較時，似可窺出貞觀、永徽律之間差異的訊
息。此即殘卷第五行所出現的（主）司以上十二字注文，當是《貞
觀律》；第十四行注文「不知情勿論」之後無文，也是《貞觀律》
原貌，[27]其下接正文「罪人有數罪者，止坐所知」十字，則爲《永徽
律》或《開元七年律》文。蓋日本《養老律》是以《大寶律》（701
年頒行）爲底本，而《大寶律》則以《永徽律》爲藍本，所以《養老
律》的內容，可涵蓋永徽至開元律，這是學界的通識。但從《日本國
見在書目錄》的著錄看來，包括「隋大業令卅卷」、「唐貞觀敕格十
卷」、「貞觀敕九卷」等，《大寶律》當亦參閱《貞觀律》，此一敦
煌殘卷當是提供這項訊息。其次，今本《（故）唐律疏議》在學界有
開元二十五年律疏與永徽《律疏》兩種不同意見；[28]折中的看法，現

　　頁318-319。愚按，在補訂版仁井田陞，《中國法制史研究》中，有關《補亡
　　律》殘卷年代的推斷甚爲謹慎，只曰可能在永徽以前，但無提及開元的推斷。
26 前引劉俊文，《敦煌吐魯番唐代法制文書考釋》亦推斷爲貞觀律文。
27 參看前引劉俊文，《敦煌吐魯番唐代法制文書考釋》，頁103-104。
28 關於今本《（故）唐律疏議》制作年代，早期是以仁井田陞、牧野巽兩氏的開元
　　二十五年律疏說爲代表（參看兩氏共著〈故唐律疏議製作年代考〉，《東方學報·
　　東京》1-2，1931）；楊廷福作了反駁，而提出永徽律疏說（參看楊廷福，〈唐律疏
　　議制作年代考〉，收入楊氏著《唐律初探》，天津人民出版社，1982）。近年來的

存《唐律疏議》是經過永徽以後至開元間多次修正，但對其大部分的文句，仍宜視爲永徽律疏，此說應可接受。[29]基於此故，從《捕亡律》殘卷可看出貞觀到永徽、開元律之間修正的端倪。易言之，《貞觀律》之中有《捕亡律》一篇的存在，透過此敦煌殘卷可獲旁證；而貞觀《捕亡律》內容不盡同於永徽《捕亡律》，也由此可得一旁證。若長孫無忌取永徽捕亡、斷獄二律補《貞觀律》說可靠，最多也只對一半，其故在此。[30]

　　《貞觀律》與《開皇律》相較，據《舊唐書》卷五十〈刑法志〉的說明，是：

> 比隋代舊律，減大辟者九十二條，減流入徒者七十一條。其當徒之法，唯奪一官；除名之人，仍同士伍。凡削煩去蠹，變重爲輕者，不可勝紀。

研究，仍存兩說，鄭顯文的〈現存的《唐律疏議》爲《永徽律疏》之新證——以敦煌吐魯番出土的唐律、律疏殘卷爲中心〉一文（《華東政法大學學報》2009-6，頁107-123），以爲屬於後者系統；岳純之的〈所謂現存《唐律疏議》爲《永徽律疏》的新證——與鄭顯文先生商榷〉（《敦煌研究》2011-4，頁85-93），則以爲屬於前者系統。

29 參看劉俊文點校《唐律疏議》（北京，中華書局，1983）之點校說明，頁3-4；岡野誠，〈日本における唐律研究〉（《法律論叢》54-4，1982。中文翻譯，司馬勒譯、楊廷福校〈日本在唐律文獻學上的研究〉，《中國歷史文獻研究集刊》4，1984。中譯文對日文原著略有更動，如注碼，宜注意。）；池田溫，〈唐令と日本令——「唐令拾遺補」編纂によせて——〉（收入池田溫編，《中國禮法と日本律令制》，東京，東方書店，1992-3），頁191注3；八重津洋平，〈故唐律疏議〉（收入滋賀秀三編，《中國法制史》，頁198-199注4，東京，東京大學出版會，1993）。

30 關於《貞觀律》當中的《捕亡律》、《斷獄律》之存在問題，參看拙作，〈從英藏CH0045捕亡律斷片論唐貞觀捕亡律之存在問題——兼論貞觀斷獄律之存在問題——〉（收入《潘石禪先生九秩華誕敦煌學特刊》，頁409-425，臺北，文津出版社，1996.09；亦收入楊一凡主編，《中國法制史考證》乙編第一卷，頁354-372，北京，中國社會科學出版社，2003.09）。

所謂「舊律」，承《舊志》上文，宜指隋《開皇律》；[31]此意即《貞觀律》減死刑條款而入流刑者有九十二條，[32]這個九十二條當包含太宗即位之初，由絞刑改爲斷趾，再由斷趾改爲加役流的五十條在內（前引《舊志》）；其次，又減流刑入徒刑者有七十一條。所謂「當徒之法，唯奪一官」，是指用官品來抵當徒刑罪者，只有削奪「一官」。按，《名例律》（總17條）注曰：「職事官、散官、衛官同爲一官，勳官爲一官。」削奪一官，就是除去一官中的一個官階。例如《名例律》規定犯私罪而以官當徒者，「五品以上，一官當徒二年；九品以上，一官當徒一年。」（總十七條）所謂「除名之人，仍同士伍」者，《名例律》21條規定：「諸除名者，官爵悉除，課役從本色。」即除名者之身分雖同於庶民，但仍令其同於古來所說的士伍，[33]而保有某種特權。又，此條之疏議引令（《賦役令》）曰：

> 除名未敘人，免役輸庸，並不在雜徭及征防之限。

足見除名者，仍屬於「士」之特權者，[34]前述顏師古注是比爲士卒，從法的觀點而言，恐怕有給予過寬的解釋。[35]

《貞觀律》是唐朝第一次較大幅度對隋律的修正，歸納而言，此

---

31 參看前引內田智雄編，《譯注·續中國歷代刑法志》，頁146注16。

32 《舊志》此處語意不明，《六典》卷六注曰：「減開皇律大辟入流者九十三條」，語意清楚，只是《六典》所說多一條。另外，在《通典》卷一六五〈刑法典〉「刑制條」、《冊府元龜》卷六一二〈刑法部〉「定律令」條，皆曰：「減大辟入流九十二條」，則《六典》九十三條說的「三」字，可能是「二」字之筆誤。

33 《點校本·史記》卷五〈秦本紀〉，頁217注43集解引「如淳曰」、《點校本·漢書》卷五〈景帝本紀〉，頁141注7引「顏師古曰」。

34 前引內田智雄編，《譯注·續中國歷代刑法志》，頁146注19亦持相近看法。

35 馬建石等，《舊唐書刑法志注釋》（北京，群眾出版社，1984），頁18注24亦注釋爲「士卒」，恐誤。

次的修正，當有以下幾點特色：

(一)刑法基本原則的再確認。在隋律的基礎上，建立十二篇目形式；確立德主刑輔原則、五刑（笞、杖、徒、流、死）二十等制、議請減贖當免之八法以及十惡規定。（《舊志》）

(二)恤刑主義。包括以下幾方面：

1.依年齡而恤刑。《舊志》曰：

> 年七十以上（按，至七十九）、十五以下（按，至十一以上）及廢疾，犯流罪以下，亦聽贖。八十以上（按，至八十九）、十歲以下（按，至八歲以上）及篤疾，犯反（按，指謀反）、逆（按，指大逆）、殺人應死者，上請；盜及傷人，亦收贖；餘皆勿論。九十以上、七歲以下，雖有死罪，不加刑。

以上三階段的刑事責任減免，亦見於《名例律》（總三十條），足見此條是《貞觀律》正文。依據《疏》議，可知依據年齡減免刑責觀念是來自《禮經》（《周禮》），充分表現以禮為本的恤刑主義。就今日看來，這樣的刑事責任減免辦法，仍然沒有明白區分犯罪能力（或曰責任能力）與受刑能力，[36]這就是唐律的特色。

2.輕刑戒殺。太宗即位以來，力主慎刑，具體表現在去絞刑而用斷趾法，再由斷趾法而改為加役流的設定、[37]廢除連坐俱死的規定、

---

36 參看律令研究會編，《譯註日本律令‧五「唐律疏議譯註篇一」（滋賀秀三譯註）》（東京堂出版，1979），頁180-181。

37 關於改絞刑而用斷趾法的時間，諸文獻記載不一，或曰：「太宗即位」（《通典》卷一六五、《舊志》、《冊府》卷六一二）；或曰：「武德中」（《唐律疏議》卷二《名例律》第十一條「其加役流」疏議、《六典》卷六「流刑」條注）；或曰：「貞觀元年正月」（《通鑑》卷一九二）。其實前二說是相近的。按，太宗即位於武德九

詳定不決死刑時間、拷囚用杖之限制、斷罪失於出入之處罰，乃至決死刑者在京師要五覆奏、地方要三覆奏的規定等。（詳見《舊志》）凡此，皆就「舊律令」（或「舊條疏」，即開皇及武德律令）修正，而詳定於《貞觀律》。

　　3.據理論情。這是用情理恤刑，典型的例子是貞觀二年三月，房玄齡以爲「舊條疏」（按，當指開皇、武德律）有兄弟連坐俱死，而祖孫配沒的不合理規定，蓋「祖孫親重，而兄弟屬輕」。所以「據理論情」，[38]主張兄弟以「配流爲允」。太宗納之。（《舊志》）此一決定，已收入《賊盜律》（總248條）。再者，《唐律疏議》卷一《名例律》「十惡」（總第6條）之「六曰大不敬」注曰：「指斥乘輿，情理切害。」《疏》議曰：

　　　　舊律云：「言理切害」，今改爲「情理切害」，蓋欲原其本
　　　　情，廣恩慎罰故也。

此處的「舊律」，宜指《武德律》；「今改」者，是爲《貞觀

年八月九日，曰即位或武德中，當皆指武德九年八月初九以後至年底的這一段時間，此事之時間設定，自宜定於此時；《通鑑》說，恐誤。

38 《點校本·舊唐書》卷五十刑法志將「據理論情」，改爲「據禮論情」；其注5曰：「〈禮〉字，通典卷一七〇、唐會要卷三十九、冊府卷六一二作〈理〉。殘宋本冊府仍作〈禮〉。」此即根據《殘宋本·冊府》將理字改爲禮字。又，《點校本·通典》卷一七〇〈刑法典〉「寬恕」條對於此事，在其注43亦曰：「〈禮〉原訛〈理〉，據北宋本及舊唐書刑法志頁2136改。」論版本，當然《殘宋本·冊府》以及《北宋本·通典》較高，但所謂「據理論情」說，本來是房玄齡等人的定議，在說到這句的前面，其實是先說：「按禮」云云，所以下接「據禮論情」，一般而言，語氣是很自然的。問題是如同拙文中的引證，「理」、「情」相對於「法」的概念，在唐初恐怕是普遍存在，今日我們也還是常常連稱情、理、法，更何況通行本的《通典》、《會要》、《冊府》等皆作「理」字。換言之，宋本的《通典》、《冊府》，在此處的「禮」字，當是誤植，「理」字無須改；若用「據禮論情」說，恐與唐初的法制觀念不符。

律》。**39**一字之易,已具體表現在據理論情的慎刑思想,所以說:
「欲原其本情,廣因慎罰故也。」太宗貞觀五年(631),實施京師
決死刑須五覆奏時,詔曰:

> 守文定罪,或恐有冤。自今以後,門下省覆,有據法令合死
> 而情可矜者,宜錄奏聞。(《貞觀政要》卷八〈論刑法〉、
> 《通鑑》卷一九三亦同)

這是以「情」來救濟法之不足,也就是以行政來救濟司法之不足,因
而有赦。茲再舉一例,《斷獄律》規定曰:

> 諸應訊囚者,必先以情,審察辭理,反覆參驗。(下略)
> (總476條)

由於《斷獄律》此處有關審訊、拷囚諸規定,是見於修定《貞觀律》
文中(參看《舊志》),頗疑此條亦定於《貞觀律》。其審訊重視
「情」、「理」,當皆是太宗即位以來一貫的要求,目標在於前述
之「廣恩慎罰」。結果,有關死刑的判決,與過去相較,「殆除其
半」。(舊志)杜佑論唐有武太后、安祿山、西戎、朱泚等之亂事,
宇內憂虞,而仍能「億兆同心,妖氣旋廓,輕刑故也」(《通典》卷
一七○〈刑法典〉「寬恕」條論曰)。此說,是有根據的。

關於《貞觀令》,有三十卷,內分二十七篇,篇目不明,但其卷
數同開皇、武德令,篇數計算雖不同,論其實際,恐怕一樣。因為開

---

39 參看前引律令研究會編,《譯註日本律令・五「唐律疏議譯註篇一」》(滋賀秀三譯
  註)》,頁46注10;戴炎輝,《唐律通論》,頁213注8。

皇、武德令的篇數，是將《官品令》、《鹵簿令》、《公式令》分為
上、下，以六篇計算，若將上、下者皆以一篇計，總數就成為二十七
篇。然則，《貞觀令》篇目可推測如下：

附表2-4　《貞觀令》篇目及條數一覽表

	貞觀令篇名	唐令拾遺條數	唐令拾遺補增減條數（＋表示新增，－表示削除）[40]	備註
	1.官品上下	2		
	2.三師三公臺省職員			
	3.諸寺職員			
	4.諸衛職員			
	5.東宮職員			
	6.行臺諸監職員			
	7.諸州郡縣鎮戍職員			
	8.命婦品員			
	9.祠	3		
	10.戶			
	11.學	1		
	12.選舉	1	＋1	
	13.封爵俸廩			
	14.考課			
	15.宮衛軍防			
	16.衣服		＋1	
	17.鹵簿上下		＋1	
	18.儀制	1		
	19.公式上下	1		

40 池田溫所補的《貞觀令》條，參看池田溫，〈「唐令拾遺補」編纂をめぐって〉（收入唐代史研究會，《律令制——中國朝鮮の法と國家》，東京，汲古書院，1986），頁117-124。

	貞觀令篇名	唐令拾遺條數	唐令拾遺補增減條數（＋表示新增，－表示削除）[40]	備註
	20.田		＋1	
	21.賦役			
	22.倉庫廄牧			
	23.關市			
	24.假寧			
	25.獄官	1		
	26.喪葬			
	27.雜		＋1	

上列第二篇「三師三公臺省職員」，當是針對武德（也是開皇）篇目「諸省臺職員」而修改的。按，隋文帝即位後，去北周六官之制，而依北齊建置三師、三公之官，隋《開皇令》「諸省臺職員」篇，當有是職之規定。煬帝大業三年（607）定令，廢三師。《武德令》沿襲開皇制，竟無恢復三師官，反而猶沿用大業制。貞觀六年（632）下詔置之；十一年（637），定令時，乃改「令」置三師之位，請看以下諸記事。

《貞觀政要》卷四「尊敬師傅」條貞觀六年詔云：

> 前所進令，遂不視三師之位，……可即著令，置三師之位。

太宗所見之「令」，當即《武德令》，其詔置三師，在是年二月丙戌。（《通鑑》卷一九四、《舊唐書》卷三〈太宗本紀〉）太宗之意，不只任命三師官而已，同時還要「著令」，也就是要規定於令制，所以《貞觀令》規定了此事。《舊唐書》卷四十二〈職官志〉云：

　　（貞觀）十一年，改令，置太師、太傅、太保為三師。

此處令人注目者，即由貞觀六年下詔「著令」，到貞觀十一年成為
「改令」。究竟要如何改法呢？若只在三公之外，增置三師，當不致
於改令。愚意以為此時當隨著三師之位的增置，而將此篇名稱由「諸
省臺職員」改為「三師三公臺省職員」，如同《開元七年令》篇目
（《開元七年令》篇目，參看《唐六典》卷六）。[41]

　　另外，仁井田陞從《舊唐書·曹確傳》、《唐會要》、《漢
書》顏師古注找到《貞觀令》篇名，曰《官品令》、《學令》、
《選舉令》、《倉庫令》等，[42]這些篇名，正是上列篇目中的1、
11、12、22諸篇；同時又在《唐令拾遺》中，收錄為《貞觀令》逸
文者，計有如下諸篇：1.《官品令》；9.《祠令》；11.《學令》；
12.《選舉令》；18.《儀制令》；19.《公式令》；25.《獄官令》。
其中的《田令》遺文，是仁井田陞後來從僧道、寺觀關係文獻中找
到。[43]最近池田溫等再追隨仁井田陞從事於唐令的續拾遺工作，上列
「＋」字後的數字，就是池田等初步蒐集到有關《貞觀令》者，包括
《選舉令》、《衣服令》、《鹵簿令》、《田令》、《雜令》等。[44]
從這些蛛絲馬跡看來，《貞觀令》篇目與武德、開皇令篇目的差異不

---

41 池田溫推測《永徽令》的第二篇目，仍為「臺省職員」篇名，其意似以為《貞觀令》
　對此篇名仍無修改，這也是一個看法。參看池田溫，〈唐令與日本令〉（收入《第
　二屆國際華學研究會議論文集》，中國文化大學出版部，1992），第二節〈唐、日令
　篇目之相異〉與〈歷代令篇目一覽表〉；前引池田溫，〈唐令と日本令──「唐令拾
　遺補」編纂によせて──〉，第一節〈篇名・篇次の差異〉與〈歷代令篇目一覽表〉
　（筆者按，此表無賦予名稱，暫付此名，又此文之名稱與前文相同，惟內容不同之處
　仍多）。
42 參看前引仁井田陞，〈序說第一：唐令の史的研究〉（收入《唐令拾遺》），頁14。
43 參看池田溫，〈「唐令拾遺補」編纂をめぐって〉（收入唐代史研究會編《律令制
　──中國朝鮮の法と國家》，東京，汲古書院，1986），頁122。
44 參看前引池田溫，〈「唐令拾遺補」編纂をめぐって〉。

大。

關於《貞觀格》，《舊唐書‧刑法志》云：

> A.又刪武德、貞觀已來敕格三千餘件，定留七百條，以為格十八卷，留本司施行。斟酌今古，除煩去弊，甚為寬簡，便於人者。B.以尚書省諸曹為之目，初為七卷。C.其曹之常務，但留本司者，別為留司格一卷。D.蓋編錄當時制敕，永為法則，以為故事。E.貞觀格，十八卷，房玄齡等刪定。

在未討論本段以前，請先看《唐六典》卷六「凡格」條注云：

> B.以尚書省諸曹為之目，共為七卷。C.其曹之常務，但留本司者，別為留司格一卷。D.蓋編錄當時制敕，永為法則，以為故事。（漢）……E.貞觀格，十八卷，房玄齡等刪定。（永徽）……F.皆以尚書省二十四司為篇名。

將兩書比較，可發現《舊志》除第A項以外，似皆轉載自《六典》，但《舊志》的敘述，第A、E項是同指一事，第B、C項是另一事，插在中間，初看是有錯亂的感覺，因而有謂《六典》的第B、C項，其實是指「開元後格十卷」，文中的七，是九的誤植，《舊唐書‧經籍志》著錄「開元後格九卷」，加上「留司格一卷」，正好十卷；而九卷格，相當於後來的散頒格。《新唐書‧藝文志》著錄「（貞觀）留司格一卷」以及在「式三十三卷」注曰：「以尚書省諸曹為目，其常務留本司者，著為留司格。」其實亦同指一事，而且均源自《六

典》。[45]這個說法，令人傾聽。內田智雄譯註兩《唐書・刑法志》，也採用此說。[46]愚意以爲這個說法，仍有危險：第一、對於前引《舊志》的第A項內容無批判。僅就此段文字而言，《舊志》是取自《通典》；但《舊志》此段的問題有二，一是《貞觀格》十八卷，乃由「刪武德、貞觀已來敕格三千餘件，定留七百條」而來（《通典》卷一六五亦同），那麼原來的「敕格」是什麼？一是《貞觀格》十八卷，「留本司施行」，其性質爲何？第二、《日本國見在書目錄》著錄「唐貞觀敕格十卷」、「貞觀敕九卷」[47]一事，要如何解？第三、《舊志》第B項所說的「初爲七卷」，其「初」字只是《六典》「共」字之筆誤嗎？

　　由於第一、二問題，互有關聯，茲先說明這兩項。《貞觀格》十八卷既然是刪武德、貞觀已來「敕格」三千餘條而成的，此處的敕與格當別有所指，敕書本來就已存在，較無問題；格者，至少《武德格》五十三條宜收進；其次，就是《舊志》與《六典》的第B、C項問題。《六典》是在「凡格二十有四篇」之文下，以注文說明此事，然後自漢代解說至「皇朝」，唐朝是由《貞觀格》十八卷說起，然後下述至開元。就此文脈而言，《六典》與《舊志》各有千秋，《舊志》是先說貞觀十一年定制，然後再追述其「初」，接著才敘述其後的變遷。所以就這種文脈而言，《舊志》在撰寫《貞觀格》時，應該對《貞觀格》有起碼的認識，只是這個認識最後藉《六典》的記述方

---

45 參看前引滋賀秀三，〈漢唐間の法典についての二三の考證〉，頁8-11。
46 參看前引內田智雄編，《譯注・續中國歷代刑法志》，頁148。
47 「唐貞觀勅格十卷」，有謂爲「唐貞觀初格十卷」的誤寫。（參看矢島玄亮《日本國見在書目錄——集證と研究——》，頁99，東京，汲古書院，1984）但池田溫審視原件之敕字，仍認爲宜曰「勅格」，而非「初格」。參看池田溫，〈關於「日本國見在書目錄」刑法家〉（收入《中國法律史國際學術討論會論文集》，陝西人民出版社，1990），頁222。

式來表現。易言之，《舊志》對《貞觀格》有其立場，不能一味說轉抄自《六典》。

　　《舊志》對《貞觀格》的理解，當包括如下諸項：《貞觀格》十八卷，是針對刪減武德、貞觀之「敕、格」三千多條而來；這三千多的敕、格裡，應當包括武德五十三條格，以及《日本國見在書目錄》所見的「唐貞觀敕格十卷」。[48]這個十卷本的「敕格」，當即該《目錄》所著錄的「貞觀敕九卷」，外加一卷「留司格」（也見於《新唐書·藝文志》的著錄），合而曰「敕格」。《舊志》所說的「初爲七卷」的「初」字，宜無誤，只是「七」字當爲「九」字之誤。這個九卷本的「貞觀敕」，是「以尚書省諸曹爲之目」，屬於「編錄當時制敕，永爲法則，以爲故事」者。這個看法如果無誤，則《六典》注文開始的第B項，當指敘述皇朝之初的貞觀制，其「共爲七卷」，宜是「初爲九卷」之誤。將「共爲七卷」之事，釋爲《舊唐書·經籍志》所著錄的「開元後格九卷」，恐是對《舊志》的過度懷疑，暫不取。[49]只是《舊志》第A項記述《貞觀格》十八卷之文末，接著說「留本司施行」，這五個字不見於《六典》，且與「留司格一卷」（指「其曹之常務，但留本司者」）之性質衝突。所以《貞觀格》十八卷的「留本司施行」五字當是衍，這十八卷本的性質，宜如永徽以後正式定名爲「散頒格」性質，而適用於天下州縣遵行的。

　　《貞觀格》的編目，其「貞觀敕九卷」本，如上所述，當「以

48　瀧川政次郎以爲唐貞觀敕格十卷，當是貞觀格十八卷本的殘本，這也是一說，但缺乏證據，暫不採用。參看瀧川政次郎，〈ペリオ氏將來の唐貞觀吏部格斷簡〉（國學院法學15-1，1977），頁16。

49　汪潛編注，《唐代司法制度——唐六典選注》（北京，法律出版社，1985），頁69注2，指出《六典》「共爲八卷」說有誤，而當取《舊志》「初爲七卷」說，愚意贊同此說。但滋賀秀三將「共爲九卷」一事，視爲《舊志》所著的《開元後格》九卷，此說暫不取。參看前引滋賀秀三，〈漢唐間の法典についての二三の考證〉，頁8-11。

尙書省諸曹爲之目」；而定案的《貞觀格》十八卷本也是一樣，「皆
以尙書省二十四司爲篇目」。換言之，從貞觀初以來，都是以尙書省
諸曹司作目，直至開元不變。茲以敦煌所發現的「神龍散頒刑部格殘
卷」（P.3078、S.4673）爲例作參考，其前九行如下：

1散頒刑部格卷

2　　銀青光祿大夫・行尙書右丞、上柱國臣蘇瓌等奉　勅　刪定

3　　刑部　都部　比部　司門

4一偽造官文書印若轉將用行，并盜用官文書

5　　印及亡印而行用，并偽造前代官文書印若

6　　將行用，因得成官，假與人官，情受假：各先決

7　　杖一百，頭首配流嶺南遠惡處，從配緣邊有

8　　軍府小州。並不在會赦之限。其同情受用偽

9　　文書之人，亦准此。（下略）

此卷首完尾殘，共存五紙120行，每行字數在16～19字之間。**50**
蘇瓌於中宗神龍初任尙書右丞，神龍二年（706）正月頒行「散頒
格」七卷（《唐會要》卷三十九「定格令」條），此卷所抄錄者，當
即「神龍散頒格」的一部分，惜卷尾殘缺，但由卷首前三行所列，可
知散頒格的形式是「以尙書省諸曹爲之目」，此即第3行所示，列出
刑部四司名稱，指關係四曹司所要處理的全國州縣事務；但在總名稱

50 參看劉俊文，《敦煌吐魯番唐代法制文書考釋》（北京，中華書局，1989），頁
246-269。又，劉氏在《論唐格──敦煌寫本唐格殘卷研究》（收入中國敦煌吐魯番
學會編，《敦煌吐魯番學研究論文集》，上海，漢語大詞典出版社，1991）一文，對
現存唐格有綜合研究，並以「神龍散頒刑部格殘卷」等爲例對唐格的構成、作用，有
較詳細的解說，讀者可參照。

依然用其上司六部爲名，故曰刑部。再由此卷推之，其卷數可能是以部爲單位計算；因爲適用於部下諸曹，所以每卷之內容甚多，此卷爲殘卷，已達一百二十行之多，其龐大內容，概可想見。

貞觀十一年（637）公布的「《貞觀格》十八卷」，是刪武德、貞觀已來敕格三千餘件，定留七百條而成的，可能還沒有像永徽以後正式分爲散頒格（適用於全國州縣）與留司格（只適用於本司）二類，但論其內容，似宜有類似上述二種性質的詔敕。《六典》所謂「編錄當時制敕，永爲法則，以爲故事。」這是對格所下的定義，正面上，雖是說明開元制度，但此事爲原則性問題，當非始於開元；愚意以爲至遲在貞觀，或早則在開皇，既已確定。由於格所收的詔敕，具有法則性、故事性的法制作用，並不是每一詔敕都有此功能；所以貞觀的整理，就是刪除非爲「法則・故事」者，而得七百條，編成十八卷。其編目，在《六典》「凡格」條注末曰：「皆以尚書省二十四司爲名」（《舊唐書・刑法志》亦同），所謂「皆」，宜指貞觀初期格、《貞觀格》以下至《開元格》，都是用二十四司編目。[51]

---

51 《玉海》卷六十六〈律令・唐永徽律等〉引《六典》曰：「自貞觀格至開元後格，皆以尚書二十四司爲篇名。」此段與今本（日本廣池學園據近衛本影印）《六典》不同，顯然是王應麟以己意將《六典》節略而成，但其意仍值得參考。尚書六部的排列順序，《會要》卷五十七〈尚書省分行次第〉云：「武德令：吏、禮、兵、民、刑、工等部。貞觀令：吏、禮、民、兵、刑、工等部。」茲將開皇至開元諸令之排列順序，開列於下：
開皇令：吏、兵、禮、戶、刑、工
武德令：吏、禮、兵、民、刑、工
貞觀令：吏、禮、民、兵、刑、工
開元七年令：吏、兵、禮、戶、刑、工
六典順序：吏、戶、禮、兵、刑、工
（二十五年令？）
《開皇令》、《開元七年令》篇目順序，是根據池田溫的推定。（參看池田溫，〈中國律令與官人機構〉，頁155-156，收入《仁井田陞博士追悼論文集》第一卷「前近代アジアの法と社會」，東京，勁草書房，1967；池田溫，〈律令官制の形成〉，頁295注2，收入岩波講座《世界歷史5・東アジア世界の形成》，東京，岩波書店，

但如前引「神龍散頒格」所示，實際上，並非只用每一曹司的名稱作為每一卷的篇名，而是每一卷以六部之一部作單位，再分列諸曹司。又由「留司格」只有一卷本看來，其形式恐與「神龍散頒格」雷同。茲將貞觀時代的尚書六部二十四司名稱開列於下：

吏部四司：吏部、司封、司勳、考功
禮部四司：禮部、祠部、膳部、主客
民（戶）部四司：民（戶）部、度支、金部、倉部**52**
兵部四司：兵部、職方、駕部、庫部
刑部四司：刑部、都官、比部、司門
工部四司：工部、屯部、虞部、水部

至於《貞觀格》取捨的原則，是「斟酌今古，除煩去弊，甚爲寬簡，便於人者。」（前引《舊志》）換言之，就是採取寬簡原則，這一點與開皇、武德修法無二致。

關於《貞觀式》，《舊唐書·刑法志》曰：

凡式三十三篇，亦以尚書省列曹及祕書、太常、司農、光

1970）《六典》的順序，與《通典》卷二十三〈職官典〉所列六部順序相同，所以推定爲《開元二十五年令》。從諸令篇目順序的比較中，可發現諸令變動的地方，主要是兵部與戶（民）部兩者位置的異動，尤其是兵部，每次必有異動，而夾在其中的禮部也隨之浮沉。例如武德與開皇之不同，是在於兵、禮互調而已；貞觀與武德之不同，是在於兵、民互調而已；《開元七年令》與《貞觀令》之不同，在於《開元七年令》將兵部提升至禮部前面，結果和《開皇令》相同；《開元七年令》與《開元二十五年令》之不同，在於兵、戶的互調。這些順序的差異性，代表何種時代意義？仍有待進一步探討。

52 《唐六典》卷三「戶部尚書」條注云：「隋初曰度支尚書。開皇三年，改為民部。皇朝因之，貞觀二十三年，改為戶部。」據此，則貞觀十一年定格時，其篇名自當曰《民部格》。

　　祿、太僕、太府、少府及監門宿衛、計帳，名其篇目，為
　　二十卷。

《唐六典》卷六「凡式」條曰：「凡式，三十有三篇」，注云：

　　亦以尚書省刑（當為列字之誤）曹及秘書、太常、司農、光
　　祿、太僕、太府、少府及監門宿衛、計帳，為其篇目，凡
　　三十三篇，為二十卷。

由上列二者的比較，顯然《舊志》也是轉載自《六典》；而《六典》
的規定，宜是開元前期制度，這一點，與前述格之情形不同。《舊
志》轉載自《六典》時，忽略「計帳式」是垂拱元年（685）三月才
增補的（《唐會要》卷三十九），以致張冠李戴，形成混淆。然則，
此事又將如何解？極端的以為貞觀無制定式，其所遵用者，無非是開
皇舊式；[53]稍微保留的，則以為上列二十卷三十三篇的形式，雖不能
認定是《貞觀式》，但貞觀仍有式的制定，而且也是以二十四曹等名
稱作為篇名。[54]愚意以後者為是，前者也還是懷疑過度。蓋前者甚至
對於後者據《顏魯公文集》卷一〈論百官論事疏〉與《經進東坡文集
事略》卷三十二〈轉對條上三事狀〉文獻，所提到唐太宗著「門司
式」一事，都認為不可信；並謂此處的「門司式」，其實是《開元

---

53 此為滋賀秀三說，參看滋賀秀三，〈漢唐間の法典についての二三の考證〉，頁
　　12-13。
54 此為仁井田陞說，參看仁井田陞，〈敦煌發見唐水部式の研究〉（收入仁井田陞，
　　《中國法制史研究——法と慣習・法と道德》，東京大學出版會，一九八〇年十二月
　　補訂版第一刷。原載《服部先生古稀祝賀記念論文集》，1936），頁331-332。內田
　　氏的譯注，也認為二十卷三十三篇的式是《開元式》，但無正面否定《貞觀式》的存
　　在，參看內田智雄編，《譯注・續中國歷代刑法志》，頁150。

式》，顏魯公憑著《開元式》的記憶，假藉英主太宗之名以規勸代宗。至於東坡說，是因爲東坡熟讀《顏魯公文集》，所以東坡說實際來自顏公。總之，太宗時期有「門司式」的存在，是不可信。愚意以爲這些解釋，都是臆測，恐難以成立。

蓋代宗永泰時，元載當權，載要百官上奏皆「先白長官，長官白宰相，然後奏聞」。顏眞卿時任刑部尙書，爲恐皇帝被孤立，於永泰二年（766）二月上疏，乃舉太宗著「門司式」爲例，期使下情得以上達。結果，眞卿被載所排，奏眞卿「誹謗」，而被貶爲峽州別駕。（《通鑑》卷二一四「唐紀大曆元年二月辛卯」條）茲以此一事件而言，眞卿當時爲刑部尙書，對於太宗時代有無「門司式」，不應不知。此其一。爲求代宗納諫，不惜將玄宗朝之事假託爲太宗朝，在當時險惡的政情下，實爲不智，就眞卿以「誹謗」入罪而言，顯然不是將玄宗朝事誤指爲太宗朝一事處理。按，《唐律·職制律》有上書奏事誤犯宗廟諱之規定（總115條），既然不用此條懲處眞卿，就不能證明眞卿所舉的太宗「門司式」是假託。此其二。基於以上的考慮，愚意以爲《貞觀式》是存在的。《通典》卷一六五〈刑法典〉「刑制條」在記述貞觀律、令、格之後，無提及式，但以小字注曰：

> 國家程式，雖則具存，今所纂錄，不可悉載。取其朝夕要切，簡易精詳，則臨事不惑耳。他皆類此。

此即說明《貞觀式》是存在的，而在此處不悉數記載。同書又記載高宗永徽初，令長孫無忌等「撰定格式，舊制不便者，皆隨有無刪改」。既曰「舊制」，然則，貞觀有式的編定，殆無疑問。

《玉海》卷六十六「律令·唐《永徽令》等」條引《六典》之文，其最末曰：

> 舊制：式，三十三篇，以尚書、御史臺、九寺、三監、諸軍
> 為目。

按，此處所載的《六典》「舊制」文，不見於今本《六典》（日本近
衛本），其接於律、令、格、式定義後，「立刑名之制五」前，度其
用意，似要以「舊制」之式，進一步說明前項之「式」的發展。如此
處理，造成錯簡。其緣由，可能出自傳抄者，或出自王應麟。今本在
「式」的定義之後，接著說明刑名之制，文氣自然；《玉海》所引
《六典》的「舊制」令人迷惑。然則，「舊制」是什麼？要如何處理
呢？愚意以為此事與《六典》〈凡格〉條的處理作一比較時，就可明
朗。也就是說，式的「舊制」，是相對於格的「初為九卷」，都是用
來追溯貞觀制，提示開元制在唐朝的法源。請看如下的比較：

《玉海》引《六典》「凡格」條注云：

> 以尚書省諸曹為之目，共為七卷。（按，當是「初為九卷」
> 之誤植，已辨正於前。）……自貞觀格至開元後格，皆以尚
> 書二十四司為篇名，蓋錄當時制敕，永為法則。

同書「凡式」條注云：

> 亦以尚書省刑（按，當為「列」字之誤）曹及秘書、太常、
> 司農、光祿、太僕、太府、少府及監門宿衛、計帳，為其篇
> 目，凡三十三篇，為二十卷。
> 舊制：（見前引文）

經過這樣的比對，不但解決「舊制」的問題，也使「凡格」條注之「共為七卷」誤植，更加明瞭。再者，「舊制」包含三監，此三監名稱之成立，就是在貞觀元年，《舊唐書》卷四十二〈職官志〉曰：

> 貞觀元年，改國子學為國子監，分將作為少府監，通將作為三監。

這是「舊制」內容指《貞觀式》最有力的證明。另外，《新唐書‧刑法志》曰：

> 取尚書省列曹及諸寺、監、十六衛、計帳，以為式。

《新志》此條，基本上是參照《六典》，只是監、衛與《六典》略異，似也提供若干演變的訊息。將《六典》「舊制」與其他相關諸條比較時，可發現差異較大的當是「舊制」含有御史臺，其他諸條皆無。若以上的推論不誤，則《御史臺式》的存在，可謂是《貞觀式》的一大特色；此式，至遲到《垂拱式》以後被刪除，以致《六典》、兩《唐志》所載，皆無皆此式。

　　從「舊制」及《六典》中得知《貞觀式》以來到《開元式》，都是三十三篇。這一點，當與格的篇數，自貞觀以來至開元皆定為二十四篇一樣，甚為穩定；連其卷數，也都是二十卷。以下茲將《貞觀式》的篇目名稱推定如下：

> 尚書省二十四司：
> 吏部四司：吏部、司封、司勳、考功
> 禮部四司：禮部、祠部、膳部、主客

民（戶）部四司：民（戶）部、度支、金部、倉部

兵部四司：兵部、職方、駕部、庫部

刑部四司：刑部、都官、比部、司門

工部四司：工部、屯部、虞部、水部

御史臺

九寺：太常、光祿、衛尉、宗正、太僕、大理、鴻臚、司農、太府

三監：國子、將作、少府

諸軍：即十六衛府：[55]

十二軍（衛）——左右衛、左右驍衛、左右武候衛、左右屯衛、左右領衛、左右領軍衛（以上領有府兵）

四府——左右監門府、左右領軍府（以上不領府兵）

以上若將每一單位編作一篇，總數遠在三十三篇之上，顯然不是如此編法。愚意以為尚書二十四司，當如格之編法一樣，是以一司作一篇；御史臺亦占一篇；諸軍，如「監門諸衛」所示，總為一篇；共

---

[55] 《玉海》卷六十六〈律令・唐永徽律等〉條引「六典」之文，「凡式」下面所引之文，與今本有異，前者曰「監門諸衛計帳」，後者曰「監門宿衛計帳」，此即諸衛與宿衛之差異，在於諸衛與宿衛一詞；《新志》曰《十六衛計帳》，可視為「宿衛計帳」說（即《玉海》所引之《六典》說）。今將諸條記載比較之結果，可知今本《六典》之「監門宿衛計帳」說有誤，而當以《玉海》所引《六典》之「監門諸衛計帳」為是。蓋「監門諸衛」，亦可視為《玉海》所引「舊制」的「諸軍」的另一說法，與《新志》之十六衛說同。此處所以特別冠以「監門」，正如後文之實例所示，確實有「監門式」存在，其他諸衛未必皆有立式，所以冠以監門作為代表。如此說不誤，則此處之標點，宜為監門諸衛、計帳，代表二篇。岡野誠在〈敦煌發見唐水部式の書式について〉（《東洋史研究》46-2，1987.9）將監門諸衛解為二篇，即《監門式》與《諸衛式》；但池田溫不贊同其說，以為就現存資料（此處無舉證）看來，仍宜將監門諸衛視為一篇（參看池田氏評岡野氏前引文，載於《法制史研究》第三十八冊，1989.3），基本上，卑說與池田說是雷同的。

二十六篇；其餘七篇，是由九寺、三監構成。以《六典》所揭示的《開元式》篇目而言，屬於九寺者，有：太常、司農、光祿、太僕、太府等五寺；屬於三監者，只有少府監；共得六篇，尚少一篇，此一篇在《開元式》曰《秘書（省）式》，不屬於寺、監之一，是爲開元特徵之一。就《開元式》而言，可能以《秘書省式》取代了《御史臺式》，並以《計帳（及勾帳）式》取代了寺、監之一篇；也就是說，寺、監諸篇，在貞觀與開元當同爲六篇；而《開元式》與《貞觀式》最大不同的地方，在於以《秘書式》與《計帳式》取代了《御史臺式》與寺、監之一篇。

霍存福認爲兩《唐書・刑法志》記載太宗「取尚書列曹及諸寺、監、十六衛計帳以爲式」，以及《新唐書・藝文志》、《通志・藝文略》所載《貞觀式》三十三卷，均不足爲據，而以爲《貞觀式》當同《武德式》、《永徽式》是十四卷，其篇數則不明，[56]此說嫌武斷，暫不採納。在其復原「唐式佚文」中，共復原三十五篇，包括尚書六曹二十四司、寺、監，以及監門、宿衛、計帳、勾帳等式，缺《秘書省式》、《御史臺式》。其較可議者爲《宿衛式》，此式共復原九條，並無一條具有《宿衛式》之直接證據，《唐律疏議》等文獻所引之《式》規定，述及宿衛事宜，未必即爲《宿衛式》，如後述《開元七年式》所示，宿衛規定當見於《監門諸衛式》或簡稱爲《監門式》。其次，如下所述，《唐律疏議》卷八《衛禁律》《疏》議引《監門式》，當屬於《貞觀式》，霍氏則解爲「永徽・監門」式，這是因爲沒注意到馬周奏請街置鼓是在貞觀十年（636）十二月一事，

---

56 參看霍存福，《唐式輯佚》（收入楊一凡主編，《中國法制史考證續編》第八冊，北京，社會科學文獻出版社，2009），頁15-17〈貞觀式〉。

以致有誤判。[57]由於《貞觀式》之基本資料不足，因此尚留有討論空間。

　　茲就可確定爲《貞觀式》之實例，略爲介紹。《唐律疏議》卷八《衛禁律》《疏》議引《監門式》曰：

> 京城每夕街立鋪，持更行夜。鼓聲絕，則禁人行；曉鼓聲
> 動，即聽行。（下略）

《監門式》即前引刑部四曹司之一，京城諸街置之制，其議來自馬周。《舊唐書》卷七十四〈馬周傳〉云：

> 先是，京城諸街，每至晨暮，遣人傳呼以警眾。周遂奏諸街
> 置鼓，每擊以眾，令罷傳呼，時人便之，太宗益加賞勞。

馬周奏請街置鼓，[58]而罷傳呼之事，據《唐會要》卷七十一「十二衛」條可知是在貞觀十年（六三六）十二月。貞觀律、令、格、式頒於翌年正月，所以《衛禁律》疏議所引的這條《監門式》，應是《貞觀式》之一。

　　再如敦煌文書中的P.4745號，被推定爲《貞觀吏部式》，今存九行，如下：

---

57 參看霍存福，《唐式輯佚》「復原篇」，以及「復原篇」之《宿衛式》、《監門式》
　（尤其頁577-578）。
58 此鼓俗曰「鼕鼕鼓」，參看《新唐書》卷九十八〈馬周傳〉。

（前缺）

1長史、司馬、司錄、上惣管從四品，中惣 管

2正五品，下惣管從五品。

3隨勳官、散官及鎮將、副五品以上，并

4五等爵，在武德九年二月二日以前

5身亡者，子孫並不得用蔭當；雖身在，

6其年十二月卅日以前不經參集，并

7不送告身經省勘校奏定者，亦准此。

8隨官文武職事五品以上，在貞觀五

9〔年月日　　　〕前，省司勘定符下 者 ，

（後缺）

此一殘卷，首尾皆缺，每行字數爲十四～十五字。這是有關子孫藉父祖蔭敍階規定中，原屬於隋朝官品者，要省司進行勘定的一些規定。《唐律疏議・詐偽律》「偽寫前代官文書印」條（第三百六十三條）《疏》議云：「依式，周、隋官亦聽成蔭。」足見以隋代官蔭敍階一事，是有「式」的規定。此件文書，由於前端縫背殘留「涼州都 督 府之印」與「永徽東宮諸府職員令殘卷」及「開元公式令殘卷」所鈐之「涼州都督府之印」不同，因而判定是屬於《貞觀式》的《吏部（司）式》。**59**

---

59 參看前引劉俊文，《敦煌吐魯番唐代法制文書考釋》，「二四、P.4745貞觀吏部式斷片」及其解說，頁307-309。錄文據上海古籍出版社、法國國家圖書館編《法國國家圖書館藏西域敦煌文獻》第三十三冊，頁149圖版，略作補正，上海古籍出版社，2005。「永徽東宮諸府職員令殘卷」，見前引劉書第十七條；「開元公式令殘卷」（P.2819），見前引劉書第十八條。瀧川政次郎推定爲《吏部格》，缺乏有力的理由，暫不取。（參看前引瀧川政次郎，〈ペリオ氏將來の唐貞觀吏部格斷簡〉）又，此處的「吏部」，宜指四曹司之一的吏部司。

結　語

　　從隋朝開皇律令制度的建立，到唐朝貞觀律令制度的完成，在儒家思想主導下，的確有重大成果展現。過去一般都以爲唐初立國，一切因襲隋舊，所以武德同於開皇。但貞觀有許多改革，所以貞觀不同於武德，也就有異於開皇，而有接近大業之可能。透過筆者從禮樂（另文說明）、律令的探討，可知武德的九年間，政策上雖是因襲開皇，其實有若干修正；貞觀對武德又有若干修正。因此，不論武德或貞觀，在制度上皆無法完全擺脫大業制的影響。也就是說，開皇、大業兩朝制度，仍是唐朝立法的沿襲對象，只是唐朝以寬簡、立德原則，作爲修正的準繩。結果，唐朝武德的形象優於開皇，如武德的租、庸、調法的成立，不取《開皇令》，而取對令修正後較爲寬簡的開皇三年制，可使人力的運用更具彈性，更可得到豪族的支持；貞觀的改革，又優於武德，尤其對死刑的寬免以及執行的愼重，成爲後世的美談。唐初的這種立國精神，遂成爲後世的榜樣。

　　不過，仔細檢討唐初律令制度建立的過程時，可發現武德、貞觀其實無改動隋開皇以來所建立的立國政策，這是因爲律令制度的基本原理原則及其內容，在隋代已建立完成，唐朝繼承這個制度，當然也就繼承這個制度所代表的政策。

第三章　從永徽到開元律令的制定

前　言

《新唐書》卷五十六〈刑法志〉（以下簡稱《新志》）云：

> 高宗初即位，詔律學之士撰律疏。又詔長孫無忌等增損格
> 敕。其曹司常務曰留司格，頒之天下曰散頒格。龍朔、儀鳳
> 中，司刑太常伯李敬玄、左僕射劉仁軌相繼又加刊正。武后
> 時，內史裴居道、鳳閣侍郎韋方質等又刪武德以後至于垂拱
> 詔敕為新格，藏於有司，曰垂拱留司格。神龍元年，中書令
> 韋安石又續其後至於神龍，為散頒格。睿宗即位，戶部尚書
> 岑羲等又著太極格。玄宗開元三年，黃門監盧懷慎等又著開
> 元格。至二十五年，中書令李林甫又著新格，凡所損益數千
> 條。明年，吏部尚書宋璟又著後格，皆以開元名書。天寶四
> 載，又詔刑部尚書蕭炅稍復增損之。

按，《新志》序云：「唐之刑書有四，曰：律、令、格、式。」但前
引《新志》說明永徽至開元時期的立法，除完成「律疏」以外，只有
「格」之類而已，此外有關律、令、式有無制定則不明。事實上是如
此嗎？這是令人疑惑的地方。此一時期，如《新志》所述，最大成就
在於撰成「律疏」以及「格」的細分化，也就是將格分為留司格與散
頒格，此等新的發展，並不見於武德、貞觀時期。所以從法制的觀點
而言，永徽至開元的律、令、格、式編纂事業，值得格外留意。天寶
以後，不再見到通盤整理律、令、格、式，似乎也暗示大唐盛世已在
轉變。

　　若將前引《新志》的記載，與《舊唐書》卷五十〈刑法志〉
（以下簡稱《舊志》）等相關資料相較，可發現《新志》雖「文省於
舊」，而未必「事增於前」。總的說來，高宗至玄宗時期的法制發

展，似乎較高祖、太宗時期，更加詳備。此是拙稿於探討武德、貞觀
律令制度之後，擬對高宗至玄宗時期的法制發展，再作進一步探討的
緣由所在。

　　從高宗至玄宗時期，對律、令、格、式作全盤整理而有成績表
現的，主要有三次，一是永徽二年，一是開元七年，一是開元二十五
年。其編撰情形略述如下。

　　《舊志》云：

A.（高宗）永徽初，敕太尉長孫無忌、司空李勣、左僕射
于志寧、右僕射張行成、侍中高季輔、黃門侍郎宇文節、柳
奭、右丞段寶玄、太常少卿令狐德棻、吏部侍郎高敬言、刑
部侍郎劉燕客、給事中趙文恪（當為趙文之誤）[1]、中書舍
人李友益、少府丞張行實、大理丞元紹、太府丞王文端、刑
部郎中賈敏行等，共撰定律、令、格、式。舊制不便者，皆
隨刪改。遂分格為兩部：曹司常務為留司格，天下所共者為
散頒格。其散頒格下州縣，留司格但留本司行用焉。

B.（開元）六年，玄宗又敕吏部侍郎兼侍中宋璟、中書侍郎
蘇頲、尚書左丞盧從愿、吏部侍郎裴漼、慕容珣、戶部侍郎
楊滔、中書舍人劉令植、大理司直高智靜、幽州司功參軍侯

1 《宋本·冊府元龜》卷六一二〈刑法部·定律令〉條記載「永徽元年（月份不明）」，較《舊志》的「永徽初」具體。又，《冊府》記載「趙文」，而非「趙文恪」，（唐）林寶《元和姓纂》（卷七）亦同《冊府》。岑仲勉，《元和姓纂四校記》（臺北，中央研究院歷史語言研究所，1991-12景印二版，1948-4初版）曰：「會要三九及全（唐）文——均作趙文恪，此（按，即《元和姓纂》）及元龜殆奪恪字。」岑氏認為當以趙文恪為是；又，前引《舊志》、《新唐書·藝文志》及《文苑英華》、亦皆記載趙文恪，似以趙文恪說為是。但據兩《唐書·趙文恪傳》（舊57/2296，新8/3740），可知趙文恪卒於高祖武德年間，其與高宗永徽年間的趙文恐是二人。也就是說，此處當以《冊府》及《元和姓纂》所載之趙文為是。

郢璥等九人，刪定律、令、格、式。至七年三月奏上。律、令、式仍舊名，格曰：「開元後格。」

C.（開元）二十二年，戶部尚書李林甫又受詔改修格令。林甫遷中書令，乃與侍中牛仙客、御史中丞王敬從，與明法之官前左武衛胄曹參軍崔見、衛州司戶參軍直中書陳承信、酸棗尉直刑部俞元杞等，共加刪緝舊格、式、律、令及敕，總七千二十六條。其一千三百二十四條於事非要，並刪之。二千一百八十條隨文損益，三千五百九十四條仍舊不改。總成律十二卷、律疏三十卷、令三十卷、式二十卷、開元新格十卷。又撰格式律令事類四十卷，以類相從，便於省覽。二十五年九月奏上，敕於尚書都省寫五十本，發使散於天下。

這是《舊志》對於三次大修律、令、格、式的基本記載，其間尚有若干格、式的修撰。以下針對這三次大修法，再作探討。

第一節　永徽律令格式

關於永徽律、令、格、式的撰修（即前引《舊志》A部分），主要有三事須探討：一是撰修時間，一是參撰人員，一是格與律、令、式。關於敕撰永徽律、令、格、式的時間問題，文中只曰永徽初（《通典》卷一六五〈刑法典·刑制〉亦同），確實時間爲何，依然不明；而其撰成之時間，在此處亦無說明。按，其下詔之時間，據《宋本·冊府元龜》卷六一二〈刑法部·定律令〉（以下簡稱《宋本·冊府》）得知是在永徽元年（650）（月分不明）。《舊唐書》卷七十三〈令狐德棻傳〉曰：「永徽元年，又受詔撰定律令。」可作爲旁證。

高宗即位於貞觀二十三年（649）六月甲戌，翌年便詔撰律、令、格、式，其距太宗去世似不到一年。爲何高宗在即位之初，就急於刪修律、令、格、式？不無疑問。此事從永徽二年（651）九月十四日頒行新律（令、格、式）詔可得到答案，其曰：

> （太宗）玉几遺訓，重令刊改。……朕仰遵先旨，旁求故實，乃詔……詳定法律。（見《文苑英華》卷四六四〈翰林制詔·詳定刑名制〉，《唐大詔令集》卷八十二〈頒行新律詔〉所載較爲簡略）

足見永徽律、令、格、式的編纂，是秉承太宗遺詔的訓示，於高宗即位後的第二年，即永徽元年立即進行。至永徽二年（651）九月十四日完成而頒行天下。

永徽律、令、格、式的撰修人員，計有十七名，此即長孫無忌、李勣、于志寧、張行成、高季輔、宇文節、柳奭、段寶玄、令狐德棻、高敬言、劉燕客、趙文、李友益、張行實、元紹、王文端、

賈敏行。[2]但《唐會要》將大理丞元紹記爲元詔。敦煌寫本當中有涼州官寫本的「永徽東宮諸府職員令」殘卷，其卷六之卷末列出編撰者職銜及姓名，可知有二十名，惟張行實之前有若干行欠缺，其姓名可考者計有十六名，此即賈敏行、（有職銜而缺一姓名）、袁武、（有職銜而缺三姓名，其下斷紙缺若干行）、張行實、李友益、趙文（恪）、劉燕客、高敬言、令狐德棻、段寶玄、柳奭、宇文節、高（季輔）、（張）行成、（于）志寧、（李）勣、（長孫）無忌。以上十六名，除袁武外，其餘十五名均見於上述十七名當中；而殘卷斷紙所缺的部分，至少包括元紹、王文端二名（即至少增列二行）。所以「永徽東宮諸府職員令」編撰者至少有二十二名，其與上述永徽律、令、格、式的撰修人員（十七名），絕大部分重疊。[3]由此可知永徽初年編撰律、令、格、式的陣容相容龐大。

二年後，即永徽四年（653）十一月十九日，由長孫無忌領銜而再奏進《律疏》，今本《唐律疏議》卷首〈進律疏表〉所揭載的《律疏》編纂者，計有長孫無忌、李勣、于志寧、褚遂良、柳奭、唐臨、段寶玄、韓瑗、來濟、辛茂將、劉燕客、裴弘獻、賈敏行、王懷恪、董雄、路立、石士達、曹惠果、司馬銳，共計十九名。這十九名當中，長孫無忌、李勣、于志寧、柳奭、段寶玄、劉燕客、賈敏行七名，是來自永徽初年編撰律、令、格、式的陣容，仍可見編撰人員的延續性。其中高敬言、張行實、元紹（元詔）、王文端、賈敏行等人

---

2 《唐會要》卷三十九〈定格令〉、《新唐書》卷五十八〈藝文志〉「（永徽）留本司行格」注、前引《宋本・冊府》、《文苑英華》所載亦同。

3 池田溫〈唐令〉（收入滋賀秀三編，《中國法制史——基本資料の研究》，東京，東京大學出版會，1993），頁208。又，池田溫以爲《永徽令》殘卷編撰者當中的「李友鑒？」，似仍當解爲「李友益」，劉俊文，《敦煌吐魯番唐代法制文書考釋》（北京，中華書局，1989），頁196亦同。經查伯4634C2照片，可看出「益」字處有清晰的「皿」字筆劃，所以此處釋爲「李友益」。

傳記資料不明，其他諸人較有可查。但只知黃門侍郎宇文節是「明習法令」出身（兩《唐書》本傳），此外從諸人官銜中可知刑部侍郎劉燕客、刑部郎中賈敏行、大理丞元紹等人，當皆是實際參與編撰者，尤其是令典的編撰，刑部扮演較重要的角色，其次爲大理寺。另外，《舊唐書》卷七十八〈于志寧傳〉末說志寧「前後預撰格式律令、五經義疏及修禮、修史等功，賞賜不可勝計。」可知志寧亦是實際參撰人。再者，令狐德棻「博涉文史」，又曾參與修撰諸史書以及《貞觀禮》等（前引《舊唐書》本傳），亦當是實際參與者，尤其與禮制有關的諸令文。這些人員當中，有那些人也曾參加貞觀律令的撰修，一時無法詳考，至少裴弘獻曾參與貞觀律令編纂，裴氏在貞觀初出任蜀王法曹參軍時，即曾奏上律令缺陷四十餘條；令狐德棻也可能是其中之一。

　　編撰永徽律、令、格、式以及律疏的領銜者，都是長孫無忌，在「永徽東宮諸府職員令」編撰者排序，除賈敏行爲負責刪定工作而列首外，次行起是由官階卑位依次列高位至長孫無忌，接著各以一行列出「沙州寫律令典趙元簡初校、（沙州寫律令）典田懷悟再校、涼州法曹參軍王義」，實是極爲珍貴的法律文書格式。此外，在〈進律疏表〉的人員排列順序，則與「永徽東宮諸府職員令」相反，由官階最高的長孫無忌列起，漸及位卑者，這又是令人注意的書式。

　　關於格與律、令、式的問題。《舊志》只舉出格的名稱，不免予人印象以爲永徽編撰律、令、格、式之工作只完成格而已，其實不然。此事與《舊志》記述律令編撰過程之體例有關，也就是在此段文字之前，其實已先記述武德以來至開元之律、令、格、式編撰成果，其中有關永徽部分，除了格以外，也說明了式，只是不含律與令的成果。所以就《舊志》而言，極易誤會以爲永徽的編撰，並無完成律與令。事實上，《舊唐書》卷四〈高宗本紀〉說：「（永徽二年）

閏（九）月辛未（十一日），頒新定律、令、格、式於天下。」其有
完整的律、令、格、式的法典形式，極爲明顯。但《資治通鑑》卷
一九九「唐紀・永徽二年閏九月（日期不明）」記載長孫無忌等奏上
所刪定的「律、令、式」，甲戌（十四日），**4**「詔頒之四方」，此
處無含格；而前引《通典》曰：

> 高宗永徽初，又令長孫無忌等撰定格式，舊制不便者，皆隨有
> 無刪改。遂分格爲兩部：曹司常務爲留司格，天下所共者爲散
> 頒格。

此處只舉格與式，並無含律與令，又是另一疑點。然則其眞相宜爲如
何？試再作探討。

《唐會要》卷三十九〈定格令〉永徽二年（651）閏九月十四日
條曰：

> 勒成律十二卷、令三十卷、式四十卷，頒于天下。遂分格爲
> 兩部：曹司常務者爲留司格，天下所共者爲散頒格。散頒
> 格，下州縣；留司格，本司行用。

此處具體說明永徽律、令、式之卷數，也說明新定格的用法，但無記
其卷數。《永徽律》十二卷，並見於《新唐書・藝文志》。《永徽

4　《資治通鑑》卷一九九 唐紀則將頒行律令式繫於永徽二年閏九月甲戌（十四日），
　　其與《舊紀》所載（辛未，十一日）相差三天。但《唐會要》卷三十九〈定格令〉
　　曰：「永徽二年閏九月十四日，上新刪定律令格式。」此即以爲九月十四日是奏上諸
　　法典的時間，並非頒布的時間，《通鑑》對於長孫無忌等奏上時間，並無標示日期。
　　依此看來，頗疑九月十一日（辛未）是長孫無忌等奏上諸法典的日期（此處修正《舊
　　紀》說），而九月十四日（甲戌）才是頒布於天下的日期（此處用《通鑑》說）。至
　　於《新唐書》卷五十八〈藝文志〉曰：「永徽三年上」，顯然有誤，不取。

令》三十卷，《舊唐書・經籍志》、《新唐書・藝文志》皆同。

　　《永徽式》四十卷，當是十四卷之誤，此由《唐六典》卷六〈凡式〉條注、《舊唐書》卷四十六〈經籍志〉、《舊唐書》卷五十〈刑法志〉、《新唐書》卷五十八〈藝文志〉所載可知。《永徽式》在《舊唐書・經籍志》曰：「永徽成式十四卷」，另外有「永徽中式本四卷」，這兩條在《新唐書・藝文志》著錄爲「（永徽）式十四卷、式本四卷」；但在《日本國見在書目錄・刑法家》著錄爲「唐永徽式二十卷」。《唐六典》卷六〈凡式〉條注曰：「永徽式十四卷，垂拱、神龍、開元式，並二十卷。」足見《永徽式》本來是十四卷本（其正式名稱，或如《舊唐書・經籍志》所載之「永徽成式」），《日本國見在書目錄・刑法家》所謂唐《永徽式》二十卷，看來是將《永徽成式》十四卷與《永徽中式本》四卷合併，[5] 尚差兩卷不明，或係兩式個別目錄，合計爲二十卷。《垂拱式》以後的二十卷本，恐怕還是《永徽成式》與《永徽中式本》的合併本（似亦各含有一卷的目錄）。

　　至於《永徽格》，《通典》與《唐會要》皆無記載其卷數，但在《舊唐書・刑法志》曰：「永徽留司格十八卷、散頒格七卷，長孫無忌等刪定。」同書〈經籍志〉著曰：「永徽散頒天下格七卷、永徽留本司行格十八卷。」《新唐書・藝文志》亦著錄「散頒天下格七卷、留本司行格十八卷」。此處之正式名稱，當以《舊唐書・經籍志》爲正；至於卷數，諸書無異。

　　從以上諸法典名稱及卷數的分析，可知永徽的撰修，是完成了律、令、格、式的法典形式。其與貞觀律、令、格、式相較，在形式上，《永徽律》、《永徽令》與貞觀相同，即律之卷數仍爲十二卷、

5　參看矢島玄亮，《日本國見在書目錄──集證と研究》（東京，汲古書院，1984），頁103。

十二篇。十二卷與十二篇數，是北齊《河清律》、隋《開皇律》至唐
《武德律》、《貞觀律》的基本形式，[6]《永徽律》沿襲不變，直至
開元前後律亦然。今所見《（故）唐律疏議》之律本文，即是《永徽
律》原型。但總條數，自隋《開皇律》定爲五百條後（《隋書》卷
二十五〈刑法志〉），到唐代也大致定型。《永徽律》當與《貞觀
律》同爲五百條，但今本《唐律疏議》共有五〇二條，有謂多出的二
條是開元二十五年增訂的，此說可參考，但仍乏具體佐證，有待今後
繼續查考。[7]

　　《永徽律》有十二篇，但崔融〈爲百官賀斷獄甘露降表〉云：

> 謹按貞觀律唯有十卷，其捕亡、斷獄兩卷，乃是永徽二年長
> 孫無忌等奏加。（《全唐文》卷二一八，又可參看《玉海》
> 卷六十六〈唐貞觀律〉引《會要》條注）

此即指出《貞觀律》本來只有十卷，史籍所載十二卷說是到永徽二年
由長孫無忌奏加的。按，融〈表〉上奏時間，在697～698年之間，
也就是在武則天晚年，較《六典》說爲早。崔融說，除《全唐文》揭
載其表之全文外，亦見於《玉海》。依此看來，崔說之信憑性，自無
可置疑。問題是《六典》以下諸史籍皆無記載貞觀律只有十卷之事，
愚意以爲《貞觀律》本來仍有十二卷、篇之形式，只是捕亡、斷獄兩
卷來不及對《武德律》修正，而仍維持《武德律》之舊，迨長孫無忌
等領銜修《永徽律》時，才將兩律修完，因爲長孫無忌同時也是《貞

6　關於武德、貞觀律篇目之推定，參看拙作，〈論武德到貞觀律令制度的成立〉，《漢
　　學研究》11-1，1993-7；拙書第二章各節。
7　參看八重津洋平，〈故唐律疏議〉（收入滋賀秀三編，《中國法制史——基本資料の
　　研究》，東京大學出版會，1993），頁198注2。

觀律》的領銜者，所以《永徽律》的成果，也可用來補《貞觀律》。
此事由敦煌文書的唐律《捕亡律》殘卷（英國倫敦印度事務部圖書
館，編號為CH0045），也可提供此一線索。[8]若將此事與下述《永徽
令》對《貞觀令》所增加的篇目一併思考時，可發現永徽律、令對捕
亡律、令的撰定有重要意義，此事容於另文說明。

　　令之卷數，《永徽令》與《貞觀令》皆同為三十卷；其篇數，
在《貞觀令》是二十七篇（《唐會要》卷三十九〈定格令〉），《開
元七年令》也是三十卷二十七篇（前引《六典》〈凡令〉條）。唐令
中，明白可知其篇數者只有《貞觀令》與《開元七年令》，皆定為
二十七篇。《永徽令》篇目數不明，是否與《貞觀令》、《開元七年
令》相同，即含有二十七篇，不無疑問。茲先檢討晉令以來之體例。

　　前引《六典》〈凡令〉條，詳注晉令「四十篇」、梁令「三十
篇」之篇名，但在《隋書》卷三十三〈經籍志〉著錄「晉令四十卷、
梁令三十卷、錄一卷」，足見從晉令到梁令的體例，其卷名即是篇
名，篇數也是卷數，即使分為上、中、下者，都各自成為一篇，占有
一卷，如晉令中的《雜令》上、中、下，分別編在卷（篇）第十八、
十九、二十；梁令中的《雜令》上、中、下，其卷、篇數完全與晉令
相同。再查隋《開皇令》，《隋書》卷三十三〈經籍志〉著錄「隋開
皇令三十卷，目一卷」；前引《唐六典》〈凡令〉條詳注其三十卷篇
名，此處雖然沒有明白指出《開皇令》有多少篇，但因《開皇令》將
《官品令》上、下，分別規定為令卷一、卷二，其下之《鹵簿令》
上、下，則分別為令卷十八、十九；《公式令》上、下，分別為令卷

8　參看拙作，〈從英藏CH0045捕亡律斷片論唐貞觀捕亡律之存在問題──兼論貞觀斷
　　獄律之存在問題──〉（收入《潘石禪先生九秩華誕敦煌學特刊》，頁409-425，臺
　　北，文津出版社，1996-9；亦收入楊一凡主編，《中國法制史考證》乙編第一卷，頁
　　354-372，北京，中國社會科學出版社，2003-9）。

二十一、二十二；《雜令》爲卷三十。此即分上、下者，個別占有一
卷，這個體例與前述晉令、梁令相同。由此也可類推，隋《開皇令》
的體例當與晉令、梁令同將篇數視爲卷數，所以隋《開皇令》三十卷
也就是三十篇。[9]

　　根據晉令、梁令、隋《開皇令》卷、篇對應原則，再來考察
《永徽令》，似亦如此。敦煌文書的「永徽東宮諸府職員令殘卷」，
其卷末可以辨認出是「令卷第六　東宮諸府職員」（S.3375），[10]但
據《唐六典》卷六〈凡令〉條，記載《開元前令》二十七篇目的前五
篇是：

　　1.官品上、下；2.三師三公臺省職員；3.寺監職員；4.衛府
　　職員；5.東宮王府職員。

《開元七年令》不將官品上、下分爲二篇而視爲一篇，所以「東宮王
府職員」成爲第五篇。但在隋《開皇令》則不然，由於將官品上、下
各設一卷、篇，所以「東宮職員」成爲卷（篇）第六，「永徽東宮諸
府職員令」殘卷所示「令卷第六」，當非偶然，其藍本當來自隋《開
皇令》。同時要注意者，在令篇中設定「東宮職員」，就是始於《開

9　此一問題，在第一章已有所說明，因此，〈導論〉第一節所附「中日令典篇目一覽
　　表」雖是轉引池田溫文，但對《開皇令》二十七篇說，則暫持保留存疑。
10　有關「永徽職員令殘卷」的基礎研究，可參看池田溫、岡野誠，〈敦煌・吐魯番發
　　見唐代法制文獻〉（《法制史研究》27，1973-5），頁210。（拙譯，〈敦煌・吐魯
　　番所發見有關唐代法制文獻〉，頁258，收入拙著，《戰後日本的中國史研究》，臺
　　北，明文書局，1987-9 增訂二版。原載《食貨》復刊9-5.6.7.8，1979-9, 11）Tatsuro
　　YAMAMOTO, On IKEDA, Makoto OKANO (Co-ed.), Tunhuang and Turfan Documents
　　concerning social and economic history, I Legal Texts (B), Plates, 1978; I Legal Texts(A),
　　Introduction & Texts, 1980; Committee for the Studies of the Tun-huang Manuscript, The
　　TOYO BUNKO, Tokyo。又，劉俊文，《敦煌吐魯番唐代法制文書考釋》（北京，中
　　華書局，1989），頁180-220。

皇令》，自有其時代意義，將於另文說明。

　　由此看來，在訂定篇目與卷數時，晉令、梁令、隋《開皇令》、唐《永徽令》是屬於同一系統，而唐《貞觀令》、《開元七年令》則屬於另一系統。前者將分有上、下等篇目，採取分別處理，而與卷數對應；後者，則將分爲上、下者合併處理，在計算篇數時仍視爲一篇，所以篇目總數與卷目總數不相符合。後者的作法，首先出現在《貞觀令》，爲何要如此計算？一時無可考，容後探討。日本《大寶令》、《養老令》，直接雖以《永徽令》爲藍本，但因日本考慮其國情與唐朝不同，在攝取唐制時而有所改動，此事從諸令對照表中，關於篇名之改易可窺知其端倪；再者，日本鑑於其國家規模不如唐朝龐大，所以採取縮編原則，對於唐令中有分上、下者，在日本看來自無此必要，所以用一篇處理。《日本國見在書目錄・刑法家》雖無著錄貞觀律令，但因有著錄隋《大業令》，其編纂大寶、養老令時仍能見《貞觀令》，是可相信的。也就是說，《貞觀令》將隋《開皇令》篇之上、下（《大業令》恐與《開皇令》同）合併爲一篇計算的體例，也當是日本編纂大寶、養老令時的重要參考。

　　以上之分析，可知《永徽令》的篇目設定法與《貞觀令》不同，而是採取隋《開皇令》的方式，將設有上、下者分別處理，於是《貞觀令》的二十七篇數目，到《永徽令》成爲三十篇。

　　另外一種計數法，《永徽令》或如日本編纂大寶、養老令，而將《貞觀令》的第十三篇「封爵俸廩」、第十五篇「宮衛軍防」，分爲封爵（十三篇）、祿（十四篇）、宮衛（十六篇）、軍防（十七篇），成爲四篇，總數又增至三十二篇。此外，從《永徽令》與日本編纂大寶、養老令的比較中，可發現《永徽令》又增加如下數篇：此即捕亡、醫疾、營繕，總數乃成爲三十五。日本平城宮木簡2925號有「醫疾第十九」、唐招提寺本《古本・令私記》記載營繕第十七、

關市第十八，[11]以及養老《賦役令》「雜徭」條《集解》引《古記》也轉引了捕亡、醫疾、營繕等令篇，此外還有軍防、廏牧等篇。再者，日本《類聚三代格》卷六記載弘仁十年（819）十二月二十五日太政官符「應處分公廨事」條引用「唐永徽祿令云」，可確定《永徽令》已將《貞觀令》的「封爵俸廩」析爲封爵、祿兩篇；《貞觀令》的「宮衛軍防」，在《永徽令》也析爲宮衛、軍防兩篇；《貞觀令》的「倉庫廏牧」，在《永徽令》也析爲倉庫、廏牧兩篇。[12]就篇名而言，這是變動較大者。依此而言，《永徽令》的篇數，可達三十五篇。[13]拙稿此處仍暫以三十篇計算。

至於永徽格、式的篇數及其篇名，均不知其詳。

---

11 參看池田溫，〈中國令と日本令──「唐令拾遺補」編纂によせて〉（收入池田溫編，《中國禮法と日本律令制》，東京，東方書店，1992），頁167-172。

12 池田溫在前引氏著，〈中國令と日本令──「唐令拾遺補」編纂によせて〉，頁168諸令對照表中，於《永徽令》篇目欄雖將宮衛、軍防與倉庫、廏牧各析爲兩篇，但於「備考」中，仍認爲「宮衛軍防、倉庫廏牧或各一篇」。此即對於上述宮衛諸篇之成立，仍持保守態度。但在池田氏著〈中國令と日本令──篇目と條文數をめぐって〉（收入《周一良先生八十生日紀念論文集》，北京，中國社會科學出版社，1993），頁480的諸令對照表中，對於《永徽令》上述諸篇目的保留態度已改變，而認爲宮衛、軍防與倉庫、廏牧皆爲單獨成篇。根據拙文所提諸證據，筆者贊同上述四篇單獨成篇說。又，池田溫在〈中國令と日本令──篇目と條文數をめぐって〉文末附記曰：「關於大寶令篇目，最近日本榎本淳一研究確認了不存宮衛而被併於軍防令（坂上康俊氏書信承示）。」若此一研究成果可以確信，當亦無妨於《永徽令》將宮衛、軍防分而爲二之可能。蓋《大寶》既然以可將《軍防令》用來包括《宮衛令》，正暗示原來《軍防令》是單獨成篇，只是日本當初或許覺得其國情無須如唐制之細分；其《養老令》依然分而爲二，似正說明二者之分不在《養老令》之際，而當於《大寶令》改變宮衛令之前，也就是唐之《永徽令》撰定之際。

13 池田溫由日本《養老令》含有學、封爵（繼嗣）、祿、營繕、醫疾、假寧、捕亡等篇目，而推測《永徽令》加上這些篇目後，宜有三十二篇；如果宮衛軍防、倉庫廏牧兩篇不再各細分爲二，則《永徽令》篇目也可視爲三十篇。但池田溫將《官品令》上下、《鹵簿令》上下、《公式令》上下均各以一篇計算，與筆者算法有異。（參看池田溫，〈唐令〉，頁218，收入滋賀秀三編，《中國法制史──基本資料の研究》，東京大學出版會，1993。又，前引池田溫，〈中國令と日本令──「唐令拾遺補」編纂によせて〉；前引池田溫，〈中國令と日本令──篇目と條文數をめぐって〉；池田溫，〈唐令與日本令〉，收入《第二屆國際華學研究會議論文集》，臺北，中國文化大學文學院，1993）。

第二節　開元七年律令格式

　　關於開元七年（719）律、令、格、式的編纂問題（即前引《舊志》B），由前引《舊志》，可知其參纂人員是九人，此即宋璟、蘇頲、盧從愿、慕容珣、楊滔、劉令植、高智靜、侯郢璡。[14]但從《舊唐書》卷一〇〇〈盧從愿傳〉得知從愿與楊滔、吏部侍郎裴漼、禮部侍郎王丘，中書舍人劉令植刪定《開元後格》。此事不見於他處記載，其令人注目者，在於多出王丘一人，是否王丘與盧從愿等總共六人只參與撰修《開元後格》，則不知其詳，但由《舊唐書‧盧從愿傳》看來，只能作撰修《開元後格》來解。再者，諸史籍記載玄宗開元六年（718）詔敕刪定「律、令、格、式」共九人，所以若含有王丘，也當是後來才補進。王丘之基本務，仍還是在刪定《開元後格》。另外，《唐六典》卷六〈凡式〉條曰：「其（此處指《開元七年式》）刪定與定格令人同也。」由此進而可理解此次受命刪定律、令、格、式諸人，都是屬尚書省吏部、戶部、禮部、中書省以及大理寺等機構官員，自是行家。從《舊唐書》卷四十六〈經籍志〉著錄《開元後格》是「宋璟等撰」看來，此次的刪定，當是由宋璟領銜，一方面也因宋璟身兼侍中，地位最高之故。

　　另外，開元七年（719）的律、令、格、式等編纂工作，距離永徽律令（651）已有六十八年，所以十人之中無一人參與永徽律令之編撰。論人數，將近永徽律令編纂人員之半。其規模較小之因，可能自永徽之後，不斷進行修撰格式（詳後），較有前例軌跡可循，編纂工作較省力，所以不必動員太多人。《舊志》云：「律、令、式仍舊名，格曰開元後格。」所以就律、令、格、式在總的方向而言，應該

---

14 《新唐書》卷五十八〈藝文志〉「開元式」注、《唐會要》卷三十九〈定格令〉、《冊府元龜》卷六一二〈刑法部‧定律令〉等亦同。

變動不大，只更動格之名稱曰：「開元後格。」而非「開元格」。

開元七年（719）三月的律、令、格、式內容，可由《唐六典》卷六「邢部郎中員外郎」條所載之正文，得知梗概。唐朝律令篇名，也只有《唐六典》詳載開元七年的律與令篇名，其他時代的律令篇名，只能用推測。**15**

《開元七年律》，有十二章，也就是十二卷，分爲十二篇（章），共有五百條。其十二章律名如下：

> 一曰名例，二曰衛禁，三曰職制，四曰戶婚，五曰廄庫，六曰擅興，七曰賊盜，八曰鬥訟，九曰詐偽，十曰雜律，十一曰捕亡，十二曰斷獄，而大凡五百條焉。

這樣的篇（章）名及篇數，當同《貞觀律》、《永徽律》。

《開元七年令》，共有三十卷，分爲二十七篇，含有1546條令文。**16**《唐六典》詳載《開元七年令》篇名稱如下：

> 凡令二十有七：（小注曰：分爲三十卷。）一曰官品，（小注曰：分爲上、下。）二曰三師三公臺省職員，三曰寺監職員，四曰衛府職員，五曰東宮王府職員，六曰州縣鎮戍

---

15 參看仁井田陞，《唐令拾遺》（東京，東京大學出版會，1964覆刻，1933初版），頁61〈序說第二：唐令拾遺採擇資料に就いて〉〈唐六典〉條。奧村郁三，〈唐六典〉（收入前引滋賀秀三編，《中國法制史——基本資料の研究》），頁253。

16 《開元七年令》有1546條說，是用《唐六典》說。但在《新唐書》卷五十六〈刑法志〉、卷五十八〈藝文志〉以及日本《明文抄》卷二引《唐曆》，皆謂《貞觀令》有一千五百四十六條，這是將《開元七年令》條數（一千五百四十六）誤植於《貞觀令》，此事經仁井田陞、滋賀秀三、池田溫等學者的研究而明朗化。（參看前引池田溫，〈唐令〉（收入前引滋賀秀三編，《中國法制史——基本資料の研究》），頁220；前引拙作，〈論武德到貞觀律令制度的成立〉注20；拙書第二章）。

嶽瀆關津職員，七曰內外命婦職員，八曰祠，九曰戶，十
曰選舉，十一曰考課，十二曰宮衛，十三曰軍防，十四曰衣
服，十五曰儀制，十六曰鹵簿，（小注曰：分為上、下。）
十七曰公式，（小注曰：分為上、下。）十八曰田，十九曰
賦役，二十曰倉庫，二十一曰廄牧，二十二曰關市，二十三
曰醫疾，二十四曰獄官，二十五曰營繕，二十六曰喪葬，
二十七曰雜令，而大凡一千五百四十有六條焉。

《開元七年格》，又稱《開元後格》，有別於開元三年完成的
《開元前格》，《舊唐書》卷四十六〈經籍志〉著錄吏部尚書宋璟等
撰。《開元後格》，十卷，以尚書省二十四司為篇名。前引《唐六
典》卷六「邢部郎中員外郎」條曰：

> 凡格二十有四篇。（小注曰：以尚書省諸曹為之目，共為七
> （按，當為十之誤）卷。其曹之常務但留本司者，別為留司
> 格一卷。蓋編錄當時制敕，永為法則，以為故事。

按，尚書省諸曹，指六部二十四司：吏部（吏部、司封、司勳、考
功）、戶部（戶部、度支、金部、倉部）、禮部（禮部、祠部、膳
部、主客）、兵部（兵部、職方、駕部、庫部）、刑部（刑部、都
官、比部、司門）、工部（工部、屯田、虞部、水部）。《開元後
格》十卷的性質，除有一卷定位為「留司格」外，其餘九卷可能為
「散頒格」。這種編撰形式，在《貞觀格》似已粗具型態，**17**至《永

---

17 關於《開元後格》之卷數問題，《唐六典》卷六〈凡格〉條、《新唐書》卷五十八
　〈藝文志〉皆曰十卷；但《舊唐書》卷四十六〈經籍志〉、《日本國見在書目錄・刑

徽格》定型，而爲《開元後格》所繼承。

開元年間，有關格的編纂共有四，此即：

(一)開元三年（715）正月敕刪定「格式令」而編撰的《開元前格》，十卷，由兵部尚書兼紫微令姚崇、黃門監盧懷愼、紫微侍郎兼刑部尚書李乂、紫微侍郎蘇頲、紫微舍人呂延祚、給事中魏奉古、大理評事高智靜、同州韓城縣丞侯郢璡、瀛洲司法參軍閻義顗等刪定。（《舊志》、《新唐書》卷五十八〈藝文志〉；《唐會要》卷三十九〈定格令〉曰開元三年正月，不取。）

(二)開元七年（719）三月與律令式一同撰上的《開元後格》，十卷，已述於前。

(三)開元十九年（731）的《格後長行敕》六卷，由侍中裴光庭、中書令蕭嵩就格後制敕行用結果，有與格文相違者加以刪修完成的。（《舊志》、《唐會要》卷三十九〈定格令〉）

(四)開元二十五年（737）與律令式一同撰上的《開元新格》，其修撰人員見後述開元二十五年律、令、格、式說明。

至於《開元七年式》，《唐六典》謂二十卷，分爲三十三篇。這種二十卷本的式，自垂拱、神龍以來的式都是如此，只有《永徽式》爲十四卷本。但篇名有三十三，其內容性質，《舊唐書·刑法志》曰：

　　　　凡式三十三篇，亦以尚書省列曹及祕書、太常、司農、光

法家》曰九卷。此事如何取捨？按，《唐六典》在注釋此事時，於說明《開元後格》十卷之前，同時也說明《太極格》十卷、《開元前格》十卷。看來以十卷本作爲格的形式，至少自《太極格》以來已是如此。但再往上追溯，可能來自貞觀初（詳細年代不明，或許在元年正月下詔刪定律令後不久先完成者，至遲在貞觀十一年完成新的律令格式以前）的《唐貞觀敕格》十卷（《日本國見在書目錄·刑法家》）（參看前引拙作，〈論武德到貞觀律令制度的成立〉；拙書第二章各節）。

禄、太僕、太府、少府及監門宿（諸？）衛、計帳，名其篇目，為二十卷。

《唐六典》卷六〈凡式〉條曰：「凡式，三十有三篇。」注云：

亦以尚書省刑（當為列字之誤）曹及秘書、太常、司農、光禄、太僕、太府、少府及監門宿（諸？）衛、計帳，為其篇目，凡三十三篇，為二十卷。

由上列二者史籍記載的比較，可知《舊志》是轉引自《唐六典》。但《玉海》卷六十六〈律令・唐永徽令等〉條引《六典》之文，最末曰：

舊制：式，三十三篇，以尚書、御史臺、九寺、三監、諸軍為目。

此處所載的《六典》「舊制」之文，並不見於今本（日本近衛本）《唐六典》，其接於律、令、格、式定義後，「立刑名之制五」前，度其用意，似要以「舊制」之式，進一步說明前項所載之「式」的發展。因此，愚意以為此處的「舊制」，當指《貞觀式》；今本《唐六典》所載之制，為《開元式》（《開元七年式》），在形式上，兩者都是三十三篇，或亦皆為二十卷，但在《永徽式》則刪為十四卷。以《貞觀式》與《開元式》（《開元七年式》）相較，可知兩者相同者，皆以尚書省二十四司之一司作為一篇，共占二十四篇，一如前述《開元後格》之編撰方式。此外，九寺當有太常、司農、光禄、太僕、太府等五篇皆同，三監有少府一篇、諸軍有監門諸衛一篇相同，

只有祕書與計帳二篇不見於「舊制」的《貞觀式》所列。「舊制」所
列為概數，並非實數，因此無法確知其三十三篇之確實名稱。而今本
《唐六典》所載之名稱，則符合三十三篇之實數。現在無法確知《開
元式》所見的《祕書省式》是否取代「舊制」的《御史臺式》？或者
在「舊制」為兩者並列？鄙見傾向前者。再者，《開元式》的《計帳
式》（當含《勾帳式》）是否亦在「舊制」當中？或者《開元式》之
新創？鄙見傾向後者。易言之，《開元式》與《貞觀式》最大不同的
地方，在於以《祕書省式》與《計帳式》取代了《御史臺式》與寺、
監之一篇。[18]

---

18 參看前引拙作，〈論武德到貞觀律令制度的成立〉；拙書第二章各節。

第三節　開元二十五年律令格式

　　從《舊唐書・刑法志》所載，可知開元二十五年（737）律、令、格、式之修撰，始於開元二十二年，目的在「刪緝舊格、式、律、令及敕，總七千二十六條」。其成果爲：1.刪除非屬於重要條文者，計一千三百二十四條；2.條文有更動者（「隨文損益」），計二千一百八十條；3.條文無修改者，計三千五百九十四條。結果，完成「律十二卷、律疏三十卷、令三十卷、式二十卷、開元新格十卷。又撰格式律令事類四十卷，以類相從，便於省覽。」開元二十五年九月奏上，敕於尙書都省繕寫五十本，分發相關單位執行。

　　其中律爲十二卷十二篇，是自《開皇律》就已確定；律疏三十卷，完成於永徽四年（653），此時亦作部分修正，卷、篇數不變。令爲三十卷，其篇數，根據仁井田陞、池田溫的推定，有三十三篇，此即：**19**

　　　　一曰官品，二曰三師三公臺省職員，三曰寺監職員，四曰衛
　　　　府職員，五曰東宮王府職員，六曰州縣鎭戍嶽瀆關津職員，
　　　　七曰内外命婦職員，八曰祠，九曰戶，十曰學，十一曰選
　　　　舉，十二封爵，十三曰祿，十四曰考課，十五曰宮衛，十六
　　　　曰軍防，十七曰衣服，十八曰儀制，十九曰鹵簿，二十曰
　　　　樂，二十一曰公式，二十二曰田，二十三曰賦役，二十四
　　　　曰倉庫，二十五曰廐牧，二十六曰關市，二十七曰醫疾，
　　　　二十八曰捕亡，二十九曰假寧，三十曰獄官，三十一曰營
　　　　繕，三十二曰喪葬，三十三曰雜令

---

19 參看前引仁井田陞，〈序說第一：唐令の史的研究〉（收入《唐令拾遺》），頁23；
　　前引池田溫，〈唐令と日本令——《唐令拾遺補》編纂によせて〉，頁168-169。

其中學、封爵、祿、樂、捕亡、假寧諸篇，不見於《開元七年令》；
但除《樂》篇外，似亦見於貞觀、永徽諸令典，而學、封爵俸廩、假
寧亦見於《開皇令》。[20]這些令篇的異動，並非完全取消，而是將其
內容分散於其他篇目，為何如此易動？原因不明。[21]

　　式方面，如前所述，有二十卷，三十三篇，仁井田陞考察出其中
的十八篇，如下機構畫線者：[22]

　　　　尚書省二十四司：
　　　　吏部四司：<u>吏部</u>、司封、司勳、<u>考功</u>
　　　　禮部四司：<u>禮部</u>、<u>祠部</u>、膳部、<u>主客</u>
　　　　民（戶）部四司：<u>民（戶）部</u>、<u>度支</u>、金部、倉部
　　　　兵部四司：<u>兵部</u>、<u>職方</u>、<u>駕部</u>、<u>庫部</u>
　　　　刑部四司：<u>刑部</u>、都官、比部、<u>司門</u>
　　　　工部四司：工部、屯部、虞部、<u>水部</u>
　　　　御史臺
　　　　<u>祕書省</u>
　　　　九寺：太常、光祿、衛尉、宗正、<u>太僕</u>、大理、鴻臚、司
　　　　農、太府
　　　　三監：國子、將作、<u>少府</u>
　　　　諸軍：即十六衛府：
　　　　　　　　十二軍（衛）──左右衛、左右驍衛、左右武候衛、
　　　　　　　　左右屯衛、左右領衛、左右領軍衛（以上領有府兵）

---

20 參看前引池田溫，〈唐令と日本令──《唐令拾遺補》編纂によせて〉，頁
　　168-169。
21 參看前引仁井田陞，〈序說第一：唐令の史的研究〉（收入《唐令拾遺》），頁19。
22 參看前引仁井田陞，〈敦煌發見唐水部式の研究〉，頁332-333。

四府——左右<u>監門府</u>、左右領軍府（以上不領府兵）

至於格方面的篇數、篇名，則不清楚。

根據上述《舊唐書‧刑法志》，以及《通典》（卷一六五〈刑制下‧大唐〉）、《唐會要》（卷三十九〈定格令〉）、《冊府元龜》（卷六一二〈刑法部‧定律令〉）等典籍記載，有關開元二十五年律、令、格、式之編撰，如下諸問題須再探討：1.條數問題；2.奏上與頒行時間問題；3.修撰人員問題等，這些問題，基本上仁井田陞已作討論，此處在仁井田陞的論旨上再作若干補充說明。

一、條數問題

《舊志》記載自開元二十二年（734）起，共刪緝舊格、式、律、令及敕，總7026條，到二十五年總共完成：1.刪除非屬於重要條文者，計1324條；2.條文有更動者（「隨文損益」），計2180條；3.條文無修改者，計3594條。這樣的條數紀錄，亦見於《唐會要》、《冊府元龜》。但《通典》則記載：「刪緝舊格式律令及敕，總七千四百八十條。其千三百四條於事非要，並刪除之。二千一百五十條隨文損益，三千五百九十四條仍舊不改。」此即無修改的條文總共3594條，《舊志》與《通典》均同，其他各項數字都有出入。由於今本《通典》錯簡仍多，此處暫依《舊志》記載。從這些刪緝條數的說明，可知總共更動總條數七千多條的一半，其中刪除一千三百多條，條文修正者也多達二千一百多條，易動幅度不小。此時正是「開元之治」鼎盛時期，這樣大幅度的修訂律令制度（含敕），也是襯托盛世的偉業。

二、奏上與頒行

　　關於奏上、頒行的時間，各書記載不一致，《舊唐書·玄宗本紀》、《唐會要》與《資治通鑑·唐紀》均作九月一日（壬申）頒行天下，而《通典》、《舊唐書·刑法志》、《冊府元龜》均作九月（無記載日期）奏上。所以問題在於九月（一日）是奏上還是頒行？根據敦煌寫本「河字十七號開元律疏名例律疏卷第二名例殘卷」[23]（以下簡稱「《律疏》殘卷」）末尾記載：

> 143開元廿五年六月廿七日知刊定中散大夫御史中丞上柱國
> 　　臣王敬從上

其下尚有五名刊定人員（詳見後文）。由此可知開元二十五《律疏》[24]奏上時間在開元二十五年六月二十七日；但據《舊唐書·刑法志》、《通典》、《唐會要》、《冊府元龜》等典籍，均以「總成律十二卷、律疏三十卷、令三十卷、式二十卷、開元新格十卷。又撰格式律令事類四十卷。」同提並論，《律疏》既然確定是在六月二十七日奏上，其他諸法律典籍也當在同日奏上。但因敕於尚書都省寫五十本，需費若干時日，所以在九月一日頒行天下是合理的，但以九月一日奏上說是欠妥的。

---

23 參看前引劉俊文，《敦煌吐魯番唐代法制文書考釋》，頁132。

24 此即今日傳存《唐律疏議》的直接藍本。開元二十五年的《律疏》，是針對永徽《律疏》作了「刊定」，也就是有部分修訂。學界對此問題，有若干討論，主要有仁井田陞、牧野巽、楊廷福、岡野誠等。對此問題，簡單說明，可參看八重津洋平，《故唐律疏議》（收入前引滋賀秀三編，《中國法制史——基本資料の研究》，頁198-199注4）。

三、修撰人員

《舊志》記載編撰開元二十五年（737）律令的人員，曰：

> （開元）二十二年，戶部尚書李林甫又受詔改修格令。林甫
> 遷中書令，乃與侍中牛仙客、御史中丞王敬從，與明法之
> 官前左武衛冑曹參軍崔見、衛州司戶參軍直中書陳承信、
> 酸棗尉直刑部俞元杞等共加刪緝舊格、式、律、令及敕，總
> 七千二十六條。

《通典》、《唐會要》、《冊府元龜》等典籍亦同。但據前引《律
疏》殘卷末尾記載編撰人員如下：

> 143開元廿五年六月廿七日知刊定中散大夫御史中丞上柱國
> 　　臣王敬從上
> 144刊定法官宣義郎行滑州酸棗縣尉明法直刑部武騎尉臣俞
> 　　元杞
> 145刊定法官通直郎行衛州司戶參軍事明法直中書省護軍臣
> 　　陳承信
> 146刊定法官承議郎前行左武衛冑曹參軍事飛騎尉臣霍晃
> 148銀青光祿大夫守工部尚書同中書下三品上柱國隴西郡開
> 　　國公知門下省事臣牛仙客
> 149兵部尚書兼中書令集賢院學士修國史上柱國成紀縣開國
> 　　男臣李林甫
> 　　〈後空白〉

《律疏》殘卷所開列名單員額爲六名，與《舊志》等典籍均同。其
中，《律疏》殘卷的俞元祀，《冊府元龜》亦同，但《舊志》、《唐
會要》曰俞元杞；《律疏》殘卷的霍晃，《舊志》、《冊府元龜》曰
崔見、《唐會要》曰崔晃。由於《律疏》殘卷是官文書，誤植機會較
少，所以此處當以《律疏》殘卷所載爲正。由此可見史籍傳鈔不免魯
魚之誤，第一手資料的重要性在此。御史中丞王敬從是刊定《律疏》
實際負責人，刊定法官有三位，此即明法直刑部俞元祀、明法直中書
省陳承信、前行左武衛冑曹參軍事霍晃，三位本職官階不高，其中有
兩位兼明法直官。

　　按，唐代中央政府諸司大都配有非屬於宿直的直官，例如刑部有
明法一人，中書省亦有一人（《大唐共典》卷二）〈吏部郎中〉），
俞元祀、陳承信正是刑部、中書省配置下的明法直官，實際參與修撰
《律疏》，這是編撰走向法學專業化典型的例子，而李林甫、牛仙客
只掛名領銜而已。[25]至於《舊志》謂李林甫於開元二十二年（734）
受詔改修格令，當時任戶部尚書，具體月日不明，其後遷中書令。
經查李林甫在開元二十二年四月，由吏部侍郎擢黃門侍郎，是年五
月再擢爲禮部尚書、同中書門下三品（《資治通鑑》卷二一四〈唐
紀〉）。但李林甫在開元二十四年（736）三月六日曾以「戶部尚書
同中書門下三品」職銜奏可頒行所謂《常行旨符》（《唐會要》卷
五十九〈尚書省諸司下・度支員外郎〉、《通典》卷二十三〈職官
典・尚書下・戶部度支郎中員外郎〉），如《舊志》所載無誤，林甫
出任職戶部尚書，當在開元二十二年六月以後，開元二十四年三月以

---

25 參看李錦繡，《唐代制度史略論稿》（北京，中國政法大學出版社，1998），第一部
　之一〈唐代直官制〉，頁1-56，尤其頁12。惟李氏將《律疏》殘卷的霍晃，仍依《唐
　會要》作崔晃解，此處不取。

前。但因林甫奉詔修改格令一事在開元二十二年，所以林甫出任戶部尚書及奉詔修格令一事，自當在開元二十二年六月以後至年底這一段時間。李林甫在開元二十四年七月遷兵部尚書，依舊知政事；同年十一月擢爲兵部尚書兼中書令（《舊唐書・玄宗本紀》），《律疏》殘卷所載之職，正是此職。

以上是對編撰者李林甫、牛仙客、王敬從、霍晃、陳承信、俞元杞六位，先從職稱略作考察。論其實際負責刊定者，宜爲王敬從以下四位，若與永徽律令編撰工作相較，人員偏少；即使與開元三年、七年的編撰規模相較，也是略嫌寡少。王敬從以下四位的專長資料，史籍記載有限。以王敬從而言，中宗景龍二年（708），曾應制舉的「茂才異等」科及第。（《唐會要》卷七十六〈貢舉中・制科舉〉）依據劉禹錫的〈奏記丞相府論學事〉，可知敬從曾負責修改開元二十五年（737）《學令》釋奠禮條文，曰：

> 十一月七日，使持節都督夔州諸軍事夔州刺史劉某，謹奏記相公閤下：……至（貞觀）二十二年，[26]許敬宗等奏，乃遣天下諸州縣（按，下省略廟學，廟指孔子廟）置三獻官，其他如方社。敬宗非通儒，不能稽典禮。開元中，玄宗嚮學，與儒臣議，繇是發德音，其罷郡縣釋奠牲牢，唯酒脯以薦。[27]後數年令定。時王孫林甫為宰相，不涉學，委御史中

---

26 宜曰貞觀二十一年（647），參看《舊書書》卷二十四〈禮儀志〉、《唐會要》卷三十五〈釋奠〉。

27 指開元十九年（731）正月二十日敕：「春秋二時，社及釋奠，天下諸州府縣等，並停牲牢，惟用酒脯，務存修潔，足展誠敬，自今以為常式。」（《唐會要》卷二十二〈社稷〉、《舊唐書》卷二十四〈禮儀志〉）惟此敕是針對開元十一年（723）九月七日敕：「春秋二時釋奠，諸州宜依舊用牲牢，其屬縣用酒脯而已。」（參看《舊唐書》卷二十四〈禮儀志〉，但《唐會要》卷三十五

丞王敬從刊之。敬從非文儒，遂以明衣牲牢編在學令。是首失於敬宗而終失於林甫，習以為常，罕有敢非之者。……今謹條奏，某乞下禮官博士詳議典制，罷天下縣邑牲牢衣幣。如有生徒，春秋依開元敕旨，用酒醴股脩腒臑榛栗，示敬其事，而州府許如故儀。

文中所謂「後數年令定」、「遂以明衣牲牢編在學令」，即指《開元二十五年令》及其《學令》篇目。[28]劉禹錫的奏事，可能在穆宗長慶

〈釋奠〉曰：「諸州府並停牲牢，惟用酒脯」，此說有誤，不取）所作的修正。又，《冊府元龜》卷三十三〈帝王部·崇祭祀第二〉將開元十九年（731）正月二十日敕書記載為開元十八年（730）八月丁酉詔，繫年恐誤，暫不取。

28 《開元七年令》無學、封爵、祿、樂、捕亡及假寧等篇目，這些篇目，可見於貞觀、永徽及開元二十五年諸令。（參看前引仁井田陞，《唐令拾遺》，頁19、23，26）就《學令》而言，《開元二十五年令》是對《開元七年令》加以復原，同時由劉禹錫的〈奏記丞相府論學事〉中，可知復原時也作了局部修正。又，劉禹錫的奏事中，提及王敬從刊定《開元二十五年令》的《學令》有規定「天下縣邑牲牢衣幣」，所謂「衣」，即「明衣」，此事不見於劉禹錫的奏事中所指的貞觀二十一年以後，含《永徽令》、《開元七年令》諸規定。但根據日本大寶、養老令之《學令》「釋奠」條規定：「凡大學、國學每年春秋二仲之月上丁釋奠於先聖孔宣父，其饌酒明衣所須，並用官物。」足見在《永徽令》、《開元七年令》祭禮中，宜含有「明衣」一項，直至《開元二十五年令》復原的《學令》亦然。其實前引貞觀二十一年（647），許敬宗奏事中，既已提及「明衣」，而劉禹錫的奏事省略，其曰：「州縣釋奠，既請遣刺史縣令，親為獻主，望准祭社給明衣，脩附禮令，為永式。學令祭以太牢，樂用軒懸，六佾之舞，並登歌一節，與大祭祀相遇，改用中丁，州縣常用上丁，無學，祭用少牢。」可見在《貞觀令》（《學令》）及《貞觀禮》尚未規定「准祭社給明衣」，此事當初定於《永徽令》（《學令》）及《顯慶禮》。而為日本大寶令、《養老令》所仿效。至於敬宗奏事中所提到的《學令》，宜指《貞觀令》的《學令》，其與劉禹錫奏事中曰：「敬從非文儒，遂以明衣牲牢編在學令」的《學令》並不相同，後者為《開二十五令》的《學令》。瞿蛻園以為劉禹錫奏事中所謂的「明衣牲牢編在學令」，即指許敬宗事中所謂的明衣牲牢與《學令》，也就是將《貞觀·學令》與《開元二十五年·學令》混為一談，這是誤解。參看劉禹錫著、瞿蛻園箋證，《劉禹錫集箋證》（上海，上海古籍出版社，1989）卷二十〈雜著·奏記丞相府論學事〉，547「箋證」。

二年（822）之際，**29**但並未被接受採行。**30**

四、編撰成果：律、令、格、式及律疏、格式律令事類

　　如上所述，《律疏》殘卷末尾記載御史中丞王敬從於開元二十五年（737）六月二十七日知刊定《律疏》奏上，而根據《舊唐書·刑法志》、《通典》、《唐會要》、《冊府元龜》等典籍，均以「總成律十二卷、律疏三十卷、令三十卷、式二十卷、開元新格十卷。又撰格式律令事類四十卷。」同提並論。所以律令等法典當與《律疏》在六月二十七日一起奏上。這是開二十五年修定律令的具體成果，也是唐朝最後一次整體性修撰法典的成果。

　　此處要再說明者為《格式律令事類》四十卷。

　　《新唐書》卷五十八〈藝文志〉著錄《格式律令事類》四十卷，注曰：

> 中書令李林甫、侍中牛仙客、御史中丞王敬從、左武衛冑曹
> 參軍霍晃、衛州司戶參軍直中書陳承信、酸棗尉直刑部俞元

---

29 郁賢浩，《唐刺史考》（南京，江蘇古籍出版社，1987），頁2401，「山南東道·□州」考證劉禹錫出任□州刺史時間為長慶二年至四年（822～824）。禹錫此奏記首記時間為「十一月七日」，無繫年，筆者推測當是長慶二年（822）正月二日到任後（見前引劉禹錫著、瞿蛻園箋證，《劉禹錫集箋證》卷十四〈表章·□州謝上表〉，頁358），有鑑於該州之州縣學孔子廟舉行春秋兩釋奠之後所提之建言。

30 《新唐書》卷一六八〈劉禹錫傳〉略載〈奏記丞相府論學事〉，最後曰：「當時不用其言。」禹錫奏記全文，參看前引劉禹錫著、瞿蛻園箋證，《劉禹錫集箋證》卷二十〈雜著·奏記丞相府論學事〉，頁544-546。

祀等刪定,開元二十五年上。

這樣的編撰人員,仍與上述開元二十五年律、令、格、式及律疏同,只是牛仙客職銜爲「侍中」有誤,仙客從工部尙書擢爲侍中,是在開元二十六年(738)正月乙亥(初六)(兩《唐書・玄宗本紀》),此處仍當以前引《律疏》殘卷所載之職銜:「銀青光祿大夫守工部尙書同中書下三品上柱國隴西郡開國公知門下省事」爲是。

《格式律令事類》的內容特色,正如《舊志》所說:「以類相從,便於省覽。」以卷數而言,開元二十五年律、令、格、式及律疏,全部加起來有百卷之多,而《格式律令事類》有四十卷,即省略一半以上,然後以類相從,重新編排,以便官員參閱,可說另闢一新體例,值得注目。宣宗大中七年(853)五月,頒行由左衛率府倉曹參軍張戣編撰的《大中刑律統類》十二卷(《新唐書・藝文志》),律、令、格、式相類者,一千二百六十五條,分爲一百二十一門,當即受開元《格式律令事類》體例的影響而編成的,五代、宋以後所見的「刑律統類」(簡稱爲刑統),也是如此,這是新創的刑律法典體例,也是唐朝最後一次整體性的立法。

結　語

　　唐朝的大小立法活動，可考的總共有二十八次，此即：建唐前後、武德立法、貞觀立法、永徽立法(一)、永徽立法(二)、龍朔立法、儀鳳立法、垂洪立法、載初立法、神龍立法、景龍立法、開元立法(一)、開元立法(二)、開元立法(三)、開元立法(四)、開元立法(五)、天寶立法、乾元立法、貞元立法、元和立法(一)、元和立法(二)、長慶立法、太和立法(一)、太和立法(二)、開成立法、大中立法(一)、大中立法(二)。[31]在這二十八次當中，貞觀、永徽的立法，可謂爲律令建制的第一次高峰；開元立法可謂爲第二高峰；兩者均在所謂「貞觀之治」、「永徽之治」及「開元之治」的盛世狀態下完成，足見律令建制及其律令政治的展開，與君臣共治的盛世條件，有其密切關係。

　　拙稿及前章即是對唐朝在盛世時期，具有較整體性且全面性編撰律、令、格、式作檢討。蓋律、令、格、式的法典體系的建立，實是戰國以來法典發展的總結成，也是文化成熟的累積表現。其目標，在於政治法制化，君民共守，本是極爲理想的法制成就。惟律、令、格、式的法典體系龐大，要編撰完成這樣的法制體系並非短時間之內，以及假一、二人之力可達成，加以法制專業化的要求隨時代的進化，愈來愈高，所以建制完整的法制體系，有其一定的難度。這也就是律、令、格、式法典體系的編撰，均出現在盛唐之際的基本原因。安史亂後，唐朝已呈現衰微趨勢，加以動亂頻仍，龐大的律、令、格、式法典體系下所建立的律令政治，已窘於應付變局。爲因應變局，行政效率必須要求快速，這也是唐朝後半期逐漸走上皇帝專權，

---

31 詳細討論，參看劉俊文，《唐代法制研究》（臺北，文津出版社，1999），頁23-63。

導致宦官及專使政治的由來。在法制層面，則成爲格後敕獨秀的境界。隨著此後獨裁政治的發展，宋以後的法制體系，遂不再出現律、令、格、式法典體系，中古以來所努力建置的政治法制化，乃一去不復返。在中國史上，這是歷史發展的必然性抑或偶然性，耐人尋味。

在唐朝的律、令、格、式法典體系中，律典一直呈現較穩定的發展，令、格、式因直接關係到官僚政治的運作，尤其是令典，所以變動較大，即使在盛唐時期也是如此。茲以令典爲例，《永徽令》雖與《貞觀令》、《開元前令》同爲三十卷，但由上面的分析可知《開元前令》均將令名分爲上下者仍合稱爲一篇，所以成爲二十七篇。《貞觀令》也是二十七篇，雖然詳細篇目史書無明載，但由《開元前令》之例可推知《貞觀令》也是將令名分爲上下者仍皆合爲一篇處理。到《永徽令》，如令名有分爲上下者，也是析爲二篇，成爲三十篇，如同《開皇令》、《梁令》之編排。由此看來，就隋唐令而言，似可如此分類：一是三十卷三十篇系統，此即《開皇令》、《武德令》、《永徽令》、《開元後令》；一是二十七篇系統，此即《貞觀令》、《開元前令》。至於變動緣由，無法知其詳。

第四章　唐律中的「理」
——斷罪的第三法源

前　言

　　自戰國時期頒行成文法典以來，到隋唐時，斷獄已傾向罪刑法定，但也不盡然。《唐律疏議・職制律》[1]「制書官文書誤輒改定」條（總114條）《疏》議曰：

> 「制書有誤」，謂旨意參差，或脫剩文字，於理有失者，皆合覆奏，然後改正、施行。不即奏聞，輒自改定者，杖八十。

此處是以「理」之有無錯失，作爲制書有誤而須「覆奏」的基本依據。《職制律》「事應奏不奏」條（總117條）《疏》議曰：

> 「應奏而不奏」者，謂依律、令及式，事應合奏而不奏；或格、令、式無合奏之文及事理不須聞奏者，是「不應奏而奏」：並合杖八十。

所謂「不應奏」，《疏》議解釋說：「格、令、式無合奏之文及事理不須聞奏者。」格、令、式之文爲制定法，有具體條文可作爲依據，而「事理」者，與前條所引的「理」一樣，都是指處事應遵循的抽象道理。足見一部唐律除以制定法的律、令、格、式法條作爲處斷的依據外，尙含有抽象的「理」要素存在，不可忽視。《唐律疏議・雜律》「不應得爲」條（總450條）規定：

---

1 《唐律疏議》一書，是採用劉俊文點校本（北京，中華書局，1983）。以下爲節省篇幅，凡引用唐律均採用此書，而只列律篇。

諸不應得為而為之者，笞四十；（注曰：謂律、令無條，理
不可為者。）事理重者，杖八十。

《疏》議曰：

雜犯輕罪，觸類弘多，金科玉條，包羅難盡。其有在律、在
令無有正條，若不輕重相明，無文可以比附。臨時處斷，
量情為罪，庶補遺闕，故立此條。情輕者，笞四十；事理重
者，杖八十。

關於此條的探討，其詳莫若黃源盛〈唐律中的不應得為罪〉一文。[2]
黃氏之文，除介紹中外研究成果（尤其日本學界）之外，並指出：推
原此條的法意，本來在補救律、令的不足，以致執法者在無法「輕重
相舉」，又「無文可以比附」時，每每援引此律以濟其窮。蓋若事事
俱有專條，則律典豈非贅疣？傳統中國始終堅持「有犯罪就要受懲
罰」的原則，未嘗不是對受害人的一種保障。如是，則「不應得為
條」的設立，不正可以彌補傳統法律民刑不分的缺憾？這樣的刑度，
在傳統時代，以目前所掌握資料看來，並未看到有人議其是非。[3]黃
氏所說甚是。這一條規定，如後所述，最能彰顯情、理（禮）入法的
立法原理，可追溯至先秦、漢代，秦律、二年律令皆有「所不當得
為」；其完備條文，或始於《貞觀律》。此後不僅行用至明清律，也
成為中華法系中一直存在的法條。尤其《疏》議解釋說：「其有在

2　參看黃源盛，〈唐律中的不應得為罪〉（收入黃源盛，《漢唐法制與儒家傳統》，臺
北，元照出版公司，2009。此文原題〈唐律不應得為罪的當代思考〉，臺北，《法制
史研究》，第五期，2004.6），頁213-259。
3　參看前引黃源盛，〈唐律中的不應得為罪〉，頁257-259。

律、在令無有正條,若不輕重相明,無文可以比附。」這是指《名例律》「斷罪無正條」(總50條)不能適用時,「臨時處斷,量情爲罪」,乃根據情、理,定罪之輕重。杖八十是「事理重者」,這是律、令無文又不能比附時,依據「事理」所給予最重的處罰。無論如何,都是在說明「理」的要素,也是律、令之外第三種斷罪的依據。一個制度若能存在百年,這個制度的存在價值就須研究,何況以唐律所代表的固有法,存在千年以上,更是不能忽視。所以唐代法官斷罪時,從「量情」到考慮「事理」的思維過程,也就是情、理、法三者的關係,要如何理解?尤其最要思考的「理」究竟是什麼?當時的法官或許有共識,可是今日讀者閱讀此條時,由於時空及教養不同,未必有共識。此處不揣譾陋,就唐律中有關「理」的問題,儘量以當時及古典的規範,試作解析。至於相關研究成果的檢討,將在行文中說明。

第一節　唐律「理」字解析

唐律及《律疏》，乃至唐令條文中，常見到「理」字，同時還有與理結合的許多名詞。如專有名詞的「理官」、「大理寺」等，作動詞用的「理事」、「理陰陽」等，更多的是作為特定意義的名詞，大致可分為兩類，一為用作說明為人之道以及人與人相處之道，如「人理」、「情理」等，一為事務存在之道以及處理事務之道，如「事理」、「理法」等。但無使用「天理」一詞，今日所見的唐令遺文也無發現「天理」一詞，但有與「天理」相近之詞，如「天秩」、「天常」等，值得注意。其中作為專有名詞及作為動詞用之「理」，與罪刑之判定較無直接關聯，暫不討論。以下擬分別再舉數例進行探討。

一、唐律中常見的「理」

唐律中單獨使用「理」字之例甚多，就《名例律》而言，如曰「理同十惡」（總6條《疏》議，以下為節省篇幅，均只標示總條數）、「篤親親之理，故曰『議親』」（總7條《疏》議）、「律貴原情，據理不合」（總11條《疏》議）、「以理去官」（總15條）、「理務弘通」（總18條《疏》議）、「理亦無別」（總19條《疏》議）、「死罪上請，勅許留侍，經赦之後，理無殺法」（總26條《疏》議）、「一家二丁，俱在徒役，理同無丁之法，便須決放一人」（總27條《疏》議）、「略人為奴婢者，理與強盜義同」（總43條《疏》議）等。此處的「理」，也是作為是非對錯判斷的依據，或謂為道理、正當理由；[4]或謂為非屬犯罪的正常原

4　參看曹漫之主編，《唐律疏議譯註》（長春，吉林人民出版社，1989），頁90對《名例律》「以理去官」條（總十五條）的注解。

因。[5]這樣的價值判斷，在當時應有起碼的共識，只是從何而來？實有進一步追問的必要。此外也有以「理」作爲推斷之詞，如「究理」、「合理」、「正理」、「乖理」、「失理」、「非理」等，後面再討論。

二、唐律特定意義的「理」

（一）為人之道以及人與人相處之道：人理、情理等

就特定意義的「理」而言，在爲人之道以及人與人相處之道方面，如「人理」、「言理」、「詞理」、「情理」等。「人理」方面，如《名例律》（總6條）《疏》議解釋「謀反」的定義，曰：

> 為子為臣，惟忠惟孝。乃敢包藏凶慝，將起逆心，規反天常，悖逆人理，故曰「謀反」。

《名例律》「十惡」條（總六條）《疏》議解釋「惡逆」的定義，曰：

> 五服至親，自相屠戮，窮惡盡逆，絕棄人理，故曰「惡逆」。

5　參看錢大群，《唐律疏義新注》（南京，南京師範大學出版社，2007一版，2008一版二刷），頁67對《名例律》「以理去官」條（總十五條）的注解。又，錢氏根據《湇喜齋藏書記》記宋刻本書名及清《四庫全書》中的《唐律疏義》作為書名（參看〈例言〉），值得注意。拙稿處仍從俗作《唐律疏議》。

這是指悖逆君臣、父（母）子人倫之道，也就是人嚴重違逆人倫關係的罪行，而列入十惡之一。所以「人理」，是指爲人之道以及人與人相處之道而言，此處則特就謀反、惡逆罪行作說明。

「言理」方面，如《賊盜律》「造袄書袄言」條（總268條），規定：「言理無害」的各種情況的刑責，這是就說辭無損於時而言。同樣地，《賊盜律》「謀反大逆」條（總248條）也有規定：「即雖謀反，詞理不能動眾，威力不足率人者，亦皆斬。」此處的「詞理」，仍是指言辭。又如《名例律》「十惡」（總第6條）之「六曰大不敬」注曰：「指斥乘輿，情理切害。」《疏》議曰：

> 舊律云：「言理切害」，今改為「情理切害」，蓋欲原其本情，廣恩慎罰故也。

此處的「言理」，指言辭的內容，事涉謗毀；「情理」則指犯罪的實際情況，含主客觀方面，也就是還要論其動機、目的，動機惡劣者始坐，其犯罪構成要件明顯較嚴，但對當事人說來是較寬。[6]「舊律」，宜指《武德律》（《開皇律》或亦同）；「今改」者，當指《貞觀律》。[7]一字之易，已具體將其精神表現在重「情」、慎刑，所以說：「欲原其本情，廣因慎罰故也。」

6　參看戴炎輝，《唐律各論》（臺北，成文出版社，1988增訂版），頁127；前引錢大群，《唐律疏義新注》，頁33。

7　參看律令研究會編，《譯註日本律令・五「唐律疏議譯註篇一」（滋賀秀三譯註）》（東京，東京堂出版，1979），頁46注10；前引戴炎輝，《唐律通論》，頁213注8；前引曹漫之主編，《唐律疏議譯註》，頁47釋「舊律」為《武德律》，亦可參考。但劉俊文，《唐律疏議箋解》（北京，中華書局，1996），頁77注44將「舊律」釋為《貞觀律》，「今改」者為《永徽律》；前引錢大群，《唐律疏義新注》，頁33注27亦同；劉、錢兩氏之說暫不取。

至於「情理」中的「情」字，通常指情節、實情，即事實本身，且含行爲動機、目的；「理」通常指事理、義理，即行爲的正當性。如《名例律》「應議請減贖章」條（總11條）《疏》議設問答，而問曰：

> 居喪嫁娶，合徒三年；或恐喝或強，各合加至流罪。得入不孝流以否？

答曰：

> 恐喝及強，元非不孝，加至流坐，非是正刑。律貴原情，據理不合。

此處正是觸及情、理、法問題。所謂「原情」，就是原其本情，《名例律》「八議」條（總七條），《疏》議曰：「議者，原情議罪者，謂原其本情，議其犯罪。」原字在此處指推究，[8]「律貴原情」，指法律重視推究本來的實情；「據理不合」的「理」字，爲「事理」之意（如下引《職制律》「制書官文書誤輒改定」條（總117條）引《公式令》所示），所以根據事理不應列入不孝流。

又如《雜律》「錯認良人爲奴婢部曲」條（總401條）《疏》議曰：

> 其錯認良人以下為子孫，律既無文，量情依「不應為輕」；

---

8 錢大群注解「原其本情」的「原」字，有兩種意義，一爲推究，一爲寬免，此處作推究解。參看前引錢大群，《唐律疏義新注》，頁49注6。

> 若錯認他人妻妾及女為己妻妾者，情理俱重，依「不應為重」科。

這是採用前引《雜律》「不應得為」條（總450條）來處理。根據《疏》議的說明，律無明文規定時，可「量情」適用「不應為輕」（答四十）；但「情理俱重」時，則適用「不應為重」（杖八十）科罪。足見401條與450條在考量「情」與「情、理」時，很清楚加以分別定罪，前者為輕，後者為重。此處的「情」，宜解為情節；「情、理」，宜解為情節和事理。

再如《斷獄律》「疑罪」條（總502條）《疏》議曰：

> 「是非之理均」，謂有是處，亦有非處，其理各均。……稱「之類」者，或行跡是，狀驗非；或聞證同，情理異。

這是目前所見唐律最後一條，對於疑罪的處理。前曰「理均」，指的是事理；後曰「情理異」，指的仍然是情節和事理。所以唐律及其《律疏》在論「理」時，單用理或情、或情理並用時，所指的事實狀況應該是有程度上的差異。

（二）事務存在之道以及處理事務之道：事理

在事務存在之道以及處理事務之道方面，其用例，如「事理」、「理法」等。在「事理」方面，除前引諸條外，前引《職制律》「制書官文書誤輒改定」條（總114條）《疏》議又曰：

> 依《公式令》：「下制、勅宣行，文字脫誤，於事理無改動

者，勘檢本案，分明可知，即改從正，不須覆奏。其官文書
脫誤者，諮長官改正。」

此處採用《公式令》以「事理」來解決「制書有誤」之問題。再如前
引《職制律》「不應奏而奏」的「不應奏」，《疏》議提到：「事理
不須聞奏者。」足見「事理」與法兩者，均是規範官方行事的依據。
　　又如《戶婚律》「有妻更娶」條（總177條），《疏》議提及
「詳求理法」，此處的「理」，仍當「事理」解，[9]同時明確規定
「理」與「法」兩者是判定犯罪與否的依據。再如《鬥訟律》「兩
相毆傷論如律」（總310條），規定「後下手理直者」，[10]所謂「理
直」，戴炎輝釋曰：

> 理直者，鬥競有理之謂。律意，祇要拒格，皆兩論如律，一
> 概不認其為正當防衛。惟疏內「乙不犯甲，無辜而被打，遇
> 拒毆之，乙是理直」之句，從現代刑法言，可謂對不法侵害
> 之防衛行為；但仍祇減二等而已。[11]

足見在有理的情況下，也就是今日所謂的正當防衛，可以減刑。但在

9　參看《戶婚律》「有妻更娶」條（總177條）《疏》議的問答，答曰：「一夫一婦，
　　不刊之制。有妻更娶，本不成妻。詳求理法，止同凡人之坐。」此處之「理」，前引
　　錢大群，《唐律疏義新注》，頁435作「情理」解；前引曹漫之主編，《唐律疏議譯
　　註》，頁501作「理獄（的法制）」，均暫不取。
10　《鬥訟律》「兩相毆傷論如律」（總310條）曰：「諸兩相毆傷論者，各隨輕重，兩
　　論如律；後下手理直者，減二等。（注曰：至死者，不減。）」本條規定分兩種情況，
　　一是雙方同時動手相毆，致有死傷時，各依鬥毆罪本條科之；另一種情況，一方無
　　理先動手毆擊對方，後下手的一方是有「理直」而毆傷對方，其罪為依鬥毆罪本條減
　　二等，但毆致死者不減。
11　參看前引戴炎輝，《唐律各論》，頁479。

傳統法裡，無「正當防衛」一詞，而以「理」（事理）作爲量刑要素之一。

　　此外，貞觀二年（628）三月，唐太宗於錄囚徒時，曾說：「用刑之道，當審事理之輕重，然後加之以刑罰。」**12**根據此段話，尤其著重「事理之輕重」，與今本《唐律疏議・雜律》「不應得爲」條（總450條）密切相關，因而此條完備形式的出現，或有可能源自太宗的旨意，規定於《貞觀律》。若只就「不應得爲」（或曰不當得爲）觀念之淵源，則可追溯至先秦、漢代。**13**

（三）天秩、天常與天理

　　唐律乃至唐令並無使用宋代以後常見到的「天理」一詞，而有許多與「天」有關的用語。單獨使用「天」字，是表示宇宙萬物的主宰者，例如《疏》議中數度引用《周易・繫辭上》曰：「天垂象，聖人則之。」（《名例律・序》、《職制律》「私有玄象器物」條〔總110條〕）正如《名例律・序》文首曰：

> 夫三才肇位，萬象斯分。稟氣含靈，人為稱首。莫不憑黎元而樹司宰，因政教而施刑法。

---

12 此據《通典》（北京，中華書局，1988）卷一七〇〈刑法典・寬恕〉，但《唐會要》（上海，上海古籍出版社，1991）卷三十九〈議刑輕重〉將錄囚徒事繫於貞觀元年三月，恐誤，惟省略上引文一段話。

13 參看《秦律・置吏律》（睡虎地秦墓竹簡整理小組《睡虎地秦墓竹簡》，北京，文物出版社，1978），頁95有「所不當除」一詞。《二年律令・賊律》（收入張家山二四七號漢墓竹簡整理小組，《張家山漢墓竹簡》，北京，文物出版社，2001）「詐增減券書」條，有「所不當（得為）」一詞（頁135）；《漢書・昌邑王傳》（頁2768）、《漢書・蕭望之傳》（頁3277）亦有「所不當得為」一詞。又，參看沈家本，〈所不當得為〉條（《漢律摭遺》卷八，收入沈家本撰、鄧經元、駢宇騫點校，《歷代刑法考》，北京，中華書局，1985），頁1531-1532。前引黃源盛，〈唐律中的不應得為罪〉，頁215-217。

宋‧此山貰冶子的《釋文》，對「稟氣含靈，人爲稱首」，釋曰：
「天以二氣、五行化生萬物，氣以成形，惟人也得其秀而最靈。」凡
此均說明天有陰陽、五行之氣而生萬物、四時，而人類得此靈氣，成
爲萬物之首。人君再依據百姓的需求，設置百官、政刑。因此，天也
可釋爲自然律，人君的政刑即依此自然律而來。《名例律》「死刑
二」條（總5條）《疏》議曰：「古先哲王，則天垂法，輔政助化，
禁暴防姦，本欲生之，義期止殺。」所謂「則天垂法」，即「義期止
殺」。

　　唐律在表示天（自然律）的運行時，另有使用「天秩」、「天
常」等名詞。所謂「天秩」，《名例律‧疏議序》曰：「咸有天秩，
典司刑憲。」是指順天而設的爵秩，屬於上天運行的一種現象。所
謂「天常」，《名例律》「十惡」條（總六條）：「一曰謀反。」
《疏》議曰：

> 案公羊傳云：「君親無將，將而必誅。」謂將有逆心，而害
> 於君父者，則必誅之。左傳云：「天反時為災，人反德為
> 亂。」然王者居宸極之至尊，奉上天之寶命，同二儀之覆
> 載，作兆庶之父母。為子為臣，惟忠惟孝。乃敢包藏凶慝，
> 將起逆心，規反天常，悖逆人理，故曰「謀反」。

此處將天常與人理同提並論，足見天常相當於天理，即上天的常理、
常道。《呂氏春秋》解「天常」爲太一、兩儀（天地）、陰陽等自然
界變化。（卷五〈仲夏紀‧大樂〉）杜預注《左傳‧哀公六年》所提
到的「天常」，說：「逸書言堯循天之常道。」此即以爲天之常道。
所以天常本當指陰陽、五行、四時之運行。
　　一九九八年公刊之《郭店楚墓竹簡》，也有使用「天常」一

詞，與其相近之詞有「天德」，仍然用來表示自然律的天命觀，而人間的人倫，以君臣、父子、夫婦最爲重要，稱爲「六位」，並以義、親、辨三者來說明人倫關係，以與天德、天常相應。天常與人倫的提示，或許也成爲此後三綱說的淵源之一。郭沂在其《大常》（原題《成之聞之》）考釋之第一章引楚簡曰：

> 天降大常，以理人倫。制爲君臣之義，著爲父子之親，分31爲夫婦之辨。是故小人亂天常以逆大道，君子治人倫以順32天德。

第九章曰引楚簡：

> 昔者君子有言曰：「聖人天德」曷？37言慎求之于己，而可以至順天常矣。……是39故君子慎六位以祀天常。
> （按，引文中的阿位伯數字，指原簡編號）

郭氏考釋曰：「大常，一乃天之所降，性也。」又曰：「父子之親等三者乃後世之三綱，或者說是三綱的雛形。董仲舒云：『王道之三綱，可求于天』（《春秋繁露・基義》），或本于此。」接著又考釋曰：

> 天常，天所降之大常，性也。……天德，得自天者，即天所降之大常，性也。故天德即天常。自其得自天而言謂之天德，自其恒常性而言謂之天常。

郭氏於第九章引裘錫圭說而考釋「六位」，以爲是君、臣、父、子、夫、婦，由於天常來自天，具有神聖性，所以「君子慎六

位」，是指君子對六位好像就是對天常的敬祭一樣，[14]也與「君子治人倫以順天德」是相通的。這樣的思想，啓示天命觀已向心性學深化的發展。[15]由此看來，唐律以君爲臣之天、父爲子之天、夫爲妻之天，即將君臣、父子、夫妻關係比喻爲天常，不可違逆一事，當基於古訓，並非始於唐律。

「十惡」謀反條，是臣下「謀危社稷（君王）」，即是「規反天常，悖逆人理」，所以定爲十惡之首惡。《疏》議引《左傳》（宣公十五年）：「天反時爲災，人反德爲亂。」可作爲「規反天常，悖逆人理」的註解。《後漢書》卷八十四〈董祀妻傳〉記載董妻（字文姬）作感傷亂離詩，其辭曰：「漢季失權柄，董卓亂天常。」此即史上所謂董卓之亂，君臣失序之意。唐憲宗元和九年（814），淮西吳元濟反，帝下詔曰：「吳元濟逆絕人理，反易天常；不居父喪，擅領軍政。」亦以違逆人理、天常之罪加以討伐。這樣的天常觀（自然律）與人倫觀相呼應，也就是天人合一觀，自戰國以來已深入人心。

宋·此山貰冶子的《釋文》，其解「天常」曰：

> 天常之性，子孝于父，臣忠于君，弟悌于兄，卑順于長，此乃謂之天常。今爲臣敢有謀弒其君，爲子敢有謀弒其父，故名此者爲反天常也。反天常者，必絕其類，必毀其居，必污其宮。

---

14 參看郭沂，《郭店竹簡與先秦學術思想》（上海，上海教育出版社，2001），第一卷之肆〈《大常》（原題《成之聞之》）考釋〉，頁209，228-229。

15 參看丁四新，《郭店楚墓竹簡思想研究》（北京，東方出版社，2000），頁251。又，廖名春也以爲「天德、天常都是指自然之德、自然規律。簡文認爲人倫、六位出于天德、天常，不但是人爲的，更是自然的，人道就是天道。」（參看廖名春，〈荊門郭店楚簡與先秦儒學〉，頁52，《中國哲學》第二十輯：《郭店楚簡研究》，瀋陽，遼寧教育出版社，2001.1）

唐代言天，雖仍指上天，只是承漢代天人合一說，而以天爲有意志的天，將人間的綱常視爲天意，所以前述十惡條之二曰：「謀大逆。」《疏》議曰：「有人獲罪於天，不知紀極，……謀毀宗廟、山陵及宮闕。」即以謀大逆之行爲視爲獲罪於天。又，《賊盜律》「親屬爲人殺私和」條（總260條），《疏》議曰：「祖父母、父母及夫爲人所殺，在法不可同天。」也是規定殺祖父母、父母及夫的仇人，在「法」（此處除本條律文規定外，當含禮經[16]）是不共戴天，而爲「天」所不容。這個「天」，依然是前述的天常，或天理。沈家本〈重刻唐律疏議序〉：「律者，民命之所繫也。……根極於天理民彝，稱量於人情事故。」沈氏明確使用「天理」，雖非唐律原文，仍以天理來對應人情事故。

以上說明「理」可以單獨顯現其義，尤其在表明是非對錯，但也有藉其他文字作更具體表明其理，如人理、情理、事理等。此外，唐律非常重視「天」意，較多場合是使用「天常」，以表示天之常道或常理，雖然無使用「天理」一詞，但也與其義相當，以表示天地、陰陽、四時的自然律。天常是自古以來常見的用語，唐律爲表示至尊、至重，[17]乃以天作爲比喻。而人理、情理，主要在彰顯人間尊卑、貴賤、長幼、男女之序，相當於人倫之義。由於情理仍含有感情之義在內，在表現人與人關係之正當義理，則以人理較爲貼切。至於事理，正面上表示處事的道理，也就是呈現公私秩序的義理，如君臣、父母、夫妻、妻妾、師弟等，簡單說是在彰顯尊卑秩序。這個秩序，以

---

16 《禮記·曲禮上》（李學勤主編，《標點本·禮記正義》上，北京，北京大學出版社，1999）曰：「父之仇，弗與共戴天。」（頁84）
17 （宋）此山貫冶子《釋文》解律文「妻以夫爲天」曰：「左傳云：父爲子天，夫爲婦天。天者，乃尊大之稱也。」（參看劉俊文點校，《唐律疏議》，附錄，頁621，北京，中華書局，1983）。

天爲至尊、至大，人間是指君、父、夫，所以比喻爲天，天乃成爲人間秩序最尊、最大的義理所在。於是天（自然）、人（人爲）間的關係成爲一個有機體。這是從戰國秦漢以來，儒、法、道、陰陽等學說調和而成的，用以作爲規範人間社會秩序的理論依據。[18]據此而言，唐律中的理，其義可簡化爲如下圖示：

此意即「理」的各種意義，終究可由「事理」來表示，成爲律、令外之另一種價值判斷依據。而事理要展現者，則爲義理，若參照唐令規定，更爲明顯。

三、附述：唐令中的「理」

　　茲以仁井田陞著《唐令拾遺》所見令文及其引據，說明唐令中的「理」。關於唐令中單獨使用「理」字，如「理不可易」、「推理言之」、「理實未通」、「處斷乖理」、「以理去官」、「非理死損」、「於理爲允」等，不勝枚舉。若依上圖三種理字用法來考查時，仍不見有使用天理、天常之詞，亦無人理之詞，只在《賦役令》二十二條「開元二十五年」曰：「侍丁，依令免役，惟輸調及租。」

---

18 瞿同祖是從儒、法論其調和，參看瞿同祖，《中國法律與中國社會》（北京，中華書局，1981一版，2003新一版，2005二刷，1947初版），頁329-354〈以禮入法〉。

引用《文苑英華》卷四二一〈赦書·改元天寶赦〉提到：「王政優容，俾申情理。」[19]

其用於事理，有「術理」、「文理」、「詞理」、「究理」、「義理」等，而以「義理」爲多。「術理」用在《學令》的明書、明算考試，「取明數造術，辨明術理者爲通」。「文理」在《選舉令》第三條引《通典·選舉三·歷代制下（大唐）》記載：「其擇人有四事，一曰身（取其體貌豐偉），二曰言（取其言詞辨正），三曰書（取其楷法遒美），四曰判（取其文理優長）。」[20]此即試判時，文、理兩者要兼優。另外，在《考課令》四十九條（開元七年、開元二十五年）規定：「諸秀才試方策五條。文理俱高者爲上上，文高理平、理高文平爲上中，文理俱平爲上下，文理粗通爲中上，文劣理滯爲不第。」這是貢舉秀才科考試方策時，也是以文、理兩者作爲評斷高下。再者，《考課令》第二條引《唐六典》卷二〈考功郎中〉記載官人考課之法有四善二十七最，其中「六曰決斷不滯、與奪合理，爲判事之最；十五曰詳錄典正、詞理兼舉，爲文史之最；二十二曰推步盈虛、究理精密，爲歷官之最」。此處出現合理、詞理、究理，連同上述術理、文理等，均特指某事，並非泛稱。唐·劉肅《大唐新語》卷四〈持法第七〉「朱履霜」條，記載履霜曰：「准令，當刑能申理者，加階而編入史，乃侍御史之美也。」此令當爲《考課令》，[21]所

---

19 按，《文苑英華》（臺北，新文豐出版公司，1979，係採用宋、明刊本影印）卷四二一〈赦書·改元天寶赦〉、《冊府元龜》（臺北，臺灣中華書局，1981，據明本影印；周勛初等校訂，《冊府元龜（校訂本）》（南京市，鳳凰出版社，2006）卷八十六〈帝王部·赦宥〉均記載「王政優容，俾申情理。」惟《唐大詔令集》（臺北，楊家駱主編，鼎文書局，1972，採用明鈔本及《適園叢書》本校勘與斷句）卷四〈帝王改元中·改元天寶赦〉，則曰：「王政優容，俾申情禮。」（頁21）禮與理一字之異，當係版本問題，此處採「情理」說。

20 《冊府元龜·銓選部·條制》亦同。

21 參看何正平、王德明等編著，《大唐新語譯注》（桂林，廣西師範大學出版社，

謂「當刑能申理者」，即指執行死刑時，而能替有冤情的死刑犯「申理」者，也就是申冤者，可以加階而編入史冊，即是侍御史的美德。所以此處的「理」字，其實也就是事理或義理。

唐令中言及義理，最受矚目者，厥為貢舉科目中的明經科、進士科，以及明法科考試。《考課令》五十條規定明經科在試策時，「須辨明義理，然後為通」。五十一條規定進士科在試時務策時，「其策文辭順序、義理愜當」。五十二條規定明法科在試律、令時，「識達義理，問無疑滯者為通；粗知綱例，未究指歸者為不通」。由於官人受命斷獄，未必皆由明法科出身，恐更多是由明經、進士科出身，所以辨明義理或識達義理，可廣義解為官人斷獄的共識，一方面也因其教養來自儒家經典之故。就這個意義而言，前述「事理」，可解為「義理」，也就是禮的規範。

基於以上諸規定，可知整部唐律，乃至唐令所出現的「理」字，可用事理來說明，而事理的精要就是義理。律、令的「指歸」或立法的基本精神即在義理，所以律、令無正文時，依據事理斷獄，也就是依據義理來判斷是非對錯，這個事理或義理，其實也是禮的規範。

另一方面，整部律、令條文中，果真無「理」或「情」的要素在內？霍存福以為諸如故意過失、動機善惡、正當防衛等類似近現代的一系列法律原則和原理都被包容在「情理」之中。[22] 俞榮根也指出唐律當中有不少「人情」的內容滲入法律，作為立法的基本原則，例如

1998），頁161。按，此條令文，疑為《考課令》，但不見於仁井田陞，《唐令拾遺》（東京，東京大學出版會，1964覆刻），亦不見於池田溫等，《唐令拾遺補》（東京，東京大學出版會，1997）。

22 參看霍存福，〈中國傳統法文化的文化性狀與文化追尋——情理法的發生、發展及其命運〉（《法制與社會發展》，2001-3），頁1-18，尤其是頁13。

同居相爲隱、允許復仇、矜恤老幼、存留養親、五服定罪等。[23]這些例證，應該可以接受。當然也有學者持不同看法，如佐立治人舉《漢書》到《舊唐書》等正史爲例，不見有以「情」或「人情」作爲裁判基準的用例，有的話只是作爲裝飾的文句。顏師古在《漢書》注釋中有使用「人情」用語也是如此。即使唐代所見的判，如白居易的「百道判」、敦煌本唐判集所見的「人情」用語，也不是作爲裁判的基準。[24]但是佐立氏這個說法，太過於狹隘解讀「情」或「人情」，[25]唐律明文規定以「情」或「理」作爲定罪依據，已說明於前，今日不見漢唐間的正史有其斷案用例，不等於無案例。事實上除前述若干事例外，如下所舉判集諸例，亦可證明其存在。

　　漢唐間有關判例傳存至今，除皇帝裁決之特例外，地方官判案之資料，除虛擬的判集外，留存極少。因此，在討論案例時，不若宋代以後資料較多，尤其明清時期。學界討論情理法問題，多集中在宋代以後的案例，當即由於此故。其代表例子，爲黃宗智與滋賀秀三學說的對立。[26]雖是如此，如果進一步要問：斷獄有無第四個法源？應當

---

23 參看俞榮根，《道統與法統》（北京，法律出版社，1999），〈又一個三角關係：天理、國法、人情〉一節，頁370-381，尤其頁373-378。

24 佐立治人，〈裁判基準としての「人情」の成立について〉（《法制史研究》45，1995），頁73-106。

25 關於「情」或「人情」或「情理」，乃至「情理法」釋義及論證，學界已有頗多論著發表，其代表可舉前引霍存福，〈中國傳統法文化的文化性狀與文化追尋——情理法的發生、發展及其命運〉，頁1-18；王斐弘，〈中國傳統法文化中的情理法辨析——以敦煌吐魯番唐代法制文獻爲例〉（收入中南財經政法大學法律文化研究院編，《中西法律傳統》，第七卷，北京，北京大學出版社，2009.10），頁49-100；王斐弘此文又以較簡要內容發表，題爲〈敦煌吐魯番文獻中的情理法辨析〉（《蘭州學刊》2009-12），頁1-5；蔣鐵初，〈情證折獄與古代中國的訴訟理想〉（收入前引《中西法律傳統》，第七卷），頁267-297。

26 滋賀秀三認爲民事裁判側重情理，而黃宗智則以爲是實定法。關於二位學說簡單的介紹，參看汪雄濤，〈功利：第三種視角——評滋賀秀三與黃宗智的「情理／法律」之爭〉（《學術界》，總一百二十八期，2008.1），頁117-122。關於滋賀秀三的學說，可參看其專著《清代中國の法と裁判》（東京，創文社，1984），第四章〈民

回答有，此即判例，唐代通常以「法例」稱之，將於另文說明。以下茲再舉現今傳存的唐判，進一步說明「理」在斷獄程序的作用。

事的法源の概括的檢討——情、理、法〉，第五章〈法源として經義と禮および慣習〉；滋賀秀三等著，《明清時期的民事審判與民間契約》（北京，法律出版社，1998），所收諸篇文章。黃宗智，《清代的法律、社會與文化：民法的表達與實踐》（上海，上海書店出版社，2001），第一章〈導論〉。前引俞榮根，《道統與法統》所收〈天理、國法、人情〉一節。徐忠明，《情感、循吏與明清時期司法實踐》（上海，上海三聯書店，2009），第一章〈訴諸情感：明清中國司法的心態模式〉。

第二節　唐判依理據律

　　唐代的判，除於法司斷獄而成爲實判案牘外，其於吏部選才、天子制舉（「書判拔萃」科）試判則爲擬判。今存實判案牘，除少數敦煌、吐魯番文書外，[27]傳世極少。現存大部分爲選士的擬判。

　　今日所見的唐代判集，雖是擬判，但通常依理據律判斷，甚至以理折律。因此，理在唐判中並非只作文飾而已，其與律的關係，乃至理的作用爲何？實有再探討的必要。[28]

　　唐代吏部選試，對貢舉人試以身、言、書、判，而且以判爲最重要，則判集爲人人必讀或競相仿作，當可想見。馬端臨於《文獻通考》卷三十七〈選舉志〉「舉官」條，論曰：

> 吏部所試四者之中，則判為尤切。蓋臨政治民，此為第一
> 義。必通曉事情，諳練法律，明辨是非，發摘隱伏，皆可以
> 此覘之。

基於此故，官學律學生所習之教材，除律、令、格、式、《法例》以外，當亦包括判集。[29]

---

27 參看大野仁，〈唐代の判文〉（收入滋賀秀三編，《中國法制史：基本資料の研究》，東京，東京大學出版會，1993），頁263-266引大谷文書第2836號；王震亞、趙熒，《敦煌殘卷爭訟文牒集釋》（蘭州，甘肅人民出版社，1993）一書，亦著錄數例。另外劉俊文、池田溫所引敦煌、吐魯番文書，詳見後述。

28 桂齊遜，《唐代「判」的研究——以唐律與皇權的互動關係為中心》（私立中國文化大學史學研究所博士論文，1996.6），係透過「判案」，來檢驗唐律的落實程度，及其唐代皇權的互動關係，屬於另一角度考察唐判的研究，亦可參看。

29 參看拙著，《中國中古的教育與學禮》（臺北，國立臺灣大學出版中心，2005），頁129-137，有關「律學」的討論。

一、唐代的判集

　　唐代的判集，現存有張鷟的《龍筋鳳髓判》（計78道）、白居易的《百道判》（計100道）及〈考試答案〉（1道）、《文苑英華》收有1062道、《全唐文》收有1186道、《唐文拾遺》收有一道。由於張鷟、白居易以及《文苑英華》所見諸判均可見於《全唐文》，若只論判文遺存，則包含《唐文拾遺》及其他殘篇，總共今日尚可見到唐判共有1212道。此外，在典籍著錄方面，尚有《新唐書·藝文志》、《宋史·藝文志》、《通志·藝文略》等，著錄了駱賓王《百道判》一卷，崔銳《判》一卷，鄭寬《判》一卷，南華張《代耕心鑑甲乙判》一卷。在《日本國見在書目錄》之〈刑法家〉，可見到牛鳳《中臺判集》五卷，著者不明之《百節判》一卷、《大唐判集》一卷等，只是這些判集，今日皆無傳存。[30]劉俊文《敦煌吐魯番唐代法制文書考釋》一書所收的唐代判集，共有四種，其中三種出自敦煌，一種出自吐魯番。敦煌三種判集為：P.3813文明判集殘卷、P.2754麟德安西判集殘卷、P.2593開元判集殘卷，吐魯番一種為73TAM222：56(1)-(10)唐西州判集斷片。[31]凡此都是今日研究唐判集

---

30 參看市原亨吉，〈唐代の「判」について〉（《東方學報·京都》33，1963年），頁119-120，135，151。
31 參看劉俊文，《敦煌吐魯番唐代法制文書考釋》（北京，中華書局，1989）一書，在「判」條之下所收四種敦煌判集殘卷（頁436-494）。池田溫，〈敦煌本判集三種〉（收入末松保和博士古稀記念會編，《古代東アジア史論集》下卷，頁420-462，東京，吉川弘文館，1978），其錄文〈I判集〉，即劉氏著錄的〈開元判集殘卷〉；〈II唐判集〉，即劉氏著錄的〈文明判集殘卷〉；〈III安西判集〉，即劉氏著錄的〈麟德安西判集殘卷〉。前引王震亞、趙瑩，《敦煌殘卷爭訟文牒集釋》，頁125-177；其中〈唐判集三道〉，即劉氏著錄的〈開元判集殘卷〉；〈唐（公元七世紀後期？）判集（存十九道）〉，即劉氏著錄的〈文明判集殘卷〉；〈唐安西判集殘卷（存六道）〉，即劉氏著錄的〈麟德安西判集殘卷〉。惟解析部分，仍以劉氏著錄為詳，而王、趙之集釋，似無參照劉氏著錄。

的重要資料。

判的文體始於何時？仍無可考，或可追溯至漢代的木簡文書，而
北魏、北齊、隋也可見到類似大谷文書的判文。[32]瀧川政次郎以為南
梁時代的《文選》不見有判的文體，而《文苑英華》卷五四四〈國城
篇〉所見褚亮的〈建國判〉，或可視為唐判最直接的淵源，只是不知
其作成時年代。褚亮為褚遂良之父，所以該判作成時間，當在貞觀以
前、梁陳以後。其作為制舉拔萃科考試參考用的判集，當以駱賓王的
《百道判》為最早，惟今日已不見其內容。

若依照當代判詞格式，同時依據省臺寺監百司州縣等單位作為
編排次序，則首創於張鷟的《龍筋鳳髓判》。[33]《龍筋鳳髓判》因仿
自駱賓王的《百道判》，就宋元時期的著錄而言，尚保存原有《百道
判》的完本，到元末明初似已殘缺。今日所見殘存七十八道，卷四最
末「勾盾」有目無文，州縣部分則完全缺文；其編列方式，當以一個
單位編列二條為原則，所以卷一著錄工部、戶部各一條，按理是各缺
一條。[34]

至於白居易的「百道判」，實際為101道，由於第89道「毀方互
合判」，為白居易參加貞元十八年（802）制舉「書判拔萃科」的試
題及答案，與其他判題為習作，並不相類，如扣除此道判，正好百
道。[35]

---

32 參看前引大野仁，〈唐代の判文〉，頁267。
33 參看瀧川政次郎，〈龍筋鳳髓判について〉（《社會經濟史學》10-8，1940.10），
頁4-9。
34 參看前引瀧川政次郎，〈龍筋鳳髓判について〉，頁10-12。前引市原亨吉，〈唐代
の「判」について〉一文，亦以七十八道計，但郭成偉在〈《龍筋鳳髓判》初步研
究〉（收入田濤、郭成偉校注，《龍筋鳳髓判校注》，北京，中國政法大學出版社，
1996）一文，是以七十九道計（頁188），顯然將「勾盾」有目無文亦計入一條，拙
稿此處不取。
35 詳細討論白判，參看陳登武，〈白居易「百道判」試析——兼論經義折獄的影響〉

　　張鷟的《龍筋鳳髓判》與白居易的「百道判」，爲現今保存唐代
判集較爲完整的兩種判集；而前述敦煌三種判集殘卷，以P.3813文明
判集殘卷與P.2754麟德安西判集殘卷較古。P.3813文明判集殘卷共保
存19道，[36]甚爲珍貴，從其判文內容看來，本書之作成，當以650年
爲上限，大致在七世紀後半葉，也就是高宗時期。殘卷抄寫時間，大
致在八世紀前半。而殘卷第九道判文與日本《令集解‧賦役令》「孝
子順孫」條《集解》引《古記》（約成書於七三八年左右）所見的
《判集》有百分之八十以上的雷同，所以可推定抄錄此《判集》傳到
日本，也大約在八世紀前半。[37]至於張鷟的《龍筋鳳髓判》，大約成
書於睿宗時期，而以武后聖曆三年（700）爲上限。[38]P.2754麟德安
西判集殘卷，共收判文6道，有2道不完全，從其判詞內容看來，判
集的作成，當在660年代不久，主要是集錄安西都護府官文書案件而
成。其抄寫時間，大約在七世紀後半葉。所以就成書時代前後順序而
論，三者可排爲敦煌文書P.3813文明判集殘卷、P.2754麟德安西判集
殘卷、張鷟《龍筋鳳髓判》、白居易「百道判」。

　　杜佑《通典》卷十五〈選舉三‧歷代制下‧大唐〉曰：

　　（收入中央研究院歷史語言研究所會議論文集之八：《傳統中國法律的理念與實
　　踐》，臺北，中央研究院歷史語言研究所，2008），頁343-411，文末有附表〈「百
　　道判」判題出典與判文主張分析表〉，很有參考價值。
36 參看前引池田溫，〈敦煌本判集三種〉，頁445-447，列有十九道判文內容表，檢索
　　方便。
37 參看前引池田溫，〈敦煌本判集三種〉，頁451-454，同時以爲第十六道所見的「文
　　明御曆」，當與武后稱制改元爲「文明」無關。劉俊文也認爲此《判集》當係初唐之
　　作，但也有可能作於武后文明之時，所以定名爲《文明判集》，參看前引劉俊文，
　　《敦煌吐魯番唐代法制文書考釋》，頁450-451。所以關於此《判集》之作成年代，
　　有待進一步檢討。
38 參看前引瀧川政次郎，〈龍筋鳳髓判について〉，頁18。霍存福則以爲：「武周、中
　　宗及睿宗時事爲多，但不排除使用高宗末及玄宗初時事。」參看霍存福，〈《龍筋鳳
　　髓判》判目破譯──張鷟判詞目源自真實案例、奏章、史事考〉（《吉林大學社會
　　科學學報》，1998-2），頁19。

A.初，吏部選才，將親其人，覆其吏事，始取州縣案牘疑議，試其斷割，而觀其能否，此所以為判也。（注曰：按，顯慶初，黃門侍郎劉祥道上疏曰：「今行署等勞滿，唯曹司試判，不簡善惡，雷同注官。」此則試判之所起也。）B.後日月寖久，選人猥多，案牘淺近，不足為難，乃采經籍古義，假設甲乙，令其判斷。C.既而來者益眾，而通經正籍又不足以為問，乃徵僻書、曲學、隱伏之義問之，惟懼人之能知也。

據此，可知唐代選人試判時，其問答方式有三階段的發展，A為第一階段，B為第二階段，C為第三階段。此即第一階段是取州縣的「案牘」，也就是實際案例，具有疑議者令其判斷；第二階段，因為選人日多，原來辦法無法測出實力，而改採「經籍古義，假設甲乙」，來作判斷；第三階段，又以考經籍古義測不出實力，乃找冷僻問題設問，才能考倒考生。敦煌的文明判集殘卷、麟德安西判集殘卷與張鷟《龍筋鳳髓判》屬於第一階段，白居易「百道判」為典型的第二階段。

二、判集依理據律舉隅

對於敦煌文明判集殘卷、麟德安西判集、張鷟《龍筋鳳髓判》、白居易「百道判」的個案研究，學界已有若干成果發表。[39]此

---

39 對於敦煌文明判集殘卷、安西判集的個案研究，例如前引劉俊文，《敦煌吐魯番唐代法制文書考釋》，頁436-478；劉俊文，《唐律疏議箋解》（北京，中華書局，

處不是就個案再作探討，而是針對拙稿主題試舉十例，進行討論。

《文明判集》殘卷

例一：《文明判集》殘卷二十～二十八行

案由

20奉判：秦鸞母患在床，家貧無以追福。人子情重，為計無

從，遂乃行盜

21取資，以為齋像。實為孝子，准盜法合推繩。取捨二途，

若為科結？

判文

（下略）

24……今若偷財

25造佛，盜物設齋，即得著彼孝名，成斯果業，此即齋為盜

本，佛是罪

1996）下冊，頁1947-1948。王斐弘，〈輝煌與印證：敦煌《文明判集殘卷》研究〉
（《現代法學》2000-3），頁64-73。陳永勝，《敦煌吐魯番法制文書研究》（蘭
州，甘肅人民出版社，2000），第七章〈敦煌吐魯番文獻中的訴訟法律制度〉，頁
182-214。
對於張鷟《龍筋鳳髓判》的個案研究，例如霍存福，〈張鷟《龍筋鳳髓判》與白居
易《甲乙判》異同論〉（《法制與社會發展》1997-2），頁45-52；前引霍存福，
〈《龍筋鳳髓判》判目破譯——張鷟判詞問目源自真實案例、奏章、史事考〉，頁
19-27；黃源盛，〈唐律與龍筋鳳髓判〉（收入黃源盛，《漢唐法制與儒家傳統》，
臺北，元照出版公司，2009；原刊《政法學評論》79，2004.6），頁339-383。
對於白居易「百道判」的個案研究，例如前引陳登武，〈白居易「百道判」試析——
兼論經義折獄的影響〉，頁343-411。

26根，假賊成功，因贓致福，便恐人乙（人）規未來之果，
　家家求至孝之名。側鏡此

27途，<u>深乖至理</u>。據禮全非孝道，准法自有刑名。行盜，<u>理
　合計贓</u>，定罪須知多

28少。乙乙（多少）既無足數，不可懸科。更問盜贓，待至
　量斷。

例二：《文明判集》殘卷七十一～八十六行

案由

71奉判：豆其谷遂本自風牛同宿，主人遂

72邀其飲，加藥令其悶亂，困後遂竊其資。所得之財，計當
　十疋。事發

73推勘，初拒不承。官司苦加拷辤，遂乃攣其雙腳，後便吐
　實，乃款

74盜藥不虛。未知盜藥之人，若為科斷？

判文

79（下略）買藥令其悶亂，困後遂竊其

80資。語竊雖似非強，加藥自當強法。事發猶生拒諱，肆情
　侮弄官

81司。斷獄須盡根源，據狀便可拷辤，因拷遂攣雙腳，攣後
　方始承贓。

82計理雖合死刑，攣腳還成篤疾，乙乙（篤疾）<u>法當收贖</u>，
　雖死只合輸銅。

正贓與

83倍贓，并合徵還財主。案律云：犯時幼小，即從幼小之
法；事發老疾，聽依

84老疾之條。但獄賴平反，刑宜折衷，賞功寧重，罰罪須
輕。雖云十疋之

85贓，斷罪宜依上估，乀（估）既高下未定，贓亦多少難
知。贓估既未可明，與奪

86憑何取定？宜牒市估，待至量科。

例三：《文明判集》殘卷一四八～一五五行
案由

148奉判：選人忽屬泥塗，貰馬之省。泥深馬

149瘦，因倒致殂。馬主索倍，選人不伏。未知此馬合倍已
不？

判文

152（下略）計馬

153既倒自亡，<u>人亦故無非理</u>。死乃仰惟天命，陪則竊未弘
通。……

154……倒既非馬之心，死亦豈人之意。

155以人況馬，彼此何殊。馬不合倍，<u>理無在惑</u>。

例四：《文明判集》殘卷一百五十六～一百七十一行
案由

156奉判：宋里仁兄弟三人，隨日亂離，各在一所：里仁貫
　　屬甘州，弟為貫屬鄠縣，
157美弟處智（貫）屬幽州，母姜元貫揚州不改。今三處兄
　　弟，並是邊貫之人，俱悉入軍，
158母又老疾，不堪運致，申省戶部聽裁。

判文

161（下略）宋仁昆季……
162……俱霑邊貫，並入軍團。各限憲章，
163無由覲謁。……
164……撫事論情，實抽肝膽。
166……至若名霑軍貫，不許遷移，法意本欲防奸，非為絕
　　其孝
167道。即知母年八十，子被配流，據法猶許養親，乙
　　（親）歿方之配所。此則意存
168孝養，具顯條章，舉重明輕，昭然可悉。且律通異義，
　　乙（義）有多途，不可
169執軍貫之偏文，乖養親之正理。今若移三州之兄弟，就
　　一郡之慈親，庶子
170有負米之心，母息倚閭之望，無虧戶口，不損王徭，上
　　下獲安，公私允愜。移
171子從母，理在無疑。（下略）

例五：《麟德安西判集》殘卷七十二～八十一[40]行

案由

（「奉判」以下缺文，從判文看來，當指郭微身為屯官，漫行威福，專行鹿杖，情理俱惡，合當懲治。）

判文

72郭微先因傔從，爰赴二庭，遂補屯官，方牒万石，未聞檢校之効，

73遽彰罪過之蹤。咎撻有情，豈緣公務，所為無賴，只事

74陰私。……

80……元情實可重科。但為再問即臣，亦足聊依輕典。按《雜律》云：

81諸不應得為而為之者，笞 卅 ☐

（後缺）

張鷟《龍筋鳳髓判》

例六：卷一中書省之一條

案由

中書舍人王秀漏泄機密，斷絞；秀不伏。款於掌事張會處傳

---

40 本案之解析，參看前引劉俊文，《唐律疏議箋解》，頁1947-1948。

得語，秀合是從，會款所傳是實，亦非大事，不伏科。

判文

（前略）張會掌機右披，務在便蕃；王秀負版中書，<u>情惟密切，理宜克清克慎，</u>……<u>若潛謀討襲，理實不容；漏彼諸蕃，情更難恕。</u>非密既非大事，法許準法勿論，待得指歸，方可裁決。中書舍人王秀漏泄機密，斷絞；秀不伏

例七：卷一門下省之一條

案由

給事中楊珍奏狀錯以崔午為崔牛，斷笞四十，徵（徵字當為「徵」之誤）銅四斤，不伏。

判文

（前略）出納王命，職當喉舌之官……馬字點少，尚懼亡身，人名不同，難為逃責。<u>準犯既非切害，原情理或可容，</u>何者？寧失不經，宥過無大。崔牛崔午，既欲論辜，甲申甲由，如何定罪？

白居易「百道判」[41]

例八：第三十四道

案由

> 得景進柑子，過期壞損。所由科之，稱於浙江楊子江口，各
> 阻風五日。

判文

> 進獻失期，罪難逃責；稽留有說，<u>理可原情</u>。景乃行人，奉
> 茲錫貢。薦及時之果，誠宜無失其程；阻連日之風，安得不
> 愆于素？覽所由之詰，聽使者之辭。既異遑寧，難科淹恤。
> 限滄波於于役，匪我愆期。販朱實於厥苞，非予有咎。捨之
> 可也，誰曰不然？

例九：第七十二道

案由

> 得甲牛觝乙馬死，請償馬價。甲云：在放牧處相觝，請陪半
> 價。乙不伏。

判文

---

41 參看白居易著、朱金城箋校，《白居易集箋校》（上海，上海古籍出版社，1981），
卷六十六、六十七；判文編號，根據前引陳登武，〈白居易「百道判」試析——兼論
經義折獄的影響〉一文附表〈「百道判」判題出典與判文主張分析表〉。

馬牛于牧，蹄角難防。苟死傷之可徵，在故誤而宜別。況日中出入，郊外寢訛。既谷量以齊驅，或風逸之相及。爾牛孔阜，奮駢角而莫當；我馬用傷，踠駿足而致斃。<u>情非故縱，理合誤論</u>。在皁棧以來思，罰宜惟重；就桃林而招損，償則從輕。將息訟端，請徵律典。當陪半價，勿聽過求。

例十：第九十九道

案由

得乙請襲爵，所司以乙除喪十年而後申請，引格不許。乙云：有故，不伏。

判文

爵命未<u>墜</u>，嗣襲有期。在紀律而或愆，當職思而宜舉。乙舊德將繼，新命未加。所宜纂彼前修，相承以一子；何乃廢其後嗣，自棄於十年？歲月既已滋深，公侯固難必復。然以<u>法通議事</u>，理貴察情；如致身於宴安，則宜奪爵；若居家而有故，尚可策名。須待畢辭，<u>方期析理</u>。

茲對上舉十例，有關情、理部分，如判文畫線處所示，其與唐律關係略作說明於下。

例一，秦鸞為母病而行盜，「深乖至理。據禮全非孝道，准法自有刑名。行盜，理合計贓。」秦鸞行為不合禮，依「理」計贓，此處的理為事理，其實也是法，所以依據《賊盜律》「竊盜」條（總282條）竊盜足數多寡斷罪。此案例充分考量禮（理）、法要素，再依法

論罪。

　　例二，這是很有意思的判文，其內容包括審訊時「拷訊」，因而攣雙腳成篤疾。判文中引用唐律多達包括《賊盜律》「強盜」條（總281條）、《名例律》「老小及疾有犯」條（總30條）、《名例律》「彼此俱罪之贓」條（總32條）、《名例律》「犯時未老疾」條（總31條）、《名例律》「平贓及平功庸」條（總34條）等。判詞中，提到：「計理雖合死刑，攣腳還成篤疾，篤疾法當收贖，雖死只合輸銅。」此即主刑依「理」由死刑減爲輸銅。此處之理，仍爲事理。「正贓與倍贓，并合徵還財主」，則爲附加刑，依據《名例律》「彼此俱罪之贓」（總32條）、「以贓入罪」（總33條）而判。此一判文，兼顧到情、理、法，以及重證據、重調查，[42]殊爲難得。至於法司將犯者拷訊而攣雙腳成篤疾，有無過失，在判文中不見被追究，是美中不足之處。

　　例三，這是選人某賃馬赴省，因「泥深馬瘦」，以致在途中倒斃，馬主索賠，選人某不伏。判文中以爲馬自亡，選人某亦無「非理」，死亡係「天命」，所以判定馬不賠，這是「理無在惑」，也就是據理無可置疑。判文中無引用律文，而以「天命」及「理」判定，相當於「天理」，較爲特殊的案例。

　　例四，隋末大亂之際，宋里仁兄弟三人在邊貫入軍，以老母疾病爲由，申請在同郡奉養。判文指出「據法猶許養親」、「舉重明輕」、「律通異義，義有多途」、「不可執軍貫之偏文，乖養親之正理」、「移子從母，理在無疑」。很明顯地，判文的立場，以爲有司不能只就單項法規去執行，而應在無違背法意之下，充分考慮義理，

---

42 參看前引王斐弘，〈輝煌與印證：敦煌《文明判集殘卷》研究〉，頁66。

並強調這是正理,而允許宋氏兄弟的請求。

例五,判文最後引《雜律》「不應得爲」條正文,這是現在看到的判文中,少數直接引用律文原文者,甚爲珍貴。判文指出郭微所犯情節,本應重科,因審訊時認罪,所以改爲從輕,乃依據《雜律》「不應得爲」條,科笞四十,可視爲西陲之地,依律審判之佳例。判文中,雖無直接提及「理」字,但從判文中可推知其思維仍是由據理原情出發,最後依「情輕」論罪,充分運用情、理、法三者的法理思維。

例六,中書舍人王秀漏泄機密,斷絞,秀不服。判文是根據《職制律》「漏泄大事」條(總109條),認爲法司斷王秀絞刑是誤判。同時說明如果是「潛謀討襲」,則爲大事,所以「理實不容」,張會應該爲首(初傳者),王秀爲從(傳至者,或者轉傳者);設若將大事應密「漏彼諸蕃」,則「情更難恕」,依《名例律》首犯、從犯都應罪加一等,但《名例律》「稱加減」條(總56條)注曰:「加入絞者,不加至斬。」漏泄首犯仍處絞,從犯原處流,至此應加至絞。問題是原判有誤,王秀只是「傳至者」,屬於從犯,根據《名例律》「共犯罪造意爲首」條(總42條),應比首犯處絞減一等而爲流三千里。[43]此案顯然是由情、理釋法,認爲原審法司誤判,最後雖有待上司裁決,仍可視爲傳統審理法案典型的例子。

例七,給事中楊珍奏狀誤失案,法司原判「笞四十,徵銅四斤」,根據《職制律》「上書奏事誤」條(總116條),上書若奏事而誤,應杖六十。張鷟判文以爲「準犯既非切害,原情理或可容,何者?寧失不經,宥過無大。」也就是認爲所犯並非「切害」,依據

---

43 關於此案詳細解析,參看前引霍存福,〈張鷟《龍筋鳳髓判》與白居易《甲乙判》異同論〉,頁51-52;前引黃源盛,〈唐律與龍筋鳳髓判〉,頁355-360。

「情理」，當可諒解。同時引用《尚書・大禹謨》說：「宥過無大，刑故無小；……與其殺不辜，寧失不經。」主要是強調過誤所犯，雖大必宥，所以裁定原判過重。

例八，進獻土貢，過期損壞，有司追究其責。辯稱受阻於江口風浪，為不可抗力。此一阻卻理由，可否接受？判文以「進獻失期，罪難逃責」，此即應當依據《職制律》「公事應行稽留」條（總132條）處罰。但白判以為「稽留有說，理可原情」，也就是延遲有故時，按「理」就要察明實情。結果以為「限滄波於于役，匪我愆期」，也就是為風浪所阻，屬於不可抗力的自然現象，應當無罪。這裡所謂「理可原情」，仍然是從「理」的觀點出發，主張適用《名例律》「八議」條（總8條）注曰：「原情議罪。」

例九，在放牧處，甲牛觚乙馬死，甲請賠半價，乙不服。白判以為「情非故縱，理合誤論。」「將息訟端，請徵律典。當陪半價，勿聽過求。」此即查明實情，應依據《廄庫律》「犬傷殺畜產」條（總206條）規定，不以故殺傷殺罪論，而以誤殺判定賠半價，符合律意。

例十，乙因有故，在除喪十年後申請襲爵，有司引《格》不許，乙不服。白判以為「法通議事，理貴察情；如致身於宴安，則宜奪爵；若居家而有故，尚可策名。須待畢辭，方期析理」。即如果確實有故，應可接受，但此事須再查明。判文所引之「格」指何者？無法知其詳。但指出：「法通議事，理貴察情。」即再次強調理與法是作為審理案件的二個思維要件。理即事理，是作為察明實情的指導原理，也是義理。

根據上舉十例，有以下幾點需說明：1.判文格式，不外為「由事而理，由理而斷」的「正三段論」。此即判詞中首先講明案情事實，然後闡述理由，最後為結論。這樣的法律文書，也符合人們一般的思

路；[44]2.判文對於罪行非只作有罪或有待進一步調查等結論，同時也包含審理過程，這是非常珍貴的資料；3.判詞中的當事人，雖爲虛構或代稱，但案情本身有一定的眞實性，對法史研究是有其價值，不可忽視；[45]4.判文雖有階段性差別，但判詞仍著重於說理，甚少直接引用律文原文，通常只節略引述律意，或法意；[46]5.說理部分，含情、理、法三要素。此即情、理兩者仍是判斷的依據，並非只作爲文飾而已，其作用在於禮教，可說是漢代經義折獄的延伸。[47]

　　以下再就禮與理，以及情理法中的理，作進一步說明。

44 參看前引王斐弘，〈輝煌與印證：敦煌《文明判集殘卷》研究〉，頁67。

45 前引霍存福，〈《龍筋鳳髓判》判目破譯——張鷟判詞問目源自真實案例、奏章、史事考〉一文的作業，是極佳例證。

46 劉馨珺透過南宋《明公書判清明集》案例研究，也以爲「法條只不過是原情的參考而已。至於官員講究『援法據理』，則顯示出讀書人辨識道理的能力，以及據理者的義理能夠闡明『天理』。」參看劉馨珺，〈論宋代獄訟中「情理法」的運用〉（收入曾憲義主編，《百年回眸：法律史研究在中國》第三卷《當代臺港卷》，北京，中國人民大學出版社，2009；原刊《法制史研究》（臺灣），第三期，2002.12），頁168。

47 參看前引大野仁，〈唐代の判文〉，頁270；陳登武，〈白居易「百道判」試析——兼論經義折獄的影響〉，頁392-393。

第三節　禮、理與情理法

　　《四庫提要》對《唐律疏議》的說明，提到：「論者謂唐律一準乎禮，以爲出入得古今之平。」這是最簡單而且具體指出唐律的特質，學界經常引述，也就是具有共識。但是禮與理的關係要如何理解？最簡單的回答，就是孔穎達序《禮記正義》說：「禮者，理也。」正是說明理也就是禮。另外，《禮記·喪服四制》鄭玄注曰：「理者，義也。」然則義又如何？《禮記·中庸》引孔子說：「義者，宜也。」朱子解：「宜者，分別事理，各有所宜也。」也就是事理的正當性。依此看來，要探討「理」時，必須同時兼及禮與理、義的關係。蓋禮是理、義規範化的表現，所以要了解理或義，應先了解禮的規範作用。

　　從先秦以來到兩漢，有關禮說的發展可歸結爲以下三方面：此即禮之義、禮之儀、禮之制。所謂禮之義，指禮的義理；所謂禮之儀，指禮的儀式；所謂禮之制，指禮的制度，《禮記·仲尼燕居》引孔子曰：「制度在禮。」以漢代整理而成的禮典而言，禮之儀主要見於《儀禮》，禮之制主要見於《周禮》，詮釋禮之儀、禮之制而成爲禮之義者，主要見於《禮記》。關於禮的這三種內涵，學界常就某一方面討論，尚乏對此三方作宏觀討論，因而不能充分掌握禮的全貌。[48]秦漢以後，在專制皇權影響下，三者當中，以禮之儀、禮之制較有新

---

48 初步就禮之三義作說明，當推張壽安，惜無進一步解析。張氏指出：禮用現代的話說，包括三部分：一是禮制（典章、制度），指國家、社會、家族的組織和規範；一是禮儀（儀文、節式），指昏冠喪祭等特定典禮的儀式；一是禮義（價值、道德），指在制度儀文之上的倫理準則和價值取向。其引用馬宗霍，《中國經學史》（臺北，臺灣商務印書館，1972），說明三禮之性質，而謂：《儀禮》爲禮的本經，所論乃人倫鄉黨之倫理規範和生活禮俗；《周禮》所論多爲立國之典章制度，《禮記》則是關於禮之理論的討論。參看張壽安，《以禮代理——凌廷堪與清中葉儒學思想之轉變》（臺北，中央研究院近代史研究所，中央研究院近代史研究所專刊(72)，1994），頁4。

的發展，而成爲皇權的包裝，進而典制化。至於禮之義，除隱含於禮之儀、禮之制外，亦被吸納入律典（或曰法、刑）。**49**

禮就廣義而言，爲「天地之序」（《禮記‧樂記》）；具體而言，則爲「定親疏，決嫌疑，別同異，明是非也。」（《禮記‧曲禮上》）也如同荀子所說：「禮者養也。君子既得其養，又好其別。曷謂別？曰：貴賤有等，長幼有差，貧富輕重皆有稱者也。」（《荀子‧禮論篇》）瞿同祖因而解析爲親疏、尊卑、長幼分異的家族和貴賤、上下分異的社會，這兩種秩序差異的總和，呈現親親尊賢，而仁義在其中，即是儒家的理想社會。但國家、社會的政治、法律組織仍爲家族單位的組合，建立秩序，即達到齊家治國的理想地步。**50**這個說法很值得參考。晉朝李軌注揚雄《法言‧修身》所謂「天地交」、「人道交」，曰：「天地之交以道，人道之交以理。」所以順天人的道理，可視爲廣義的理；論人道之理，可視爲狹義的理；而律、令正是規定人道之理，所以律、令當中所意涵的理，可稱爲狹義的理，也就是義理。

根據以上所說，禮之三義可作如下之圖示：

如果連同上一節所論的理，一併思考時，則理、禮關係可簡化如下：

---

49 從法制乃至中華法系探討禮在立法原理的重要性，詳細參看拙作，〈中華法系基本立法原理試析〉（《中華法系》第一卷，朱勇主編，北京，法律出版社，2010-12；拙書第八章各節），頁16-32。

50 參看前引瞿同祖：《中國法律與中國社會》，頁28，294-295。張晉藩也認爲：「在中國古代，家族（庭）不僅是一個基本的生產單位，也是一個政治法律單位。」（參看張晉藩，《清代民法綜論》，頁29，北京，中國政法大學出版社，1998）

理＝禮 ── 事理＝義理

　　基於如上的禮論，探求固有法的特質，可化約如下：理貴原情，以及原情制禮、納禮入法。在此前提下，論法不可忽視情、禮（理）。但因禮爲理的規範化，情、理（禮）、法乃成爲量刑定罪的三要素，最終目標在求其「平」。例如房玄齡在唐太宗貞觀二年（628）三月上奏，指出「舊條疏」（按，當指開皇、武德律）有兄弟連坐俱死而祖孫配沒，是不合理規定，因爲「祖孫親重，而兄弟屬輕」。所以「據理論情」，[51]主張兄弟以「配流爲允」。太宗納之。（《舊唐書・刑法志》）這是以理、情斷罪的典型例子。這個修正案，已收入貞觀《賊盜律》，如今本《唐律疏議》所見者（總248條）。

　　再者，貞觀五年（631）實施京師決死刑須五覆奏時，詔曰：

　　守文定罪，或恐有冤。自今以後，門下省覆，有據法令合死
　　而情可矜者，宜錄奏聞。（《貞觀政要》卷八〈論刑法〉、
　　《通鑑》卷一九三亦同）

---

51 《點校本・舊唐書》卷五十〈刑法志〉將「據理論情」，改爲「據禮論情」；其注5曰：「〈禮〉字，通典卷一七○、唐會要卷三十九、冊府卷六一二作〈理〉。殘宋本冊府仍作〈禮〉。」此即根據《殘宋本・冊府》將理字改爲禮字。又，《點校本・通典》卷一七○〈刑法典〉「寬恕」條對於此事，在其注43亦曰：「〈禮〉原訛〈理〉，據北宋本及舊唐書刑法志2136頁改。」論版本，當然《殘宋本・冊府》以及《北宋本・通典》較爲古老，但所謂「據理論情」說，本來是房玄齡等人的定義，在說到這句的前面，其實是先說：「按禮」云云，所以，下接「據理論情」，一般而言，語氣是很自然的。問題是如同拙文中的引證，「理」、「情」相對於「法」的概念，在唐初恐怕是普遍存在，今日我們也還是常常連稱情、理、法，更何況通行本的《通典》、《會要》、《冊府》等皆作「理」字。換言之，宋本的《通典》、《冊府》，在此處的「禮」字，恐是誤植，「理」字應無須改；若用「據禮論情」說，雖亦可通，但與唐初的法制觀念似較不相符。

這是以「情」來救濟法之不足，也就是以行政來救濟司法之不足，因而有赦。又如《斷獄律》「訊囚察辭理」條（總476條）規定曰：

　　諸應訊囚者，必先以情，審察辭理，反覆參驗。（下略）

由於《斷獄律》此處有關審訊、拷囚諸規定，是見於修定《貞觀律》文中（參看《舊唐書・刑法志》），頗疑此條亦定於《貞觀律》。其審訊重視「情」、「理」，當皆是太宗即位以來一貫的要求，目標在於前述之「廣恩慎罰」。結果，有關死刑的判決，與過去相較，「殆除其半」。（《舊唐書・刑法志》）

結　語

　　唐律中的理，簡單說，就是義理，事理也是義理，正如貢舉明經科在試策時，「須辨明義理」；進士科在試時務策時，「義理愜當」；明法科考試律令，必須「識達義理」。理是審判罪行時，除依據律、令外，第三種法源，所以官人考核二十七最當中，第六最是以「決斷不滯，與奪合理，爲判事之最」；第九最是以「推鞫得情，處斷平允，爲法官之最」（《唐六典》卷二〈吏部考功郎中〉條）。但律、令當中也有不少條文含有理的要素。這樣的事實，說明整部唐律的立法思想在於理或義理，執法者應有共識。

　　理或義理，講求事情的正當性，正如《禮記・中庸》引孔子說：「義者，宜也。」判集中常以「宜」字作論斷，其實也是義理之意。理或義理爲抽象的概括觀念，所以必須藉由行事來考量，因而常與情字聯稱曰：「情理。」又曰：「理貴原情。」理或義理呈現於外在的規範性即是禮，所以說：「禮者，理也。」（孔穎達語），而《禮記・樂記》更擴大說：「禮者，天地之序也。」這個「序」要展現的是禮之義，也就是親疏、尊卑、貴賤、長幼的秩序；成爲制定法時則爲律、令，而有唐律「一準乎禮」的說法。以唐律爲代表的固有法特質，可歸納如下：理貴原情，原情入禮，納禮入法。簡言之，就是一般所謂的情、理、法，相互爲用。

　　學界過去對情、理、法的討論，多著重於宋代以後，尤其明清時期，這是因爲可使用的材料較多的緣故，並非唐以前就不重視情、理、法，透過拙稿所論，可知不論唐朝的制定法或判集，都非常重視情理，尤其是理。

　　在判集中，唐朝雖可分三期的發展，但在判文中，重視情理的禮教秩序原理遠甚於徵引律文的刑責，即使徵引律文，通常也只節略提示而已。甚至以理折法，目的在強調教化，例如前引判集例五《文明

判集》說：「不可執軍貫之偏文，乖養親之正理。」[52]白居易也說：「聖王之致理也，以刑糾人惡，故人知勸懼；以禮導人情，故人知恥格；以道牽人性，故人反淳和。三者之用，不可廢也。」[53]此即主張為政者要達到「致理」，必須刑、禮、道相互為用。明朝丘濬進而說：「論罪者，必原情，原情二字，實古今讞獄之要道也。」（《大學衍義補》卷一○八〈謹詳讞之議〉）清末沈家本更具體說：

> 吾國舊學，自成法系，精微之處，仁至義盡，……新學往往從舊學推演而出，事變愈多，法理愈密，然大要總不外「情理」二字。無論舊學、新學，不能舍情理而別為法也，所貴融會而貫通之。[54]

兩說均強調論法必重「情理」。近人陳顧遠則語重心長地指出：

> 現代民主國家的法律，明明以情、理、法同重，而一般人卻仍在「法」字以外，喊出「情理」兩字，這不必即係法律本身有何缺陷，乃是一部分行用法律者每不注意法律的全盤精神，善為運用，衹知握緊單一的條文，硬板板地實用起來，雖對法理說得通，卻不見得合於天理，適乎人情。[55]

---

52 齊陳駿也認為伯3813號《唐判集》有一點值得後人借鑑的地方，是在處理案件中，行判者非常重視調查研究，講求實際，使每個案件得以合情合理地得到處理。參看齊陳駿，〈讀伯3813號《唐判集》札記〉（《敦煌學輯刊》1996-1），頁19。
53 參看前引白居易著、朱金城箋校，《白居易集箋校》卷六十四〈策林五十四·刑禮道（注曰：迭相為用）〉，頁3525。
54 參看沈家本，《寄簃文存》（收入沈家本撰，鄧經元、駢宇騫點校，《歷代刑法考·附寄簃文存》，北京，中華書局，1985）卷六〈法學名著序〉，頁2240。
55 參看陳顧遠，〈天理－國法－人情〉（《法令月刊》6-11，1955.11），頁9。

　　陳氏的這個說法，與沈家本相近，若再參照唐人說法，可說古今看法一致，甚至可說是先秦以來朝野的共識。基於此故，就司法斷獄而言，理論上執法者對情、理、法應有共識，這也是「不應得爲」條能夠存在千餘年，乃至成爲東亞的中華法系共同行用法條的道理所在。

　　唐律中的理，大致可分爲三類，此即天常、人理、事理，但也可用事理概括。天常指自然界的運行原理，因受天人合一說的影響，所以常藉由天常來規範人事。這樣的用法，宋代後也常見，只是到宋代另用天理來表達人間三綱五常的至大道理；這個天理，其實相當於唐朝的人理；也就是將天道視爲人道，人由從屬於天（自然）轉而成爲天（自然）的具現者，但人間結合關係重義則不變。**56**唐律乃至唐令皆無使用天理一詞，所以唐律中的天常，也含有相當於宋代的天理之義，但兩者其實有別。這是有關唐宋間的斷獄，在法理基礎上較爲明顯不同的地方。此一問題，有待今後進一步探討。其次，宋代以後將天理化爲人理，將「法例」化爲則例、條例，隨著皇權的獨裁化，而使「刑律法定」較唐以前更爲褪色，這也是有待進一步探討的課題。

---

56 參看仁井田陞，《補訂・中國法制史研究：法と慣習・法と道德》第四章〈舊中國社會の義理と人情〉（東京，東京大學出版會，1964初版，1980補訂版），頁567；溝口雄三，〈中國の「理」〉（《文學》55-5，1987.5），頁53-70，尤其頁59-60；溝口雄三，〈中國の「自然」〉（《文學》55-6，1987.6），頁81-98，尤其頁84-86；溝口雄三，〈天理觀の成立について〉（《東方學》八十六輯，1993.7），頁1-20有詳細論證，尤其頁18。

第五章　唐代的律令政治

　　官僚政治，一般是指官僚依法行政。但在盛唐，所謂法就是律、令、格、式諸法典，簡稱爲律令制度；所以在盛唐的依法行政，也就是遵循律、令、格、式諸法典進行政治的運作，簡稱爲律令政治。

　　如前所述，唐朝的大小立法活動，可考的總共有二十八次。在這二十八次當中，貞觀、永徽的立法，可謂爲律令建制的第一次高峰；開元立法可謂爲第二次高峰；兩者均在所謂「貞觀之治」、「永徽之治」及「開元之治」的盛世狀態下完成，足見律令建制及其律令政治的展開，與君臣共治的盛世條件，有其密切關係。關於唐代的律令制度及其政治運作，筆者曾有討論，[1]此處再略作補充。

1　參看拙作，〈唐代律令制度與盛唐政治〉（收入《中央研究院第三屆國際漢學會議論文集歷史組：法制與禮俗》，臺北，中央研究院歷史語言研究所，2002），頁17-61；其後又將此文略作修改，收入拙著，《中國中古政治的探索》，臺北，五南圖書出版公司，2006.10一刷，2007.8二刷，第五章第二節〈盛唐政治與制度美備的再思考〉；拙作，〈從律令制的演變看唐宋間的變革〉（《臺大歷史學報》第三十二期，臺北，2003.12），頁1-31。

第一節　律令制度與立國政策的奠立

筆者在探討隋代律令制度時，指出透過律令制度的特質，可看出隋代的立國政策在於以下三點：1.從制度上具體落實文化認同政策；2.具體實施以皇帝爲頂點的中央集權政策；3.依法（律令）爲治。[2]由於唐朝的律令制度大體沿襲自隋制，這些特質，或曰立國政策，當亦爲唐所繼承。例如第一項，就隋初立國的措施而言，是摒棄北周制，而依漢、魏之舊；就唐初立國政策而言，則在於「盡刪大業苛慘之法」；手段不同，但唐初是「因開皇律令而損益之」（參看《通典》卷一七○〈刑法典〉「寬恕」條），所以隋初立國政策，自然也就由唐繼承。所謂依漢、魏之舊，對唐而言，莫過於繼續建立「德主刑輔」的治道原則。其具體表現於刑律者，就是「寬簡」原則。隋《開皇律》是以「刑網簡要，疏而不失」著稱（《隋書》卷二十五〈刑法志〉）；但其後的實施，反其道而行，尤其煬帝後期。唐立國後，才以去除大業的苛慘之法作爲首要任務，而力求寬簡。所以寬簡原則其實在隋文帝制定《開皇律》當時就已奠立，只是隋代沒能具體實施，而由唐繼續完成。

唐高祖制定《武德律》時，在韓仲良建議下，確立「寬簡」原則。太宗在施政或繼續修律時，也再重申此一原則，如貞觀元年（627），太宗謂侍臣曰：「死者不可再生，用法務在寬簡。」所以規定：「自今以後，大辟罪皆令中書門下四品已上及尚書九卿議之，如此庶免冤濫。」（《貞觀政要》卷八〈論刑法〉）這也是由寬簡進而慎殺、恤刑的具體例子。這個原則，本來也是儒家的基本主張，《論語·爲政》所說的：「道之以政，齊之以刑，民免而無恥；道之

---

2 參看前引拙作，〈從律令制度論隋代的立國政策〉（收入中國唐代學會，《唐代文化研討會論集》，1991），頁389；拙書第一章各節。

以德，齊之以禮，有恥且格。」以及董仲舒所說的：「刑者，德之輔
也。」（《春秋繁露》卷十一〈天辨人在〉）無非是主張德治主義。
《新唐書‧刑法志》云：

> （太宗）初即位，有勸以威刑肅天下者，魏徵以為不可，因
> 為上言王政本仁恩，所以愛民厚俗之意，太宗欣然納之，遂
> 以寬仁治天下，而於刑法尤慎。

太宗接納魏徵意見，而將儒家的寬仁恤刑作爲德治的施政目標，尤其
表現在法制方面。前引《通典》又云：

> 高宗即位，遵貞觀故事，務在恤刑。

高宗即位初期亦然。所以由寬簡而恤刑，實際成爲隋唐王朝必須遵循
的立國政策。這個政策，因爲具體呈現在法制上，其後中國諸王朝以
及東亞諸國的立法，所以取唐制作爲藍本，其故在此。

　　關於第二項，具體實施以皇帝爲頂點的中央集權政策。唐律規
定人主有非常斷刑之權，而律文中亦常有「上請聽裁」之句；在律
疏中，更明白指出「非常之斷，人主專之」（《名例律》，總18
條）、「權斷制敕，量情處分」（《斷獄律》，總486條），此即
皇帝擁有專斷權，所以可以敕（格）改律條，使皇帝成爲最後、最
高的決定者。《名例律》「諸彼此俱罪之贓」條（總32條）《疏》
議曰：「其鑄錢見有別格，從格斷。餘條有別格見行破律者，並準
此。」這是具體說明格可破律。另外，又將謀反、謀大逆、謀叛以及
大不敬等列爲十惡之首，其意指侵犯皇帝及其代表皇帝諸事物（如社
稷、宗廟、山陵、宮闕等）；進而保障尊長倫理關係，如十惡中之惡

逆、不道、不孝、不睦、不義、內亂等。這種道德人倫主義，是基於儒家學說以為人倫本於天，故刑罰權亦源於天；而「天子作民父母，以為天下王」（《尚書‧周書洪範》），所以天子及父祖權威是絕對，「尊長權」亦由此確立。[3]「家父長式的國家」統治，在法制上的具體落實，當推隋唐律令；這是自漢以來，一直所要完成的目標。

關於第三項，依法（律令）為治，這是建立律令制度以後較為進步的地方，雖然實際情形並不一定如此。從刑律上看，這是相近於「罪刑法定主義」。[4]如《斷獄律》規定：「斷罪，皆須具引律、令、格、式正文。違者，笞三十。」（總484條）若違令、格、式規定，則據律處罰。如《戶婚律》曰：

> 諸里正，依令（按，據疏議，指田令）：「授人田，課農桑。」若應受而不授，應還而不收，應課而不課，如此事類，違法者，失一事，笞四十。

這是違令有罰的規定。若令等有禁制而律無罪名者，違者亦有罰，如《雜律》規定：「諸違令者，笞五十（注：謂令有禁制而律無罪名者）；別式，減一等。」（總449條）[5]

3　參看戴炎輝，《唐律通論》（臺北，國立編譯館，1977四版，1964初版），頁12，18-22〈道德人倫主義〉。又，前引喬偉，《唐律研究》（濟南，山東人民出版社，1985），第六章〈反對和侵犯皇帝罪〉，包括三節，第一節〈謀反逆叛行為〉，分為1.謀反；2.謀大逆；3.謀叛；4.妖書妖言；5.隱匿謀反逆叛；6.誣告謀反逆叛；第二節〈危害皇帝安全的行為〉，分為1.製造御用物品有誤；2.侵犯宗廟陵墓宮殿；3.宿衛人員失職；4.犯諱；第三節〈對皇帝大不敬〉，分為1.祭祀不如法；2.盜毀大祀神物；3.上書誤犯廟諱；4.指斥乘輿；5.無人臣之禮。唐律對皇權之保障，由此概可想見一斑。

4　關於唐律之罪刑法定主義特質，參看前引戴炎輝，《唐律通論》第二章第一節〈罪刑法定主義〉。

5　唐律關於違令、格（敕）、式等處罰，詳細參看前引戴炎輝，《唐律通論》，頁10。

　　整個說來，隨著律令制度的實施，正面而言，法，代表公法；法，爲天下人共有，而非天子一人獨制；這個觀念，已深入人心；所以包含天子在內，必須守法。在君主專制時代，這樣的表現，可算是相當進步的法治成就了。例如太宗即位之初，即武德九年（626）九月，辦理官人選舉時，發生詐僞資蔭事件，當時大理少卿戴冑堅持「法」的效力優於「言（敕）」，並曰：「法者，國家之所以大信于天下；言者，當時喜怒之所發耳。」使太宗退讓而曰：「法有所失，公能正之，朕何憂也。」（見《唐會要》卷三十九〈議刑輕重〉條，又《通鑑》卷一九二「唐紀貞觀元年正月」條記「言」曰敕）到貞觀元年（627），大理少卿戴冑又以守「公法」，阻止太宗欲處死柳雄一事。（《通典》卷一六九〈刑法典〉「守正」條）[6]貞觀六年（632）十二月，太宗對侍臣曰：

　　朕比來決事或不能皆如律令，公輩以為事小，不復執奏。夫事無不由小而致大，此乃危亡之端也。（《通鑑》卷一九四〈唐紀〉）

此由帝王主動要求群臣約束皇帝本人遵守「律令」，在史上的確不多

6　有關「詐僞資蔭」之事，取《會要》繫於武德九年九月說；《通典》卷一六九〈刑法典〉「守正」條將此事繫於貞觀七年（633）年九月條，其七字恐是九字之誤。《通鑑》、《舊唐書》卷七十〈戴冑傳〉將此事繫於貞觀元年，恐亦誤。惟頗疑戴冑所抗爭的二事，其實是一事，蓋二事皆屬於詐僞資蔭事件，而且是太宗下敕自首後所引發的適法問題。《通典》卷一六九所載二事，雖分別繫於元年、七年，但《通典》皆將冑之職銜署為「大理少卿」，據《舊書》〈戴冑傳〉知冑只於元年出任大理少卿，至四年以後，已以民部尚書參預朝政，卒於七年。所以《通典》的七年說不可信，進而對《通典》的這一條七年記事不能盡信。《通鑑》、《舊唐書》卷七十〈戴冑傳〉既將「詐僞資蔭」事繫於貞觀元年，而《唐會要》卷40「臣下守法」條、《通典》卷一六九將柳雄冒資記事，亦繫於貞觀元年，正是二事本為一事的旁證，此事暫作存疑，留待日後進一步探討。

見；但也由此反映出，在這個階段所完成的「律令」特質之所在。

睿宗文明元年（684）四月十四日勅曰：

> 律、令、格、式，為政之本。內外官人，退食之暇，各宜尋
> 覽。仍以當司格令，書于廳事之壁，俯仰觀瞻，使免遺忘。
> （《唐會要》卷三十九〈定格令〉）

此敕為睿宗本意抑或武則天為抬高聲望而宣示守法之意，不得而知。
敕書主旨有二，一為宣示「律、令、格、式，為政之本。」這就是律
令政治的根本法則；一是要求內外官人必須熟悉律、令、格、式條
文，尤其當司的「格令」，所以此敕書要求將當司格令書寫於廳壁，
以便隨時查閱。到晚唐宣宗大中四年（850）七月，大理寺卿劉濛猶
奏曰：

> 准文明元年四月勅：「律、令、格、式，為政之先。」有類
> 準繩，不可乖越。如聞內外官寮，多不習律，退食之暇，各
> 宜尋覽。仍以當司格式，書于廳之壁，俯仰觀瞻，免使遺
> 忘。今以年代遐曠，屋壁改移，文字不脩，瞻仰無所，就中
> 大理寺評斷之司，尤為要切，臣已于本寺廳粉壁，重寫律、
> 令、格、式。

勅旨：「尚書省郎官，亦委都省檢勘，依舊抄撮要，即寫於廳壁。」
（《唐會要》卷六十六〈大理寺〉）這是大理寺卿劉濛鑑於此時「內
外官寮，多不習律」，因而上奏重申上述文明元年（684）四月勅書
要旨，而要求尚書省諸司均須將格式書於廳壁，劉濛所屬的大理寺已
經重寫律、令、格、式完成。這樣的奏書，看似文書政治，但仍可看

出一直到晚唐，君主猶有意推動律令政治，實是唐代政治一大特色。

　　即連玄宗後來任用李林甫、牛仙客，是眾所周知敗壞「開元之治」的小人，但《資治通鑑》卷二一四〈唐紀〉玄宗開元二十四年十一月條曰：

> 牛仙客既爲林甫所引，專給唯諾而已。然二人皆謹守格式，百官遷除，各有常度，雖奇才異行，不免終老常調，其以巧詔邪險自進者，則超騰不次，自有他蹊矣。

此即表面上李、牛二人都「謹守格式」，也就是遵守律令大法，所以百官仍然依法進行遷除。這樣的律令政治，看來是依法行政，其弊端就是「雖奇才異行，不免終老常調」；又無法阻擋小人以「巧詔邪險自進」。這一段話，正道盡律令政治的優劣處。簡單說，優點是依法行政，即拙稿所謂的政治法制化；缺點是無法應變。本來律令制度的設計，似也考慮到這個問題，解決方式，就是「以格破律」（參看《唐律疏議・名例律》「諸彼此俱罪之贓」條，總三十二條，《疏》議；《唐律疏議・斷獄律》「諸赦前斷罪不當者」條，總四百八十八條，《疏》議引《獄官令》），[7]也就是以格爲律令法典的最高位階，但因格是就皇帝的詔敕編集而成，實際就是以皇帝的意旨作爲國家權力的最高、最後。敕格成爲皇權應變的工具，唐朝後半葉的變局，不再進行大規模編撰律令大法，而著重於敕格的發布，其因在此。

7　參看拙著《中國傳統政治與教育》（臺北，文津出版社，2003），頁56-58〈以格破律〉。

第二節　法案實例的再檢討——試評君臣守法與不守法

　　前文中已檢討過若干法案實例，茲再舉若干實例，以進一步探討唐代律令政治的實態。一般的印象中，史籍所載的法案實例，君臣守法者少，不守法者多。如要將唐律五〇二條，一一尋找史籍實例作說明，的確有困難。但史籍所記載的案例，終究非爲檔案文件，所以宜解爲特例。既然爲特例，就不能以常態來思考。依此而言，若說傳統司法斷案都不守法，恐失之公允。近代司法檔案已陸續公布，予人印象反而守法者多。因此，如何評價歷史上的司法實例，有再思考的必要。下舉數例，正可證明君臣守法與不守法皆有，至少不能說傳統時代君臣都不守法。

一、貞觀元年（627）長孫無忌不解佩刀案

　　關於長孫無忌不解佩刀案，較受學界關注，已有若干探討，[8]惟不明之處仍多，有再檢討之要。本案基本文獻，爲《舊唐書》卷七十〈戴冑傳〉曰：

　　（唐太宗）貞觀元年，遷大理少卿。時吏部尚書長孫無忌嘗

8　最近岡野誠在〈中國古代中世の「守法」史料の分析〉（收入岡野誠研究代表者《基盤研究(C)(2)研究成果報告書》，平成十二～十四年度科學研究費補助金，平成十五年（二〇〇三）三月，對「帶刀入閣事件」作了詳細分析，同時先介紹學界諸研究成果，共有布目潮渢，《貞觀政要の政治學》（東京，岩波書店，1970）、窪添慶文等，《譯註日本律令》（東京，東京堂，1979）第六卷，郭成偉・蕭金泉主編，《中華法案大辭典》（中國國際廣播出版社，1992）、劉俊文，《唐律疏議箋解》上冊（北京，中華書局，1996）等四說。

被召，不解佩刀入東上閣。尚書右僕射封德彝議以監門校尉不覺，罪當死；無忌誤帶入，罰銅二十斤。上從之。胄駁曰：「校尉不覺與無忌帶入，同為誤耳。臣子之於尊極，不得稱誤，準律云：『供御湯藥、飲食、舟船，誤不如法者誤不如法者，皆死。』陛下若錄其功，非憲司所決；若當據法，罰銅未為得衷。」太宗曰：「法者，非朕一人之法，乃天下之法也，何得以無忌國之親戚，便欲阿之？」更令定議。德彝執議如初，太宗將從其議，胄又曰：「校尉緣無忌以致罪，於法當輕。若論其誤，則為情一也，而生死頓殊，敢以固請。」上嘉之，竟免校尉之死。

本案先後經過兩次廷議才告確定。其中封德彝第一次之議論，史籍出現下列二種記載：第一，同前引《舊唐書》曰：「罰銅二十斤。」有《太平御覽》卷六四〇〈刑法部・決獄〉引《唐書》、《冊府元龜》卷六一七〈刑法・守法〉。《新唐書》卷九十九〈戴胄傳〉只略曰：「無忌贖。」第二，曰：「徒二年，罰銅二十斤。」有《貞觀政要》卷五〈公平〉、《通典》卷一六九〈刑法典・守法〉、《唐會要》卷三十九「議刑輕重」條。這二種說法，也就是「徒二年」與「罰銅二十斤」兩者關係爲何？《新唐書・戴胄傳》曰：「贖」，足見係以「罰銅二十斤」作爲「徒二年」之贖。蓋唐朝對於官人之處罰，原則上不科以眞刑，或易以官當，或贖銅。[9]對無忌之處罰，顯然是採用後者。此時的「贖銅」與「罰銅」用法，似無二致。[10]尚書右僕射封

---

9 參看前引戴炎輝，《唐律通論》，頁245。

10 贖銅與罰銅，乃至罰金的用法，在宋代已有區別，參看梅原郁，宋代司法制度研究》（東京，創文社，2006），第二部第三章〈宋代の贖銅と罰銅——官員懲戒のひとこま〉，尤其頁703。

德彝的主張，事先有無經過尚書省都堂集議不明，此處暫作封德彝個人的看法。太宗起初同意這個主張。

但若進一步討論「徒二年，罰銅二十斤」，是否如法？根據《唐律・衛禁律》「闌入宮殿門及上閤」條（總59條），規定：

> 若持仗及至御在所者，斬。（注：迷誤者，上請。）

《疏》議曰：

> 謂持仗入上閤及通內諸門，并不持仗而至御在所者，各斬。
> 迷誤，謂非故闌入者，上請聽。

又規定：

> 仗雖入，不應帶橫刀而帶入者，減二等。

《疏》議曰：

> 仗雖入上閤內，不應帶橫刀而輒帶入者，減罪二等，合徒三年。

吏部尚書長孫無忌奉詔入東上閤（按，指太極殿東廡的左上閤），因不解佩刀，無異擅自進入，本應處斬，但有監門校尉守衛，也就是有仗入，所以適用上述條文曰：「仗雖入，不應帶橫刀而帶入者，減二

等。」減罪二等,即徒三年。[11]就長孫無忌擅自帶刀進入殿門的行爲而言,在犯罪構成要件是屬於故意犯。

只是尙書右僕射封德彝第一次之議論,看來不是以故意犯懲處,而以「無忌誤帶入」,也就是過失犯。孫奭等《律音義》釋「過失」,曰:「不意誤犯。」通常可減二等,[12]於是又將徒三年,降爲徒二年。但「誤帶(佩刀)入」,屬於「迷誤」,應該「上請」。

再依《唐律·廄庫律》「畜產觝蹹齧人」條(總207條),《疏》議曰:「過失者,各依其罪從贖法。」所以易刑爲罰銅。前述諸典籍記載:「徒二年,罰銅二十斤。」並不合法。依《唐律·名例律》「徒刑五」(總3條)曰:

> 一年。(注曰:贖銅二十斤。)一年半。(注曰:贖銅三十斤。)二年。(注曰:贖銅四十斤。)二年半。(注曰:贖銅五十斤。)三年。(注曰:贖銅六十斤。)

所以徒二年應該贖銅四十斤,何以只議罰銅二十斤?即再減二等,成爲徒一年之贖刑,令人費解。[13]

另外,對於監門校尉之罪責,尙書右僕射封德彝最初之議處爲:「監門校尉不覺,罪當死。」所謂「罪當死」,不知根據爲何?按,監門校尉,從六品上,隸左右監門衛,共有三百二十人,其於天

---

11 窪添慶文持此說,參看前引律令研究會編,《譯註日本律令》,卷六(窪添慶文譯註),頁18。

12 參看西田太一郎,〈故意と過失〉(收入西田太一郎,《中國刑法史研究》,東京,岩波書店,1974),頁137。

13 布目潮渢與岡野誠均指出徒二年與罰銅二十斤的計算法不合。參看前引岡野誠,〈中國古代中世の「守法」史料の分析〉,頁34。

子所居之衙門，皆置監門校尉六人，分左右，執銀裝長刀，[14]所以東上閤門處應有監門校尉六人。大理少卿戴冑駁曰：「校尉不覺與無忌帶入，同為誤耳。臣子之於尊極，不得稱誤，準律云：『供御湯藥、飲食、舟船誤不如法者，皆死。』陛下若錄其功，非憲司所決；若當據法，罰銅未為得衷。」由此可知戴冑反駁封德彝的主張，並提出依法論處方式，分由下列三點說明：

(一)校尉不覺與無忌誤帶入，同為誤。此論前提，在於如果同意封德彝的過失犯，則校尉也是過失犯，所以說「同為誤」。無忌以「誤」之理由，得減為徒二年，校尉亦當以不覺而「減罪人罪二等」，[15]即徒一年。[16]

(二)戴冑以為臣子對皇帝不得稱誤。此即「同為誤」說，並非其本意。戴冑引《律》云：「供御湯藥、飲食、舟船誤不如法者，皆死。」此處的《律》，當指《武德律》，今本《唐律‧職制律》「合和御藥有誤」條（總102條）、「造御膳有誤」條（總103條）、「御幸舟船有誤」條（總104條），均處絞刑。戴冑所謂「皆死」文字，並非法律條文，所以雖引《律云》，可知其內容非為條文原文，正如前引《職制律》所示，係將上述該當三條文合併而言。就該三條規定的內容看來，自《武德律》到《開元二十五年律》似無改變，但與無忌及校尉之有責性並無直接關聯。基於此故，戴冑所謂「據

14 參看《舊唐書》卷四十四《職官志》、《新唐書》卷四十九上《百官志》，但《唐六典》卷二十五諸衛府左右監門衛條曰二百二十人，其「二」恐為「三」之誤。
15 參看《唐律‧衛禁律》「闌入廟社及山陵兆域門」條（總58條）《疏》議曰：「若不覺越垣及闌入，各減罪人罪二等。」劉俊文在《衛禁律》所載通例一覽表，首列「監門及守衛不覺各減二等，主帥又減一等；故縱者各與同罪。」即為總58條之適用。唐律各篇對不覺之論罪，通常是減二等。
16 布目潮渢亦認為校尉當處徒一年，岡野誠同意布目說。參看前引岡野誠，〈中國古代中世の「守法」史料の分析〉，頁34，37。

法」，仍有可議之處。戴冑顯然以為無忌與校尉均當處絞刑，所以說：「罰銅，未為得衷。」[17]戴冑反對罰銅，不知本意為何？蓋如上所述，或主張當處絞刑；退一步，若同以誤論處，則無忌徒二年，校尉當徒一年（「減罪人罪二等」），並非罪當死。不論何者，都是不贊同封德彝之議。

(三)皇帝對無忌若議「功」論處，則非大理寺所能裁決。按，《唐律·名例律》「八議者」規定：「諸八議者，犯死罪，皆條所坐及應議之狀，先奏請議，議定奏裁；（注曰：議者，原情議罪，稱定刑之律而不正決之。）流罪以下，減一等。其犯十惡者，不用此律。」戴冑的立場，以為臣子對皇帝不得稱誤，皆死；若議功，則議定奏裁。

以上是第一次議論的分析，太宗裁決：法不阿私，再議。

第二次的議論，封德彝仍堅持己見，太宗亦表贊同之意。戴冑此時對無忌之求刑，看來已無異議，只對校尉之論罪再堅持己見。此即以為校尉罪不當死，而應與無忌同以「誤」論罪，其罪刑則應較無忌為輕，這是進一步對「誤」表示看法。依此而論，無忌徒二年，「罰銅二十斤」（此說可議）；校尉則「減罪人罪二等」，所以應徒一年，「罰銅九斤」（此說亦可議）。最後太宗表示，同意戴冑議論，免校尉之死。

史籍無記載無忌與校尉最終判定何刑，但《新唐書》卷九十九〈戴冑傳〉曰：「繇是（無忌）與校尉皆免。」宋·鄭克編撰《折獄龜鑑》亦用《新唐書》說。這個說法，與前引《舊唐書》曰：「竟免校尉之死。」（前引《太平御覽》、《冊府元龜》、《貞觀政要》、《通典》、《唐會要》，均同《舊唐書》說）稍有不同。所謂「繇是

---

17 《太平御覽》卷六四〇〈刑法部·決獄〉引《唐書》則曰：「罰銅未為得理」。

（無忌）與校尉皆免」，可有二種解說，一為無忌與校尉都免除罪刑，[18]一為只免除無忌與校尉死罪。筆者傾向後者，即只免除死罪，替代刑責仍不可免。從《新唐書》前後文意看來，即可理解，其曰：

> 胄曰：「校尉與無忌罪均，臣子於尊極不稱誤。法著：御湯劑、飲食、舟船，雖誤皆死。陛下錄無忌功，原之可也。若罰無忌，殺校尉，不可謂刑。」帝曰：「法為天下公，朕安得阿親戚！」詔復議，德彝固執，帝將可。胄曰：「不然。校尉緣無忌以致罪，法當輕；若皆誤，不得獨死。」繇是與校尉皆免。

文脈焦點，在於無忌與校尉是否要處死刑。如所周知，《新唐書》文省於舊，有時反而使史實隱晦。根據《新唐書》的記載，本案最後結果，無忌與校尉皆免死；但文獻的記載仍以《舊唐書》為詳，《舊唐書》等典籍曰：「竟免校尉之死。」並無包含無忌。足見兩書對本案最後結果的記載並不一致，筆者以為當採用《舊唐書》的記載。

所以對於本案的處理，筆者的結論：1.戴胄最後不堅持對無忌應處死刑之主張，所以無忌的處刑，應回歸封德彝主張：徒二年，罰銅二十斤；2.採納戴胄之議，免校尉之死，但因校尉「不覺」，所以「法當輕」，即減二等，成為徒一年，罰銅九斤。但罰銅（贖銅）計算並不如法，徒二年，應贖銅四十斤；徒一年，應贖銅二十斤，封德

---

18 劉俊文在《折獄龜鑑譯註》（宋·鄭克編撰、劉俊文譯註點校，上海古籍出版社，1988），頁193「戴胄駁議」條，曰：「是與校尉皆免」一句，（今譯）為：「于是長孫無忌與監門校尉都得到了赦免。」岡野誠看來也贊同劉俊文這樣的譯法。（參看前引岡野誠，〈中國古代中世の「守法」史料の分析〉，頁38）其實本案到此只是在議論，尚未判刑，何來赦免？

彝根據何種規定贖銅時再減二等，其中緣由，史載不明，有待進一步
探討。

　　從本案判例的考察，可知貞觀之初，君臣是有意守法，尤其大理
寺少卿戴冑嚴守法司職責，據理力爭。但皇帝與宰臣對本案的立場，
並非純粹從法的觀點而論，最後的結果，可說雖不滿意而尚可接受。
所謂不滿意，即對無忌的懲處，因太宗與封德彝的堅持而不如法。所
以如此，一方面當是無忌為太宗貴戚，且是功臣，而唐律又允許皇帝
有最後的裁量權，因此本案不能完全從法的論點分析，而是兼顧情、
理的結果。

二、垂拱三年（687）劉禕之被賜死案

　　《舊唐書》卷八十七〈劉禕之傳〉曰：

> 禕之嘗竊謂鳳閣舍人賈大隱曰：「太后既能廢昏立明，何用
> 臨朝稱制？不如返政，以安天下之心。」大隱密奏其言，
> 則天不悅，謂左右曰：「禕之我所引用，乃有背我之心，
> 豈復顧我恩也！」垂拱三年，或誣告禕之受歸誠州都督孫
> 萬榮金，兼與許敬宗妾有私，則天特令肅州刺史王本立推
> 鞫其事。本立宣敕示禕之，禕之曰：「不經鳳閣鸞臺，何
> 名為敕？」則天大怒，以為拒捍制使，乃賜死於家，時年
> 五十七。

劉禕之當時任職為鳳閣侍郎（正四品上）同鳳閣鸞臺三品，即為宰
相。由於私議太后，結果被誣告。則天令肅州刺史王本立審理其事，

當本立宣讀敕書時，褘之回說：「不經鳳閣鸞臺，何名為敕？」顯然不接受此敕書。按，正常的敕書，是要經過中書、門下手續，此時則天當是以太后身分讓中宗出敕書，屬於「墨敕」。褘之本為中書侍郎出任宰相，不承認這種墨敕。則天得知而大怒，再以「拒捍制使」罪名懲辦褘之，結果被賜死於家。

　　所謂「拒捍制使」，《唐律・職制律》「指斥乘輿及對捍制使」條（總122條）曰：「對捍制使，而無人臣之禮者，絞。」《疏》議曰：「謂奉制敕使人，有所宣告，對使拒捍，不依人臣之禮，既不承制命，又出拒捍之言者，合絞。」劉褘之正觸犯此條罪刑，依《職制律》應處絞刑；但褘之為宰相，依《斷獄律》「斷罪應斬而絞」條（總499條），《疏》議引《獄官令》曰：「五品以上，犯非惡逆以上，聽自盡於家。」最近發現的《天聖令・獄官令》唐三條亦有相同規定，但《天聖令》已刪除，可見宋代已無此優待。劉褘之案，表面看來仍依《律》行事，其敕雖是墨敕，但隋朝以來臨時的王言，已有墨敕，所以從隋唐法制觀點而言，武則天並無違法。

三、開元、大曆年間竊盜、強盜案

　　《吐魯番出土文書》第四冊「唐盜物計贓科罪牒」曰：[19]

---

19 參看中國文物研究所等編，《吐魯番出土文書》第四冊（北京，文物出版社，1996），頁52。此殘卷為阿斯塔那194號墓文書，由於本墓有出唐開元七年（七一九）張行倫墓誌二方，可能為開元年間殘卷。其中第二行「一足」之足字，根據律文當為「尺」字之誤；第三行「計盜」之盜字，為筆者推定文字。第六行最末一字原釋「仁」字，但細閱圖片，似宜釋為「化」字。第九、十行以下，恐指另一事；第九行後半文字原釋「然可科罪」，文意不順。細閱圖片，似宜釋為「然不加罪」字，與原釋文意正好相反。按，「盜物獲贓」，當係起訴罪名，但經查其「款匪實」，而不加罪，文意可通。

257 第五章 唐代的律令政治

（前缺）

1 　　　　　　財

2一疋（按，疋為尺之誤）杖六十，一疋加一等。王慶

3計盜不滿壹疋，合杖六

4十。□案諮決訖，放。其

5錢徵到，分付來賓取

6領□陪贓，牒徵送諮。化

7贊白

8　　　　　　　十一日

9盜物獲贓，然不加罪。

10□□□欸□□□匪實

（後缺）

此殘卷定名為「牒」，當是開元西州高昌縣令呈報給西州的安西都督府公文。文中有若干地方無法判讀，但可清楚看到牒中記載犯人王慶偷的贓物不到一疋，縣司具引律文，科杖六十，並徵倍贓。此事如何解？

　　按，《唐律・賊盜律》「竊盜」條（總282條）曰：「諸竊盜，不得財，笞五十；一尺杖六十，一疋加一等；五疋徒一年，五疋加一等，五十疋加役流。」《疏》議曰：

竊盜人財，謂潛形隱面而取。盜而未得者，笞五十。得財一尺杖六十，「一疋加一等」，即是一疋一尺杖七十。以次而加至贓滿五疋，不更論尺，即徒一年。每五疋加一等，四十疋流三千里，五十疋加役流。其有於一家頻盜及一時而盜數家者，並累而倍論。倍，謂二尺為一尺。若有一處贓多，累

倍不加重者，止從一重而斷，其倍贓依《例》總徵。

牒文曰：「一尺杖六十，一疋加一等。」即是引282條律文。所謂一疋加一等，《疏》議解說，指盜一疋一尺，杖七十。盜者王慶盜物不足一疋，合杖六十，然後放人，但徵「倍贓」。所謂「倍贓」，是爲重懲贓罪而加倍徵贓。[20]所徵到的贓錢，「分付來賓取領」，費解。根據《唐律‧名例律》「以贓以罪」條（總三十三條）規定：「諸以贓以罪，正贓見在者，還官、主。」所謂「正贓」，即指六贓，竊盜是其中之一，此條注曰：「盜者，倍備。」所以加倍徵贓後，其贓物根據《疏》議，可知是「官物還官，私物還主。」

本案是竊盜罪佳例，可見即使邊區地帶，縣司依然按律定罪，嚴懲犯罪者，殊爲難得。

再舉代宗大曆初（766）少府監單超俊盜馬案。[21]

《冊府元龜》卷九三〇〈總錄部〉「寇竊」條曰：

> 單超俊，（代宗）大曆初爲少府監。嘗嘯聚惡少以盜馬。其盜也善變馬毛色，雖馬主未能辨。至是盜諫（議）大夫裴皋馬三匹，超俊家僮以告乃露。譴超俊劍南西山效力，納贓七千貫，同盜馬奴三人並杖殺。

據此，可知代宗大曆初（766），少府監（從三品）單超俊兩次盜馬，第一次明顯爲強盜行爲，但共盜多少馬匹，並不清楚。由於馬主未能分辨馬毛色，所以沒被舉發。第二次盜馬後，才被家僮告發，終

---

20 參看《名例律》總三十二條、三十三條。
21 本案之解析，承蒙雷聞、桂齊遜、陳俊強諸位先生惠賜高見，非常感謝。

被判刑。其刑責是：貶謫至劍南西山效力，要繳納贓款七千貫，盜馬的家奴三人共犯都被杖殺。這樣的判決，明顯與唐律規定不符。

由於本案的事實陳述（犯罪構成要件）與判決，僅寥寥數語，疑點甚多。在史料方面，僅見於《冊府元龜》，不免屬於孤例，缺乏旁證，而使本案顯得複雜費解。以下之分析只能提出問題，期待更多資料的發現，以利進一步的探討。

（一）所謂「嘯聚惡少以盜馬」問題。

單超俊第一次盜馬是嘯聚惡少，也就是公然呼嘯聚眾盜馬，係屬於強盜行為。《唐律‧賊盜律》「強盜」條（總281條）規定：「諸強盜，謂以威若力而取其財，先強後盜、先盜後強等。」又曰：「不得財徒二年；一尺徒三年，二疋加一等；十疋及傷人者，絞；殺人者，斬。殺傷奴婢亦同。雖非財主，但因盜殺傷，皆是。其持仗者，雖不得財，流三千里；五疋，絞；傷人者，斬。」這就是規定強盜的處罰條文。由於不知此次共盜多少馬匹，無法說明其刑責，但因盜值絹二匹一尺，即流二千里；十匹及傷人者絞，刑責可謂甚重。

（二）第二次盜馬刑責。

第二次盜馬是否亦為強盜行為，前引文無明載，只曰「盜」，頗疑為竊盜。此即盜諫議大夫（正五品上）裴皋三匹馬，此馬當屬於私馬。另外，有「同盜馬奴三人」，成為共犯，超俊為首，奴三人為從。在盜取過程中，似以奴一人負責盜一匹。但依據唐律論罪時，奴三人均須承擔盜馬三匹之刑責，此即「併贓論」。《唐律‧賊盜律》「共盜併贓論」條（總297條）曰：「諸共盜者，併贓論。」《疏》議曰：「共行盜者，併贓論，假有十人同盜得十疋，人別分得一疋，

亦各得十疋之罪。」律文又規定：「主遣部曲、奴婢盜者，雖不取物，仍爲首。」此即盜者雖爲部曲、奴婢，因受主人遣使，即使主人不取贓物，亦以主人爲首，部曲、奴婢爲從。此次共盜之物爲馬三匹，諸奴仍各須承受盜馬三匹之刑責。

（三）家僮告發問題。

本案是因單超俊家僮告發才顯露出來，但告發時有無包括舉發第一次盜馬事件，詳情不明。由於家僮最有可能知曉內情者，從判決「讁超俊劍南西山效力，納贓七千貫」看來，頗疑舉發時包含第一次盜馬事件（詳後）。

（四）「讁超俊劍南西山效力，納贓七千貫」費解。

讁本爲罰之意，[22]通常與貶連稱而爲「貶讁」。讁單超俊到劍南西山，其距京師長安里程不明，但劍南劍州去京師一千六百六十二里（《舊唐書·地理志》「劍南道·劍州」條），劍南西山在成都西，依此而言，其貶讁里程當是以二千里計，只是不明有無除名或免所居官。在唐朝後半期，也就是肅宗、代宗以後，到軍鎮效力，通常出任別駕、長史、司馬等上佐之職。[23]劍南西山是任命兵馬使或防禦使鎮守，根據《舊唐書·代宗本紀》，在代宗永泰二年（766）二月癸丑，曾詔令「劍南西山兵馬使崔旰爲茂州刺史、充劍南西山防禦

---

22 參看《資治通鑑》卷七十《魏紀·文帝》黃初五年（224）九月吳·張溫條胡三省注（頁2221）。

23 關於別駕、長史、司馬等上佐之職與唐朝後半期貶官任職變化的探討，詳見辻正博《唐宋刑罰制度の研究》（京都，京都大學學術出版會，2010）附篇第一〈唐代貶官考〉，頁356-373。

使」。是年十一月即改元為大曆。所以單超俊被貶謫至「劍南西山效力」時，正是以崔旰為茂州刺史、充劍南西山防禦使。

　　「納贓七千貫」費解之處有二：一是唐律乃至最近發現的明鈔本《天聖令》殘卷，皆無「納贓」一詞，向政府繳納贓款一事，通常用「徵贓」、「坐贓」、「倍贓」等。但在公私實際用例，則有「納贓」一詞，包括二種場合，其一為犯罪者向政府繳納贓款，[24]其二為私人向他人收納贓款。[25]因詳情不明，暫以前者，即向政府繳納贓款作解。二是納贓達七千貫，堪謂為巨款，由何而來，並不清楚。如果是二次盜馬的賠款，依《唐律·名例律》「以贓入罪」條（總33條），竊盜與強盜均罰「倍贓」，也就贓款加倍賠償。

　　就第二次已知盜三匹馬而言，其價值為何？唐律估計財值是以絹匹計算，根據肅宗上元二年（761）正月二十八日敕曰：

> 先准《格》例，每例五百五十價，估當絹一匹。自今已後，應定贓數，宜約當時絹估，並准實錢。（《唐會要》卷四十「定贓估」條）

---

24 例如《冊府元龜》卷八十七〈帝王部·赦宥六〉記載肅宗寶應元年（762）建辰(三)月壬午（初三）詔曰：「（前略）其天下見禁囚徒，罪無輕重，一切放免。其官典犯贓，情雖難恕，特從寬典，許以自新，並宜納贓，放所犯罪。左降官等即與量移近處，諸色流人及效力罰鎮人等，並即放還。」《新唐書》卷六〈肅宗本紀〉寶應元年條亦曰：「建辰月壬午，大赦，官吏聽納贓免罪，左降官及流人罰鎮效力者還之。」足見在此赦書中，對犯贓官員許以「納贓」免罪。

25 《舊唐書》卷一八六下〈酷吏·王旭傳〉記載玄宗開元五年（717）有一案例，曰：「時宋王憲府掾紀希虬兄任劍南縣令，被告有贓私，旭使至蜀鞫之。其妻美，旭威逼之，因奏決殺縣令，納贓數千萬。至六年，希虬遣奴詐為祗承人，受顧在臺，事旭累月，旭賞之，召入宅中，委以腹心。其奴密記旭受饋遺囑託事，乃成數千貫，歸謁希虬。希虬銜泣見憲，敘以家冤。憲憫之，執其狀以奏，詔付臺司劾之，贓私累巨萬，貶龍平尉，憤恚而死，甚為時人之所慶快。」（《新唐書》卷二〇九〈酷吏·王旭傳略同〉）此即酷吏王旭受命辦案時瀆職貪贓，反而「納贓數千萬」。其後被舉發，發現「贓私累巨萬」，被貶為縣尉，結果「憤恚而死」。

即在此敕書之前已有《格》例規定，每例以五百五十錢估計絹一匹。大曆初（766）年上距上元二年（761），不過五年，大致仍可以絹一匹估計為五百五十錢。又，根據《唐律‧廄庫律》「犬傷殺畜產」條（總206條），《疏》議曰：「馬本直絹十疋。」[26]則三匹馬正好值三十匹絹，換算成一萬六千五百錢，倍贓成為三萬三千錢，也就三十三貫。再根據前引《唐律‧賊盜律》「共盜併贓論」條（總297條），「同盜馬奴三人」之倍贓也要由主人承擔時，則其納贓成為九十九貫。由於第一次盜馬數不知，即使連同第二次主奴盜馬倍贓共計一百三十二貫，也不可能達到七千貫之數。所以單超俊之「納贓七千貫」，除盜馬罪之賠償外，當還有其他贓罪。

按，唐律規定贓罪有六種情況，簡稱為六贓，是為「正贓」（參看前引《名例律》「以贓入罪」條，總33條）。[27]前述竊盜與強盜是其中之二贓，另有受財枉法、受財不枉法、受所監臨財物、坐贓。單超俊之贓罪，可能尚包括坐贓以外之其他三者，其贓款則沒官。（同前引《名例律》「以贓入罪」條，總33條）如此一來，其罪名，恐不只盜馬一項而已，所以「謫超俊劍南西山效力，納贓七千貫」，當是「二罪從重」（《唐律‧名例律》「二罪從重」條，總45條）的結果，是否如律，不得而知。《舊唐書》卷十七下

---

26 《新唐書‧兵志》曰：「自貞觀至麟德四十年間（627～665），馬七十萬六千。……方其時，天下以一縑易一馬。……（天寶十三載）而馬三十二萬五千七百。」大曆初（766），距麟德已百年，而且安史亂未平，馬匹不可能以一縑易一馬計。又，《唐會要》卷六十六「群牧使」條文宗大和七年（833）十一月，度支鹽鐵等使奏引銀州刺史劉源狀，曰：「計料於河西道側近，市孳生堪牧養馬，每匹上不過絹二十疋，下至十五疋。」大和年間，養馬已嚴重不足，此時馬價較高，理所當然。由於今本《唐律疏議》所代表之時代，可下至《開元二十五年令》，因此，大曆年間以一馬直絹十疋，尚稱合理。

27 有關六贓之探討，詳細可參看吳謹伎，〈六贓罪的效力〉（收入高明士主編，《唐律與國家社會研究》，臺北，五南圖書出版公司，1999初版一刷，2003初版二刷），頁161-227。

〈文宗本紀〉第十七下大和四年（830）九月丁酉條，記載一案例可供參考，曰：「前豐州刺史、天德軍使渾鐩坐贓七千貫，貶袁州司馬。」袁州在江南道，據《舊唐書》卷四十〈地理志〉可知距京師三千五百八十里。渾鐩坐贓七千貫，貶官之官職與單超俊相當，但地點較遠。

（五）「同盜馬奴三人並杖殺」亦費解。

同盜馬奴三人與單超俊均是共盜人，根據前引《唐律・賊盜律》「共盜併贓論」條（總297條），單超俊為首，同盜馬奴三人為從，斷罪時隨從者減一等（《唐律・名例律》「共犯罪造意為首」條，總42條），所以同盜馬奴三人應該罪不至死，若參考流二千里減一等，則應徒三年，結果馬奴三人均被杖殺，明顯與律文規定不符。其實唐朝於高宗以後律外決杖，時有所聞；唐朝後半期，亦多杖殺。所以家奴被杖殺，只能以律外用刑來解了。

總之，由於《冊府元龜》記載單超俊盜馬案過於簡略，以致要用律文來檢核時，呈現撲朔迷離，甚難理解。概括而言，或許由於安史亂後，諸事紛擾，所以代宗斷案，不免有不符律文規定之處。

從以上諸案例看來，唐朝政治較清明時，律令政治較易實施；政治敗壞時，表面上雖律令猶存，但多流為具文。

第三節　律令政治的困境——隋唐繼承北朝法制系統的內在包袱

關於律令制度方面，已說明於前，此處著重於唐代實施律令政治所面臨的內在難題。這個難題，主要有二：一為聖君政治凌駕律令政治，一為隋唐繼承北朝法制系統的內在包袱。聖君政治凌駕律令政治，於〈導論〉有所說明。此處擬就後者再作探討，也就是唐朝在實施律令政治時，繼承北朝含有不能適應大一統局面的法制系統，而成為內在的歷史包袱，使律令政治施行，遭遇到瓶頸，以致律令政治的理想與實際無法對應，成為中古邁向近世過程中隱藏不協調的滯後性。

陳寅恪對高宗永徽六年（655）十月乙卯，下詔立武則天為皇后一事說：

> 此詔之發布在吾國中古史上為一轉捩點，蓋西魏宇文泰所創立之系統至此而改易，宇文氏當日之狹隘局面已不適應唐代大帝國之情勢，太宗以不世出之英傑，猶不免牽制於傳統之範圍，而有所拘忌。武曌則以關隴集團以外之山東寒族，一日攫取政權，久居洛陽，轉移全國重心於山東，重進士科詞之舉，拔取人材，遂破壞南北朝之貴族階級，運輸東南之財賦，以充國防之力量諸端，皆吾國社會經濟史上重大之措施，而開啟後數百年以至千年後之世局者也。[28]

此段話，點出中古史上一大問題。其中有關武則天身分究竟屬於關隴

---

28 參看陳寅恪，〈記唐代之李武韋楊婚姻集團〉《金明館叢稿初編》（臺北，里仁書局，1981），頁248-249。

集團抑或屬於山東集團，學界或有不同看法，無論如何，武則天時代
對唐史而言，的確是一變局。這個變局，寅恪先生是由重進士科，移
都洛陽，而促使社會經濟有莫大的變革。陳說堪稱卓見，只是對於既
有制度問題，並無著墨。但根本問題所在，陳氏已指出，此即：「宇
文氏當日之狹隘局面已不適應唐代大帝國之情勢，太宗以不世出之英
傑，猶不免牽制於傳統之範圍，而有所拘忌。」易言之，英明如太宗
仍不免受到關隴集團所創立的系統牽制。

　　所謂「關隴集團」一詞，是陳寅恪先生所創，其特質是融合胡漢
文武爲一體，西魏、北周、隋及盛唐的統治階層，[29]同時也是北朝以
來諸重要制度（如均田、租庸調、府兵等制度）的維護者。也就是既
有體制的維護者，屬於既得利益階級，此等統治階層自不肯輕易放棄
既有體制與利益。陳氏說：

> 關隴集團自西魏迄武曌歷時經一百五十年之久，自身本已逐
> 漸衰腐，武氏更加以破壞，遂致分崩墮落不可救止。……關
> 隴集團本融合胡漢文武為一體，故文武不殊途，而將相可兼
> 任……舉凡進士科之崇重，府兵之廢除，以及宦官之專擅朝
> 政，蕃將即胡化武人之割據方隅，其事俱成於玄宗之世。斯
> 宇文泰所創建之關隴集團完全崩潰，及唐代統治階級轉移升
> 降即在此時之徵象。[30]

---

29 宋德熹對「關隴集團」學說作了整理，並提出所謂「西魏‧北周系」說。此即「透過
　血緣的角度，凡史籍或碑誌人物，其系譜可以上溯西魏北周創業時期者，是即所謂
　『關隴集團』的成員。」此說可供參考。參看宋德熹，〈陳寅恪，〈「關隴集團」學
　說的新詮釋──「西魏‧北周系」說〉（收入《嚴耕望先生紀念論文集》，臺北，稻
　禾出版社，1998），頁244-245。
30 參看陳寅恪，《唐代政治史述論稿》（臺北，里仁書局，1981），上篇頁48-49。

陳氏進一步分析關隴集團的特質，說：

> 宇文泰使府兵將領與土地發生關係，把府兵將領都變成了
> 關隴地區的豪族。府兵將領豪族化，有土地，有部曲（鄉
> 兵），是關隴集團變得牢不可去的關鍵所在……無論是周武
> 帝或隋文帝的改革，都未影響到關隴集團的存在，只是這個
> 集團原來所帶的鮮卑化色彩，經周武及隋文的改革，已經褪
> 色。隋文的改姓，表明這個集團事實上、名義上都是關隴集
> 團的漢人的一個集團。[31]

從關隴集團的興衰，正可看出其與隋唐府兵、均田、租庸調等制度的
興衰息息相關。其具有創新之義的制度，厥為科舉，但科舉制度創自
隋文帝，唐朝只作技術上之增補而已。

其實就制度而言，最基本的立國制度，宜曰律、令、格、式體系
的建立，此項法制體系亦首建於隋文帝，唐朝只作局部修正而已。但
陳氏論及隋唐「刑律」制度淵源時，曰：

> 隋唐刑律近承北齊，遠祖後魏，其中江左因子雖多，止限於
> 南朝前期，實則南朝後期之律學與其前無大異同。

又曰：

> 唐律因於開皇舊本，隋開皇定律又多因北齊，而北齊更承北

---

31 參看陳寅恪，〈宇文氏府兵及關隴集團〉，陳寅恪著、萬繩楠整理，《魏晉南北朝史
講演錄》（合肥，黃山書社，1987），頁315，324。

魏太和正始之舊，然則其源流演變固了然可考而知也。

又曰：

> 北魏、北齊、隋、唐為一系相承之嫡統，而與北周律無涉
> 也。**32**

以上是陳氏從大方向論唐律的淵源，亦有見地。惟由法制內涵而言，
並不十分正確。首先，就唐代而言，除律以外，宜再詳析令、格、式
之淵源，此為隋唐立國的基本制度，但陳氏在此篇文首只簡單引述
令、格、式定義而已，其開頭曰：「律令性質本極近似。」如前所
論，自西晉以來，令與律之性質已有別，陳氏說欠妥。其次，就唐
律之淵源而言，最近已考證出南朝梁、陳以及北周律，均是唐律的
淵源，陳氏說亦須作修正。**33**雖是如此，至少說明唐朝制度直接淵源
自隋朝，尤其是隋文帝開皇年間的建制。**34**即使有所創制，如科舉制
度，也見於開皇。**35**

　　唐朝的歷史，通常是以高祖至玄宗安史亂以前，共138年
（618～755），作為前期。在唐朝前期，則以太宗至玄宗開元年間
（627～741），共114年作為盛世，雖然中間有短暫二十來年稍衰
（武氏政權至中宗、睿宗時間，684～712），仍有開元的盛況。在

---

32 以上參看陳寅恪，《隋唐制度淵源略論稿》（臺北，里仁書局，1981），〈四、刑
　律〉，頁101，113，115。
33 參看前引劉俊文，《唐代法制研究》第二章第一節〈唐律淵源辨〉，頁72-77。
34 參看高明士，〈從律令制論開皇、大業、武德、貞觀的繼受關係〉（收入中國唐代學
　會編，《第三屆中國唐代文化學術研討會論文集》，臺北，中國唐代學會編輯委員
　會，1997），頁91-111。
35 參看高明士，《隋唐貢舉制度》（臺北，文津出版社，1999），第一章第二節。

盛世期間的政治演變，按理可有三次機會對北朝以來所行用的基本制度進行大變法，以因應大一統的新形勢：一是「玄武之變」後太宗即位的「貞觀之治」時期，二是武則天以太后稱制至即帝位建周時期，三是玄宗即位後解決其姑母太平公主之亂而有「開元之治」時期。此三次事變，形同政變，關係繼任者能否成功就任。結果都能順利達成，另闢新局面。就新局面的來臨而言，實是施行變法的良機，可惜都只對舊制加以整理，並無創新作為，因而對律令政治的動搖現象，如戶口逃亡日益嚴重問題，始終無根本解決。人必土著的戶口制度，是實施上述諸制度的前提，但是外在環境已經大不相同。歷史給唐朝三次機會變法，結果都不見有所作為，即連變法議論也無提出，因而坐失革新良機。

緊接著爆發安史大亂，大唐盛世乃一去不返，外在情勢的發展，終於淘汰上述諸制度，並非來自變法或一紙命令。從秦漢至明清二千餘年的歷史發展看來，安史之亂實是傳統中國變局的分水嶺，自戰國以來所從事的法制（或可簡曰禮律）建設在此告一段落，此後並無重大突破，《（故）唐律疏議》、《大唐開元禮》是時代的大集成，此後再無超越這兩部典籍的水平出現，絕非偶然。

就律令制度的變遷而言，兩宋到明清期間的發展，其變化較大是令與格、式，律變化較小。就律而言，宋初猶用唐律，其後刪定後周《刑統》而頒行，但其內容，基本上仍沿唐律之舊。神宗時，以律不足以周延諸事，乃規定：「凡律所不載者一斷以敕，乃更其目曰：敕、令、格、式，而律恆存乎敕之外。」（《宋史·刑法志》）此即規定法制之目，曰：敕、令、格、式，而律遂存於敕、令、格、式之外矣。這個意思並非完全改變律，而是指舊律有不能見用之處。整個說來，兩宋雖然未遠離唐律，但其詔敕的權威性，已凌駕一切，助長獨裁政治的發展；對律令政治而言，則為致命傷。

到明清時代，其律典仍直承唐律，這是明太祖採納丞相李善長等議以「宜遵唐舊」而來的。惟明清律的綱目是以六部名稱加上「名例」而成，這一點異於唐律，但其條目仍一準於唐律之舊。所以在法制史上，唐律仍是後代諸法典的藍本，實際則更強化詔敕的權威性。清代政治，被認為是典型的獨裁政治時期，不是沒有原因。

白居易〈論刑法之弊〉云：

> 問：今之法，貞觀之法；今之官，貞觀之官；昔何為而大和，今何為而未理？事同效異，其故何哉？……臣以為非刑法不便於時，是官吏不循其法也。此由朝廷輕法學，賤法吏，故應其科與補其吏者，率非君子也，甚多小人也。……矧又律令塵蠹於棧閣，制勅堆盈於案几，官不徧覩，法無定科。……是以重輕加減，隨其喜怒；出入比附，由乎愛憎。官不察其所由，人不知其所避。若然，則雖有貞觀之法，苟無貞觀之吏，欲其刑善，無乃難乎！（《白居易集箋校》卷六十五〈策林〉）**36**

白氏此文撰於憲宗元和元年（806），時年三十五。**37**其曰法、刑法、法學、律令等，廣義當指律令，狹義指刑法，此等法制定於貞觀，至憲宗時猶存。但憲宗政治，並無出現貞觀的治世，白氏以為沒有貞觀之「吏」的緣故。這樣的解釋，似只解釋一部分現象，問題癥結仍有待探討。

從正面看來，天寶以後，刑律、府兵、均田、租庸調、任官等法

---

36 朱金城箋校，《白居易集箋校》（上海，上海古籍出版社，1988）。
37 參看前引《白居易集箋校》，附錄三〈白居易年譜簡編〉。

制，流爲形式化，導致規定此等制度的律令成爲具文。政府爲應急、應變，乃採權宜措施，而以詔敕從事，敕格成爲此期重要的法令依據。現在的問題，是這些律令制度到唐朝後半期爲何流爲形式化？白居易的用人不當說，自是一個因素，但它屬於外在的因素，並非爲根本理由。根本理由，恐在於律令所規定含有北朝特定諸制度，基本上已不適用於隋唐大一統新形勢的社會。尤其南方並無實施上述諸制度的背景，勢必要對舊制大幅變革。也就是說，制度流爲形式化問題，必須要從制度的內在因素再作思考，才能找到病根所在。宋儒以下諸說，過於美化唐制，並非事實眞相。其實律令等諸法制的形式化，不是在唐朝後半期才出現，早在貞觀盛世美備之際，業已出現若干破綻。所以律令制度的存在，並無法與盛唐政治相輝映。

由此可知隋唐律令政治的局限與變形，有如下幾項問題，值得格外留意：

1.皇權的強化。皇權隨著動盪變局而日益強化，乃至成爲獨裁，近臣成爲決策核心，行事依據詔敕，乃嚴重破壞律令政治的運作。

2.律令漸成具文。律令制度爲數龐大，無法因應新大局面或緊急變局，律令制度漸成具文，法制化契機遂一去不復返。

3.律典獨撐。律典因具有刑法威嚇性質，同時又賦予皇權專斷，所以律典成爲一枝獨秀，而持續發展至明清時期。

4.士者式微。士者（社會力）喪失擁有較大發言權、決策權，以致缺少推動律令政治的理性力量。

5.新形勢的需求。隨著人口增長、工商業發達等新局勢的出現，需要應變能力較快速而且具有彈性的新制來因應，結果成爲以皇權爲中心的政治力愈強，而以士者爲中心的社會力愈弱的新體制，造成宋以後的獨裁政治。

結　語

　　〈導論〉指出依律令制度而施政，稱爲「律令政治」，在中國史
上，實以隋朝及盛唐時期最具特色，這也是拙稿側重隋唐時期的原因
所在。

　　武德、貞觀建立了律令制度後，也有守法遵行的決心。但因律
令制度本身是以維護皇帝爲頂點的中央集權體制，作爲其主要目標之
一；而這個目標，又是立國政策之一，所以在法制上確立君命至上，
並有不受律令限制的情形，格（詔敕集）在律、令、格、式的法制位
階上，優於其他三者。宋以後，敕更明示在律令之上。於是隋唐律令
制度，一方面作爲古以來法制發展的集大成者，另一方面則又種下無
法克服的專制政體盲點。宋以後，律令制度的發展無法突破唐代的成
果，而專制政體則愈來愈獨裁，其故在此。

　　律令政治的總目標，在於禮的法制化，具體實踐儒教。到隋唐
時，雖是承續歷史文化的總集成，但也承擔了歷史文化的大包袱，尤
其北朝的部族社會文化，因此，沒能完全實現儒教的理想。到唐朝，
本來有太宗、武則天、玄宗三次變法機會，終因未能根除前朝舊制，
以因應大一統新形勢，導致安史亂前後無力收拾殘局，北朝舊制遂在
新形勢下逐一被淘汰。在法制上全面正式宣布淘汰均田、租庸調法、
府兵制，要等到宋仁宗天聖七年（1029）編成、十年（1032）頒行
的《天聖令》，這是最近發現明鈔本《天聖令》殘卷才明白，何其緩
慢！

　　因爲隋與唐所面對的是新的大一統局面，這個局面，包括統合
複雜的民族要素、隨著南方的開發而連帶產生的經濟繁榮、人口增
長、工商業的發達（尤其在運河開通以後）等，不論內、外環境，皆
有新的變動。但因隋唐所繼承的制度，主要來自魏、齊及北周，其修
正者，只是由繁而簡、由重而輕、由霸而王、由刑而禮等諸原則的改

易，但在制度的內容方面，基本上仍沿襲前朝，缺乏針對當前所需而變。例如均田、租調役（庸）、府兵等重要制度，均來自北朝，這些制度，在唐高宗、武則天以後，紛紛出現嚴重問題，如授田不足、農民逃亡、府兵逃亡等現象。這些現象，其實在隋及唐初已有若干徵兆，說明隋及唐初的立法，尚未能充分針對現實建制，正如陳寅恪先生所說的：「宇文氏當日之狹隘局面，已不適應唐代大帝國之情勢，太宗以不世出之英傑，猶不免牽制於傳統之範圍，而有所拘忌。」[38]由此進一步立論時，隋及唐初的立法所建立的根基，短期內固然可迅速獲得穩定，但實際上這種基礎是非常薄弱。近人有謂唐的盛世不如漢的盛世，[39]姑不論其解釋是否允當，至少提出漢、唐比較的課題，值得吾人再作深思。

從魏晉以來，隨著士族社會的形成，到隋唐時期，而有律令政治的實施，本來有機會使中國的政治法制化，奈因內在的人治因素無法作有效的約束，終使政治法制化的契機一去不返。安史之亂是政治法制化成敗的分水嶺，令典重要性逐漸後退，律與令二大法制的運作系統成為形式化，格後敕躍居要位，宋以後更以詔敕、編敕行事，助長政治的獨裁化。律典雖至明清猶見遵行，令典至明初則罷廢。宋以後千年間的歷史，的確與唐以前的中古時期大不同了，法制史上的變化，可為這個變化作一注腳。

徒法不足以為政，中興在人材，此語不虛。唐朝後半葉，乃至宋以後的歷史發展，提示一個重大的歷史發展課題，此即法治與人治，如何配合協調，始能完美？歷史發展的解答，則捨法治而走人治，成為獨裁政治的局面，此即往後一千年歷史的命運，大唐光輝已逝矣。

---

38 參看陳寅恪〈記唐代之李武韋楊婚姻集團〉（收入《陳寅恪先生全集》上，臺北，九思出版公司，1977），頁650。
39 參看傅樂成，〈論漢唐人物〉（收入傅樂成，《時代的追憶論文集》，臺北，時報文化出版事業公司，1984年。原載《食貨》復刊9-4，1979-7），頁52。

第六章　唐宋令與「唐宋變革」的下限
——天聖令的發現及其歷史意義

前　言

　　二〇〇六年十月，北京中華書局出版天下孤本的《天一閣藏明鈔本天聖令校證：附唐令復原研究》（以下簡稱《天聖令》）上下兩巨冊，對唐宋史研究投下巨大的震撼彈。其實自一九九九年以來，該令的部分內容已經陸續在日本、大陸刊物發表，至二〇〇六年末，正式發行殘卷以來，迄今海內外學者大約已發表一、二百篇相關論文，研究風氣可謂相當熱烈。

　　北宋《天聖令》原有三十卷，現在殘存最後十卷，包括《田令》、《賦役令》、《倉庫令》、《廄牧令》、《關市令》、《捕亡令》、《醫疾令》、《假寧令》、《營繕令》、《獄官令》、《喪葬令》、《雜令》，共十二篇。每一篇令文分為兩部分，前半曰：「右並因舊文以新制參定」，後半為「右令不行」；前半諸令文就是《天聖令》，總共殘存293條（不含附10條）；後半諸令文就是唐令，總共殘存221條；兩者共計514條。由於宋令今日無完本，唐令雖有《唐令拾遺》和《唐令拾遺補》，復原一半以上，但仍難確定為原文，所以該殘本的刊行，價值匪淺。即使《天聖令》本身，也差不多可復原為唐令，上述中華書局出版的《天聖令》，下冊即是中國社會科學院歷史研究所諸同仁對各令篇的初步研究，以及復原的努力，根據召集人黃正建的說明，該整理小組總共復原了唐令487條，另有19條未復原，有7條被認為宋令，同時又補了10條唐令，共計處理了516條，這個數目與《天聖令》總數514條是不合，主要是因為在復原時有合併或取半等情形的緣故。[1]

　　《天聖令》在天一閣登錄為《官品令》，這不是原來的令典名

---

1 參看黃正建，〈天一閣藏《天聖令》的發現與整理研究〉（《唐研究》第十二卷，2006），頁1-7。

稱。原來令典的名稱，似仍當稱爲《天聖令》，全三十卷，戴建國已
有所辨正。[2]今殘存最後十卷，然則前二十卷在何處？這是首先令人
關懷的地方。筆者懷疑仍在天一閣，可能被誤以其他名稱登錄，天一
閣實有全面重新檢核登錄之必要。[3]其次，三十卷的篇目內容爲何？
明鈔本的祖本又是什麼？也是需要追問的地方。關於這個問題，戴建
國以爲明鈔本與晁公武《郡齋讀書志・後志》所揭載《天聖令》篇目
內容一致，所以兩者所依據的是同一祖本。晁公武《郡齋讀書志・後
志》所揭載《天聖令》的篇目內容如下：

> 《天聖編敕》（《天聖令》之誤植）三十卷。右天聖中宋
> 庠、龐籍受詔改修唐令，參以今制而成。凡二十一門：官品
> 一、户二、祠三、選舉四、考課五、軍防六、衣服七、儀制
> 八、鹵簿九、公式十、田十一、賦（脫「役」？）十二、
> 倉庫十三、廄牧十四、關市十五、補（「捕」之誤植）亡
> 十六、疾醫十七、獄官十八、營繕十九、喪葬二十、雜
> 二十一。

戴氏根據王應麟的《玉海》卷六十六「天聖新修令」條，可知《天聖
編敕》「依律分門十二」，再加上目錄共爲十三門（卷），所以此處
的《天聖編敕》，當爲《天聖令》無疑。其中「賦十二」，正與明鈔
本《天聖令》殘卷抄成「賦令卷第二十二」一樣，均脫「役」字；而
且仁宗景祐三年（1036）秋七月丁亥下詔：「禁民閒私寫編敕刑書

2　參看戴建國，〈天一閣藏明抄本《官品令》考〉（收入戴著《宋代法制初探》，黑龍
　　江人民出版社，2000。原刊《歷史研究》1999-3），頁52-53。
3　參看高明士等，〈評《天一閣藏明鈔本天聖令校證附唐令復原研究》〉（《唐研究》第
　　十四卷，2008），頁568。

及毋得鏤版。」（《續資治通鑑長編》卷一一九）這個禁令，是在
《天聖令》頒行的第七年。加以明鈔本《天聖令》令文對宋英宗趙曙
的嫌名諱沒有避改，所以《天聖令》的流傳時間不長，它的抄、刻時
間，當不晚於仁宗朝。**4**

　　《天聖令》於宋仁宗天聖七年（1029）編成，至十年（1032）
與《天聖編敕》等一併鏤版施行。神宗元豐七年（1084）頒行《元
豐令》後，《天聖令》就不再行用，實際施行五十多年。整個說來，
《天聖令》在民間流雖不廣，但仍有一定的影響。

　　若謂晁公武《郡齋讀書志》所揭載《天聖令》篇目內容與明鈔
本是同一祖本，以下兩問題仍待克服：一是所謂「補亡十六」，晁公
武列爲二十一門（篇）之一，戴氏贊同此說；但在明鈔本《天聖令》
殘卷，則將《捕亡令》附於《關市令》之末，兩令共爲一卷，而日：
「關市令卷弟（第）二十五捕亡令附」，《捕亡令》作爲附篇明確。
二是「疾醫十七」，在《慶元令》亦日《疾醫令》（《慶元條法事
類》卷三十六〈庫務門‧商稅‧令〉），但自晉《泰始令》以來至唐
《開元二十五令》，以及日本《大寶令》、《養老令》，都是使用
《醫疾令》名稱，《天聖令》殘卷也是用《醫疾令》，《假寧令》附
後，則又與晁公武所載有別。由此看來，晁公武《郡齋讀書志》所用
的版本與明鈔本《天聖令》殘卷是否爲同一祖本，實有再考的必要。

　　明鈔本《天聖令》殘卷共有十卷、十二篇，其中《捕亡令》是
附在《關市令》之後，《假寧令》是附在《醫疾令》之後。就其篇目
順序而言，如不考慮附錄《捕亡令》與《假寧令》兩篇，十個正篇
（卷）正與晁公武所載「田十一」以下至「雜二十一」篇目順序相

---

4 參看前引戴建國，〈天一閣藏明抄本《官品令》考〉，頁53-55。

同。依此而言，《郡齋讀書志》所載《天聖令》內容，或許與明鈔本殘卷之祖本具有相近之處；其第一至第十門，可能就是明鈔本殘卷遺失的二十卷內容。到目前為止，學界對明鈔本《天聖令》的藍本較傾向唐《開元二十五令》，若以此十門與唐《開元二十五令》篇目（共三十三篇）相較，則缺六篇職員，以及學、封爵、祿、宮衛、樂、假寧，共十二令篇。所以上述十二令篇當即附錄於《郡齋讀書志》所著錄前十門（篇）。易言之，《天聖令》前二十卷是分為十門（篇），共附錄十二令篇。惟六篇《職員令》極有可能附錄於第一門（篇）《官品令》之後，[5]而《假寧令》已確知附錄於最後十卷之一的《醫疾令》；若再以《捕亡令》附錄在《關市令》之後，則《郡齋讀書志》所載《天聖令》內容，應該是二十門，而非二十一門。[6]如果《郡齋讀書志》所載《天聖令》仍以二十一門計，則明鈔本《天聖令》之祖本，當另有來源。

　　按，晁公武（1105～1180）的《郡齋讀書志》，是現存最早的一部私家藏書書目，初稿於南宋高宗紹興二十一年（1151）撰成於知榮州任上，已是《天聖令》頒行的122年以後，時代久遠，難以盡信。雖是如此，對《天聖令》內容的記述，以今日而言，仍是最直接的材料，具有參考價值。

5　參看前引戴建國，〈天一閣藏明抄本《官品令》考〉，頁55。
6　若以二十一門計，而排除《捕亡令》時，所謂「補七十六」，勢必取另一正篇來遞補，如此一來，「田十一」以下至「雜二十一」篇目順序及內容，成為十一卷十二篇（另含附錄《假寧令》），將與明鈔本《天聖令》不符。果是如此，則《郡齋讀書志》所載《天聖令》的祖本，將異於明鈔本《天聖令》。

第一節 《天聖令》殘卷的價值及其課題

《天聖令》的發現，在學術研究上究竟有何價值？黃正建提出下列五點：1.了解宋令與唐令的原貌；2.《令》在「律、令、格、式」法律體系的地位有了更可靠的依據；3.對唐宋制度，尤其經濟、社會制度，提供許多新資料；4.從制度上，尤其法律制度，提供所謂「唐宋變革」的重要學術價值；5.對唐、日《令》比較，乃至唐、日制度的比較，有其重要學術價值。[7]岡野誠也提出對宋代法、五代十國法、唐代法、中日比較法史等研究的貢獻說。[8]二位先生的看法，差不多已將《天聖令》的價值作了說明。以下擬談幾個課題，提供參考。

茲先將《天聖令》殘卷條數作一統計表，如下：

附表6-1 《天聖令》殘卷條數統計表

原卷數及篇名	唐令條數	宋令條數	復原唐令條數
21田令	49	7	60
22賦役令	27	23	50
23倉庫令	22	24	46
24廄牧令	35	15	53
25關市令	9	18	27
25附捕亡令	7	9	16
26醫疾令	22	13	35
26附假寧令	6	23	27
27獄官令	12	59	68
28營繕令	4	28	32
29喪葬令	5	33（附10）	37

---

7 參看前引黃正建，〈天一閣藏《天聖令》的發現與整理研究〉，頁3。
8 參看岡野誠，〈北宋の天聖令について——その發見・刊行・研究狀況〉（《歷史と地理》六百一十四號（《世界史の研究》兩百一十五號），2008），頁38。

原卷數及篇名	唐令條數	宋令條數	復原唐令條數
30雜令	23	41	65
統計	221	293（不含附10）	516

從上表可知《天聖令》殘卷在10卷12篇中，不論是刪除不用，抑或修正留用，均有其特定歷史意義。刪除不用的令篇，幾達一半或超過一半的條文，有田、賦役、倉庫、廄牧、醫疾諸篇；修正留用的令篇，幾達一半或超過一半的條文，有關市、捕亡、假寧、獄官、營繕、喪葬及雜令諸篇。這兩類情況，各代表何種意義？值得探索。前者所以大量刪除，與唐朝後半以後均田、租庸調法崩解，宋代已不實施有直接關聯。《廄牧令》唐令刪除過半，當與宋代監牧養馬不若唐代興盛，反而繫飼羊有外群羊、三棧羊之制，格外令人注目。《倉庫令》與《醫疾令》所揭載唐、宋令非常珍貴，因爲今日《國史大系》所見的《令義解》已經散逸這兩篇，只存輯逸文。對復原《養老令》的《倉庫令》與《醫疾令》，將有莫大貢獻。

在《天聖令》殘卷中，常可見到宋令條文最後「聽旨」、「奏聞」云云，而唐令則爲「申省」（尚書省）處理，由此可窺知宋代立法意旨，在於強化皇權，助長獨裁；而唐令則傾向於循由官僚行政。例如《獄官令》唐3條曰：「諸決大辟罪，皆於市。五品以上犯非惡逆以上，聽自盡於家。」[9]此條，到宋《天聖令》已刪除，正是自古以來所謂「刑不上大夫」，或者唐律對「議貴」及「通貴」大臣優待的一個打擊，也是宋代皇權走向獨裁化的具體象徵。

再者，唐朝後半至宋代，僱庸勞動漸趨盛行，反映庶民社會的

9　又見於《唐六典》卷六「刑部郎中員外郎」條、《唐律疏議‧斷獄律》「斷罪應斬而絞」條（總499條）。

抬頭，所以天聖《賦役令》有關「丁匠」規定，在二十三條中達十條，同時宋十條對丁匠上役規定給公糧，而復原唐三十二條則規定給私糧，足見宋代工匠待遇較唐朝高。又，唐朝後半至宋代，隨著經濟重心逐漸轉移至南方，農田水利工程更加發達，所以有關水利灌溉工程，在天聖《營繕令》、《雜令》有較詳細規定，並不感到意外。其實《天聖令》殘卷中，有頗多財經制度，可填補唐朝後半，經五代至宋初的若干空白。

　　《天聖令》是提供宋朝建國（960）以來，七十年間制度變遷最直接的素材。但因同時揭載唐令，這個唐令以及制定《天聖令》的藍本為何？學界一般是傾向於唐《開元二十五令》（737年），但也有質疑者。[10]我個人是贊同《開元二十五令》說。基於此一前提，若取《唐六典》、《通典》、《宋刑統》，以及日本《令義解》、《令集解》等基本文獻，再參照《天聖令》，實可作法制溯源的極佳素材。此即由《天聖令》可追溯至五代、唐代，乃至日本的《養老令》、《大寶令》等。這樣的溯源作業，中國社科院諸位先生以及中外學界

---

10 對此問題，最近簡要的整理，可參看皮慶生，〈唐末時期五服制度入令過程試探——以《喪葬令》所附《喪服年月》為中心〉（《唐研究》第十四卷，2008），頁388注25。皮氏指出自戴建國提出《開元二十五年令》以來，已成為學界主流看法。但最近有持疑含有唐後期制度，如建中時期制度者，有盧向前、熊偉、黃正建論著（參看劉後濱、榮新江，〈卷首語〉，《唐研究》第十四卷）。《唐研究》第十四卷又刊登戴建國，〈《天聖令》所附唐令為開元二十五年令考〉；坂上康俊，〈《天聖令》藍本唐令的年代推定〉二文，均主張是以《開元二十五年令》為藍本。此外，池田溫在〈唐令と日本令(三)：唐令復原研究の新段階——戴建國氏の天聖令殘本發見研究〉（《創價大學人文論集》十二號，2000）一文，指出《天聖令》是以唐《開元二十五年令》為基礎而修撰的。（頁117）岡野誠則以《天聖令》所附唐令中，記載益州大都督府、京兆·河南府、南寧（州）、弘文館、太史局、江東·江西（道）六個指標，檢討該名稱成立及適用的時間，結論是《開元二十五年令》。另外，從唐令中對於唐朝皇帝避諱的檢討，結論也是實施於《開元二十五年令》。（參看岡野誠，〈天聖令依據唐令の年次について〉，頁1-24，《法史學研究會·會報》十三號，2008）。

已有相當研究成果呈現。雖是如此，迄今對於這個課題，仍留有極大空間可討論。以下再舉數例供參考。

一、關於「服紀」（服制）規定

「服紀」（服制）基本規定，似見於《永徽令》，詳見《開元二十五令》，而爲《天聖令》繼承。

《天聖令》將「喪服年月」規定作爲《喪葬令》的附錄，這是很特殊的體例。吳麗娛在〈唐喪葬令復原研究〉一文，爲「喪服年月」作了詳盡的解說，並據此復原唐令的「服紀」；文末再闢一小節「關於『服紀』和『五服年月』」，作進一步的說明。主要是認爲在《永徽令》到《開元二十五年令》，喪服制度始終是附在《喪葬令》；五代以迄宋初，則附在《假寧令》後或者以《假寧令》附之；到《天聖令》，又回到遵循《開元二十五年令》舊本，而置於《喪葬令》後。最近皮慶生發表〈唐宋時期五服制度入令過程試探——以《喪葬令》所附《喪服年月》爲中心〉一文，[11] 指出唐末五服制度完整地作爲《假寧令》附錄入令，五代末宋初以注的方式入《宋刑統》，天聖中《五服年月敕》的頒行，服制移置於《喪葬令》之後。對於仁井田陞、池田溫、丸山裕美子、吳麗娛等人的看法，並不表贊同。按，仁井田陞說是指在《唐令拾遺》以爲唐令中即使沒有《開元禮》那樣完整的「五服制度」，也有可能關於「服制」的某些規定。[12] 池田溫

---

11 《唐研究》第十四卷，頁381-411，2008。
12 仁井田陞，《唐令拾遺》（東京，東方文化學院東京研究所，1939；東京大學出版會，1964覆刻），〈序說第二：唐令拾遺採擇資料について〉，頁71-73；《假寧令》附錄，頁754-755。

說，在於採納丸山裕美子的看法，而將《開元禮》的五服制度補充
列在其復原的二十九條唐令之後，以與《養老令》的「服紀」條相
對應，並推測令中應有五服制度。丸山裕美子說是依據敦煌本《新
定書儀鏡》，以為開元以來在《喪葬令》具有與「服紀」條相對應
的服除規定。[13]《天聖令》則將《喪服年月》規定作為《喪葬令》的
附錄，共有十條。其注曰：「言禮定刑，即與《五服年月新勑》兼習
（行？）。」此即《天聖令》從正面上規定禮、刑（律）須對應「服
紀」規定，其實也是奉行晉泰始律令以來的立法原則，以及對儒教作
更具體的實踐。

　　然則唐令有無類似「服紀」條文？如果是肯定的，規定於何年之
令典？這是值得關注的問題。

　　筆者於此再提出以下四條資料，推定至遲在《永徽令》已有基本
服紀規定，較詳規定則見於《開元二十五年令》。[14]

　　(一)《唐會要》卷三十七「服紀上」、卷三十八「服紀下」。此
處使用「服紀」作為條目名稱。

13 池田溫，〈唐日喪葬令の一考察——條文排列の相異を中心として〉（《法制史研
　　究》四十五號，1996.3.），頁59及文末補注；又見池田溫等，《唐令拾遺補》（東
　　京，東京大學出版會，1997），頁845《喪葬令》末「附說」。
14 藤川正數，《魏晉時代における喪服禮の研究》（東京，敬文社，1960），〈餘論〉
　　第二〈魏晉時代の喪服禮說と開元禮との關係〉之附說一〈魏晉時代の喪服禮說と大
　　寶令服紀制との關係〉，論述《大寶令》服紀制，並引用《三代實錄》清和天皇貞觀
　　十三年（八六一），橘廣相議曰：「至於喪制，則唐令無文，唯制唐禮，以據行之。
　　而國家制令之日，新制服紀一條，附喪葬令之末。」因而推論《大寶令》服紀制係受
　　魏晉喪服禮說的影響，採取較《儀禮・喪服篇》更為簡化以制定服紀一條。此說因當
　　時無參閱《天聖令》，所以不知「喪服年月」是附於《喪葬令》之末，而且這樣的規
　　定形式恐要追溯到《永徽令》。橘廣相所說：「喪制，則唐令無文」，表面看無誤，
　　但他不知「喪服年月」是附於《喪葬令》之末，而《大寶令》《養老令》服紀制也
　　是「附喪葬令之末」，正是仿《永徽令》或《開元七年令》的證明。至於橘廣相說：
　　「唯制唐禮，以據行之。」這個禮當指《大唐開元禮》，蓋橘廣相的議論距離《大寶
　　令》公布實施的時間已達一百六十年後，難免理解有誤差。

　　(二)《唐會要》卷三十七「服紀上」記載高宗龍朔二年（662）八月，關於繼母改嫁身亡，要不要解官問題。司禮太常伯隴西郡王博乂等議，多處引用令文，其中引用「令文三年齊斬」。（《舊唐書》卷二十七〈禮儀志〉、《通典》卷八十九〈父卒母嫁復還及庶子爲嫡母繼母改嫁服議〉、《冊府元龜》卷五八六〈掌禮部・奏議〉等亦同）

　　(三)《唐會要》卷三十七「服紀上」記載開元七年（719）八月二十六日詔曰：「格、令之內，有父在爲母齊衰三年。」（《舊唐書》卷二十七〈禮儀志〉、《通典》卷八十九〈齊縗杖周〉條均曰：「格條之內，有父在爲母齊衰（縗）三年。」）[15]

　　(四)《令集解》卷四十《喪服令》「服紀」條關於「養父母，五月」規定，集解引《古記》曰：「開元令云：『諸衰[16]，斬衰三年，齊衰三年。齊衰杖朞，爲人後者爲其父母並解官（小注曰：勳官不解），申其心喪故也。』」（《令集解》卷四十《假寧令》「職事官」條《古記》引《開元令》亦同）

　　這些資料的規定，其實包括兩部分，一爲服紀本身，一爲在何種情況要「解官」。前者規定於《喪葬令》，後者規定於《假寧令》。高宗龍朔二年（662）八月，司禮太常伯李博乂等所引用的「令文三

---

15 《唐會要》曰：「格、令」，《舊唐書》曰：「格條」，當以《舊唐書》爲正。詳細論證，參看拙作，〈唐代禮律規範下的婦女地位——以武則天時代爲例〉（《文史》2008-4，北京，中華書局），頁128-129。

16 校錄本《假寧令》宋六引《令集解》、《開元令》時，將「衰」改爲「喪」，復原10亦然。《唐令拾遺》、《假寧令》五乙（開七）亦將「衰」改爲「喪」。由於《令集解》於《假寧令》、《喪葬令》集解時兩引《開元令》皆以「諸衰」開始，到宋代雖改爲「諸喪」，但以《令集解》所引《開元令》內容看來，所謂「衰」，僅止斬衰、齊衰，曰「諸衰」，並無不通。因此筆者以爲唐令即是用「諸衰」，復原唐令不須改動，至宋令始改爲「諸喪」。（參看天一閣博物館・中國社會科學院歷史研究所天聖令整理課題組校證，《天一閣藏明鈔本天聖令校證：附唐令復原研究》，北京，中華書局，2006），頁322-333，頁594。

年齊斬」，正是「服紀」喪期的簡寫。這個「服紀」規定，可推定是
《永徽令》的《喪葬令》，解官規定則見於《假寧令》。《令集解》
在《喪服令》引《古記》所見的《開元令》，當是《開元七年令》，
應該與上述《永徽令》相同，也是包括《喪葬令》與《假寧令》令
文這兩部分；而服紀部分，如同《養老令》，規定於《喪葬令》。
《唐令拾遺》將上述《開元令》規定的令文，置於《假寧令》五乙開
七條，原則上無誤，但在《喪葬令》仍不見有關「諸衰（喪）」規
定，不免有所疏漏。有關「諸衰，斬衰三年，齊衰三年」等服紀詳
細規定，當見於《開元二十五年令》的《喪葬令》，且如同《天聖
令》將「喪服年月」規定作爲《喪葬令》的附錄。唯有如此解釋，才
能解開《天聖・喪葬令》「喪服年月」規定的法源。尤其是《天聖・
喪葬令》附「喪葬年月」第二條「齊衰三年：子爲母。（注云：父在
同）」（亦即所謂「父在爲母服齊衰三年」）一事之規定。

二、關於「父在為母服齊衰三年」規定

關於「父在爲母服齊衰三年」規定，見於《垂拱格》、《大唐開
元禮》，定於《開元二十五年令》，而爲《天聖令》繼承。

所謂「父在爲母服齊衰三年」規定，首見於武則天之議。高宗
上元元年（674）八月，武則天進號爲天后後，於十二月提出「建言
十二事」，其第九事即「父在爲母服齊衰三年」。帝皆下詔略施行
之。（《新唐書》卷七十六〈后妃・則天武皇后傳〉，頁3477）但
是《唐會要》卷三十七〈服紀上〉曰：「高宗下詔依（議）行焉。當
時亦未行用。至垂拱年中，始編入格。」所以則天之議，並無立即被
實施，直至《垂拱格》頒行時才生效。所謂《垂拱格》，頒行於垂拱

元年（685）三月，共有二卷。[17]此事到玄宗開元年間屢見異議，七年（719）又行舊禮。到二十年（732），完成《大唐開元禮》時，在「凶禮・五服制度」採用「父在為母服齊衰三年」，至《天聖令》亦然。茲將《大唐開元禮》與《天聖令》規定方式開列如下：

附表6-2　《大唐開元禮》與《天聖令》喪服表

大唐開元禮卷一三二	天聖令
凶禮	喪葬令卷二十九喪服年月附
五服制度	喪服年月
齊衰三年	齊衰三年
正服	子為母父在同
子為母 舊禮父卒為母周 今改與父服同	

從兩者的比較，可知《大唐開元禮》曰：「五服制度。」《天聖令》曰：「喪葬年月。」用詞不同，此其一。用以規定的記述方式亦有差異，此其二。由此可推定《天聖令》的這條規定並非直接源自《大唐開元禮》。因而頗疑天聖《喪葬令》附「喪葬年月」的規定，當直接源自《開元二十五年令》。

附帶一提者，有關《假寧令》可再補二條。其一，《令集解》卷四十《假寧令》「職事官」條《古記》引《開元令》，曰：

> 又條云：諸軍校尉以下，衛士防人以上，及親勳翊衛備身，假給一百日。父卒母嫁，及出妻之子，為父後者，雖不服，亦申心喪。其繼母改嫁，及父為長子，夫為妻，並不解官。

---

17 參看《唐會要》卷三十九〈定格令〉。但《舊唐書》卷六〈則天皇后本紀〉末曰：「《垂拱格》四卷」（《太平御覽》卷六〇一〈文部・著書上〉引《唐書》亦同），當係《垂拱格》二卷之誤植。

這一條，在仁井田陞《唐令拾遺》、《假寧令》是同列於五乙（開七）之後，日本《養老・假寧令》無此條，趙大寧在《假寧令》復原研究，於唐令亦無復原此條，似可補入。

其二，復原《假寧令》唐15、16之間，宜有如宋12「無服之喪」條。理由是宋13條爲師喪給假三日，此條被列爲《假寧令》復原唐16，《令義解》卷九《假寧令》「師喪假」條文字亦同。但師喪爲無服，給假三日屬於特例，宋12「無服之喪」給假一日，是屬於通制。在條文順序邏輯，師喪給假特例之前，理應有作爲通例規定的條文，所以宋12條宜復原爲唐令。《令義解》卷九《假寧令》無此條，或許日本服制較唐制簡要而被刪除。

三、關於宋6條「諸度地，五尺為步，三百六十步為里」

《天聖・雜令》宋6條「諸度地，五尺爲步，三百六十步爲里」。這一條與《養老令》相異在於「三百步爲里」規定。反映隋至唐開元前有修訂，關鍵所在爲某《格》之修正。

問題所在，連同文獻上的記載，可歸納爲如下三說：

(一)五尺爲步，三百六十步爲里。（《夏侯陽算經》卷上〈論步數不等〉引《雜令》「度地」規定、[18]《天聖・雜令》宋6）

(二)六尺爲步，三百步爲里。（古法，即秦漢至隋以前）

(三)五尺爲步，三百步爲里。（日本《令集解》「田長」條引

---

18 《夏侯陽算經》是根據《四庫全書・子部・天文算法類二：算書之屬》版本，全三卷。

《古記》、《令義解‧雜令》「度地五尺爲步」條、宋朝錢易《南部新書‧壬》）

對於這些異說，如何理解？《唐令拾遺補》引高橋繼男論文，以爲唐令復原爲「三百步爲里」，也有可能性。黃正建以爲「三百步」、「三百六十步」的令文，可能是反映令的變化，或者是時代的變化。易言之，這些記載，都可能存在。這樣的說法，仍然不夠明朗。

關於第（一）說「五尺為步，三百六十步為里」。

茲先檢討唐、宋令文。在文獻上，仁井田陞的《唐令拾遺》在復原時所採用的史料爲：

> 《舊唐書》卷四十八〈食貨志〉曰：「武德七年始定律令，以度田之制，五尺爲步。」
> 《唐六典》卷三「户部郎中員外郎」條曰：「凡天下之田，五尺爲步。」
> 《夏侯陽算經》卷上〈論步數不等〉曰：「《雜令》：諸度地，以五尺爲一步，三百六十步爲一里。」

前二者的記載，是就「度田」而言，所以只提到「五尺爲步」，並不完整；《夏侯陽算經》卷上〈論步數不等〉引《雜令》的「度地」規定，才是直接關係到此條令文的內容。這樣看來，《夏侯陽算經》不免有孤證之嫌，究竟有無其他旁證？這是需要再補充說明的地方。

唐憲宗時，李翶〈平賦書并序〉曰：「五尺謂之步，三百有六十步謂之里。」又，《宋史》卷一六二〈輿服志‧記里鼓車〉曰：

「以古法六尺爲步，三百步爲里，用較今法五尺爲步，三百六十步爲里。」均是唐宋行用此規定的旁證。唐承隋制，度量衡有大小之分，令制的度地，是用大制，大尺一般以0.295公尺計，則一步即1.475公尺，一里爲1800尺，即531公尺。唐長安城周六十七里，今實測約爲35.5公里，合一里爲530公尺，即與大里制吻合。[19]其實《夏侯陽算經》引《雜令》的「度地」規定，其下並注曰：「此今用之。」即是唐代實施大里制的再度說明。這樣的制度，沿用至明、清。

關於第（二）說：「六尺爲步，三百步爲里」。

此說本爲秦漢至隋代以前的制度，在隋唐則屬於小制，所以一小尺爲0.2458公分，一步爲1.4748公尺，一小里也是1800尺，即一小里爲442.4公尺。這種大、小里制，就尺數而言，皆爲1800尺，也就是180丈，但實際長度則長短有別。《夏侯陽算經》卷上〈辨度量衡〉引《田曹》曰：「以六尺爲步，三百步爲一里。」注曰：「此古法也。」即《北齊令》。[20]但胡戟據《元和郡縣志》卷一「關內道‧京兆府」條曰：「東至東都八百三十五里。」西安至洛陽舊程，約736華里，合唐一里爲443.52公尺，與小里制略

---

19 參看陳夢家，〈畝制與里制〉（收入丘光明等編，《中國古代度量衡論文集》，鄭州，中州古籍出版社，1990），頁240；胡戟，〈唐代度量衡與畝里制度〉（收入前引丘光明等編，《中國古代度量衡論文集》），頁317。

20 前引陳夢家，〈畝制與里制〉，頁46注4指出《夏侯陽算經》成書於唐，但包括三個時期的內容。其曰：「此書第一章〈明乘除法〉開首有『夏侯陽曰』云云六百字是晉代夏侯陽的原文，其人即《宋史‧禮志》所載算學紀典封晉夏侯陽爲平陸男。此書〈辨度量衡〉章所引『田曹云』、『倉曹云』、『金曹云』等不見於《五曹算經》，乃引自《北齊令》，後者以二十八曹爲名。此書〈論步數不等〉章所引《雜令》、《田令》，〈辨度量衡〉章所引《倉庫令》，〈課租庸調〉章所引《賦役令》，都是《唐令》。注文于唐令下注『此今用之』，于北齊令下注『已上古法』或『此古法』，以爲分別。」這段分析，很有參考價值。

合。[21]胡戟又引《通典·州郡典》「武威郡」與「張掖郡」條注，皆曰兩地相距「五百里」。《元和郡縣志》卷四十「甘州」條注亦記：「東至涼州五百里。」又說：「六百里。」這樣的出入，胡氏以為或許是大、小里別，同時又指出：「舊史上所記里程數字，時有出入，情況複雜，原因很難一概而論。」此即實際運用時，小里制仍舊存在。

關於第（三）說：「五尺為步，三百步為里」。

此說最為難解，見於日本《令集解》「田長」條引《古記》、《令義解·雜令》「度地五尺為步」條、宋朝錢易《南部新書·壬》[22]引「令云」。問題在於此說與前兩條各相異一半，如何取捨？一時無直接史料可證明。筆者初步的看法，以為此制是隋《開皇令》、唐《貞觀令》至《永徽令》規定，《古記》、《令義解·雜令》的令文，亦源自《永徽令》；《南部新書·壬》所引用的《令》，當亦為《永徽令》。但其後至玄宗即位前，可能在某種《格》文修正為「五尺為步，三百六十步為里」，而為《開元七年令》、《開元二十五年令》，乃至《天聖令》所繼承。開元以後的「五尺」是官尺大尺，其前的「五尺」，是山東尺，也就是北齊、「高麗」尺，一里都是1800尺。茲再分別說明於下。

首先《舊唐書·食貨志》只記載《武德七年令》的度田步制，無里制，《唐六典》亦然。較早出現里制，當見於《令義解·雜令》，

---

21 小里制問題，參看前引胡戟，〈唐代度量衡與畝里制度〉，頁317。惟胡氏以一小里約當今0.88華里，則一華里應當是503.18公尺。736華里等於370,340.48公尺，再除以835唐里，則一唐里等於443.52公尺，接近唐之一小里。
22 北京，中華書局點校本，頁147，2002。

此爲《養老令》文。但《令集解》卷十二《田令》「田長」條引《古記》曰：

> 《雜令》云：「度地以五尺爲步」；又《和銅六年（713）二月十九日格》：「其度地以六尺爲步」者，未知？令、格之赴，并段積步改易之義，請具分釋，無使疑惑也。答：幡云：「《令》以『五尺爲步』者，是高麗法，用爲度地令便；而尺作長大以二百五十步爲段者，亦是高麗術云之。即以高麗五尺准今尺大六尺相當，故《格》云，以六尺爲步者則是。」

據此可知《大寶令》（701年制定實施）、《養老令》（718年制定、757年實施）都是以五尺爲步，但《古記》指出《和銅六年（713）二月十九日格》（以下簡稱《和銅格》）曾將度地由五尺改爲六尺，爲何會有這個措施？史載不明。頗疑當時的唐朝已從《格》條中有所修正，而成爲《和銅格》的藍本。若此推論不誤時，則以垂拱元年（685）或載初元年（689）的立法可能性最大，[23]而由第七次遣唐使（702～704），將此訊息攜回朝廷改正。[24]

　　其實，《和銅格》所謂「即以高麗五尺准今尺大六尺相當」，也就是將高麗尺計算法，改爲唐朝官尺大尺，高麗五尺＝官尺大尺六尺。由此亦可推知《大寶令》是規定五尺爲步，這個尺是用高麗尺。日本正倉院所藏唐尺或仿唐尺爲29.4138到29.5789公分，法隆寺所藏

---

23 此兩次立法詳情，參看劉俊文，《唐代法制研究》（臺北，文津出版社，1999），頁34-36。
24 關於遣唐使論著甚多，此處以森克己代表說明。參看森克己，《遣唐使》（東京，至文堂，1966，1972），頁26。

唐尺爲29.64公分，所以一般仍以29.5公分計算官尺大尺。所謂高麗
五尺就是官尺大尺六尺，則高麗尺一尺的長度如下：

29.5公分×6＝177公分，177公分÷5＝35.4公分。

高麗尺的長度35.4公分，正是當時山東尺長。《舊唐書・食貨
志》記載「權衡度量之制」，曰：「山東諸州，以一尺二寸爲大尺，
人間行用之。」陳夢家指出：「歷來學者以爲山東大尺即唐大尺，其
實不確。」其引《資持記》（按，宋僧元照所著），以爲山東尺即唐
官用大尺的一尺二寸，即：29.5公分×1.2＝35.4公分，正與高麗尺相
等。**25**

這樣一來，將度地「五尺爲步，三百步爲里」，修正爲「五尺爲
步，三百六十步爲里」實際是放棄高麗尺或山東尺長度，而用官尺大
尺計算，結果是一樣的長度，就是無改變原來度地計算法。所以前述
諸資料的記載並無錯誤，只是代表不同時代的規定而對文字上作若干
修正，實質上不變。所以前述《令集解》駁斥時人的錯誤觀念，曰：

> 然則時人念《令》云五尺，《格》云六尺，即依格文可加一
> 尺者。此不然。唯令云五尺者，此今大六尺同覺示耳。此云
> 未詳。

所謂「時人」，或即《令集解・雜令》逸文引《物記》曰：「《令》
五尺爲步，《格》六尺爲步。即依《格》文可加一尺。」這是完全

---

25 參看前引陳夢家，〈畝制與里制〉，頁242-243。

不了解《令》五尺爲步的實質內涵,所以說:「此云未詳。」《延喜式》(905年編纂、927年完成、經補訂而於967年實施)《雜式》曰:「其度以六尺爲步,以外如令。」這是因爲《大寶令》規定:「五尺爲步,三百步爲里。」至《養老令》無依據《和銅格》修訂,仍舊沿用,所以《延喜式》再依《和銅格》,將度地修正爲「六尺爲步」;所謂「以外如令」,即「三百步爲里」之規定,仍與大寶、養老《令》同。這是採用隋以前的制度,表面上,仍以180丈爲一里計算,但日本《延喜式》是用唐官尺大尺計,實際上仍與唐宋同制。

第二節 《天聖令》在令典發展法史上的意義

　　令原是律的副法，或補充法。自西晉武帝泰始四年（268）頒行律令後，令與律正式成爲相對地位的法典。杜預在《晉律》序說：「律以正罪名，令以存事制，二者相須爲用。」（《北堂書鈔》卷四十五〈律令〉）這是對律、令的新義所給予最簡單的說明。此意仍以律作爲刑罰法典，令則成爲行政法典；也就是說令擺脫了作爲律的副法或刑法性質，而成爲與律處於相對地位的行政法典性質，這是中國首次在法制上，有意將政治法制化的初步實現。所謂「存事制」，就是將國家制度予以法典化，本身原則上不附罰則。這種「令」制新義，自此以後到隋唐臻於完備；由宋至明初，雖還有令文的制定，但不論在令文內容或者法典上的地位，已不如隋唐。《唐六典》卷六〈刑部〉對律令之義，規定爲：「律以正刑定，令以設範立制，格以禁違正邪，式以軌物程事。」這個定義，與杜預所說相同；但就唐代的法制而言，則分爲律、令、格、式四種法典，初定於隋，詳備於唐。

　　全面以「令」作爲規定行政制度的法典形式，持續至明太祖洪武元年（1368）頒行《大明令》一卷共一百四十五條爲止。若以晉《泰始令》的頒行計起，至《大明令》爲止，令典的行用，總共實施了一千一百年之久（268～1368），尤其隋唐令典影響東亞諸國甚鉅。因此，令典在法制施行上的穩定性，可謂僅次於律典，不可忽視。令典在隋唐之後，不能夠進一步充實，反而逐漸衰退，而使律典，乃至編敕，一枝獨秀，當與中國皇帝制度的獨裁化有莫大關係，因而阻礙中國政治走向法制化，殊爲可惜。

　　以「令」作爲規定行政制度的法典形式，到《天聖令》撰定頒

行時，從法史的觀點而言，具有何種歷史意義？至少下列三點值得注意：1.政治的法制化；2.王化、教化的意義；3.「唐宋變革」說的下限。茲略作說明。

一、政治的法制化

　　所謂「政治的法制化」，指國家社會組織均由令典分篇（門）分條詳加規定，以作爲施政量刑的準則。簡單說，就是行政法定與罪刑法定。仁井田陞的《唐令拾遺》在〈序說第一：唐令の史的研究〉，已將隋、唐、宋、金、元、日本諸朝重要令典列表，初步推斷各令典諸篇（門）名稱。[26]其後池田溫對仁井田陞的令表再作補充，詳列各令典篇目、年代、卷數、篇數、條數以及出處等，實是研究令制必備的一覽表，非常珍貴。[27]大致說來，令典從晉令到元令，通常是三十卷三十篇，也就是一卷爲一篇，但其間有增減，或一篇分爲三篇，或作附錄等，大約有1500條左右，這是行政法定的簡要說明。

　　《天聖・獄官令》宋38條曰：「諸判官斷事，悉依律、令、格、式正文。若牒至檢事，准（唯）待檢出事狀，不得輒言與奪。」這一條規定，相當於近代所謂罪刑法定的觀念。論它的淵源，當然直接源自唐令，日本《養老令》也有類似規定。[28]間接或源自西晉《泰

26 參看前引仁井田陞，《唐令拾遺》，頁55-59。
27 參看池田溫，〈唐令と日本令──《唐令拾遺補》編纂によせて〉（收入池田溫編，《中國禮法と日本律令制》，東京，東方書店，1992），頁168-169；參看拙書附表〈導論1中日令典篇目一覽表〉。
28 《唐六典》卷六〈尚書刑部・刑部郎中員外郎〉條的原文曰：「凡斷獄之官，皆舉律令格式正文以結之。」《養老・獄令》「諸司斷事」條曰：「凡諸司斷事，悉依律令正文。主典撿事，唯得撿出事狀，不得輒言與奪。」雷聞復原唐令爲：「諸司斷事，

始令》，《晉書》三十〈刑法志〉說：「違令有罪則入律。」違令
有罪，自以律有正條爲前提，所以依律判刑，此律即《泰始律》。
在唐律，將違令入罪的場合，分爲兩種，一爲律有正條，一爲律無
正條。[29]這樣的行事，就是今日所說的依法行政，也就是政治的法制
化，至少官僚政治是如此。

　　現在的問題，在於君權有無受到規範？關於此問題，筆者在
〈唐律中的皇權〉一文略有說明，以爲律令一方面接納秦漢以來將皇
權來源設定於天命、祖靈兩項基本因素，相對地也藉此等因素規範了
皇權性質。只是皇權在實際運作上，仍然是最高、最後，但非爲絕
對。因爲理論上皇帝亦須守法，律令雖無明文規定皇帝違法之處置，
但從實際運作情形看來，皇權仍受到天命、祖訓、君道、臣職等因素
的約束。[30]律令本是君臣共守，因此守法成爲君道、臣職內涵要項，
其認知則來自教育。法，代表公法；法，爲天下人共有，而非天子一
人獨制；這個觀念，已深入人心。所以包含天子在內，必須守法。由
於律令具有規範皇權的作用，成爲律令制度的特色之一。就這個特質
而言，可稱爲「君權法制化」。在「政治法制化」過程中，「君權法

悉依律令格式正文。主典檢事，唯得檢出事狀，不得輒言與奪。」（參看前引天一閣
博物館・中國社會科學院歷史研究所天聖令整理課題組校證，《天一閣藏明鈔本天聖
令校證：附唐令復原研究》，頁629）

29 《唐律疏議・斷獄律》「斷罪」條（總484條）曰：「諸斷罪皆須具引律令格式正
文，違者笞三十。」同「違令」條（總490條）曰：「諸違令者，笞五十。（注曰：
謂令制有禁而律無罪名者。）別式，減一等。」劉俊文以爲前條規定源自隋，後條規
定源自晉。（參看前引劉俊文，《唐律疏議箋解》，頁2063、1945）筆者以爲前條
說法欠妥。唐律關於違令、格（敕）、式等處罰，詳細參看前引戴炎輝，《唐律通
論》（臺北，國立編譯館，1964初版、1977四版），頁10。

30 參看拙作，〈論唐律中的皇權〉（收入《慶祝韓國磐先生八十華誕紀念論文集：中
國古代社會研究》，頁27-41，廈門，廈門大學出版社，1998.07；亦收入拙著，《中
國傳統政治與教育》，頁48-64，臺北，文津出版社，2003.02）拙著，《中國中古政
治的探索》（臺北，五南圖書出版公司，2006.10初版一刷，2007.08初版二刷），頁
244-247〈確立君權的法制化〉。

制化」具有最重要的歷史意義。其事或始於西晉律令，至遲確立於隋唐律令。

但因律令制度給予君權最高、最後的權力，所以實質上仍不脫君主專制的特質。這種情況，可視爲「政治法制化」的內在矛盾，而在隋唐律令法典中已略見其端倪。此由律令篇目順序可窺知一二，茲舉其要如下：

> 晉泰始律：刑名1、法律2、盜律3、賊律4……衛15……違制19。
>
> 隋唐律爲：名例1、衛禁2、職制3……賊盜7。

足見晉律與隋唐律均以刑法總則列爲篇目之首，但晉《泰始律》接著是《盜律》、《賊律》，表示國法刑律最重要是在保護百姓身家安全，而隋唐律《賊盜律》則退至第七順位，反而以維護宮城、官人秩序爲最重要。這種輕重表現，在令典亦然。

> 晉泰始令：戶1、學2、貢士3、官品4、吏員5……祠8……佃10（下略）。
>
> 隋開皇令：官品1、諸職員令2～8、祠9、戶10、學11、選舉12……田20（下略）。

唐《開元二十五年令》順序與隋《開皇令》略同。

> 宋天聖令：官品1（職員附？）、戶2、祠3、選舉4（學附？）……田11（下略）。

足見晉《泰始令》是以戶、學最爲優先，這是表示戶口、養士、食貨爲施政首要，但隋令以後則成爲官品、職員爲最優先，也就是首重吏治。由此看來，晉令是民先於政，而隋令以後至《天聖令》則政先於民。這樣的立法原理，律令相通，說明自隋代以後，隨著中央集權以及一統國家的建設，乃由重視教化轉向王化，雖然帝王的天職，兼俱教化（父）、王化（君）性質，到宋代更爲明顯。宋代雖有多次編纂令典，但因敕或編敕高於一切，實際是以敕破律令，走向典型的君主獨裁政治。所以唐玄宗開元四年（716）正月，針對御史大夫李傑上表，而下詔曰：「夫爲令者自近而及遠，刑罰者先親而後疏。」（《冊府元龜》卷一五二〈帝王部・明罰一〉）所謂「爲令者自近而及遠」，當指令典的立法原理，以與皇權有關的制度先予規定，再逐漸推及疏遠者。如果了解隋令以來的立法原理，對於此詔書的訓示，就不會感到意外，但已與晉令的立法原理大相逕庭。

二、王化、教化的意義

杜佑《通典》卷一〈食貨典・序〉云：「夫理道之先，在乎行教化；教化之本，在乎足衣食。」足衣食正是晉令以下諸令典中的《戶令》、《田令》等內涵；行教化則爲《學令》、《貢士令》、《選舉令》等內涵；將足衣食、行教化的目標，懸爲令典的篇首，如前所述，實寓有養民教民的信念，這是當初編定晉令的立法原理。隋唐以後至宋雖將此原理退爲副次，但仍爲令典篇目之一，所以令典寓有養民教民之意不變。

令可解爲禮，也可解爲禁其未然之前。宋神宗元豐二年（1079）六月二十四日，左諫議大夫安燾等上《諸司敕式》，上諭

燾等曰：

> 設於此而逆彼之至曰格，設於此而使彼效之曰式，禁其未然
> 之謂令，治其已然之謂敕。（《宋會要輯稿》〈刑法一之
> 一二〉）

此即將令解爲「禁其未然」。這個說法，是對漢賈誼說的變通講法，賈誼認爲：「禮者，禁於將然之前；而法者，禁於已然之後。」（《漢書‧賈誼傳》、亦見於《大戴禮記‧禮察篇》）顯然宋神宗是將禮解爲令。但宋神宗的講法並非突然出現，日本《養老‧官位令》、《集解》引：「或云」：「令者教未然事，律者責違犯之然。」更直接將令解爲禮。這個說法的前者，正與宋神宗同，後者則與賈誼同。關鍵所在，仍在於將禮解爲令，或將令解爲禮，這是因爲令典含有大量「納禮入令」條文的緣故。[31]所以令典的規定，具有禮教的作用，也就是在建立尊卑、貴賤、長幼的等差秩序。《新唐書》卷五十六〈刑法志‧序〉云：「令者，尊卑貴賤之等數，國家之制度也。」其意除說明令的性質是規定國家的制度以外，又以令來規定禮制；這個禮制，正如《荀子‧富國篇》說：「禮者，貴賤有等、長幼有差、貧富輕重皆有稱者也。」令典的教化作用即在於此。另一方面，由於律、令吸收了禮的規範性，以致近代用來保障民權的民事法典，終於不在傳統法制上建立。

---

31 參看前引拙著，《中國傳統政治與教育》，頁67-69。

三、「唐宋變革」說的下限

　　所謂「唐宋變革」說，是由日本京都學派祖師內藤湖南首先提出，自此以後迄今，大致被國際史學界所接受。日本有關「唐宋變革」說的主要內涵，筆者已另有解說，此處不再贅詞。[32]但要強調的是所謂「變革」，係指國家社會等方面出現結構性的變化，並非單純指某一條文或某一項制度發生變化。後者在朝代更替之際而有所興革，實屬正常現象，但非作為區分時代性變革的依據。[33]日本學界所討論的變革，其實包括政治、軍事、社會、經濟，乃至學術、文藝各方面，幾乎被認為是時代全面性的變革。這樣的變革，在此之前的中國史，只有春秋戰國時代可與其相比。日本以外，其他地區的學者，對這段歷史性質，少見這樣廣泛而且深入的討論。

　　大陸地區最近的動態，較令人注目的，管見當以張澤咸於一九八九年發表〈「唐宋變革論」若干問題的質疑〉一文[34]，提出較具體的學說。其結論指出：「唐、宋變革論者認為唐、宋之際地主階級和農民階級內部發生了巨大變化，具有畫時代意義的觀點，在我看

---

32 有關所謂「唐宋變革」的概說及其內容說明，參看拙著，《戰後日本的中國史研究》（臺北，明文書局，1996修訂四版），第一篇諸文。高明士等編著，《增訂本·隋唐五代史》（臺北，里仁書局，2006），第十二章第一節〈唐宋間的歷史變革〉；邱添生，《唐宋變革期的政經與社會》（臺北，文津出版社，1999）。

33 柳立言在〈何謂「唐宋變革」？〉（《中華文史論叢》總八十一輯，頁125-171，2006）一文，對學界將時代「變革」與「轉變」混為一談有所辯析，堪稱卓見。又，柳氏以為「唐宋變革」宜指中唐至宋初，不宜過度延長，此說與拙稿所論略同。

34 張澤咸，〈「唐宋變革論」若干問題的質疑〉（收入張澤咸，《當代著名學者自選集·張澤咸卷：一得集》，蘭州，蘭州大學出版社，2003；原刊《中國唐史學會論文集》，西安，三秦出版社，1989），頁346-359。其後，張氏在《唐代階級結構研究》（鄭州，中州古籍出版社，1996）一書的〈餘論〉中，有一節〈對唐宋變革論的看法〉（頁504-510），再舉若干實例，強調「唐宋變革」宜由中唐論起，可一併參照。惟此節一開始說：「廣泛流行的唐宋變革論是以唐亡為分界線。」此說或指大陸學界，用來說明日本學界則不妥。

來，還不如唐中葉變革說有力。」浙江大學中國古代史研究所於二〇
〇二年十一月所舉辦的「唐宋之際社會變遷國際學術研討會」，會後
由盧向前主編，出版專書，書名爲《唐宋變革論》。[35]書名正是在討
論「唐宋變革論」，但檢視書中所收諸論文，只就時代個別問題申
論，較符合原先研討會所設定的「社會變遷」主題，而沒能就「唐宋
變革論」的課題全面加以討論，即連張澤咸所提出的質疑問題點，也
無人觸及。書中唯有李華瑞的〈關于唐宋變革論的兩點思考〉一文，
值得一讀。李氏所說的兩點，是指：1.有關「唐宋變革論」，日本學
者論述引起較大的國際反響，但中國學者對中國內部社會發展機制的
探求成果也不容忽視；2.如何正確評估唐宋社會的歷史作用和意義，
現今仍值得注意。[36]這兩點的確是值得思考。此外，張、李二文對學
界有關「唐宋變革論」的觀點，也都作了某種程度的整理說明，讀者
可參照。

　　此處要進一步討論的，是對「唐宋變革論」的時間斷限。學界對
於下限的看法，過去較少討論，一般定位在宋朝的建立，也就是九六
〇年。上限，似以唐末或唐亡，也就是九〇七年左右，來討論「唐宋
之際」或「唐宋間」者較多，其實也就是著重於五代時期的變革。前
述張澤咸所批駁者主要亦在於此。但就筆者個人的理解，自內藤湖南
以下的日本學界，雖然是著重於唐末五代的變革，並非等於其時代性
就是以此爲斷，其論述仍然要追溯到中唐以來的發展。也就是說，安
史亂後到宋初是「唐宋變革」時期，這是著重於時代的實質內容變
化，也就是結構性的變遷，[37]並非只問由那一年到那一年或朝代更替

---

35 盧向前主編，《唐宋變革論》，安徽合肥，黃山書社，2006。
36 參看前引李華瑞，〈關於唐宋變革論的兩點思考〉，頁19-20。
37 谷川道雄格外強調內藤湖南學說中所說的「時代的內容」，或「最根柢所在的本
　　質」，當即此意。更直接的說，內藤湖南的「唐宋變革」論，就是貴族社會演變到庶

而已。基於此一前提，對所謂「唐宋變革」論，自安史亂後，也就是中唐以後的變革來考量，當較無異議。反而以宋朝的建立作爲時代性的下限，較爲可議。也就是說宋朝的建立並不等於時代性變革已經告一段落。如今《天聖令》殘卷已經刊行，正好提供此一時代性變革下限的最佳材料，至少就制度變革而言是如此，再由制度變革去推論時代性變革的實質內容，是可以進行的作業。

　　迄今最具建設性學說的提出，當數戴建國。戴氏從階級結構的調整變化、法律體系及法律的變化兩方面，分別由1.奴婢、佃客專法的制定；2.從法律體系的變化；3.從《天聖令》與《慶元令》的比較等三個具有代表性的問題，進行探討唐宋變革的下限，而提出將唐宋變革畫分成前後二個階段，以《天聖令》所反映的社會制度是唐宋變革的前一階段，《慶元令》所反映的社會制度是唐宋變革的後一階段，遂將唐宋變革的下限設定在北宋後期，堪稱卓見。[38]但論唐宋變革，應著重於「變」與「革」的時代性，所以探討其下限時，終結前一時代性（唐）的時段，遠較建立下一時代性（宋）的時段來得重要，這是因爲破壞容易建設難。基於此故，《天聖令》所見終結唐令，同時又頒行《天聖令》以及《天聖編敕》、《附令敕》，正是全面終結舊制，同時全面建立新制的開始。在法制上這樣的除舊與立新，實是「變」與「革」的最佳說明，也是唐宋變革下限的最具體時間點。

民社會，或說貴族主義演變到平民主義的過程。參看谷川道雄，《中國中世の探求：歷史の人間》（東京，日本エディタースクール出版部，1987），頁67；谷川道雄，〈戰後の內藤湖南批判について——增淵龍夫の場合〉（收入內藤湖南研究會編著，《內藤湖南の世界》，名古屋，河合文化教育研究所，2001），頁369；谷川道雄，〈內藤湖南の歷史方法——「文化の樣式」と「民族的自覺」〉（收《研究論集》5，名古屋，河合文化教育研究所，2008.12），頁13。

38 戴建國，《唐宋變革時期的法律與社會》（上海，上海古籍出版社，2010），頁1-34〈序論〉，尤其頁3-4，22。

《天聖令》提示終結唐令的時間點明確，另外自《天聖令》起建立新
制，亦提示新時代的開始，再經《元豐令》到《慶元令》，始全面呈
現新時代性的面貌，其歷程是漫長的。所以對戴氏說，只能暫時同意
其前階段說。**39**

　　何以說《天聖令》殘卷在制度上提供「唐宋變革」時代性下限的
最佳材料？其理由主要有三：1.《天聖令》殘卷是現今所知宋朝建立
後最早全面性立制的史料；2.《天聖令》殘卷第一次提供宋朝正在實
施的令文，同時不行用於宋朝的唐朝令文原貌；3.隨著《天聖令》的
頒行，同時頒行《天聖編敕》及《附令敕》，成為現行法。

　　關於第一項，戴建國也有簡單說明，此即在《天聖令》頒行
前，「宋初，令、式用唐之舊條。太宗時曾命人將唐開元二十五年所
修《開元令》、《開元式》加以簡單的校勘，定為《淳化令》、《淳
化式》，頒布實施。眞宗時修《咸平編敕》，附帶修有《附儀制令》
一卷。**40**問題是這些令、式的編纂，並非針對宋代當前制度而作全面
性的立制。接著是仁宗頒行《天聖令》，才在《淳化令》的基礎上進
行全面性整理，其重要性自然超過《淳化令》。

---

39 仁井田陞亦以為唐、宋兩令，要劃一界線區別時，絕非始於《慶元令》，而是從《天
　聖令》開始大為修訂，經《元豐令》以及相關諸令的變更而成。（參看仁井田陞，
　〈序說第一：唐令の史的研究〉，前引《唐令拾遺》，頁45。）最近川村康繼稻田奈
　津子從《假寧令》、《喪葬令》比較《天聖令》與《慶元令》，而再從《獄官令》、
　《雜令》、《捕亡令》比較《天聖令》與《慶元令》，得出元豐以下諸令，基本上是
　繼承唐令、《天聖令》的法典要素，也就是融合了基本法典、副次法典以及細則等階
　層結構系譜的特質，而再確認前述仁井田陞以及愛宕元松男的學說。愛宕氏即以為
　《慶元令》是對《元豐令》以來諸前例加以吸收，因應宋代新時代需要而大幅擴大獨
　自的規定，但無完全脫離繼承自唐《開元二十五年令》的宋初《淳化令》、《天聖
　令》。（川村康引自愛宕松男，〈逸文唐令の一資料について〉，收入星博士退官
　記念中國史論集編集委員會編，《星博士退官記念中國史論集》，頁183，星斌夫先
　生退官記念事業會出版，1978；亦收入愛宕松男，《愛宕松男東洋史學論集》第一卷
　《中國陶瓷產業史》，三一書房，1987）
40 戴建國，〈宋代編敕初探〉（收入前引戴建國，《宋代法制初探》），頁9。

關於第二項，其重要性在於前半部令文曰：「右並因舊文以新制參定」的《天聖令》令文，後半部令為「右令不行」的唐令，兩者相互比較，正可看出令文，亦即唐宋制度，全面性的變遷，當然包括「唐宋變革」問題在內，這是過去所沒能看到的令典體例，資料珍貴。《天聖令》所附不行用的唐令，是屬於全面性的廢棄；就最後的這十卷而言，多達221條，若以此數作為唐令三分之一計，則被廢棄的唐令多達600條，已超過唐令總數的三分之一，這就是歷史的「變」與「革」。其重要性在於法制上宣布終結唐制，也就唐宋變革在唐制部分的下限。而仁宗朝行用的《天聖令》，雖多達293條，但絕大部分是就唐令修改，其藍本仍為唐令，這種情況的宋令，在全部三十卷當中約有九百條，超過唐令總數之半數，其重要性在於顯示變革中的繼承轉折。

關於第三項隨著《天聖令》的頒行，同時頒行《天聖編敕》及《附令敕》，成為現行法。就唐宋變革的重要性而言，在於施行具有轉折性的《天聖令》之同時，宣布全面實施屬於宋朝的新制。這是唐宋變革中屬於宋制的開始。《天聖編敕》及《附令敕》今雖不傳，但屬於現行法，無可置疑。

關於《天聖令》、《天聖編敕》及《附令敕》的頒行，請看以下諸條記載：

A.《宋會要輯稿‧刑法一之四‧格令》仁宗天聖七年（1029）五月十八日條曰：

> （參定令文）凡取唐令為本，先舉見行者，因其舊文，參以新制定之。其今不行者，亦隨存焉。又取剌文內罪名輕簡者五百餘條，著於逐卷末，曰《附令勅》。至是上之。詔兩制與法官同再看詳，各賜器幣、轉階勳有差。

二十一日條曰：

> 翰林學士宋綬言：「準詔，以編勅官《新修令》三十卷，勅《編勅》錄出罪名輕簡者五百餘條為《附令勅》，付兩制與刑法官看詳，內有添刪修改事件，並已刪正，望付中書門下施行。」從之。

九月二十二日條曰：

> 詳定編勅所言：「準詔，《新定編勅》且未雕印，令寫錄降下諸轉運、發運司看詳行用。如內有未便事件，限一年內逐旋具實封聞奏。當所已寫錄到《海行編勅》並《目錄》共三十卷，《赦書德音》十二卷，《令文》三十卷，並依奏勅一道上進。」詔送大理寺收管，候將來一年內如有修正未便事件了日，令本寺申舉，下崇文院雕印施行。

B.《續資治通鑑長編》卷一百八仁宗天聖七年天聖七年（1029）五月己巳，詔曰：

> 以新《令》及《附令》頒天下。始，命官刪定《編勅》，議者以唐令有與本朝事異者，亦命官修定，成三十卷。有司又取咸平儀制令及制度約束之；在敕，其罪名輕者五百餘條，悉附令後，號曰《附令敕》。

C.宋・王應麟撰《玉海》卷六十六〈天聖附令敕〉條曰：

天聖四年，有司言，敕復增置六千餘條，命官刪定。時以唐令有與本朝事異者，亦命官修定。有司乃取咸平儀制及制度約束之，在敕者五百餘條，悉附令後，號曰《附令敕》。七年，《令》成。（按，當脫「十年」，）頒之。是歲，《編敕》成，合《農田敕》為一書，視祥符敕，損百有餘條。詔下諸路閱視，言其未便者。又詔須一年無改易，然後鏤板。

D.《玉海》卷六十六〈天聖新修令·編敕〉條曰：

七年五月己巳，詔以新修《令》三十卷，又《附令敕》頒行。初，修令官修令成，又錄罪名之輕者五百餘條為《附令敕》一卷。（注曰：志：《令》文三十卷，《附令敕》一卷）乃下兩制看詳，既上，頒行之。十年（注曰：即明道元年）三月十六日戊子，以《天聖編敕》十三卷（注曰：崇文目，《天聖編敕》十二卷目一卷）、《敕書德音》十二卷、《令》三十卷，下崇文院鏤板頒行。

E.《玉海》卷六十六〈天聖新修令·編敕〉條又引《（中興館閣）書目》曰：

《天聖令》文，三十卷。時令文尚依唐制，（呂）夷簡等據唐舊文，斟酌眾條，益以新制，天聖十年行之。《附令敕》十八卷，夷簡等撰。《官品令》之外，又案敕文錄制度及罪名輕簡者五百餘條，依《令》分門，附逐卷之末（注曰：又有《續附令敕》一卷，慶曆中編）。

　　按，《天聖令》的編撰，已說明於前，此處擬再說明《天聖編敕》與《附令敕》。早在天聖四年（1026）九月，就開始刪定《編敕》，合景德三年（1006）《農田敕》（五卷）爲一書。同時編撰二種《附令敕》（詳後）。五年（1027）五月下詔自大中祥符七年（1014）起至天聖五年（1027），對續降宣勅增至六千七百八十三條加以刪定，於天聖七年五月編成，依律分爲十二門，加上目錄共爲三十卷，定千二百餘條，這就是《天聖編敕》。[41] 到天聖十年（1032），除於崇文院鏤板頒行《天聖編敕》三十卷外，亦頒行《天聖令》三十卷與《附令敕》二種，以及《赦書德音》十二卷。

　　其實根據上述諸條記載，可知《天聖編敕》有三十卷（含目錄）與十三卷（含目錄一卷）兩說，三十卷說者爲A《會要》與B《長編》，十三卷說爲D條《玉海》及其所引《崇文總目》，《宋史》卷二〇四〈藝文志・史類刑法類〉記載「呂夷簡《天聖編敕》十二卷」。但就史原而言，此處暫採三十卷說。[42]

　　天聖《附令敕》的編撰及其內容，根據上列資料，可知頗爲紛歧，有以下諸問題：

　　1.就卷數而言，出現兩種版本，一爲一卷本，一爲十八卷本。一卷本見於D條，十八卷本見於E條。

　　2.其內容，一卷本，從A及D條曰：「《編勅》錄出罪名輕簡者

---

41 以上有關《天聖編敕》的編纂頒行，參看《玉海》卷六十六「天聖新修令、編敕」條。惟《玉海》注曰：「依律分門爲十二卷」，恐爲「依律分爲十二門」之誤。至於景德《農田敕》五卷，爲三司使丁謂等撰，景德三年（1006）正月頒行。（參看《宋會要輯稿》《刑法・格令一》〔曰：《景德農田編敕》〕、《玉海》卷一七八《景德農田敕》、《宋史》卷二〇四〈藝文志・史類刑法類〉）

42 梅原郁，〈唐宋時代法典編纂〉（收入梅原郁，《中國近世法制社會》，京都，京都大學人文科學研究所發行，1993），頁134〈宋代編敕編纂一覽〉，將《天聖編敕》記爲十三卷，此處不取。

五百餘條爲《附令勅》。」B條則曰：「在敕，其罪名輕者五百餘條。」三處顯然同指一事，都屬於具有罰則的刑法性質。十八卷本，簡單說，如E條所示，是「案敕文錄制度」，也就是都屬於規定制度的行政法。但較費解者爲B、C條所謂：「有司乃取咸平儀制及制度約束之」，與E條曰：「案敕文錄制度」相較，其意爲何？三處均將此段文字接於「《編勅》（或曰：「在敕」）錄出罪名輕簡者五百餘條爲《附令勅》」之前，而當成一事，但根據一卷本的記述法，此三處所述顯然爲二事。

3.十八卷本之內容，基本上爲「案敕文錄制度」，更詳細說爲：「有司乃取咸平儀制及制度約束之。」一卷本才是根據「《編勅》錄出罪名輕簡者五百餘條爲《附令勅》」。兩者的內容及其編輯法應當有別，此即：十八卷本，當如E條所載：「《官品令》之外（又案敕文錄制度及罪名輕簡者五百餘條），依《令》分門，附逐卷之末。」（E條此處將一卷本內容的「罪名輕簡者五百餘條」與十八卷本內容的「案敕文錄制度」相混在一起，當有脫文。）其意即《附令敕》十八卷，除《天聖・官品令》篇目無附令外，其餘諸令篇，《附令敕》均依性質分別編在各令篇卷之末。但具有刑法性質「罪名輕簡」的一卷本，則「悉附令後」（B、C條），即全部附在《天聖令》後，而不分散在各令篇卷之末。**43**

以上是對上述諸條記載混亂情形作一釐清。簡單說，天聖《附令敕》十八卷本是從《編敕》中錄出有關宋代新規定的制度（含儀制

---

43 《宋史》卷二〇四〈藝文志・史類刑法類〉記載《附令敕》十八卷（注曰：「慶曆中編，不知作者。」）劉兆祐根據前引E條（《玉海》卷六十六〈天聖新修令・編敕〉條又引《（中興館閣）書目》），以爲此十八卷本即天聖《附令敕》，並曰：「宋志偶疏也」，此說甚是。（參看劉兆祐，《宋史藝文志史部佚籍考》，〈上編：刑法類〉，頁659，臺北，國立編譯館中華叢書編審委員會發行，1984）

令），除《天聖‧官品令》的令篇無附令外，其餘各令篇卷之末均有相關的《附令敕》。另外，再從《編敕》中錄出具有刑法性質的「罪名輕簡者五百餘條」的一卷本，則全部集中附在《天聖令》最末。

　　蘇軾在宋哲宗元祐七年（一〇九二）十一月初七日〈乞免五穀力勝稅錢箚子〉箚子奏中曾引用二條《天聖附令》，如下：[44]

> 《天聖附令》
> 諸商販斛斗，及柴炭草木博糴糧食者，並免力勝稅錢。
> 諸賣舊屋材柴草米麴之物及木鐵為農具者，並免收稅。其買諸色布帛不及疋而將出城，及陂池取魚而非販易者，並准此。

同時又引用二條《元豐令》，如下：

> 《元豐令》
> 諸商販穀及以柴草木博糴糧食者，並免力勝稅錢。（注曰：舊收稅處依舊例。）
> 諸賣舊材植或柴穀麴及木鐵為農具者，並免稅。布帛不及端疋，并捕魚非貨易者，並准此。

此意指上列二條《天聖附令》敕文，到元豐時成爲《元豐令》文。[45]

---

44 參看《蘇軾文集》（北京，中華書局，1986），卷三十五〈奏議〉。
45 梅原郁，也已注意到這二條《天聖附令》，並指出在一百七十年後的《慶元條法事類》《場務令》，作了微妙的追加與修正，這是對應宋代新現實所作的規定，但仍不脫《令》的體系。這個看法也值得參考。（參看前引梅原郁，〈唐宋時代法典編纂〉，頁134）

而這二條《天聖附令》敕文，可能附於《天聖·雜令》之末。另外，仁井田陞以爲《司馬氏書儀》所引《附令敕》，當亦是天聖《附令敕》，令文則爲《天聖令》。[46]凡此都可用來證明《附令敕》所規定者爲宋代現行的制度，正是新時代立制的開始，有別於根據唐令修訂的《天聖令》。至於最近刊行的明鈔本《天聖令》殘卷，不見《附令敕》，原因爲何？一時不明，有待查考。

總之，《天聖令》加上《天聖編敕》及《附令敕》，在法制上是代表時代的終結、轉折、立新三種情況同時顯現。其重要性，在於從法制上正式全面宣告終結唐制，並在唐制基礎上重新建立宋制，具有承先啓後作用，正是「唐宋變革」下限的最佳說明。

據此而言，則須探究現存《天聖令》殘卷可掌握到多少「唐宋變革」的材料？以目前所見最後十卷而言，雖然直接關係到社會、經濟方面較多，但能用來作爲「唐宋變革論」的材料並沒有預期的多，尤其是宋令。戴建國以爲《天聖令》是以唐令（《開元二十五令》）爲藍本來修訂的關係，即使是宋代當時行用的新制，也不能修入新令中。[47]所以在《天聖令》中呈現宋制不多，乃理所當然。相對的，欲藉由《天聖令》殘卷了解「唐宋變革」，勢必先要由宋代不行用的唐令入手，才能掌握「變」與「革」的事實及其意義。

就制度的變革而言，首先要考察的是：變動最大的均田及其相關的租庸調法廢止，確立土地私有制，實施兩稅法，以及府兵制的廢除而建立募兵制。這三大制度（均田、租庸調、府兵），是由北朝迄至隋唐的立國根本大法。要了解隋唐國家的性質，從這三大制度入手，

---

46 參看仁井田陞，〈序說第二：唐令拾遺採擇資料について〉，頁89《司馬氏書儀》條，見前引《唐令拾遺》。
47 戴建國，〈宋《天聖令·賦役令》初探〉）（收入前引戴建國，《宋代法制初探》），頁86-88。

自是必要的作業。這三大制度的崩壞，在唐朝是有其漫長過程。例如
要考察有關府兵制到募兵制的變遷，需要借用唐宋《軍防令》，《天
聖令》殘卷無此令篇，於此從略。但需說明的是：募兵制被認為是軍
事上步入「近世」的特徵，所以具有「唐宋變革」的重要意義，先誌
於此，容後發現《天聖・軍防令》，再進一步申論。《天聖・田令》
中，被認為不行用的唐令《田令》多達49條，而依據唐令修訂的宋
令《田令》只有7條，不成比率。不行用的唐令《田令》，當然包括
永業田、口分田以及易田、賜田、園宅地、公廨田等土地收授規定，
以及依據年齡所規定的五種身分制（黃、小、中、丁、老），簡稱為
「丁中制」的戶籍法等。唐令所反映的時代意義，包括人必土著的土
著原則（或謂本貫原則）、置產受限原則等，所以說唐朝為身分制社
會。由身分制社會的崩壞成為非身分制社會，關係到「唐宋變革」論
中的幾個重要議題，如由貴族社會演變到庶民社會，庶民因而從土地
獲得解放，擁有遷徙、置產乃至勞動等自由。如果能發現《天聖・戶
令》，將可使此議題更加明朗化。

其次，從《天聖令》殘卷各令篇中，可發現對於行政程序的處
理，唐令多循由「申省（尚書省）」處理，宋令則規定「奏聞」，此
一行政程序的改變，反映政治制度上的變遷，是由唐朝的中央集權演
變成為宋代的獨裁政治。

再次，「唐宋變革論」的經濟因素，通常以為是由唐朝的實物經
濟（或曰自然經濟）演變成為貨幣經濟，但令人意外的是《天聖令》
的《賦役令》，居然沒出現兩稅法以及貨幣使用規定，反而以穀物、
絹布繳稅；只是不稱課戶，而稱為「稅戶」而已。[48]貨幣經濟問題，

48 戴建國以為有關兩稅法規定，極有可能在與《天聖令》同時頒行的《附令敕》十八卷
中。參看前引戴建國，〈宋《天聖令・賦役令》初探〉（收入前引戴建國，《宋代法
制初探》），頁88。

勢必要由《附令敕》、《天聖編敕》加以規定，目前只能作如此推測。

　　至於學術、文藝方面的變化，則有賴其他資料作說明。若要進一步解明「唐宋變革」在仁宗朝的眞相，則期待早日發現《天聖令》前二十卷，以及《附令敕》與《天聖編敕》諸資料。

結語──「天聖令學」的提出

　　《天聖令》殘卷正式刊行，迄今不過四、五年；即使由初次披露給學界，迄今也不過十二、三年。在短短十來年間，環繞於《天聖令》的歷史問題，已經廣泛引起國際學界重視，研究成果輝煌，這種情況，在學界確實不多見。因此，對此一新興法史研究領域的出現，筆者姑且稱爲「天聖令學」。

　　《天聖令》殘卷共十卷十二篇，五百多條，約占全令文三分之一，期待其餘三分之二的內容，早日發現與刊行。因爲《天聖令》的發現，使唐玄宗《開元二十五年令》以後到宋仁宗時期的法制發展得以連結，尤其提供「唐宋變革」的法制證據；同時也可使日本《大寶令》至《養老令》所規定的制度，獲得印證。更重要的，是可藉它來復原《養老令》所散逸的《倉庫令》、《醫疾令》。

　　中國社會科學院歷史研究所課題組，在最短時間內，完成《天聖令》殘卷的校證及復原研究，嘉惠於學界，值得肯定。今後學界透過《天聖令》不斷切磋討論，將可促使學界更關注唐宋法制史研究，進而更深度解明唐宋，乃至同時東亞諸國家社會之特質。

　　另外，經過我們研讀會逐條解讀《天聖令》殘卷結果，發現不行用的唐令與《養老令》，不論在條文順序或內容，契合度相當高，今後在唐日令的比較研究中，將使我們更重視《養老令》。同時也發現仁井田陞復原唐令（見《唐令拾遺》）的準確性頗高，對於仁井田陞之睿智及廣蒐材料之能力，甚感佩服。池田溫等《唐令拾遺補》提供許多新資料，拓展我們對《天聖令》研究的視野。相信今後藉《天聖令》的資料，對《唐令拾遺》作續補的復原作業會更加完美，進而提升學術研究的水平。

第七章　天下秩序與「天下法」
——以隋唐的東北亞關係為例

前　言

　　有關傳統中國的對外關係問題，包括何謂中國、中華、華夏乃至天下、天下思想，四夷之東夷、西戎、南蠻、北狄等問題的論述甚夥，拙稿此不討論此等個別問題。由於中國傳統的天下秩序與「天下法」，非常複雜，常因當時局勢而臨時處理，要探討出明確可遵循的軌道，遠較國內問題困難。所以此處僅就個人一點心得提出來，就教方家，並望能拋磚引玉，得到更多的關注。

第一節　導論：關於天下、天命、天下秩序、天下法

　　天下秩序的建立，以天下觀念作爲指引，其發展是有一段漫長的過程。到漢唐時期，儒者論政，咸引《詩經·小雅·北山》所說：「溥天之下，莫非王土；率土之濱，莫非王臣。」作爲先秦時期既已存在王土、王臣這種天下觀念的典據。至於天子的天命觀，自殷周以來有其說，[1]秦漢以後一般也相信這個說法。《禮記·表記》引孔子曰：「唯天子受命于天，士受命於君。」班固《白虎通》卷一「爵」條亦曰：「天子者，爵稱也。爵所以稱天子何？王者父天母地，爲天之子也。」此說在秦漢以後亦是深入人心。例如秦始皇統一天下後，於始皇二十七年（前220）在渭水南建極廟，以象天極。二十八年（前219），封禪泰山。凡此不外在昭示得有天命，天下賓服。（《史記·秦始皇本紀》）漢高祖病危之際，呂后請良醫入見，高祖拒治病，曰：「吾以布衣提三尺劍取天下，此非天命乎？命乃在天，雖扁鵲何益！」（《史記·高祖本紀》）正是說明即使出身布衣，王者仍有天命。所以司馬遷引褚少孫的話，說：「布衣匹夫安能無故而起王天下乎？其有天命然。」（《史記·三代世表》）

　　拙稿所謂天下秩序，指傳統中國對外諸國（四夷）所建立的關係。學界對此問題，或用國際秩序，或用世界（帝國）秩序，[2]或華

1　例如眾所周知《詩經·商頌·玄鳥》曰：「天命玄鳥，降而生商。」《詩經·大雅·文王之什·下武》序曰：「〈下武〉，繼文也。武王有聖德，復受天命，能昭先人之功焉。」

2　從一九四〇年代到一九六〇年代，美國學界甚關心「中國的世界秩序」、「東亞的國際秩序」，甚至召開國際研討會，最後在一九六八年集結出版著名的《中國的世界秩序：中國傳統的對外關係》（J. K. Fairbank ed., The China World Order: Traditional China's Foreign Relations, Harvard Univerty Press）。其中，有楊聯陞著、邢義田譯，〈從歷史看中國的世界秩序〉（收入楊著《國史探微》，臺北，聯經出版公司，1983）一文，讀者亦可參看。此外，日本學界在一九五〇到一九六〇年代，也非常關

夷秩序，[3]或用外交制度，[4]或用朝貢制度，[5]或用藩屬體制，[6]或用冊封體制等。[7]拙稿不用上述諸辭，而用天下秩序，是因「天下」一詞乃至「天下」觀念，係先秦以來既已存在的用法，而成為傳統用語。其曰國際、世界、外交等，均是現代名詞，恐將會有誤導。

傳統所說的「天下」，是以當時人所見到或理解的地區，範圍有一定的限度，並無今日地球概念所呈現的國際、世界。而所謂國際、外交關係，其前提為國家具有獨立主權，國與國之間為平等關係，這些觀念在傳統時代的分裂時期或有其事，但不成熟，也非為常態所遵循。傳統中國所說的「天下」，是以中國為中心，包含四夷在內，形成不對等關係。所以採用現代的國際、外交觀念，來解釋傳統的天下

心國家權力結構問題，尤其從世界史的基本法則來探討，可以《歷史學研究》登載諸文可作參考。簡要說明其經緯，可參看堀敏一，〈東アジア世界と邊境〉（收入堀敏一，《律令制と東アジア世界——私の中國史學(二)》，東京，汲古書院，1994，頁113-239）。堀氏遺著，《東アジア世界の歷史》（東京，講談社，2008）序章（はじめに）：〈東アジア世界とは何か〉，再簡介學界由國際關係觀點進而探討文化圈問題。至於堀敏一是以「中華的世界帝國」立論，參看堀敏一，《中國と古代東アジア世界》（東京，岩波書店，1993）所收各篇論文。此外，如：金子修一，《隋唐の國際秩序と東アジア》（東京，名著刊行會，2001）；石見清裕，《唐の北方問題と國際秩序》（東京，汲古書院，1998）等。

3 例如何芳川，〈「華夷秩序」論〉（《北京大學學報·哲學社會科學版》，頁30-45，1998-6）。

4 例如黎虎，《漢唐外交制度史》（蘭州，蘭州大學出版社，1998）；韓昇，〈中國古代的外交實踐及其基本原則〉（《學術研究》（廣州）2008-8，頁93-107；亦收入中國人民大學書報資料中心復印報刊資料，《歷史學》2008-12，頁58-71）。後者韓昇論文，除使用「外交」外，亦使用「國際體系」。惟文中強調中國古代王朝的對外政策，是希望建構一個以中國古代王朝為中心，而以德撫遠的「國際體系」。這個說法，除「國際」說外，與拙稿主旨較為接近，可作參考。

5 例如李雲泉，《朝貢制度史論》（北京，新華出版社，2004）。

6 例如李大龍，《漢唐藩屬體制研究》（北京，中國社會科學出版社，2006）。

7 此說可以西嶋定生為代表，西嶋氏對中國為中心的「國際秩序」，是用「冊封體制」來說明。代表作為〈六一八世紀の東アジア〉（岩波講座，《日本歷史》第二卷《古代·二》，東京，岩波書店，1962）。其後陸續專文論述，主要收入西嶋定生，《中國古代國家と東アジア世界》（東京，東京大學出版會，1983）；簡要說明，可參閱西嶋定生，《中國史を學ぶということ》（東京，吉川弘文館，1995）。

觀念，常會造成誤會。再者，使用朝貢制度或用冊封體制等說，雖是維持天下秩序主要項目，但仍不能充分說明天下秩序的原理原則。蓋天下秩序的維持，尚包括無封有貢而只是來慕禮、慕義的國家，所以用冊封體制不易充分說明；另有無封無貢的不臣國家（含敵國），也有可能變成有封有貢或無封有貢的國家，這種情況，也是不易充分說明。尤其四夷在中國有質子或宿衛；中國皇帝親征外夷而徵調諸夷「從征」；中國特使在藩夷徵調軍隊執行特殊任務等作爲，也都不是用朝貢制度，或用冊封體制等說可說明。正本清源，還是用「天下秩序」一詞較容易解明傳統中國的對外關係。[8]

至於所謂「秩序」，根據教育部國語推行委員會編纂在網站上公布的《重編國語辭典修訂本》定義曰：「次序、規則、條理。」又根據《百度（Bai du）百科》曰：[9]

> 秩序：有條理地、有組織地安排各構成部分，以求達到正常的運轉或良好的外觀的狀態。在漢語中，秩序，由「秩」和「序」組合而成。在古代，「秩序」二字，和英文的order一樣，都有「次序、常規」的含意。從廣義上來講，秩序與混亂、無序相對，指的是在自然和社會現象及其發展變化中的規則性、條理性。從靜態上來看，秩序是指人或物處於一定的位置，有條理、有規則、不紊亂，從而表現出結構的恒定性和一致性，形成為一個統一的整體。就動態而言，秩序是指事物在發展變化的過程中表現出來的連續性、反復性和可預測性。

8　學界直接用「天下秩序」為名者，可舉渡邊信一郎，《中國古代の王權と天下秩序：日中比較史の視點から》（東京，校倉書房，2003）為代表。

9　參看http://baike.baidu.com/view/3102.htm。

這樣的解釋，頗為明晰，簡單說，「秩序」就是有次序、有條理；反過來說，就是混亂、沒有條理。天下秩序就是要把傳統中國所見到的天下，治理成為有次序、有條理的狀態。

如果進一步問：何謂有次序、有條理的天下秩序？其所依據的規則為何？也就是如何維持天下秩序？關於這個問題，學界似較少深入討論，[10]拙稿將側重探討此問題。理論上而言，天下秩序的運行，應有一定的規則，也就是原理原則，由此而建立有次序、有條理的華夷關係。維持這樣的原理原則，筆者暫名之為「天下法」。[11]天下秩序與天下法實是表裡關係，天下有秩序狀態，指天下諸國能夠遵守天下法。這個天下法，在傳統時代是由中國所規定。

天下法的建立，也與天下秩序的建立過程一樣，有其階段性的發展。先秦時期可說是提出理論建構與建立雛形階段，暫稱為醞釀時期。秦漢大一統時期是新局面的開創，也是天下秩序具體實施的初步階段，一切仍在實驗摸索，暫稱為實驗時期。魏晉南北朝分裂時期，天下秩序變形，可稱為變形時期。到隋唐時期，才有完備的天下秩序可言，可稱為一元化時期。天下法有別於國內法，國內法適用於中國本土，天下法則適用於外臣地區，初步奠立於漢代，是以先秦儒家理論為基礎，依據國內法以德主刑輔、失禮入刑作的立法原理，[12]而建

---

10 前引黎虎，《漢唐外交制度史》一書，顧名思義是以探討制度史為重點，所以對所謂「外交」決策制度，以及「外交」管理體制有較多著墨，讀者可參看。前引李大龍，《漢唐藩屬體制研究》一書，論旨有較多與拙稿有關，尤其以專章、專節討論漢唐藩屬體制的維繫，這樣的論點，與拙稿所謂的「天下法」較為接近，惟仍留下許多可檢討的空間。對此問題，容於後面再詳加說明。

11 筆者對天下秩序與天下法問題，已有初步探討，參看拙著，《天下秩序與文化圈的探索》（上海，上海古籍出版社，2008；此書繁體版原名為：《東亞古代的政治與教育》，臺北，國立臺灣大學出版中心，2003；簡體版有若干補正）。惟此書對天下法較少討論，拙稿擬對此問題再作補充。

12 參看拙作，〈法文化的定型：禮主刑輔原理的確立〉（收入柳立言主編，《中國史新論：法律史分冊》，臺北，聯經出版公司，2008.10；拙書〈導論〉第一節），頁51-101。

立的特別法。天下法因爲是隨著歷史的發展，長時間累積而成的經驗法則，可變性甚大，所以無編成有如國內法的成文法典。到唐朝已經可以歸納出若干法則，所以設定爲完備時期，而爲後代所取法。

拙稿此處用天下法，而不用「國際法」一詞，正如天下秩序不使用國際秩序一詞，仍基於天下觀念是建立傳統政治秩序的基本理論基礎。[13]學界從十九世紀末至二十世紀初期，對於中國「古代」是否有國際法存在，贊否不一。贊成說的代表，如陳顧遠、洪均培等，[14]晚近則有陳俊郎、懷效鋒、孫玉榮等，[15]否定說大多爲歐美學者，晚近則有潘抱存等人。[16]所謂「古代」，就陳顧遠而言，主要指的是春秋戰國時期；孫玉榮則泛指中國史上的分立時期，包括春秋戰國時期、三國時期、東晉十六國時期、南北朝時期、五代十國時期、宋遼夏金時期。[17]

筆者於此當然也是屬於否定論者，同意潘抱存的看法，以爲：「古代社會、中世紀社會不可能產生獨立平等的主權國家組成的國際

---

13 有關天下觀念的研究，已漸受重視，主要可參看安部健夫，〈中國人の天下觀念〉（收入安部健夫，《元代史の研究》，京都，創文社，1972一刷，1981二刷；原刊《ハーバーロ・燕京・同志社東方文化講座》第六輯，1956）頁425-526；邢義田，〈天下一家——傳統中國天下觀的形成〉（臺北，聯經出版公司，1987）。

14 例如陳顧遠，《中國國際法溯源》（上海，上海商務印書館，1931；臺北，臺灣商務印書館公司，1967臺一版）；洪均培，《春秋國際公法》（昆明，中華書局，1939；臺北，臺灣中華書局，1971臺一版）。其中洪均培，《春秋國際公法》第一編第一章〈中國古代存在國際公法辯〉，即首先整理當時學界之研究成果，並介紹贊否兩說。

15 例如陳俊郎，《古代中國國際法》（臺南，豐生出版社，1981，書未見）；孫玉榮，《古代中國國際法研究》（北京，中國政法大學出版社，1999）；懷效鋒、孫玉榮，《古代中國國際法史料》（北京，中國政法大學出版社，2000）。後者兩書亦介紹贊否兩說。

16 贊成說之介紹，參看前引孫玉榮，《古代中國國際法研究》〈導論〉；懷效鋒、孫玉榮，《古代中國國際法史料》〈前言〉。後者的內容，其實是前者的節略。

17 參看前引孫玉榮，《古代中國國際法研究》〈導論〉第四節〈古代中國國際法釋義〉，頁33-47。

社會，因而也不可能產生規範和協調國家之間關係的國際法。」[18]。
贊成有國際法存在者最大的問題，在於忽視建立天下秩序是傳統有爲
君主所追求的目標，尤其在一統天下之後，更無觸及天下法。中國分
裂時期各國的相互關係，其形勢雖有近似現代的國際關係，但終究與
現代的國際關係不同。

　　中國分裂時期的諸國，其「國」的性質，實質上是諸侯王國的
國，此時各國之間的關係，有類似今日的國際關係。各國使臣往來日
交聘，仍以諸侯王國之禮相待。例如北魏孝文帝起初在平城設有「諸
國使邸」，將南齊使與諸國使並置，只是南齊使列爲第一，高麗使爲
第二。四八九年（南齊武帝永明七年、北魏孝文帝太和十三年），南
齊遣使顏幼明、李思敦赴北魏，幼明對孝文帝說：「二國相亞，唯齊
與魏。」（《南齊書》卷五十八〈東夷・高句麗傳〉）所謂相亞，
即相次也。[19]此即齊與魏在禮儀上各以諸侯王國之禮相對待。列國分
立，是「天下」變形的結果，列國之強者，仍有以一統天下爲志。直
至明清時代，這樣的理念，深入人心。這是用現代國際關係或國際法
來探討分立時期的列國關係所無法理解的。以春秋戰國時期的諸國分
立局勢而言，孔子說：「天下有道，則禮樂征伐自天子出；天下無
道，則禮樂征伐自諸侯出。」（《論語・季氏》）這是眾所周知的典
故。孔子所處的時代，正是天下無道，諸侯稱霸時期。在孔子心中，
仍存有天下、天子，並非只是諸侯國之國王而已。所以不能只就分立
諸侯王國論當時之局勢，而曰國際或國際法。

　　以先秦諸子學說而言，當時盛稱「明王」或「王者」如何，固

---

18 轉引自前引孫玉榮，《古代中國國際法研究》，頁5。
19 胡三省於《資治通鑑》卷一三一〈宋紀〉宋明帝泰始二年三月庚寅條，對所謂「名位
　相亞」，注曰：「亞，次也。」（頁4107）。

然是用來期勉國王（此處依然是諸侯國王），但也有兼作期待一統天下的王者（此處可謂爲聖王或天子），兩者有別。如陽子居（即楊朱）問老子何謂「明王之治」？老子曰：「明王之治，功蓋天下而似不自己（下略）。」（《莊子》卷二〈內篇・應帝王第七〉）此處之明王，即指治天下之王。又如《商君書・君臣篇》曰：「明王之治天下也，緣法而治，按功而賞。」均是此意。《春秋公羊傳》「成公十五年」曰：「春秋內其國而外諸夏，內諸夏而外夷狄。王者欲一乎天下，曷爲以外內之辭言之，言自近者始也。」這是春秋時期的王者，欲由國（諸侯王國）——諸夏——夷狄，即由內及外、由近及遠的順序，作爲一統天下的高遠目標。孟子說：「人有恆言，皆曰天下國家。天下之本在國，國之本在家，家之本在身。」（《孟子・離婁上》）此即以國爲天下之本，也就是根基所在；所謂國，仍當指諸侯王國。但因春秋時代諸侯王國壯大，盛行霸政，周王威信墜落，所以孟子批評春秋時期的戰爭說：「春秋無義戰。」（《孟子・離婁上》）

　　再看魏晉南北朝時期，雖是分裂對峙，但理論上各個王朝國家，都以混一六合，也就是統一天下爲己任。例如二六五年，吳將呂興降魏，詔曰：「今國威遠震，撫懷六合，方包舉殊裔，混一四表。」（《魏志・陳留王紀》）此處表明曹魏有統一天下的企圖。另外，諸葛亮有名的「隆中對」，提到「霸業可成，漢室可興」，以及出師表所提到「北定中原，……興復漢室，還於舊都」等語（《蜀志・諸葛亮傳》），也是表示在分裂時期，仍以統一中原爲志。前秦苻堅之南征，是以「混一六合」、「天下一軌」爲使命。（《晉書・苻堅載記》）而北周武帝的遺詔說：「朕上述先志，下順民心，遂與王公將帥共平東夏。……將欲包舉六合，混同文軌。今遘疾大漸，氣力稍微，有志不申，以此歎息。」（《周書》卷六〈武帝紀〉）所謂

「包舉六合，混同文軌」，就是要消滅南方，統一天下，這個時候是五七八年。史臣在《周書·武帝紀》末又曰：「破齊之後，遂欲窮兵極武，平突厥，定江南，一、二年間，必使天下一統，此其志也。」此即史臣估計武帝在滅齊之後，只需要再一、二年之間，必可平突厥，定江南，一統天下，不意武帝在破齊的第二年猝死。隋文帝於開皇八年（588）三月，即將伐陳，下詔責陳，曰：「王師大舉，將一車書。」仍以一統天下，作為使命。（《隋書·高祖紀》）

由此可知傳統時代，雖然列國分立時期占有相當漫長時間，但歷史事實證明分裂之後終獲統一。所謂統一，指天下一統。理論上而言，天下一統為傳統歷史的正常發展，列國分立則為變形發展。正常與變形，並非決定於時間長短，而是時人的共識。拙稿此處所要討論的，著重於漢唐間的天下秩序與天下法，是從正常發展的觀點來處理。變形的列國分立時期，暫不列入討論範圍。同時到隋唐時期的中國，對於周邊的農耕國家與游牧國家型態的處理方式，表面上似有所區別，例如將和親政策、天可汗制度等運用於游牧國家，農耕國家則否；但若仔細檢討，實質上仍無背離天下秩序的基本理論，天下法亦適用臣服中國的游牧國家。由於此問題事涉層面更為複雜，亦暫不在拙稿論述範圍。

第二節　天下秩序三圈結構論

　　理論上自三代以來，所謂天下秩序，是以王畿爲中心，而由三大圈構成。這是藉由部族親疏關係、文化水平、地理遠近等因素，來建構的政治秩序。這樣的天下秩序，在先秦時期不論是否具體實施，至少漢唐以來的君臣是這樣確信著，而成爲他們立論行事的根據。茲先說明先秦時期。

一、先秦天下秩序三圈結構論：從《禹貢》五服到《周禮》九服

　　此處藉《尚書·禹貢》、《周官》來說明先秦的天下秩序結構。就唐朝而言，孔穎達作《尚書正義》，係以東晉梅賾所獻附有漢孔安國傳的五十八篇《古文尚書》[20]作《疏》。一直到文宗開成石經，都還是奉爲正經正注。宋以後不斷有人懷疑，到明清才眞相大白。由於拙稿係以隋唐時期爲主，所以不涉今古文經問題，何況今古文經《尚書》皆有《禹貢》篇。

　　《禹貢》說爲戰國之言，《周官》說爲前漢之言。[21]按，《禹貢》作者及創作時間不明，學界有諸多說法，最近看法，以爲當晚於墨、孟、荀，而早於《周禮》，推定爲戰國晚期的作品；而《周禮》

---

20 因其中含有二十五篇僞作，所以一般稱爲「僞《古文尚書》」。敦煌殘卷古文《尚書》，在伯3628、伯5543、伯2533尚可見到孔傳《古文尚書》、《禹貢》篇有關五服制度的片斷，文字大致與阮元校勘的《十三經注疏》本同。參看吳福熙，《敦煌殘卷古文尚書校注》（蘭州，甘肅人民出版社，1992），頁9-13。

21 以上參看顧頡剛，〈畿服〉（收入顧頡剛，《史林雜識初稿》，北京，中華書局，1963），頁1-19。

不會早於戰國晚期。[22]《尚書・禹貢》的五服說,指甸、侯、綏、要、荒諸服;「服」謂事,服事天子。[23]五服即以京師爲中心所展開不同等級的天下政治秩序,而使「聲教訖于四海」(《禹貢》)。五服的結構,包括三圈,以京師爲圓心及於甸服(王畿)之地,是爲內圈;侯服、綏服爲中圈,是大小諸侯所在地;要服、荒服爲外圈,是四夷之地;每服各五百里。

所謂「甸服」,《禹貢》曰:「五百里,甸服。」孔安國傳曰:「規方千里之內,謂之甸服,爲天子服治田,去王城面五百里。」孔穎達《正義》曰:「甸服,去京師最近,賦稅尤多。」所以甸服主要是在王畿之地,爲天子從事耕作,需繳納田賦。所謂侯服,孔安國傳曰:「甸服外之五百里。侯,候也;斥候而服事。」孔穎達《正義》曰:「斥候,謂檢行險阻,伺候盜賊。此五百里,主爲斥候,而服事天子,故名侯服。」所以侯服之地,主要是爲天子作斥候,治盜賊。所謂綏服,孔安國傳曰:「綏,安也。侯服外之五百里,安服王者之政教。」孔穎達《正義》曰:「去京師已遠,王者以文教要束,使服此綏服。」所以綏服之地,主是施以政教,以安服其地。

至於要服,孔安國傳曰:「綏服外之五百里,要束以文教。」孔穎達《正義》曰:「綏服自揆天子文教,恐其不稱上旨;此要服差遠,已慢王化,天子恐其不服,乃以文教要服之。名爲要,見其疏遠之義也。」要服之地,以其更疏遠,「王化」較爲不易,所以只能再約束以「文教」。荒服,孔安國傳曰:「要服外之五百里,言荒又簡

---

22 參看劉逖,〈論《禹貢》畿服制──中國最古的邊疆學說試探〉(《中國邊疆史地研究》,1991-1),頁53-54。
23 參看鄭玄注《周禮・夏官・職方氏》、孔穎達疏《尚書・夏書・禹貢》。

略。」孔穎達《正義》曰：「服名荒者，王肅云：『政教荒忽，因其故俗而治之。』」此服居五服最外圍，荒忽無常，所以只能因俗而治。

　　《國語・周語上》曰：「蠻夷，要服；戎狄，荒服。」（《荀子・正論》亦同）此即以四夷的蠻夷、戎狄列爲要服、荒服，也就是四海；而甸、侯、綏服則爲九州或中國；五服的範圍，就是天下。其後，因禹拓土有功，各服加至千里，所以九州成爲方三千里，天下則爲方五千里。

　　《禹貢》與《國語》、《荀子》在五服說可視爲同一系統，此外持《禹貢》說者，尚有《尙書・陶謨》、《呂氏春秋》、《禮記・王制》等。最近趙春青更由考古成果，推定《禹貢》五服說並不是古人臆說，而可反映龍山時代考古文化分布格局的中原與四鄰相互關係。趙氏對《禹貢》的五服制度，也認爲包括三個大圈，內圈是甸服，也就是王畿之地；中圈包括侯服和綏服；外圈包括要服和荒服。**24**

　　到周代另有九服說，此即《周禮・夏官・職方氏》所載的王畿爲方千里，其外每方五百里一服，謂侯、甸、男、采、衛、蠻六服爲中國，夷、鎮、蕃三服爲夷狄。《周禮・夏官・大司馬》、《周禮・秋官・大行人》說與此類似，惟《大司馬》易「服」字爲「畿」，《大行人》易「蠻服」爲「要服」。《周禮》九服說雖較細，其與《禹貢》五服說相似處，在於畿服制基本上是由三大圈組成，最內圈爲王畿（含王都）（《禹貢》指王都及甸服，《周禮》指王都及王畿），中圈爲諸夏（《禹貢》指侯、綏、要三服，《周禮》指侯、甸、男、采、衛、要六服），外圈爲四夷（《禹貢》指荒服，《周禮》指夷、鎮、蕃三服）。而《春秋公羊傳》「成公十五年」曰：「春秋內其國

而外諸夏，內諸夏而外夷狄。」也是採用天下三圈說，此即國（王畿）、諸夏、夷狄。所以先秦的天下秩序結構，實際由王畿、諸夏、夷狄三大圈構成已經確立，其影響後世較大者，還是以《禹貢》五服說爲主。

　　茲將《禹貢》五服與《周禮》九服圖示於下：

附圖7-1　《禹貢》五服圖

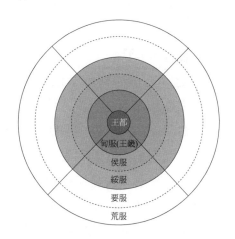

附圖7-2　《周禮》九服圖

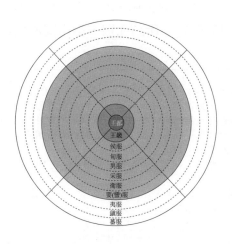

　　《禹貢》五服與《周禮》九服的差異，有以下幾點：

　　(一)《禹貢》以方三千里（含甸、侯、綏三服）為九州（中國），方五千里（前三服再加四海或四夷的要服、荒服）為天下；《周禮》則以方七千里（王畿加上侯、甸、男、采、衛、要六服）為九州（中國），方萬里（前者再加四海或四夷的夷、鎮、蕃三服）為天下。令人注意者，《周禮》將「要服」列入九州（中國），此在《周禮・秋官・大行人》敘述「邦畿（王畿）」及侯、甸、男、采、衛、要六服之後，曰：「九州之外，謂之蕃國。」鄭玄注曰：「九州之外，夷服，鎮服、蕃服也。」[25]

　　所謂「方五百里」之「方」如何解？通常解為中心點至正方形各邊，也就是以正方形來顯示諸服之層次。[26]正面看似無誤，但仔細思索，則可發現自中心點（王都）至同一服間的四邊，其垂直線與對角線並不等距為五百里。然則，「方」字如何解？此處宜用《儀禮・大射禮》曰：「左右曰方」來解，旁證如孔穎達疏《禹貢》「二百里曰流」，曰：「凡五服之別，各五百里，是王城四面，面別二千五百里，四面相距為方五千里也。」又，孔穎達疏《周禮・大司馬》「九畿」曰：「（鄭玄注）云：『王城以外五千里為界』者，兩面相距則方萬里。」[27]就此例而言，所謂四面，如上圖所示，實指同心圓的圓心（王都）所面對的四方；所謂面別，指由圓心所向的東、西、南、

---

25 顧頡剛以為「周官派」是以「方六千里為中國」，此指：「〈職方氏〉自蠻服至藩服，〈大司馬〉自蠻畿至蕃畿，〈大行人〉自要服至蕃國（按，宜曰「蕃服」），皆四夷也。」（參看前引顧頡剛，〈畿服〉，頁14），由於要服即是蠻服（孔穎達疏，〈大行人〉），計入四夷，成為四服，也就是顧氏對所謂中國少算要服，成為六服。筆者於此暫不從顧氏說。

26 例如前引顧頡剛，〈畿服〉，頁6「禹貢五服圖」、頁12「周官九畿（服）圖」，廣為學界引用。

27 顧頡剛前引兩圖的正方形四邊，下邊每層標示「一面數」，上邊每層標示「二面數」，就里數而言，是正確的。

北各方。二面相距，即通過圓心的直徑，也就是二個半徑相連。四面，指東西直徑或南北直徑相距。這樣的同心圓距離，才能出現等距。其實在圓周內正方形的四方，或謂「天圓地方」的方，其四邊仍可以無限放大到極限，此時的各邊即可接近圓周。所以「方」字不能過分執著以為正方形的方，而「方五百里」的「方」，實是以直徑表示方位而言；正如此時所謂「九州」，不能用後來的行政單位來解其「州」的性質一樣。

(二)《禹貢》的甸服，也是王畿；但《周禮》於王都之外，另闢王畿千里，有別於甸服，其次才是諸夏六服及四夷三服。關於《禹貢》的王畿與甸服關係，鄭玄注甸服曰：「規方千里之內謂之甸服，為天子服治田，去王城面五百里。」《左傳》昭公十三年傳曰：「卑而貢重者甸服也。」杜預注曰：「甸服，謂天子畿內共職貢者。」孔穎達《正義》亦曰：「鄭玄云：服治田，出穀稅是甸服，謂天子畿內也。」《國語・周語・祭公諫穆王征犬戎》曰：「先王之制，邦內甸服。」吳韋昭注曰：「武王克殷，周公致太平，因禹所弼除畿內，更制天下為九服。千里之內謂之王畿，王畿之外曰侯服，侯服之外曰甸服。」據此可知《周禮》九服制，是置於王畿之外，首曰「侯服」，其次為「甸服」，這樣的次序，明顯與《禹貢》不同。

(三)《禹貢》將要服與荒服列為四夷（也就是四海），《周禮》則將要服（蠻服）併入諸夏六服最外圈。所以將要服與荒服同列為四海（四夷），應是較早的說法；將要服脫離四夷（四海），併入九州，應是較晚的說法，此即反映戰國晚期至秦及前漢初期中國版圖擴大的結果。

由此看來，要服的歸屬，也可說是《禹貢》與《周禮》說的基本差別所在。所謂四海，指九州之外，也就是四夷的地方，《禮記・王制》孔穎達《正義》釋「四海之內」曰：「孫炎云『海』之言晦，晦

闇於禮義。」[28]所以海字，並非以海洋之海字作解。

(四)從《禹貢》五服說到《周禮》九服說，內外分法愈來愈細，正反映政治秩序不斷推展，[29]以致後來注釋《禹貢》者，竟取《周禮》解釋《禹貢》，尤其是孔穎達的《正義》。如《毛詩·商頌·殷武》，《正義》釋鄭玄箋，曰：「堯制五服，服各五百里，要服之內，四千里曰九州，其外荒服曰四海。」這樣的解釋，明顯與前述《國語》、《莊子》將要服、荒服列為四海的說法有別。又如《禮記·王制》曰：「凡四海之內，九州。」《周禮·秋官司寇·大行人》曰：「九州之外，謂之蕃國。」鄭玄注曰：「九州之外，夷服、鎮服、蕃（藩）服也。」這是指九服的最外圈三服。但孔穎達於《尚書·虞書·益稷謨》，《正義》釋五服曰：「堯初制五服，服各五百里，要服之內，方四千里，曰九州，其外荒服曰四海。此禹所受地記。」此處即將「要服」歸九州，而以荒服為四海，孔氏顯然採用《周官》釋《禹貢》，九州於是由三千里變成四千里，而四海只指荒服，不包括要服。

至謂如此整齊的畿服制度，自夏朝以來是否確實施行？此一問題，自顧頡剛提出否定說以來，學界贊否不一。其實顧氏並未完全否定畿服制，以為西周曾實施過此制。[30]如上所述，最近趙春青更由考古成果，推定《禹貢》五服說並不是古人臆說，而可反映龍山時代考古文化分布格局的中原與四鄰相互關係。

---

28 根據《隋書·經籍志》著錄有「禮記三十卷，魏祕書監孫炎注。」故知孫炎為禮記學專家。

29 此外，《史記·始皇本紀》說五帝地方千里（甸服？），其外為侯服、夷服，似以五帝時有三服之制。

30 參看前引顧頡剛，〈畿服〉，頁1-19。

二、秦漢隋唐天下秩序的三圈結構

有關秦漢隋唐天下秩序的結構及其運作原理，在前引拙書《天下秩序與文化圈的探索》的上篇第一、二章已有詳細說明，此處只作扼要概述。

傳統中國歷史文化型態的確立，應該是在漢武帝所建立的儒教主義治國原理以後。往後所建立的天下秩序，就是以儒教的立論作為最高指導原理。在此之前的戰國及秦朝、漢初時期，可視為過渡時期。[31]這個過渡時期的天下秩序，可由孔孟學說的提出與秦國及統一天下後的秦朝作說明。

孔孟學說，主要是指孔子所提出「天無二日，土無二王，家無二主，尊無二上。」（《禮記‧坊記》）的天下觀，以及施政的德、禮、政、刑四要素（《論語‧為政》），孟子的「天下國家」論（《孟子‧離婁上》）等，對漢代以後的政治運作是有很深遠的影響。

秦國統一天下以後，在法家主導下的政治秩序又如何？筆者以為仍不脫三圈結構。此即前引拙書所提出的內郡、外（邊）郡、外郡之外徼的三圈結構。前二者屬於內臣，後者屬於外臣。內郡之地設郡守；外郡之地設郡守或君長；外郡之外徼則立君長。[32]始皇二十八年在琅琊臺刻石，其辭曰：「人跡所至，無不臣者。」所以理論上，秦朝的天下秩序結構無「不臣」一圈，正如《春秋公羊傳‧成公十二年》所說：「王者無外。」

31 參看拙著，《中國中古政治的探索》（臺北，五南圖書出版公司，2006初版一刷，2007二刷），頁1-42。
32 參看前引拙著，《天下秩序與文化圈的探索》，頁74。

　　近年在湖北雲夢縣所發現的秦簡當中，秦律十八種有《屬邦律》，而「法律答問」有多處提到「臣邦」、「外臣邦」等用語，如何來理解這樣的新政治秩序？工藤元男再配合青川木牘《為田律》及張家山漢簡「二年律令」的《田律》，指出《屬邦律》記載「道」，「二年律令」也有記載縣與「道」，說明秦的「道」制較縣制後開發，由「屬邦」治理，其後「道」的機構充實後，轉移至郡管轄，結束「屬邦」的功能，這種「屬邦」成為前漢「屬國」的由來。其論秦帝國的統治體制，設定為內臣（含郡縣制、封建制）、臣邦（含屬邦、附庸、六國舊地）、外臣邦三圈。由於臣邦定位於內臣與外臣之間，學界不免有爭議。[33]筆者對於此一問題並無特別研究，但對秦朝統一天下前後，由法家所主導的政治秩序，仍不脫是三圈結構的天下秩序，依然可成立。至於秦的「道」制，沿襲至漢代，影響唐朝的羈縻府州制度，以及明清的土司制度。[34]

33 參看工藤元男，《睡虎地秦簡よりみた秦代の國家と社會》（東京，創文社，1998），第三章〈秦の領土擴大と國際秩序の形成〉，頁85-113；工藤元男，〈秦の巴蜀支配と法制・郡縣制〉（收入早稻田大學アジア地域文化エンハンシング研究センター編，《アジア地域文化學構築——二十一世紀COEプログラム研究集成》，東京，雄山閣，2006），頁24-46。對工藤元男說，在日本學界仍有異論提出，如：大櫛敦弘，〈秦邦——雲夢睡虎地秦簡より見た「統一前夜」〉（收入《論集：中國古代文字文化》，同論集編集委員會編，東京，汲古書院，1999），頁319-332；渡邊英幸，〈秦律の夏と臣邦〉（《東洋史研究》66-2，2007.9），頁1-23。主要爭議點在於「臣邦」，大櫛氏以為臣邦位比文獻上所見的關內侯，屬於「內臣之邦」；渡邊氏以為臣邦是與郡縣並行而臣屬於秦的戎狄蠻夷，秦透過其既存的君長進行間接統治。又，大櫛氏從秦簡與文獻史料，得出秦的「國際」秩序有三層：內臣（秦簡曰臣邦、文獻史料曰關內侯）、外臣（秦簡曰外臣邦、文獻史料曰服屬的諸侯關內侯）、不臣（秦簡曰諸侯、文獻史料曰諸侯），此說亦值得注意。惟筆者以為秦統一天下後，在法家主導下，仍要建立「無不臣者」天下，所以「不臣」圈暫不列入秦朝的天下秩序中。
34 有關戰國時期秦國「道制」的研究，早期有久村因，〈秦「道」〉（收入《中國古代史研究》第一卷，東京，吉川弘文館，1960），屬於基礎性研究，值得一讀。秦簡發現後，略作著墨，有駢宇騫，〈秦「道」考〉（《文史》第九輯，北京，中華書局，1980）；近年的研究，尚有李克建，〈談談五服制、道和左郡、左縣的歷史作用及意

　　漢朝建立，恢復局部封建制，而有所謂郡國制的實施。此即在一統的郡縣制原理下，飾緣以封建制。郡縣制本是貫徹「王者無外」（《春秋公羊傳》）的基本制度，但因封建的反動，爲安撫舊有勢力，妥協結果，出現郡國制。對外關係方面，由於匈奴強大，漢初挫敗，不得不採取柔軟姿態的「和親」策略，以取得短暫的和平，這是眾所周知的事實。於是在郡國制度基礎上，對外關係試圖建立內臣、外臣以及不臣三大圈的天下秩序，而努力將不臣地區變成臣屬地區，就成爲皇帝（天子）的重要任務之一。漢武帝及其後的征伐，正是爲達成這種任務的表現。到隋唐時期，建構三大圈的天下秩序工程，終於充實而完備。

　　茲藉秦漢建置的皇帝六璽制度作說明。今傳文獻，是以後漢初衛宏所撰的《漢舊儀》爲最早，曰：「皇帝六璽，皆白玉螭虎紐，文曰：皇帝行璽、皇帝之璽、皇帝信璽、天子行璽、天子之璽、天子信璽。」其下說明各璽用途，由於脫文嚴重，學界解讀不一，判明頗難。茲以《隋書》卷十二〈禮儀志〉所載之制度爲例作說明。此即：「皇帝行璽」用於封命諸侯及三師、三公，「皇帝之璽」用於賜諸侯及三師、三公書，「皇帝信璽」用於徵諸夏兵，「天子行璽」用於封命蕃國之君，「天子之璽」用於賜蕃國之君書，「天子信璽」用於徵蕃國兵。這是以「行、之、信」三字爲玉璽的使用作定位，其重點在於「信」字，說明建立政治秩序，不論國內或國外，均須講信。這樣的政治思想，其實是儒法共通的理念，《論語‧顏淵》孔子說：「民無信不立。」《商君書‧修權》說：「信者，君臣之所共立也。」

義〉（《西南民族學院學報‧哲學社會科學版》，1998-2）。尤其李氏指《漢書‧地理志》曰：「道三十二」，結果李氏考證出三十道名稱，並論及東晉、南朝左郡、左縣、僚郡、俚郡等特殊行政建制，而以爲此等建置，下啟唐宋羈縻州縣，以及土司制度的雛型（頁197-200），此說亦值得參考。

正是此意。但由此六璽制度，可知秦漢以後，稱皇帝與天子的作用有別，皇帝稱號用於對國內事務，天子稱號則用於對蕃國事務。所以天下秩序的三圈結構，到建置六璽制度，可獲得更具體的說明，此即：皇帝印璽用於內臣地區（中國本部），亦即內圈；天子印璽用於外臣地區（蕃國），亦即中圈；而不臣地區，即不適用六璽，此爲外圈。[35]

　　隋唐天下秩序的三層結構，理論上源自《禹貢》（《尚書‧夏書》）的五服說。但因唐朝制度亦取法《周禮》，所以兼取《周禮》的九服說，尤其將《禹貢》的要服（蠻服）由不臣區畫歸外臣區，同時將羈縻府州地區歸隸外臣圈的最內層。所以隋唐天下秩序的結構，無論從五服說或九服說，仍不外是由三圈構成，此即中國本部，可稱爲內臣地區；其次，爲外臣地區；再次，爲不臣地區。

　　茲將隋唐天下秩序的三層結構，示意如下：

附圖7-3　隋唐天下秩序結構圖

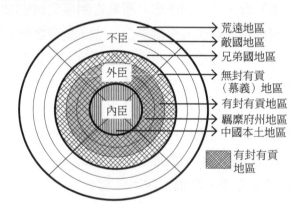

35 李大龍是以郡縣統治區、特設機構管轄區、邊疆民族政權區三個層次作說明。到唐朝時，也建立具有自己特色的三層結構體系，此即：藩臣體系、舅甥體系、敵國體系（參看前引李大龍，《漢唐藩屬體制研究》，頁50-51、頁308-333）。這個說法較爲曖昧，暫不取。

第三節　天下法

　　傳統文獻使用「天下法」或「天下之法」一詞，通常有二義，一為作為天下人的楷模，一為中國本部的法律。前者，如《禮記·中庸》曰：「君子動而世為天下道，行而世為天下法。」後者，如唐太宗貞觀元年（627），吏部尚書長孫無忌因不解佩刀而入東上閤門（按，指太極殿東廡的左上閤）事件。當時尚書右僕射封德彝以為監門校尉不覺，主張其罪當死；無忌誤帶刀入殿閤，罰銅二十斤。太宗將採納此議。但大理少卿戴胄駁說校尉不覺與無忌帶刀入殿閤，同為誤，即過失，準《律》（按，指唐律《衛禁律》「闌入宮殿門及上閤」條，總59條）皆死，依法不得罰銅。結果，太宗說：「法者，非朕一人之法，乃天下之法也，何得以無忌國之親戚，便欲阿之？」更令定議。德彝執議如初，太宗將從其議，胄又曰：「校尉緣無忌以致罪，於法當輕。若論其誤，則為情一也，而生死頓殊，敢以固請。」終於免校尉之死。（《舊唐書·戴胄傳》）此處指出法者乃天下之法，其實即指唐律，也就是國內法。拙稿借用「天下法」一詞，非指上述二者定義，而是用來說明天下秩序的運行，有其一定的法則，也就是原理原則，遵循此原理原則運行，就是法，乃暫名之為「天下法」。易言之，此處所說的天下法，是特就華夷關係法則而論。至於行用於中國本部的法，可稱為國內法，暫不在拙稿討論範圍。

　　《禹貢》五服，最外一服曰：「五百里荒服：三百里蠻，二百里流。」孔安國於「三百里蠻」傳曰：「以文德蠻來之，不制以法。」孔穎達《正義》曰：

　　　　鄭云蠻者，聽從其俗，羈縻其人耳，故云蠻。蠻之言緡也。其意言蠻是緡也，緡是繩也，言蠻者，以繩束物之

名，揆度文教。《論語》稱：「遠人不服，則修文德以來之。」故傳言「以文德蠻來之」，不制以「國內之法」強逼之。王肅云：「蠻，慢也。」禮儀簡慢，與孔異。然甸、侯、綏、要四服，俱有三日之役、什一而稅，但「二百里蔡」者，稅微差簡；其荒服，力役、田稅並無。故鄭注云蔡之言殺，減殺其賦。荒服既不役作，其人又不賦其田事也；其侯、綏等所出稅賦，各入本國，則亦有納總、納銍之差，但此據天子立文耳。

此即在五百里荒服之地，前三百里定位爲「蠻」，後二百里定位爲「流」，蠻區「不制以法」，其二百里流區，更不用說亦「不制以法」。所謂「不制以法」，指：「不制以『國內之法』強逼之。」這是非常重要的提示。簡單說，荒服非爲「國內之法」適用之地，所以說「不制以法」。「國內之法」可簡稱爲國內法。即有國內法，當然也有國外法，正是拙稿所要討論的「天下法」。此事如同唐律對行爲客體的規定，有「化內人」與「化外人」一樣。[36] 從孔穎達對《禹貢》的《正義》說，可知「國內法」規範的項目主要爲力役與田稅，簡稱爲稅役，或賦役。這種賦役規定，到隋唐時期詳定於令式。其有違令式，則由律懲罰。《禹貢》五服中，甸、侯、綏、要四服適用「國內法」；荒服爲蠻、流區，不適用「國內法」，而用國外法（天下法），理論上，「聽從其俗，羈縻其人」，也就是實施羈縻的地方。所以就《禹貢》五服制度而言，拙稿所謂「天下法」，就是以荒服爲其適用地區；法的內容，主要即「聽從其俗，羈縻其人」。

---

36 參看《唐律疏議・名例律》總48條、總88條。

　　從先秦到漢唐推行天下秩序的過程中，其於「天下法」內容變革最大的地方，就是將羈縻地區給予府州化，由此而建立羈縻府州制度，併入外臣圈而且最接近內臣圈。《新唐書‧地理志》曰：「（四夷）雖貢賦版籍，多不上戶部，然聲教所暨，皆邊州都督、都護所領，著於令式。」這就是將「聲教所暨」的四夷地區，設置羈縻府州，雖然戶口多不上戶部，仍歸邊州都督、都護管轄。這樣的統治方法，均規定於「令式」，當然要受唐律規範。由此可見《禹貢》的荒服本為「四海」（四夷），只列為「聲教」所訖地區，不在收取稅役範圍，但到唐朝，則將此等範圍的某些地區，設定為羈縻府州，適用國內法（令式），等於是「外臣的內臣化」，也是唐朝天下秩序擴大一元化的結果。

一、漢唐天下法運作的基本要素及其運作原理

　　漢唐天下法運作時，所依據的基本理論要素，可舉孔子所說的德、禮、政、刑四者作說明。根據此四項基本理論因素處理華夷關係時，再運用結合原理、統治原理、親疏原理、德化原理，予以實現天下秩序。茲將此四項基本理論因素與四項運作原理的關係，作成如下圖示：

附圖7-4　天下秩序運作的基本要素與原理

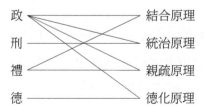

　　此等四項基本理論因素與四項運作原理，到隋唐時期完成天下秩序一元化時，得以充分展開。除不臣地區外，就內臣與外臣地區的正常運作而言，是建立在以中國天子為君、為父，而以天下人民為臣、為子的不對等關係。其圖示如下：

附圖7-5　天下秩序的基本架構

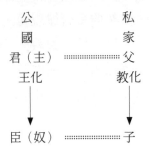

　　君臣關係是公的關係，這是戰國時代新官僚制度形成後的政治關係，其原型則為封建時期貴族家內的主奴關係。《唐律疏議‧名例律》「十惡」條一曰：「謀反。」《疏》議曰：

> 案《公羊傳》云：「君親無將，將而必誅。」謂將有逆心，而害於君父者，則必誅之。《左傳》云：「天反時為災，人反德為亂。」然王者居宸極之至尊，奉上天之寶命，同二儀之覆載，作兆庶之父母。為子為臣，惟忠惟孝。乃敢包藏凶慝，將起逆心，規反天常，悖逆人理，故曰「謀反」。

　　此處即規定王者擁有天命，對臣、子而言，是作為「兆庶之父母」，簡稱為「君父」。當唐太宗親征高麗之役歸還時，吐蕃上表說：「聖天子平定四方，日月所照之國，並為臣妾。」（《舊唐書‧吐蕃傳

上》）正是君臣主奴關係的寫照。

二、從隋唐史書〈東夷傳〉實例說明天下法

天下法運行的基本前提，在於天下觀念及天下秩序基本結構的成立。茲將關天下觀念、天下秩序的基本結構，以及天下法運行的要項，簡化爲如下代號：（按，以下諸要項，其實爲根據下述諸實例加以歸納所得，爲說明方便，乃先將結語諸要項，作成如下代號。）

A天下觀念
    A1皇權天命、天子
    A2王土、王臣

B天下秩序的基本結構
    B1君臣（外臣）關係（主奴）
    B2父子關係
    B3不臣之國（兄弟之國、敵國）

C天下法的運行
    C1政（實施冊封制度，進行君長人身統治）
    C2刑（建立華夷秩序，大刑用甲兵）
    C3禮（如朝貢之禮）
    C4德（宣揚王化、教化）

茲依據上列諸要項，檢討隋唐史書〈東夷傳〉諸實例。

例一：隋文帝於開皇初，以靺鞨遣使朝貢，乃下詔書。《隋書》卷八十一〈東夷·靺鞨傳〉曰：

> 開皇初，^{C3}相率遣使貢獻。高祖詔其使曰：「朕聞彼土人庶多能勇捷，今來相見，實副朕懷。^{B2}朕視爾等如子，爾等宜敬朕如父。」對曰：「^{C3}臣等僻處一方，道路悠遠，聞內國有聖人，故來朝拜。既蒙勞賜，親奉聖顏，下情不勝歡喜，^{B1}願得長為奴僕也。」

A天下觀念

B天下秩序的結構

君臣（外臣）關係，如主奴，曰：「^{B1}願得長為奴僕。」

君臣（外臣）關係，如父子，曰：「^{B2}朕視爾等如子，爾等宜敬朕如父。」

C天下法的運行

朝貢之禮，如曰：「^{C3}相率遣使貢獻。」

例二，隋文帝於開皇十年（590），下璽書斥責高句麗侵擾鄰邊的靺鞨、契丹，曰：[37]

> ^{A1}朕受天命，^{A2}愛育率土，^{B1.C1}委王海隅，^{C4}宣揚朝化，^{C2}欲使圓首方足各遂其心。^{C3}王每遣使人，歲常朝貢，^{B1.C1}雖

---

37 此璽書，《隋書·高麗傳》繫於開皇十七年，《通鑑》卷一七八同，但《隋書》卷二〈高祖本紀〉曰：「高麗遼東郡公高陽（按，陽當為湯之誤）卒。」《冊府元龜》卷九六三外臣部〈封冊〉條亦同，《三國史記》卷十九〈高句麗本紀〉亦繫於五九○年（平原王三十二年）。今從開皇十年（590）說。

稱藩附，誠節未盡。**B1.C1**王既人臣，**C4**須同朕德，而乃驅逼靺鞨，固禁契丹，**B1**諸藩頓顙，為我臣妾……**B2**朕於蒼生悉如赤子，**A2**賜王土宇，**B1.C1**授王官爵，**C4**深恩殊澤，彰著遐邇。王專懷不信，恒自猜疑……**B2**蓋當由朕訓導不明。**C2**王之愆違，一已寬恕，今日以後，必須改革。**C2**守藩臣之節，奉朝正之典，自化爾藩，勿忤他國……**A2**普天之下，皆為朕臣，**C2**今若黜王，……王若灑心易行，率由憲章，即是朕之良臣……**C2**昔帝王作法，仁信為先，有善必賞，有惡必罰，四海之內，具聞朕旨。王若無罪，朕忽加兵，自餘藩國謂朕何也！……**C2**慇懃曉示，許王自新耳。**C4**宜得朕懷，自求多福。（《隋書·東夷高麗傳》）

按，高句麗平原王高湯，在北周武帝時遣使朝貢，受封為上開府、遼東郡公、遼東王。隋文帝即位後，遣使來朝貢，進封為大將軍、高麗王。開皇十年（590），高句麗侵擾鄰國事件，導致隋文帝下詔書斥責，這是很典型的中國皇帝的天下秩序論，可包含以下幾項論點：

A天下觀念

天下觀，如曰：「**A1**朕受天命。」「**A2**愛育率土。」

王土、王臣論：「**A2**賜王土宇，**B1.C1**授王官爵。」「A2普天之下，皆為朕臣。」

B天下秩序的結構

君臣關係，如曰：「**B1.C1**委王海隅。」**B1.C1**「王既人臣。」「**B1**諸藩頓顙，為我臣妾。」「**B1.C1**授王官爵。」「**B1.C1**藩附。」

君臣如父子關係，如曰：「**B2**朕於蒼生悉如赤子。」「朕訓導不明。」

C天下法的運行

　　華夷秩序（刑），勵行「君長（藩臣）人身統治」，要求各守本位，堅持仁信，否則有責讓、懲罰等措施。如曰：「**C2**王之愆違，一已寬恕。」「**C2**守藩臣之節，奉朝正之典，自化爾藩，勿忓他國。」「**C2**昔帝王作法，仁信爲先，有善必賞，有惡必罰，四海之內，具聞朕旨。」「**C2**慇懃曉示，許王自新。」

　　朝貢之禮，如曰：「**C3**王每遣使人，歲常朝貢。」

　　王化之德，如曰：「**C4**宣揚朝化。」「**C4**須同朕德。」「**C4**深恩殊澤，彰著遐邇。」「**C4**宜得朕懷，自求多福。」

　　例三，隋文帝開皇十八年，爲何出兵高麗一事，在《隋書・高句麗傳》無說明，但在同時卷八十一〈東夷・百濟傳〉記載文帝下詔給百濟，曰：

> 往歲為**C2.C3**高麗不供職貢，無人臣禮，故命將討之。**C3**高元君臣恐懼，畏服歸罪，朕已赦之，不可致伐。

A天下觀念

B天下秩序的結構

C天下法的運行

　　華夷秩序（刑），較嚴重者爲「失禮入刑」的懲罰行爲。外臣「**C2.C3**不供職貢」，即是「無人臣禮」，也就是無禮。因無禮而討伐，正是所謂失禮入刑原理的運用。但若服罪，則可赦免，所以說：「**C3**高元君臣恐懼，畏服歸罪，朕已赦之，不可致伐。」

　　例四，隋煬帝大業三年（607），倭國遣使朝貢，發生有名的國

書事件。《隋書》卷八十一〈東夷‧倭國傳〉曰：

> 大業三年，**C3**其王多利思比孤遣使朝貢。使者曰：「聞海西
> 菩薩天子重興佛法，故遣朝拜，兼沙門數十人來學佛法。」
> **B1.C3**其國書曰：「日出處天子致書日沒處天子無恙」云云。
> 帝覽之不悅，謂鴻臚卿曰：「**C3**蠻夷書有無禮者，勿復以
> 聞。」明年，**B1.C1**上遣文林郎裴（世）清使於倭國。

A天下觀念

B天下秩序的結構

　　蠻夷遣使上朝，必須呈遞「國書」，此爲維持天下秩序君臣關係
的必要條件。如曰：「**B1.C3**其國書（下略）。」

C天下法的運行

　　華夷秩序（刑），適用「失禮入刑」原則。倭使所呈上的國書
曰：「日出處天子致書日沒處天子無恙」云云，煬帝看了之後「不
悅」，乃將其國書定位爲「無禮」。根據「失禮入刑」的天下秩序原
則，倭王對天子無禮，情勢嚴重，應予懲罰。以臣子個人而言，出
現這種情況時，常遭極刑；就蠻夷而言，可能要受到討伐，因爲大
刑用甲兵。但煬帝卻只告訴鴻臚卿說：「**C3**蠻夷書有無禮者，勿復以
聞。」翌年，派遣文林郎裴（世）清使到倭國，在禮制，屬於「皇
帝遣使詣蕃宣勞」的「宣諭使」。[38]從煬帝的行事風格而言，不應如
此淡化處理，原因爲何？耐人尋味，史籍亦無線索。以當時的情勢而
言，可能是煬帝另有更重要事務須處理，尤其朝鮮半島問題，乃將倭

---

38 筆者對此事有詳論，參看拙作，〈倭給隋的「無禮」國書事件〉（收入前引拙著《天
　下秩序與文化圈的探索》，中篇第五章），頁160-184。

國問題暫時擱置。

例五，《舊唐書》卷一九九上〈東夷·高麗傳〉

高祖感隋末戰士多陷其地，五年，^{B1.C1}賜建武書曰：「^{A1}朕恭膺寶命，^{A1.A2}君臨率土，祇順三靈，綏柔萬國。^{A2}普天之下，情均撫字，日月所照，咸使乂安。^{B1.C1}王既統攝遼左，世居藩服，思稟正朔，^{C3}遠循職貢。故遣使者，跋涉山川，申布誠懇，朕甚嘉焉。^{A2}方今六合寧晏，四海清平，玉帛既通，道路無壅。^{C2}方申輯睦，永敦聘好，各保疆場，豈非盛美。但隋氏季年，連兵構難，攻戰之所，各失其民。遂使骨肉乖離，室家分析，多歷年歲，怨曠不申。^{C2}今二國通和，義無阻異，在此所有高麗人等，已令追括，尋即遣送；彼處有此國人者，王可放還，^{B2}務盡撫育之方，共弘仁恕之道。」於是建武悉搜括華人，以禮賓送，前後至者萬數，高祖大喜。

此璽書是高祖於武德五年（622），賜給高麗王高建武（榮留王）。

A天下觀念

天命觀，如曰：「^{A1}朕恭膺寶命。」「^{A1}祇順三靈。」（按，「三靈」指天神、地祇、人鬼。）

王土、王臣，如曰：「^{A2}君臨率土，祇順三靈，綏柔萬國。普天之下，情均撫字，日月所照，咸使乂安。」「^{A2}普天之下……。」「^{A2}六合寧晏，四海清平。」

B天下秩序的結構

　　君臣關係，如曰：「**B1.C1**（高麗）世居藩服，思稟正朔，遠循職貢。」「務盡撫育之方，共弘仁恕之道。」

C天下法的運行

　　華夷秩序（刑），各藩應篤守其境，如曰：「**C2**方申輯睦，永敦聘好，各保疆場，豈非盛美。」「**C2**今二國通和，義無阻異。」

　　例六，《舊唐書》卷一九九上〈東夷・百濟國傳〉

　　　　貞觀元年（六二七），**B1.C1**太宗賜其王璽書曰：「**C1**王世為君長，撫有東蕃。海隅遐曠，風濤艱阻，忠款之至，**C3**職貢相尋，尚想徽猷，甚以嘉慰。**A1**朕自祗承寵命，**A2**君臨區宇，**C4**思弘王道，**B2**愛育黎元。**C2**舟車所通，風雨所及，期之遂性，咸使乂安。**B1.C1**新羅王金真平，朕之藩臣，王之鄰國，每聞遣師，征討不息，阻兵安忍，殊乖所望。**C2**朕已對王姪信福及高麗、新羅使人，具敕通和，咸許輯睦。**C2**王必須忘彼前怨，識朕本懷，共篤鄰情，即停兵革。」**B1.C2**璋因遣使奉表陳謝，雖外稱順命，內實相仇如故。

A天下觀念

　　天命觀，如曰：「**A1**朕自祗承寵命。」

　　王土、王臣，如曰：「**A2**君臨區宇。」

B天下秩序的結構

　　君臣關係，如唐太宗賜百濟王武王璽書。又曰：「**B1.C1**新羅王金眞平（眞平王），朕之藩臣。」「**B1**奉表陳謝。」

　　父子關係，如曰：「**B2**愛育黎元。」

C天下法的運行

　　華夷秩序（刑），各藩應篤守其境，如曰：「**C2**舟車所通，風雨所及，期之遂性，咸使乂安。」規勸和睦，如曰：「**C2**朕已對王姪信福及高麗、新羅使人，具敕通和，咸許輯睦。王必須忘彼前怨，識朕本懷，共篤鄰情，即停兵革。」惟由前引文看來，似乎效果不大，所以說：「**C2**（百濟王扶餘）璋（武王）因遣使奉表陳謝，雖外稱順命，內實相仇如故。」

　　朝貢之禮，如曰：「**C3**職貢相尋。」

　　例七，《文館詞林》卷六六二〈太宗文皇帝伐遼手詔〉曰：

　　　　B1.C1高麗莫離支蓋蘇文，弒逆其主，酷害其臣。竊據邊隅，肆其蜂蠆。**B1.C1**朕以君臣之義，情何可忍！**C2**若不誅翦遐穢，無以激肅中華。今欲巡幸幽荊，**C2**問罪遼碣，行止之宜，務存節儉。（亦見《全唐文》卷七〈太宗·親征高麗手詔〉、《新唐書》卷二二〇〈東夷·高麗傳〉、《資治通鑑》卷一九七〈唐紀〉太宗貞觀十八年十一月庚子條略同）

A天下觀念
B天下秩序的結構

　　君臣關係，如曰：「高麗莫離支蓋蘇文，弒逆其主，酷害其臣。」「**B1.C1**朕以君臣之義，情何可忍！」按，前者即權臣莫離支蓋蘇文「弒逆其主」（榮留王高建武），屬於臣犯君。該主本受太宗冊封，所以太宗手詔說：「**B1.C1**朕以君臣之義，情何可忍！」

C天下法的運行

　　天下華夷秩序的維持，較嚴重爲「失禮入刑」的處理。太宗以爲

「**C2**若不誅翦遺穢，無以澄肅中華。」此處的「中華」，指中國為中心的天下，乃決定「問罪遼碣」，出兵征討。

例八，《舊唐書》卷一九九上〈東夷·百濟國傳〉

高宗嗣位，永徽二年（651），**C3**始又遣使朝貢。使還，**B1.C1**降璽書與義慈曰：「至如海東三國，開基自久，並列疆界，地實犬牙。近代已來，遂構嫌隙，戰爭交起，略無寧歲。遂令三韓之氓，命懸刀俎，尋戈肆憤，朝夕相仍。**A1**朕代天理物，載深矜湣。**C3**去歲王及高麗、新羅等使，並來入朝，**C2**朕命釋茲讎怨，更敦款穆。**B1.C1**新羅使金法敏奏書：『高麗、百濟，脣齒相依，競舉兵戈，侵逼交至。大城重鎮，並為百濟所併，疆宇日蹙，威力並謝。**C2**乞詔百濟，令歸所侵之城。若不奉詔，即自興兵打取。但得故地，即請交和。』**B1**朕以其言既順，不可不許。昔齊桓列土諸侯，尚存亡國；況**A1**朕萬國之主，豈可不卹危藩。**C2**王所兼新羅之城，並宜還其本國；**C2**新羅所獲百濟俘虜，亦遣還王。然後解患釋紛，韜戈偃革，百姓獲息肩之願，三蕃無戰爭之勞。比夫流血邊亭，積屍疆場，耕織並廢，士女無聊，豈可同年而語矣。王若不從進止，**C2**朕已依法敏所請，任其與王決戰；亦**C2**令約束高麗，不許遠相救恤。高麗若不承命，即**C2**令契丹諸蕃渡遼澤入抄掠。王可深思朕言，自求多福，審圖良策，無貽後悔。」

A天下觀念

王土、王臣，如曰：「**A1**朕萬國之主，豈可不卹危藩。」

B天下秩序的結構

君臣關係，如日：「**B1.C1**降璽書與（扶餘）義慈（義慈王）。」「**B1.C1**新羅使金法敏奏書。」

C天下法的運行

天下法（刑）之一，令各藩篤守其境，規勸和睦相處，這也是高宗即將出兵朝鮮的嚴重警告。如日：「**C2**朕命釋茲讎怨，更敦款穆。」「**C2**乞詔百濟，令歸所侵之城。」「**C2**（百濟）王所兼新羅之城，並宜還其本國；**C2**新羅所獲百濟俘虜，亦遣還王。然後解患釋紛，韜戈偃革。」「**C2**朕已依（新羅使金）法敏所請，任其與（百濟）王決戰。」「**C2**令契丹諸蕃渡遼澤入抄掠。王可深思朕言，自求多福，審圖良策，無貽後悔。」

朝貢之禮，如日：「**C3**（百濟王）遣使朝貢」。「**C3**去歲王及高麗、新羅等使，並來入朝」。

例九，唐玄宗〈敕日本國王書〉[39]

B1敕日本國王王（主）明樂美御德：彼禮義之國，神靈所扶，滄溟往來，未嘗為患。不知去歲何負幽明，**C3**丹墀真人廣成等入朝東歸，初出江口，雲霧斗暗，所向迷方。俄遭惡風，諸船漂蕩。其後一船在越州界，即真人廣成，尋已發歸，計當至國。一船飄入南海，即朝臣名代，艱虞備至，性

---

39 參看張九齡著、劉斯翰校注，《曲江集》（廣州，廣東人民出版社，1986），頁503。此國書又見《全唐文》卷二八七。西嶋定生等，《遣唐使研究史料》（東京，東海大學出版社，1987），頁233亦有收錄。引文第二行「未嘗」，原校注日：「未常」，常當為嘗之誤。第三行「雲霧」，原校注日：「雲雺」，雺常當為霧之誤。倒數第二行「卿及百姓」中間脫「首領」二字，宜日：「卿及首領、百姓」。又，引文中有若干標點，與原校注有異。

命僅存。名代未發之間，又得廣州表奏，朝臣廣成等，飄至
林邑國。既在異國，言語不通，竝被劫掠，或殺或賣，言念
災患，所不忍聞！然則 **C3** 林邑諸國，比常朝貢，朕已敕安南
都護，令宣敕告示，見在者令其送來。待至之日，當存撫發
遣。又一船不知所在，永用疚懷。或已達彼蕃，有，來人可
具奏。此等災變，良不可測。**B1.** 卿等忠信，則爾何負神明，
而使彼行人罹其凶害！想卿聞此，當用驚嗟。然天壤悠悠，
各有命也。中冬甚寒，**B1.B2** 卿及首領、百姓，竝平安好。今
朝臣名代還，一一口具，遣書指不多及。

此國書是唐玄宗開元二十四年（日本天平八年，736），日本第九次
遣唐副使中臣朝臣名代歸國之際，賜給該國王的國書。此次遣唐使以
多治比廣成爲大使，中臣名代爲副使，共有四艘船赴唐。結果歸國時
第一、二艘船遭遇船難。

　　玄宗的國書，是現存唐朝給日本唯一可見到的公文書。由於日
本在隋唐時期無受冊封，其國書形式與受封國不同，此即文首稱呼只
書寫國名及國王姓名，但從張九齡《曲江集》所收唐朝頒賜給受封國
國書之文首稱呼，如給新羅王、渤海王等，其樣式可知如下：職事官
（含兼職）、國名、王姓名，或國名、職事官（含兼職）、王姓名。
其對無受封國王，如護蜜、識匿、勃律、罽賓等，均只稱國名、王
名，或直稱某國王而無署名，如「敕罽賓國王」。足見玄宗此件「敕
日本國王書」，形式上與無受封國之國書無異。

　　但若仔細考察，玄宗的「敕日本國王書」仍有其特別處，此即
稱呼日本國王姓名爲：「主明樂美御德。」再考察日本《養老令》的
《儀制令》，於「天子」條規定：「祭祀所稱」一事中，《義解》
對於「天子」釋曰：「至風俗所稱別，不依文字，假如皇御孫命，

及須明樂美御德之類也。」「皇御孫命」在日本古漢語訓讀爲「スメミマノミコト」（sumemima-no-mikoto），而「須明樂美御德」與「主明樂美御德」只有一字之差，其訓讀皆同爲：「スメラミコト」（sumera-mikoto）。足見「主（須）明樂美御德」即是「天子」稱號的日文訓讀，其與國王姓名無涉。類似這樣的稱呼，又見於《隋書・東夷・倭國傳》曰：「（隋文帝）開皇二十年（600），倭王姓阿每，字多利思比孤，號阿輩雞彌，遣使詣闕。……（煬帝）大業三年（607），其王多利思比孤遣使朝貢。」所謂「阿每」，和訓爲「アメ」（ame）或「アマ」（ama），是天的意思。「多利思比孤」和訓爲「タリシヒコ」（tarisihiko），是男子的美稱。將姓和字合起來，宜解爲「天子」，這是藉漢音表日語，也就是所謂假名。《隋書・東夷・倭國傳》所載倭使呈上給煬帝「無禮」國書的自稱：「日出處天子」的「天子」，是直接使用《養老・儀制令》的自稱，依然無道出國王姓名。[40]如此一來，不論遣隋使或遣唐使，其倭王以及後來的日本國王遣使朝貢時，呈給中國皇帝的國書，其自稱實際上皆無出現姓名，[41]而只是交互使用「天子」的和訓或假名讀法而已。這樣的作法，對當時的中國皇帝而言無異是欺矇，爲何中國當局無發覺？

其因，可能有如下二點：一是從鴻臚寺到皇帝確實以爲隋朝的倭王阿每・多利思比孤與唐玄宗時期的日本國王主明樂美御德，都是不同國王的姓名。隋唐王朝對於蕃國呈上國書的處理，首先必須經過鴻

---

40 筆者對此事已有詳細的探討，參看前引拙著，《天下秩序與文化圈的探索》中篇第五章〈倭給隋的「無禮」國書事件〉、第六章〈隋唐使臣赴倭及其禮儀問題〉。
41 西嶋定生對於此事亦有疑問，以爲是個謎，只是西嶋氏用「天皇」，而非用「天子」。參看西嶋定生，〈講演：遣唐使問題再考〉（收入西嶋定生，《日本歷史の國際環境》，東京，東京大學出版會，1985），頁179。

臚寺仔細檢查相關資料，包括上表給皇帝的國書，通過後才可能觀見皇帝。設若遣唐使在朝廷應答時，被發現其對本國（日本）國王姓名的發音與遣隋使相同時，要如何應變？關於此問題，目前無解。[42]二是唐玄宗朝或以為自隋到唐的倭王或日本國王當同一人在位，期間相差約三十年（600～736或607～736），常理而言，仍然可以接受。

　　無論如何，由於隋唐時期對倭國以及後來所稱的日本國並無給予冊封，同時又有海峽之隔，交通不便，因此，隋唐中國當時對該國的了解可謂有限。雖是如此，中國朝野對日本使者的表現，似發覺有蹊蹺，如《舊唐書‧東夷‧日本國傳》曰：「其人入朝者，多自矜大，不以實對，故中國疑焉。」中國的懷疑，或指朝廷已發覺日本使臣所言多不實。不實的情況，可能包含懷疑日本國王名、字、號在內。

　　前引玄宗頒給日本國王的國書，雖只是禮貌性的存問，依然可以窺知日本國在唐朝天下秩序中的地位。值得注意者有如下幾項：
A天下觀念
B天下秩序的結構
　　君臣關係，此時的日本，因無受唐朝冊封，但仍有履行朝貢之禮，所以屬於唐朝的外臣。唐玄宗給日本國王即用敕書，如「[B1]敕日本國王王（主）明樂美御德」、「[B1‧]卿等忠信」。

　　君臣、父子關係，如國書末之問候語：「[B1‧B2]卿及首領、百姓，竝平安好。」

---

42 漢字在古代日本有三種用法：一、取與日語相當之漢字意譯日語；二、直取漢字義而用日語音讀；三、藉漢音表日語。（參看藤堂明保，〈漢字文化圈の形成〉，頁122，收入岩波講座，《世界歷史》6，東京，岩波書店，1971。）《隋書‧東夷‧倭國傳》的稱呼屬於第一種，唐玄宗「敕日本國王書」的稱呼屬於第三種；第二種用法，是直接用漢字義，所以「無禮」國書所見的「天子」，也有可能是這種用法。因為直接以漢字的「天子」文字表現，觸犯「天下法」，所以往後日本的國書恐無再使用「天子」一詞。

C天下秩序的運行

　　朝貢之禮，如「**C3**丹墀眞人廣成等入朝東歸」、「**C3**林邑諸國，比常朝貢」。

三、「天下法」的主要內容

　　天下法不同於國內法，並無分篇列條的明文規定，所以要詳列天下法的內容是極爲困難。這是因爲華夏與四夷關係，自古以來就隨時發生變化。天下法來自中國，並無循由朝臣草擬、皇帝頒行的程序。重大決策，雖經由朝議，仍由皇帝裁決。平時負責對外政務爲尙書省主客司，對外事務爲鴻臚寺（其下主要有典客署、司儀署分掌事務）。[43]天下法所以來自中國，是因爲傳統中國文明對四夷具有優勢。這個優勢，主要是實力。這個實力，兼具兩項要件，一爲文化優勢，一爲武力強勢，缺一不可；終極表現，仍在兵力。秦漢一統天下以來，二千餘年間，文化優勢一直存在，但武力未必皆爲強勢。武力衰退的時候，此時天下法就無法有效執行，天下秩序自然呈現變形。韓非說：「力多則人朝，力寡則朝於人，故明君務力。」（《韓非子·顯學》）這是「力」說的最露骨說法。若以天下法的基本要素來解時，所謂「力」，主要在於「刑」的執行能力。刑之大曰兵，兵刑實際爲一體兩面，所以兵力是實力的終極表現。但「力」並非以武力爲唯一條件，仍必須兼具文化優勢，《舊唐書》卷一九八〈西戎傳〉末記載史臣曰：「有唐拓境，遠極安西，弱者德以懷之，強者力以

---

43 詳細探討（含中央與地方），參看前引黎虎，《漢唐外交制度史》，第八章〈唐代外交專職機構〉。

制之。開元之前，貢輸不絕。」此處的力，指武力，也就是刑，當是
狹義的「力」；另外尚有「德」，正是文化優勢的總體表現，兩者結
合，方是「力」的正確定義，也就是「力」的廣義解釋。所以德與力
（刑），就是唐朝盛世用以維持天下秩序的二大元素。

　　中國自漢朝以來，由於實施儒教治國，所以儒家學說即成為治
國原理的指導方針。但因漢承秦制，所以法家的治國理論也不是完全
止息，所謂外儒內法恐怕才是實際政治運行最好的寫照。漢唐之間的
政治運作，其實都是在先秦儒法等學說的指引下摸索進行。就天下秩
序而言，《禹貢》的五服理論自然成為最基本的指導原理。天下法也
就在《禹貢》五服理論下，逐漸落實。到隋唐時期，達到具體化。若
以宋眞宗時，王欽若等奉敕編撰《冊府元龜》卷九五六到一〇〇〇的
《外臣部》體例而言，其內容包括：國邑、封冊、朝貢、助國討伐、
褒異、降附、和親、通好、盟誓、征討、備禦、交侵、鞮譯、納質、
責讓、悖慢、怨懟、入覲、強盛、亡滅等。其中具有雙向往來關係
者，如：和親、通好、盟誓、鞮譯（即傳譯）、備禦等；屬於中方單
向作爲者，如：冊封、褒異、責讓、征伐、亡滅等；屬於四夷單向作
爲者，如：朝貢、降附、悖慢、怨懟、入覲等；屬於四夷相互間的關
係者，如交侵等。就華夷雙方所奉行的天下法而言，基本法則，爲德
主刑輔、失禮入刑；具體行事，以冊封與朝貢最爲重要。

　　天下法以政、刑、禮、德四者爲基本要素，由此而展開結合、統
治、親疏、德化諸原理的運作，天下秩序因而得以建立。（參看附圖
7-4）茲就此四要素所引伸的天下法，略作說明如下：

　　(一)政：中國皇帝與四夷君長是建立在「公」的君臣結合關係，
所以有冊封之禮，相對的也有朝貢之禮。中國皇帝透過「公」的冊
封、朝貢之禮，對四夷君長進行「人身統治」。也就是說，中國皇帝
所建立的天下秩序，只是直接控制君長，並不直接統治其人民。就天

下秩序三圈結構而言，在外臣圈最接近內臣圈的一、二圈地區，即是對四夷實施「君長人身統治」的範圍，有別於內臣圈實施「個別人身統治」。尤其對冊封國君長，其即位須獲得中國皇帝的冊立，薨逝時，中朝也常廢朝舉哀，充分展現天下法中的君臣關係。外臣圈可以再細分為若干層次，其最接近內臣圈的第一層，即羈縻府州地區，就《新唐書‧地理志》所載，共有羈縻府州八百五十六，當是玄宗開元時期極盛的狀態。此等府州的首長，多為世襲，且貢賦版籍多不上戶部，而直接接受邊州都護、都督掌管，與內地府州制度有異，可說是「外臣的內臣化」地帶，如朝鮮半島的三國，以及統一後的新羅。第二層為有封有貢的四夷，如吐蕃、康國等。第三層為無封有貢的四夷，如倭及後來的日本、林邑、大食等。因此，由「政」的要素來看傳統中國的對外關係，以「冊封體制」的觀念並不能充分說明天下秩序。易言之，四夷君長受中國皇帝冊封者其實是少數，在三圈天下秩序當中，屬於第一、二圈；尚有較多數無封有貢的第三圈。

「公」的君臣關係，在原始意義上，屬於私的家內主奴關係。如例一所示：「[B1]願得長為奴僕」；例二所示：「[B1]諸藩頓顙，為我臣妾」。此事也見於遊牧部族，例如開皇三年（583），隋文帝打敗突厥後，突厥稱臣，隋文帝派遣長孫晟、虞慶則持璽書前往，此時突厥沙鉢略可汗問其屬下說：「何名為臣？」報曰：「隋國稱臣，猶此稱奴耳。」沙鉢略說：「得作大隋天子奴，虞僕射之力也。」（《隋書‧北狄‧突厥傳》）這些例子，說明君臣關係的原始意義即是主奴關係。

由於中國皇帝不直接統治臣服的外臣人民，但是外藩人民在中國本土犯法如何處理？唐律對於此事，作了相當先進的規定。此即唐律《名例律》「化外人相犯」條（總48條）曰：「諸化外人，同類自相犯者，各依本俗法；異類相犯者，以法律論。」《疏》議曰：

　　「化外人」，謂蕃夷之國，別立君長者，各有風俗，制法不
　　同。其有「同類自相犯者」，須問本國之制，依其俗法斷
　　之。「異類相犯者」，若高麗之與百濟相犯之類，皆以國家
　　法律論定刑名。

此處將唐朝境內的化外人，分為同類與異類兩種，同類相犯，依本
俗法斷之；異類相犯，依唐律為斷。這樣的立法原則，相近於現代
國際私法觀念的所謂「屬人主義」與「屬地主義」。**44**前者（屬人主
義），何以說同類相犯，依本俗法斷之？《疏》議的解釋，是因為蕃
夷之國，已各有君長，各有風俗，制法也不同，所以中國尊重其俗。
這樣的立法原理，可說源自古禮的規制，《禮記・王制》曰：「中國
戎夷，五方之民，皆有性也，不可推移。」所以歷來的對外政策，是
逐其性而已。關於後者（屬地主義），指唐朝的法律，行用於「化
內」之地，所有人自須同受國法（唐律）約束，唐太宗名言：「自古
皆貴中華，賤夷、狄，朕獨愛之如一，故其種落皆依朕如父母。」**45**
寓有此意。其實前引例二隋文帝給高句麗王的璽書亦云：「朕受天
命，愛育率土，……朕於蒼生，悉如赤子，……普天之下，皆為朕
臣。」**46**所以理論上，天下之人都是中國皇帝的赤子、臣妾，當然包

---

44 參看陳惠馨，〈《唐律》化外人相犯條及化內人與化外人間的法律關係〉（收入陳惠
　　馨，《傳統個人、家庭、婚姻與國家——中國法制史的研究與方法》，臺北，五南圖
　　書出版公司，2006），頁284-308，尤其頁306。文中論及德國《普魯士邦法典》的發
　　展過程，於頁304作結論說明：「德國刑法制度中，關於《刑法》如何對於化外人或
　　外國人發生效力的規定是近兩百年開始逐漸發展的，其有了現代刑法的形式是在一百
　　來的發展。這個發展其實也是在德國國家逐漸形成的過程中，因應社會及時代的發展
　　而產生的。」唐律的規定，以今日看來雖有些不足，但就當時而言，實具有先進性、
　　精密性。
45 《資治通鑑》卷一九八貞觀二十一年五月庚辰條，頁6247。
46 《隋書・東夷・高麗傳》。

括夷、狄，唐律以此君父、臣子理念入律，正是藉人倫親疏關係促進
民族和諧的表現。

明、清律改採屬地主義，而規定：「凡化外來降人犯罪者，並依
律擬斷。」（明、清律《名例律》「化外人有犯」條），越南的《皇
越律例》亦同。[47]這是明朝建立以後，有意強化國家管轄的地域觀念
和司法主權觀念。[48]惟由明、清兩朝實際執行看來，原則上仍依唐律
規定辦理。[49]也就是說，以唐律爲代表的涉外規定，基本上尊重各民
族的「風俗、制法」，這就是傳統時代能透過法律而使複合民族的中
國歷經變亂仍能存續至今，同時將東亞諸農耕國家結合爲同一法系的
重要理由。其後，沿襲此項規定者，包括《日本律》、《宋刑統》、
《遼律》、《金律》、《高麗律》、《安南黎律》等。

(二)刑：就字義而言，刑也可解爲「法」、「律」，它是執行天
下法最重要的依據。平時刑的秩序，是要求四夷君長各守土境，各率
其性。遇有四夷不和睦，或相互交侵，中國天子會先責讓君長，藉以
勸和。如屢戒不聽，有封爵者給予撤銷封爵，嚴重者有征伐，所謂
「大刑用甲兵」（《國語‧魯語上》）。如例二所示，天下「法（憲
章）」，包含賞、罰。在天下秩序觀念下，兵刑合一，尤其是天子親
征，不能純粹用現代軍事觀念來解釋這種用兵，這一點非常重要。

中國天子出軍，隣近蕃國有從征義務。例如隋煬帝大業八年征高

47 以上參看仁井田陞，《補訂‧中國法制史研究：刑法》（東京，東京大學出版會，
　1980補訂版，1959初版），頁418。
48 參看蘇欽，〈唐明律「化外人」條辨析〉（《法學研究》18-5，1996），頁149。
49 仁井田陞，《補訂‧中國法制史研究：刑法》，頁414；愛德華（R. Randle
　Edwards）著，李明德譯，〈清朝對外國人的司法管轄〉（收入高道蘊等編，《美國
　學者論中國法律傳統》，北京，中國政法大學出版社，1994），頁416-471。清代對
　蒙古的統治，另訂有《蒙古例》，其適用方式，大致採用屬人主義。參看島田正郎，
　〈清律‧名例「化外人有犯」條と蒙古例〉（日本明治大學法律研究所《法學論叢》
　54-5，1982），頁1-38。

麗，有處羅可汗率西突厥兵（《隋書・北狄・西突厥傳》）、南蠻南平獠酋長眞率部落（《新唐書・南蠻・南平獠傳》）從征。唐太宗貞觀十八年（644）十二月，親征高麗時，下詔「新羅、百濟、奚、契丹分道擊高麗」；而薛延陀也請發兵助軍，太宗反而不許可。（《資治通鑑》卷一九七）關於新羅從征一事，韓國學者常說是「唐羅聯軍」，其實從《文館詞林》所收〈貞觀年中撫慰新羅王詔〉一首看來，[50] 其曰：「早令纂集應行兵馬，並宜受張亮等處分……王（按，指善德女王）早著迺誠，每盡藩禮，……所遣之兵，宜簡精銳，破賊之日，若能立功，具錄聞奏，當加褒獎。」此詔書顯然爲君對臣的口吻，並無「聯軍」對等性質。

(三)禮：主要爲朝貢之禮。蕃國朝貢使節團進京，自地方到中央政府都有一定的程序規定。蕃國除須具備信物（驗證）、上表文（國書），以及呈上貢品外，其進京人數亦須經過核准。朝貢使節團手續具備，自邊境進京時，中國各級政府自應依據禮數接待。使節團朝見皇帝時，依「等位」、「蕃望」上朝。回程時，鴻臚寺依其貢品估價結果，上奏回賜物品，此時爲表現大國風範，通常都會超越原價回賜。所以蕃國朝貢中國，若僅就表面看禮物交換一事，似有類似交易、貿易，蕃國頗爲划算，但在中國卻是賠本生意。中國所以有回賜禮物，其實是依禮行事，這就是《禮記・曲禮》所說的：「禮尚往來。往而不來，非禮也；來而不往，亦非禮也。」而且是厚往薄來。所以朝貢要嚴守禮儀，其貢品意義相當於國內法的租稅，並非行商。貿易一事，另有互市規定，不可混爲一談。學界常稱朝貢爲貿易，而曰：「朝貢貿易」，就外蕃而言，或許有此意，但就中國看來並非如

---

50 參看羅國威整理、唐・許敬宗編，《日藏弘仁本文館詞林校證》（北京，中華書局，2001），頁252-253。

此。朝貢是履行天下法的臣禮，適用臣對君的上下禮儀。例如前引唐太宗給新羅善德女王的詔書中，提及「每盡藩禮」，主要指新羅都能夠按時朝貢。若有違背禮制，嚴重者即構成無禮，如前引例四的「無禮」國書事件。對於這種情形，通常會依「失禮入刑」原理懲罰，必要時動用兵刑，例如前引例三曰：「高麗不供職貢，無人臣禮，故命將討之。」此即說明四夷君長若無修職貢，同時對中國皇帝構成無禮的嚴重情事，則有征討之舉。

(四)德：德指中國天子之德化。理論上，中國天子具有聖德，所以《禮記・經解》說：「天子者，與天地參，故德配天地。」然則何謂德？朱子集注《論語・述而》孔子曰：「志於道，據於德，依於仁，游於藝。」而釋曰：「德者，得也，得其道於心而不失之謂也。」也就是執守著道於心。朱子又於《論語・爲政》集注孔子論爲政的德禮政刑四要素，釋曰：「政者，爲治之具；刑者，輔治之法；德、禮則所以出治之本，而德又禮之本也。」此處又進一步將德釋爲禮之本，所以德、禮二者實是先秦儒家論政的根本所在，也可說是中華文化的精華所在。這樣的文化昇華，理論上是由中國天子來代表，而成爲具有天命的君父。

中國天子因具有聖德，所以天下臣民應接受其王化（君）、教化（父）的恩澤。璽書中所謂「宣揚朝化」、「朕德」、「深恩殊澤，彰著遐邇」、「自化爾藩」等，均是此意。中國天子同時又以家父身分君臨天下，天下之人都是他的子民，所以政治秩序，除公的君臣關係外，另一方面也建立在「私」的家人關係（或曰家人之禮），因而講求爲父之愛育及訓導，此時之君主即等同家父。以天子立場而言，可稱爲王化；以家父立場而言，可稱爲教化。前者爲公的身分，後者爲私的身分，所以中國天子的詔書，常因公私身分兼備，其書式也就兼具公式與尺牘體裁，讀來別具人情味。尤其是詔書末常有時令問候

語，如前引唐太宗〈貞觀年中撫忍新羅王詔〉末曰：「春序稍暖，
想比無恙，境局之內，當並平安。自外並元表所具，並寄王信物如
別。」即使賜給無冊封的日本國王敕書，如例九曰：「卿及首領、百
姓，竝平安好。今朝臣名代還，一一口具，遣書指不多及。」均是典
型的例子。

結　語

　　傳統天下秩序理論的基本要素，在於孔子所說的政、刑、禮、德四要素，循由結合、統治、親疏、德化四原理，依據《禹貢》等經典規定，由近及遠展開天下秩序。因此，天下秩序的基本結構，在《禹貢》五服制度影響下，形成以京師為圓心，而締建三大圈結構。三大圈之內圈為甸服（王畿），中圈為侯服、綏服，外圈為要服、荒服。隨著秦漢統一天下，以及漢以後確立儒教治國，於是儒教主義乃成為天下秩序以及「天下法」運作的指導方針。到隋唐時期，建置完備的一元化天下秩序。

　　自先秦至隋唐的變化，最值得注目的，就是甸服、侯服、綏服三服的內臣化，而要服則畫入外臣地區，荒服以其荒遠，飄忽不定，列為不臣地區，[51]但仍設法予以外臣化。外臣地區，到唐朝完成一元化天下秩序時，又可細分為羈縻府州地區（有封有貢）、有封有貢地區、無封有貢地區。唐朝的羈縻府州地區，實際上可說是「外臣的內臣化」地帶。所以秦漢大一統以後，直至隋唐時期所完成的天下秩序，表面上雖具備三大圈結構（內臣、外臣、不臣），實質上則朝向「無不臣者」的一元化天下秩序目標發展。易言之，將內圈的內臣區不斷擴大，並將外圈不臣的要服編入中圈的外臣區，且更加細分化，這是中國國力強盛的正常狀態。一旦國力衰微、分裂，一元化天下秩序遂呈現變形，而成為數個小天下。雖是如此，一元化政治秩序目標，終始是有為的統治者所要追求的政治理想。房玄齡於貞觀二十二年（648）臨終上諫表，曰：「臣聞兵惡不戢，武貴止戈。當今聖化

---

51 班固《白虎通》卷七「王者不臣」條，謂王者所不臣者三，此即：「二王後、妻之父母、夷狄也。」此處的夷狄，指：「與中國絕域異俗，非中和氣所生，非禮義所能化，故不臣也。」就《禹貢》五服而言，正是荒服之地。這樣的看法，似乎漢朝以後較為成熟。

所覃，無遠不屆，洎上古所不臣者，陛下皆能臣之；所不制者，皆能制之。」（《舊唐書‧房玄齡傳》）雖是頌揚之詞，但也是唐太宗完成「無不臣者」的一元化天下秩序目標的最佳例子。

今人每以近代國際法原理苛責滿清應付外夷之失態，殊不知滿清入主中國，而肯用中國傳統對外統治原理以應付其他外夷，足見中國傳統統治原理在當時仍有其存在之理由。其所以發生衝突，在於東西雙方的歷史發展背景不同。至謂何種體制較優？事涉主觀判斷，不在拙文範圍。此時或許有人會問：採用這樣的政治秩序原理來約束四夷，真的有效嗎？這個問題，不但今日我們常感懷疑，就是當時人一樣也有提出懷疑，只是從當時的立場而言，應該說是最符合傳統而且最有效的方法。

維持天下秩序最具體的法則，此處暫且用「天下法」稱之。因為無編撰如國內法的法典，所以研究困難。雖是如此，學界有用「國際法」稱之，筆者以為兩者有別，不宜借用。由於天下法來自中國，要使「天下法」有效實施，必須以中國強盛為前提，也就是以武力為後盾。正常情況下，天下秩序的基本架構，若以唐朝為例，則建立在君父、臣子（公私）的基本關係圖式；和親的舅甥關係，可說是這個架構的延伸發展。當國力衰微時，這種政治秩序就無法維持，勢必要有所抉擇，從五代兩宋的歷史發展看來，正面上是從私的父子關係加以調整讓步，不得已才採用公的稱臣方式對應。到明清重建一統天下時，終於可再重申這種政治秩序。天下秩序因為具有公、私關係，所以政治行為也就較有人情味。遇有外臣悖慢或無禮，乃至敵國入侵，在刑的要素運用下，始終無發展出今日令人髮指的強國暗殺行為，可說是東方傳統政治的一大特色。

政治關係不外是「力」的展現，自秦漢以迄明清，天下秩序隨著政局的興衰，而呈現伸縮不一。雖是如此，中國諸王朝依然致力於締

建天下秩序，長達二千多年，其背後的支撐力量，就是文化能夠保持優勢。就此一歷史事實而言，不容抹煞其存在。凡是存在就有它的道理，可惜吾人對於此一歷史事實，一直缺乏深入研究，拙稿或有助於一思。

第八章　中華法系

前　言

　　所謂法系，指法的體系或法文化圈。在近代以前的法系，有諸種分類，五大法系說是較多用法，此即中華法系、印度法系、伊斯蘭教法系、大陸法系、英美法系。[1]中華法系是適用於東亞地區，此處的東亞地區，除中國本土外，包括今日的日本、朝鮮，以及後來獨立的越南。因為是以中國法律體系為藍本，所以稱為中華法系（或中國法系），又稱為中國法文化圈。

　　中國法律體系的發展，最基本為律與令。這樣的律令制發展，到唐代臻於成熟。以律典而言，相當於今日的刑事法典，包含總則性規定，一般刑責，以及對少年、老年的特別規定、社會防罪、告訴乃論，乃至國際刑法等，較之今日刑事思潮，並不遜色；以令、格、式而言，相當於今日行政法典，將政府組織與職能，以及政府與人民的關係等，均予以法制化，這是官僚政治的一大進步。

　　正當此時，朝鮮半島上的新羅與隔海的日本努力建設國家，乃大量攝取唐朝律令制度。可惜今日有關新羅法制史料的遺存極少，尚幸日本保存了大寶、養老令以及律的殘卷，尤其是《養老令》。正巧地，唐令大多散佚，而律文差不多保存。因此，藉唐律可使日本《養老律》獲得相當程度的復原；而藉日本大寶、養老令，也可使唐《永徽令》、《開元前令》獲得相當程度的復原。這種互補工作，正是當日文化交流的結果。

　　整體而言，七、八世紀之際的東亞，已自成一歷史世界，這個世界是以中國文化（或曰漢字文化）的普遍性存在為其特徵；其普遍要

1　有關「法系」學說史介紹，參看楊鴻烈，《中國法律在東亞諸國之影響》（上海，商務印書館，1937；臺北，臺灣商務印書館，1971臺一版），頁1-35。最近之介紹，參看張友漁主編，《中國法學四十年》（上海，上海人民出版社，1989），頁112-116。

素之一，就是律令制度的行用。其後，儘管中國有宋、元、明、清諸朝的遞嬗，朝鮮半島也有高麗王朝、朝鮮王朝的更替，日本進入武家政治時代，越南自十世紀中葉脫離中國，在建國過程中，也出現幾個王朝。凡此地區（或曰東亞世界）的政治變遷，皆不影響律令制度的攝取。

例如高麗王朝的法制，是採用唐制；李氏朝鮮時代，是採用大明律，並做《大明會典》編纂《朝鮮經國典》、《經國大典》等。日本諸藩的法條，乃至明治維新後的《暫行刑律》、《新律綱領》、《改定律例》等；越南阮世祖的《嘉隆皇越律例》、憲祖的《欽定大南會典事例》等；以及琉球尚穆的《科律》、尚泰的《法條》等，均做自明法或清法。所以中華法系在七、八世紀之際，隨著中國文化圈的成立，已在東亞地區形成。自此以後，一直持續到近代為止。[2]

「中華法系」一詞，在學界應有共識，雖然日本學界多用「中國法文化圈」。中華法系是以中國法律（尤其是律典）為母法而適用於東亞地區諸國。七、八世紀之前的東亞各國法律，都是屬於中華法系的醞釀時期，但以中國法律最為先進。中國在大一統之後，法律演變過程，大致是秦朝為法家化法典，漢以後法典逐漸儒教化，魏晉更具體進行，至隋唐而完成儒教化法典，呈現於律、令、格、式諸法典。《四庫提要》對《唐律疏議》的說明，提到：「論者謂唐律一準乎禮，以為出入得古今之平。」這是最簡單而且具體指出唐律的特質，學界經常引述，也就是具有共識。只是由此出發，再詳論中華法系

2　概略說明參看島田正郎，《東洋法史》（東京，東京教學社，1962三版），第一部第二章。東亞個別事例之比較探討，詳見仁井田陞，《補訂：中國法制史研究》（東京，東京大學出版會，1980補訂版），全四冊。

的特質或價值時，就言人人殊。[3]就這個問題而言，「中華法系」的
概念，實有再深入探討的必要，拙稿於只由立法原理出發提供一點淺
見。

---

3 參看張中秋編，《中華法系國際學術研討會文集》（北京，中國政法大學出版社，
  2007），所收諸文；尤其張晉藩，〈中華法系研究的回顧與前瞻〉，頁3-13。

第一節　中華法系基本立法原理試析

　　關於中華法系的特質或價值的認識，當來自中華法系特有的立法原理。這個立法原理，在法系當中是屬於共通要素才能成立，惟學界似較少討論。雖是如此，仍可由探討中華法系的諸特質中理解，例如陳顧遠、張晉藩以爲「儒家學說是締造中華法系的靈魂」、[4]高明士以爲「倫理化的法典」爲中華法系特質之一、[5]劉廣安是「以禮爲本」作爲中華法系的基本特點、[6]王宏治以爲「經學」是中華法系的理論基礎、[7]張中秋以爲「中國法律文化原理在形式上是道，實質上是德，合稱爲道德原理」等。[8]諸說看似不一，其實都包含以禮爲本的規範在內。最近蘇亦工進而有〈唐律「一準乎禮」辨正〉一文，詳論唐律所據之「禮」是唐禮，亦即秦漢以來繁衍變異的禮。這種禮及其所代表的價值觀念，或稱之爲「禮教」，或稱其爲「名教」，構成了秦漢後歷代帝制王朝的官方正統（或稱之爲「政統」），而與孔子所倡導的禮已有實質的差別。[9]

　　拙稿此處所說的中華法系基本立法原理，仍主張「以禮爲本」，也就是採用上述《四庫提要》的說法，在這方面，與學界一般說法並無二致，但對禮的內涵，擬提出另一種看法，或可供參考。

4　陳顧遠，〈中華法系之回顧及其前瞻〉（收入陳顧遠，《中國文化與中國法系》，臺北，三民書局，1969初版，1977三版），頁202；又收入范忠信等編校，《中國文化與中國法系——陳顧遠法律史論集》，北京，中國政法大學出版社，2006，頁543）；前引張晉藩，〈中華法系研究的回顧與前瞻〉（頁8）。

5　高明士，〈也談中華法系〉（收入前引張中秋編，《中華法系國際學術研討會文集》），頁20。

6　劉廣安，〈中華法系特點的發展〉（收入前引張中秋編，《中華法系國際學術研討會文集》），頁24。

7　王宏治，〈經學：中華法系的理論基礎——試論《唐律疏議》與經學的關係〉（收入前引張中秋編，《中華法系國際學術研討會文集》），頁50-64。

8　張中秋，《中西法律文化比較研究》（北京，法律出版社，2009四版），頁413。

9　蘇亦工，〈「唐律「一準乎禮」辨正〉（《政法論壇：中國政法大學學報》24-3，2006.5），頁116-141。

一、禮之三義

從先秦以來到兩漢時，禮的發展，可歸結爲以下三方面：此即禮之義、禮之儀、禮之制。禮之儀、禮之制，《禮記・樂記》則稱爲「禮之器」，其曰：「簠簋俎豆，制度文章，禮之器也。」但爲便於說明起見，仍析爲禮之儀、禮之制。

所謂禮之義，指禮的義理；所謂禮之儀，指禮的儀式；所謂禮之制，指禮的制度，《禮記・仲尼燕居》引孔子曰：「制度在禮。」以漢代整理而成的禮典而言，禮之儀主要見於《儀禮》，禮之制主要見於《周禮》，詮釋禮之儀、禮之制而成爲禮之義者，主要見於《禮記》。關於禮的這三種內涵，學界常就某一方面討論，尚乏對此三方作宏觀討論，因而不能充分掌握禮的全貌。[10]秦漢以後，在專制皇權影響下，三者當中，以禮之儀、禮之制較有新的發展，而成爲皇權的包裝，進而典制化。至於禮之義，除隱含於禮之儀、禮之制外，亦被吸納入律典（或曰法、刑）。以下擬就禮之義、禮之儀、禮之制三方面，再略爲探討禮的內涵。

關於禮的起源及禮儀的產生，陳顧遠以爲：「禮肇於俗，而生於祭。」又說：「俗又因何而進化爲禮？此係經過古代祭儀及周初『禮制』段落，而始達於儒家所創的禮，具有統一規範性質，與法家所尚

---

10 初步就禮之三義作說明，當推張壽安，惜無進一步解析。張氏指出：禮用現代的話說，包括三部分：一是禮制（典章、制度），指國家、社會、家族的組織和規範；一是禮儀（儀文、節式），指婚冠喪祭等特定典禮的儀式；一是禮義（價值、道德），指在制度儀文之上的倫理準則和價值取向。其引用馬宗霍：《中國經學史》（臺北，臺灣商務印書館，1972），說明三禮之性質，而謂：《儀禮》爲禮的本經，所論乃人倫鄉黨之倫理規範和生活習俗；《周禮》所論多爲立國之典章制度，《禮記》則是關於禮之理論的討論。參看張壽安，《以禮代理——凌廷堪與清中葉儒學思想之轉變》（臺北，中央研究院近代史研究所，中央研究院近代史研究所專刊(72)，1994），頁4。

的法分庭相抗。」[11]這是最簡明闡述禮的起源與禮之儀的產生。陳氏並引《禮記‧祭統》曰：「凡治人之道，莫急於禮。禮有五經，莫重於祭。」又引《禮記‧昏義》曰：「夫禮……重於喪祭。」[12]而曰：「由祭儀所表現之禮，實質上不外禮之儀，禮之文，禮之容，禮之貌，對於禮之義，禮之質，禮之實，禮之節尚未發現。」[13]此說堪稱卓見，以下所述禮之義、禮之儀、禮之制，實受陳氏說啓發甚大，讀者可以細讀。

　　禮既然由俗而生，進而產生規範作用，首先出現的就是禮之儀，這是《儀禮》的由來。但《禮記‧郊特牲》曰：「禮之所尊，尊其義也。失其義，陳其數，祝史之事也。故其數可陳也，其義難知也。知其義而敬守之，天子之所以治天下也。」所謂「數」，就是前述禮之儀。如果只講究禮之儀，而不知禮之義，那是「祝史之事也」。〈郊特牲〉此處格外重視禮之義，所以說：「禮之所尊，尊其義也。」天子要治天下，必須「知其義而敬守之」。陳顧遠舉《左傳》兩件故事，一是女叔齊評晉侯至齊只知其儀，而曰：「是儀也，不可謂禮。」另一是子太叔評趙簡子所行之禮，亦曰：「是儀也，非禮也。」[14]此即專尚儀文，有失禮的精神，也就是少了禮之義。歐陽修在《新唐書‧禮樂志》序說：「自漢以來，史官所記事物名數、降

---

11 陳顧遠：《中國法制史概要》（臺北，三民書局，1964初版，1977五版），頁362。
12 陳顧遠在這兩則引文均有誤，前者謂引自《禮記‧祭儀》，實則「祭統」；引《禮記‧昏義》曰：「夫禮，重於祭祀。」祭祀為「喪祭」之誤。又，范忠信等編校，《中國文化與中國法系——陳顧遠法律史論集》（北京，中國政法大學出版社，2006），〈法與禮之史的觀察〉，頁386，此二處之引文仍無校正，特記於此，以免再誤轉引。
13 參看前引陳顧遠，《中國法制史概要》，頁363。
14 女叔齊之評論，見《左傳》「昭公傳五年」條；子太叔之評論，見《左傳》「昭公傳二十五年」條。又，陳顧遠引女叔齊之評論，曰：「是儀也，非禮也」，經查原文，此說有誤。

登揖讓、拜俛伏興之節，皆有司之事爾，所謂禮之末節也。然用之郊廟、朝廷，自搢紳、大夫從事其間者，皆莫能曉習，而天下之人至於老死未嘗見也，況欲識禮樂之盛，曉然諭其意而被其教化以成俗乎？嗚呼！習其器而不知其意，忘其本而存其末，又不能備具。」就是指責漢唐之際，但用禮之末節，習其器，用其儀，而不知禮意，遑論教化，可謂忘本。所謂不知禮意，就是不知禮之義。

陳顧遠又說：

> 於是經書中，專記儀之事，稱為儀禮，另在禮記中有昏義冠義等篇，以明其義。又如明律中之禮律，分祭祀儀制兩篇，乃關於違反禮之儀之制裁；若問違反禮之義之制裁何在？惟有答曰：吏戶兵刑工各律中，皆有其事也。儀與禮既已分開，禮遂成為國家社會統一之規範，除其中一部分可認為當代社會意識之結晶以外，如宋代之貞節觀念是；另一部分則與現代政事法民事法之精神相當，無往而不及矣。惟關於刑事法另有律以當之，而且由儒家觀之，失於禮而入於刑，自不歸於禮之範圍。

此處所以長引陳氏說，係因學界論禮者，通常無採用此種觀點，但筆者看來，此論甚為重要。陳氏將禮與儀分開而成為國家社會統一之規範時，除作為當代社會意識之結晶外，同時也具有與政事法、民事法之精神，尤其建立秩序原理。這種情況的禮，究竟是什麼性質？陳氏無解。筆者以為意識型態的禮，屬於禮之義；而相當於政事法、民事法之精神者，則屬於禮之制。陳氏無具體區分兩者關係，此其一。

再者，陳氏又據《漢書·禮樂志》，而曰：

　　（儒家）以成年制度表示於冠禮中，以婚姻制度表示於婚禮
　　中，並於喪禮中表示家族及親屬，於軍禮中表示軍法及戰
　　律，於賓禮中表示出國際和平法則，於祭禮中表示宗法社會
　　組織。推而如周禮為紀制度者，禮書或禮志為紀各朝改物立
　　儀者，亦皆以禮是稱，禮也者，廣義之法也，律亦受其支配
　　也。因而在中國往昔數千年間，由儒家立場言之，刑律以
　　外，不再有法，有之，不問其為成文的，非成文的，皆禮
　　也。**15**

　　此處說明先秦以來，依禮而建立制度、法則、組織，乃至律法；記載
典章制度的文獻，如《周禮》、禮書、禮志，也都以禮為名。所以
說：「禮也者，廣義之法也，律亦受其支配也。」從儒家看來，刑律
以外，不再有法，若仍具有規範作用的話，都是禮。這樣的說法，是
就用廣義的禮來解釋，但與上段引文曰：「惟關於刑事法另有律以當
之，而且由儒家觀之，失於禮而入於刑，自不歸於禮之範圍。」邏輯
上略有矛盾。問題在於刑或律中有無禮的要素？上段引文以為律亦
受禮的支配，此段引文則以為「失於禮而入於刑，自不歸於禮之範
圍」。其實刑或律典中仍含有濃厚的禮的要素，上段引文說：「律亦
受其支配也。」是正確的，所謂納禮入律、令，正指此事，尤其是禮
之義，否則所謂「唐律一準乎禮」，將無法解釋。此其二。

　　陳氏第二段引文所舉諸禮，其實都涵蓋在吉、賓、軍、嘉、凶五
禮當中，漢以後的禮書、禮志，也是用此五禮來撰述，基本上屬於禮
之儀與禮之制，尤其是禮之制，陳氏無使用此一詞，所以用廣義的禮

---

15 參看前引陳顧遠，《中國法制史概要》，頁366-367。

來解釋。此其三。

　　以上用三點解析陳氏所論之禮及其問題。其說不外爲禮之儀、禮之制。然則，禮之義爲何？陳顧遠並無正面的解釋，所以立論中不免略見矛盾與不足。此處擬對禮之義再略作說明。

　　禮之義，主要見於《禮記》各篇，尤其冠義以下六篇，即冠、昏、射、鄉、燕、聘諸禮，均加「義」字，更直接陳述《儀禮》諸篇禮儀之義。聘義之後爲「喪服四制」，亦是《禮記》最後一篇，無加「義」字，孔穎達《疏》曰：

> 此不云「喪義」，而云「喪服四制」者，但以上諸篇皆記《儀禮》當篇之義，故每篇言「義」也。此則記者別記喪服之四制，非記《儀禮·喪服》之篇，故不云喪服之義也。

雖是說明《儀禮·喪服》以外的喪服四制，但此篇一開始即曰：

> 凡禮之大體，體天地，法四時，則陰陽，順人情，故謂之禮。訾之者，是不知禮之所由生也。

所謂「大體」，鄭《注》、孔《疏》，均作「法則」之意，指禮的原理原則。這個禮的法則性，包括依循天地自然，取法四時季節，遵照陰陽變化，順應人間感情。簡單說，禮的法則性，在展現天地人間的秩序，所以《禮記·樂記》說：「禮者，天地之序也。」這是禮之義最具體的說明。「喪服四制」所述內容，除四制本身外，仍含有濃厚的禮之義在內，也是就《禮記》所述的禮之儀、禮之制，實含有豐富的禮之義。

　　《禮記·經解》曰：

故朝覲之禮，所以明君臣之義也；聘問之禮，所以使諸侯相
尊敬也；喪祭之禮，所以明臣子之恩也；鄉飲酒之禮，所以
明長幼之序也；昏姻之禮，所以明男女之別也。夫禮，禁亂
之所由生，猶坊止水之所自來也。

此處所舉包括朝覲、聘問、喪祭、鄉飲酒、婚姻等禮，即上自天子、
諸侯，下至社會男女所舉行諸禮，正面看是禮之儀、禮之制，其落實
處，則在於義、敬、恩、序等秩序原理，凡此皆爲禮之義也。再者，
《周禮・地官》「大司徒」曰：

施十有二教焉：一曰以祀禮教敬，則民不苟；二曰以陽禮教
讓，則民不爭；三曰以陰禮教親，則民不怨；四曰以樂禮
（禮字恐衍）教和，則民不乖；五曰以儀辨等，則民不越；
六曰以俗教安，則民不偷；七曰以刑教中，則民不虣；八曰
以誓教恤，則民不怠；九曰以度教節，則民知足；十曰以世
事教能，則民不失職；十有一曰以賢制爵，則民慎德；十有
二曰以庸制祿，則民興功。

所謂「陽禮」，鄭玄注曰：「鄉飲酒之禮也。」所謂「陰禮」，鄭玄
注曰：「男女之禮。」賈公彥《疏》曰：「謂昏姻之禮，不可顯露，
故曰陰禮也。」上述十二教當中之前五教（敬、讓、親、和、等），
可謂爲禮教；後七教（安、中、恤、節、能、爵、祿），可謂廣義的
法教。就五者禮教而言，正是諸禮（含禮之儀、禮之制）之義。
　　《唐律疏議・名例律》「十惡」條（總6條）於第六惡曰「大不
敬」，《疏》議曰：

　　禮者，敬之本；敬者，禮之輿。故禮運云：「禮者君之柄，
　　所以別嫌明微，考制度，別仁義。」責其所犯既大，皆無肅
　　敬之心，故曰「大不敬」。

所謂禮運，即《禮記・禮運》曰：「禮者君之大柄也，所以別嫌明
微，儐鬼神，考制度，別仁義，所以治政安君也。」此意謂「禮」爲
君主治國的根本，所以用來判別是非，明察秋毫，接引鬼神，規定制
度，區別親尊。所以「禮」可說是用來處理政事，鞏固君權。
　　以上是解析禮的意涵，實際包含禮之義、禮之儀、禮之制三方
面，而禮之儀、禮之制也可簡稱爲禮之器，成爲禮之義與禮之器。

二、成文法典與禮──中華法系的共相

　　前引《四庫提要》對《唐律疏議》的解說，已指出固有法的三
大要素，一爲成文法典，如唐律者；一爲「一準乎禮」，一爲「出入
得古今之平」。成文法典爲固有法成爲制定法的形式要件；「一準乎
禮」是基本立法原理；「出入得古今之平」是司法審判的理想目標。
拙稿此處要討論的是作爲立法原理的「禮」。劉俊文有三篇文章論及
唐律與禮的關係，其後統合整理收入其書：《唐代法制研究》。[16]蘇
亦工將劉俊文三篇文章內容作成「唐律與禮之關係略表」。[17]可知唐
律諸篇所引用的「禮」，仍然是以三禮（《儀禮》、《周禮》、《禮
記》）作爲立法指導思想。其中也有屬於「唐禮」者，這是理所當
然。蓋儒家論禮，是允許變禮，如舅甥、嫂叔由無服改小功、父在爲

---

16 參看劉俊文，《唐代法制研究》（臺北，文津出版社，1999），頁77-119。
17 參看前引蘇亦工，「唐律『一準乎禮』辨正」，頁117-122。

母由期改爲齊衰三年等，這樣的變禮條文，在唐朝律令法制條文中終歸少數。而蘇氏接著以一節說明「唐律所援之禮爲唐禮」，似有強調過度之嫌。上舉諸喪服之改制，見於《唐會要》卷三十七「服紀」、《大唐開元禮》卷一三二「五服制度」，以及最近發現《天聖令》的《喪葬令》唐令附「喪服年月」之附2、附8條。[18]惟制度之變動是首見於律令法制，抑或禮典，則有待個別檢討。就以「父在爲母由期改爲齊衰三年」而言，是首見於《垂拱格》（六八五年）；[19]即以劉俊文所引用的《職制律·大祀不預申期》條之「唐禮」而言，雖說是出自《舊唐書·禮儀志》，但仁井田陞《唐令拾遺》則列入《祠令》38條「開七、開二五」，[20]又見日本《養老令》之《神祇令》「月齋」條，文字簡略，內容稍作修正。

以上是對唐朝律令法制條文中引用三禮與唐禮等禮，略作說明。惟三禮與唐禮在法制之作用爲何？有待進一步檢討。如前所述，三禮是立法時的指導思想，其事的確立，當始於西晉泰始律令。《晉書·刑法志》曰：「竣禮教之防，准五服以治罪。」當指此事。《晉書》卷五十「庾純傳」曰：

> （賈充）又以純父老不求供養，使據禮典正其臧否。太傅何曾、太尉荀顗、驃騎將軍齊王攸議曰：「凡斷正臧否，宜先稽之禮、律。「八十者，一子不從政；九十者，其家不從政。」新令亦如之。按，純父年八十一，兄弟六人，三人在家，不廢侍養。純不求供養，其於禮、律未有違也。」

---

18 參看中國社會科學院歷史研究所天聖令整理課題組，《天一閣藏明鈔本天聖令校證：附唐令復原研究》（北京，中華書局，2006），頁360-363。

19 詳細討論，參看拙作：「唐代禮律規範下的婦女地位——以武則天時期為例」（《文史》第四輯，北京，中華書局，2008.11），頁115-132。

20 參看仁井田陞，《唐令拾遺》（日本東京大學出版會，1964覆刻，1933初版），頁206；池田溫等，《唐令拾遺補》（日本東京大學出版會，1997），頁499同條在文字上有若干補正。

此事是晉初賈充欲陷害庾純，但在朝中有一番辯論，上引文爲其中之
一。何曾、荀顗、齊王攸等首先指出禮、律爲斷正臧否之原則，其引
「八十者，一子不從政；九十者，其家不從政。」語出《禮記》之
《王制》、《內則》，也就是所謂的「禮典」；而「新令亦如之」，
正說明西晉泰始令有此條文規定；所謂「其於禮、律未有違也」，
足見泰始律也當有相關律文規範。他們主張庾純並無違反禮（《禮
記》）、律、令之規定，正說明《禮記》是制定泰始律令此條的立法
依據所在。

　　從漢初叔孫通「采古禮與秦儀」（《史記》卷九十九「叔孫
通傳」）制定朝儀以來，至南北朝都有致力於禮典的編纂，但成果
並不甚理想。隋及唐朝前期，才有具體成果，至唐玄宗開元二十年
（732）完成《大唐開元禮》，乃成爲後代制禮的藍本。[21]一般說
來，這些王朝禮典是以五禮（吉、賓、軍、嘉、凶）爲目而制定，其
內容仍以儀注爲主，間有當代變禮規定。這些規定，通常會使律令相
當的條文隨之修改，或終止其效力。蓋敕格在法典位階上是爲最高。
漢唐間的禮典內容，所以著重儀注，一方面是因爲三禮之中，禮之
制、禮之義有較詳之規定，而《儀禮》在適用於帝王專制政體仍有所
不足；另一方面，所謂納禮入律令，即指禮之三義作爲律令基本立法
理，尤其禮之制與禮之義。《儀禮》及當代之儀注，除若干基本規定
外，一般之儀注規定較爲繁瑣，而且分量龐大，屬於細則成分較多，
所以隋及唐朝前期諸禮典，除《貞觀禮》與貞觀律令同時於貞觀十一
年正月頒行外，通常都是律令法典頒行後才完成儀注禮典。這個事
實，說明禮之三義中，以禮之制、禮之義與律令關係最爲密切。以下

---

21 關於漢唐間禮典編纂的經緯，詳細參閱張文昌，《唐代禮典的編纂與傳承——以《大
　唐開元禮》爲中心》（臺北，花木蘭文化出版社，2008），第三章「漢唐間禮典的編
　纂與流傳」。

試舉唐律《雜律》「不應得爲」條爲例，說明禮之制、禮之義與律令關係，以及對東亞諸國制定法的影響。

三、中華法系共相舉隅——試釋律文「不應得爲」條所謂「理」

中華法系的形式要件爲成文法典，如前所述，這個法系當於七、八世紀之際在東亞地區形成。在中國其後有宋、元、明、清諸朝的遞嬗，朝鮮半島也有高麗王朝、朝鮮王朝的更替，日本進入武家政治時代，越南自十世紀中葉脫離中國，在建國過程中，也出現幾個王朝。凡此地區（或曰東亞世界）的政治變遷，皆不影響以唐朝律令制度作爲藍本的攝取。

例如高麗王朝的法制，是採用唐制；李氏朝鮮時代，是採用大明律，並做《大明會典》編纂《朝鮮經國典》、《經國大典》等。日本大寶律令、養老律令是採用唐高宗永徽律令至玄宗開元前期律令，近世諸藩的法條，乃至明治維新後的《暫行刑律》、《新律綱領》、《改定律例》等則採用明、清律；越南陳朝的《國朝刑律》、黎朝聖宗的洪德刑律，是參照唐、明律；阮世祖的《嘉隆皇越律例》、憲祖的《欽定大南會典事例》等，則參照清朝法典；琉球尚穆的《科律》、尚泰的《法條》等，做自明法或清法。所以中華法系在七、八世紀之際，隨著中國文化圈的成立，已在東亞地區形成。自此以後，一直持續到近代爲止。**22**

---

22 早期以楊鴻烈，《中國法律在東亞諸國之影響》（臺北，臺灣商務印書館，1971，1937初版）一書為代表；其概略說明參看島田正郎，《東洋法史》（東京，東京教學

　　唐律最能彰顯情、理（禮）入法的立法原理，當是《雜律》「不應得爲」條（總450條）（含《疏》議）。此條如前所述，可追溯至先秦、漢代，秦律、二年律令皆有「所不當得爲」；其完備條文，或始於《貞觀律》。此後不僅行用至明清律，也成爲中華法系中一直存在的法條。茲作一覽表如下。

附表8-1　中華法系「不應得爲」罪規定一覽表

律典	條文名稱	內容	備註	出處
唐律・雜律	不應得爲條	諸不應得爲而爲之，笞四十；（註：謂律令、無條，理不可爲者。）事理重者，杖八十。 《疏》議曰： 雜犯輕罪，觸類弘多，金科玉條，包羅難盡。其有在律在令無有正條，若不輕重相明，無文可以比附。臨時處斷，量情爲罪，庶補遺闕，故立此條。情輕者，笞四十；事理重者，杖八十。		唐律疏・雜律（總450條）
宋刑統・雜律	不應得爲條	同上	「觸類弘多」因避諱改爲「觸類尤多」	宋刑統・雜律

社，1962三版），第一部第二章。東亞個別事例之深入探討，詳見仁井田陞，《補訂，中國法制史研究》（東京，東京大學出版會，1980補訂版），全四冊。最近有李青，「中華法系爲何成爲東亞各國的母法」（收入前引張中秋編，《中華法系國際學術研討會文集》），頁28-49；張中秋，「從中華法系到東亞法——東亞的法律統統與變革及其走向」（收入前引張中秋編，《中華法系國際學術研討會文集》），頁118-125，均值得參考。

律典	條文名稱	內容	備註	出處
大明律・刑律・雜犯	不應爲條	凡（註：事理有）不應得爲而（註：妄）爲之者，笞四十。（註：謂律令、無條，理不可爲者。）事理重者杖八十。		明朝姚思仁：大明律附例注解
清律・刑律・雜犯	不應爲條	凡不應得爲而爲之者，笞四十；事理重者，杖八十。（註：律無罪名，所犯事有輕重，各量情而坐之。）		大清律例[23]
日本養老律・雜律	不應得爲條	凡諸不應得爲而爲之者，笞四十；（註：謂律令、無條，理不可爲者。）事理重者，杖八十。		（新訂增補）國史大系：律[24]
日本新律綱領・雜犯律	不應爲條	凡律令雖無正條，於情理不應得爲而爲之者，笞三十；事理重者，杖七十。		新律綱領卷5雜犯律
日本改定律例・雜犯律	不應爲條	第二百八十九條：凡二人以上同犯不應爲，爲首者該科以懲役三十日，從者該科以懲役二十日；爲首者該科以懲役七十日，從者該科以懲役六十日。若所犯之輕重有分，以不應輕重之分擬，勿論首從。		

23 田濤、鄭秦點校，《大清律例》（北京，法律出版社，1998），頁540；林咏榮，《唐清律的比較及其發展》（臺北，國立編譯館，1982），「唐清律對照表」，頁805。
24 黑板勝美編，《（新訂增補）國史大系：律》（東京，吉川弘文館，1978），「律逸文」，頁166。按，《養老律》之《雜律》已散佚，此處所錄，係依據石原正明所收「律逸文」。

律典	條文名稱	內容	備註	出處
		第二百九十條： 凡棄毀佛像者，科以不應爲重。 第二百九十一條： 凡流傳及著述詭言怪說、妨害政體者，科以不應爲重。		
韓國統一新羅與高麗王朝刑律	不應爲條	同唐律（？）	「高麗一代之制，大抵皆倣乎唐。至於刑法，亦採唐律，參酌時宜而用之。」	高麗史卷38刑法志
韓國朝鮮王朝刑律	不應爲條	同明律（？）	「用律：用大明律」	經國大典卷5刑典
越南後黎朝洪德刑律	不應爲條	諸不應得爲而爲之，大以徒流論，小以貶罰論。		歷朝憲章類誌·刑律志

　　由唐律檢討「不應得爲」罪，如前所述，黃源盛已有詳論。[25]拙稿此處要說明的，除「不應得爲條」一直存在到晚清外，同時也是近代以前中華法系特有的一個條文。其存在的歷史意義，格外引人注目。正面而言，朝鮮諸王朝的規定同中國，日本《養老律》亦同唐律，但到明治初期的《新律綱領》，量刑較輕，《改定律例》又有更詳規定，爲他國所無。而越南黎朝聖宗洪德刑律（又稱《黎朝刑律》），則爲最嚴。

25 此外，陳新宇，〈繼受與變革——以日本過渡刑律下「斷罪無正條」與「不應爲」的變化爲中心〉（《清華法學》2-3，頁107-118，2008）一文，也值得參照。

　　根據此條，可知中華法系的共相，是以禮（理）作爲立法的基本原理。此外，需要進一步說明者，(一)「理」爲律、令之外第三種斷獄依據。唐律此條註曰：「謂律、令無條，理不可爲者。」指「理」爲律令（並含格式）之外第三種具有法律效力的斷罪依據；(二)傳統儒者對「理」應有共識。律令（並含格式）爲具體條文，「理」與律令不同，屬於抽象概括性，廣義爲道理，狹義爲義理，這是傳統時代儒者的共識；(三)包含情、理、法三者規範性的典型律文。本條《疏》議以「情輕」、「事理重」兩者來解釋律注「理不可爲者」之「理」字。足見本條之「理」字，分爲人理（情）與事理（理）兩者，[26]可簡稱爲情、理，情（人理）爲輕，理（事理）爲重，成爲包含情、理、法三者規範性的典型律文，這是千餘年來能通行於中華法系的理由所在；(四)本條在固有法時期具有存在價值。本條的規範，從近代罪刑法定主義的觀點來評論時，易流爲法官的擅斷，造成冤獄，是其缺陷。這個問題，的確不易否認。但今日法院判刑，從無罪

---

26 錢大群在《唐律疏義新注》（南京，南京師範大學出版社，2007一版，2008二刷；以下簡稱《新注》）對《疏》議曰：「情輕者，笞四十；事理重者，杖八十。」譯文，是：「其情節輕的，處笞打四十；所犯情節重的，處杖打八十。」（參看前引錢大群，《唐律疏義新注》，頁918）此即將「情」與「事理」均譯爲「情節」，可能是對應上下文所作的簡要解釋。但對此條律注所謂「理不可爲者」之「理」，注釋爲：「此處指以儒家倫理思想爲核心的在法理、禮法、道德等方面的評價標準。」另外，錢氏對《名例律》「八議之程序及特權（議章）」（總八條）《疏》議曰：「『議者，原情議罪』者，謂原其本情，議其犯罪。」其中「原其本情」的「情」字，注釋曰：「『情』在唐律中通常用作三種意義：一是當『事實』、『實際』講。二是當盡心、誠心講。如《左傳・莊公十年》：『小大之獄，雖不能察，必以情。』注文：『必盡己情察審也。』三是當『內心』、『情感』講，在律學範疇可指行爲動機、目的等犯罪主觀心態方面。句中之『情』屬這種意義。（參看前引錢大群，《唐律疏義新注》，頁49注6。）《雜律》「不應得爲」條的「情」字，實際也當是上述第三意義作解。由於錢氏《新注》是當今對唐律逐字注解最詳細者，所以詳引於此，以供參考。細按錢氏對情與理的詳細注解，可知兩者之義其實仍有差別，「情」著重當事人的主觀心態，「理」則著重儒家倫理思想的核心價值；情尚須考慮行爲動機、目的，而理則爲正面肯定的倫理價值。這是很重要的提示。

到死刑，或從死刑變成無罪的翻案訊息，並無不新鮮，所以罪刑法定也不是萬靈丹。

今日若要評價本條，有以下三點應注意：(一)存在千餘年的意義。從歷史發展的觀點而言，本條能夠在中華法系地區行用千餘年，其存在的價值不能否認。(二)適用本條有嚴格限定。《疏》議規定得甚為清楚，必須受到以下三個條件的限制：1.在律在令無有正條；2.不能輕重相明；3.無文可以比附。在這樣的限制下，才根據情、理進行「臨時處斷」，應該是極為嚴格。(三)刑度適中。適用本條時，其刑度只有二種：一為情輕者笞四十，一為事理重者杖八十，並不是從笞四十到杖八十可以任意加減。總之，本條立法意旨，在於「庶補遺闕」，目的要讓犯罪者不能逍遙於法外，逃避於天地之間；造成法官擅斷，並非其本意。

第二節　中華法系的特質

　　中華法系的特質為何？茲先檢討楊鴻烈在一九三〇年代對中華法系（楊氏曰中國法系）所下的定義，曰：

> 數千年來支配全人類最大多數，與道德相混自成一獨立系統且其影響於其他東亞諸國者，亦如其在本部之法律制度之謂也。[27]

據此，可知楊氏以為1.法律與道德相混自成一獨立系統；2.影響東亞諸國建立法律制度；3.數千年來支配全人類最大多數的法律系統。這樣的定義，已經約略點出其特質所在，頗為中肯。

　　自一九三〇年代以來，有關中華法系的特質，頗多討論。到一九八〇年代為止，歸納而言，可有三說：(一)三個特點說，此即1.重視成文法；2.以天理作為法的理論依據；3.禮法並重。(二)六個特點說，此即1.以儒家說為基本的指導思想和理論基礎；2.出禮入刑；3.家族本位的倫理法占有重要地位；4.立法與司法集權於中央，司法與行政合一；5.民刑不分；6.融合以漢民族為主體的各民族的法律意識和法律原則。(三)強調民族屬性，而提出禮法結合是其基本特點。[28]

　　一九八〇年代以後，較值得注目的專著，有李鐘聲《中華法系》上下兩冊、[29]張中秋《中西法律文化比較研究》、[30]韓大元《東

---

27 參看前引楊鴻烈，《中國法律在東亞諸國之影響》，頁22。
28 以上參看前引張友漁主編，《中國法學四十年》，頁112-116。
29 李鐘聲，《中華法系》上下兩冊（華欣文化事業中心出版，1985）。
30 張中秋，《中西法律文化比較研究》（南京，南京大學出版社，1999，2001三刷）。

亞法治的歷史與理念》、[31]劉廣安《中華法系的再認識》[32]等。其中張中秋專著第五章第一節〈中華法系的封閉性〉說，雖無直接論及中華法系的特質，但從標題已可略知以「封閉性」作爲簡單而具體的特質，似無不可。此節的結論，指出：「中華法系以血緣集團爲其本位，以倫理爲其特質，這意味著它是一個宗法性的、血緣性的、封閉的法律體系，因此，它勢必隨著宗法社會強盛而輸出、衰落而解體。」[33]由此可知以「倫理」作爲基本特質，亦可成立。其立論重點，在於宗法社會結構所反映的法律文化是「封閉性」，當近代西方強勢文化衝擊宗法社會，而使中華法系的封閉性解體。張氏此處對倫理特質無進一步解釋，但在最近〈家禮與國法的關係和原理及其意義〉一文中，有較詳解析，以爲中國不同於其他法系，在於它的宗法性，表現爲禮教，稱之爲「宗法倫理」。[34]此說值得傾聽。無論如何，有關中華法系的特質，學界迄今仍有不同意見，以下所述三項基本諸特徵，讀者或許可接受。

一、晉唐律為藍本的成文法典

　　就立法的形式而言，訂立以晉唐律爲藍本的成文法典，也就是以儒教化的法典爲藍本，尤其是唐律，當是中華法系的第一個基本特質。就成文法典的性質而言，指它是公布的，具有強制性、權威性；

---

31 韓大元，《東亞法治的歷史與理念》（北京，法律出版社，2000）。
32 劉廣安，《中華法系的再認識》（北京，法律出版社，2002）。
33 前引張中秋，《中西法律文化比較研究》，頁206。
34 張中秋，〈家禮與國法的關係和原理及其意義〉（收入高明士編，《東亞傳統家禮、教育與國法》二《家內秩序與國法》，臺北，國立臺灣大學出版中心，2005），頁14-18。

論其起源，可追溯至春秋以來所見的成文法典。至漢代致力於儒教化，西晉泰始律令（268年）是初次完成儒教化的法典，如《晉書‧刑法志》曰：「峻禮教之防，準五服以制罪。」可爲證明。《三國史記》卷十八〈高句麗本紀〉記載高句麗在小獸林王三年（373），「始頒律令」，其內容不明，但就其時代而言，當做自西晉泰始律令。《三國史記》卷四〈法興王本紀〉記載新羅在法興王七年（520）春正月，「頒示律令」，其內容亦不明，直接有可能受北魏太和令（492）或南梁天監令（503）的影響，間接則有可能源自晉泰始律令（268年）。不論何者，朝鮮半島在四至六世紀所見的「律令」（百濟不明），當是受中國已經儒教化法典的影響而訂立，此爲中華法系重要特質之一。

到唐朝，律令制度發展完備。《新唐書‧刑法志》序云：

> 唐之刑書有四，曰：律、令、格、式。……凡邦國之政，必從事於此三者（按，指令、格、式）。其有所違及人之為惡而入于罪戾者，一斷以律。

這是對唐代法典體系及其性質，作最具體的定義。此即以律代表刑事法典，以令、格、式代表行政法典；而禮的規範，則散見在兩類法典（刑事法典與行政法典）中。違背行政法典者，一律由刑事法典的律典處罰，行政法典原則上不附罰則。這也是晉律以來的立法原則，《晉書‧刑法志》曰：「故不入律，悉以爲令。施行制度，以此設教，違令有罪則入律。」正是此意。

由於春秋以來所出現的成文法典係以法家思想爲主，戰國晚期以來逐漸滲入儒家思想，秦朝法制亦如此。漢代以後儒教化更明顯，至西晉初步完成儒教化的法典，完備於隋唐。含有晉唐律特質的中華法

系成文法典，最值得注目的特徵有二：(一)刑事法典有罪刑法定主義傾向，如唐律《斷獄律》曰：「斷罪皆須具引律、令、格、式正文，違者笞三十。」這是學界常用來舉證隋唐律具有罪刑法定主義特色的證據。但因受到其他律文規定的限制，如上請奏裁、以格破律等賦予皇權至高無上的裁決權，所以皇權實際又可破律，而具有罪刑擅斷主義之一面，使罪刑法定主義無法完全實施，[35]所以只能說是具有罪刑法定主義的傾向。

所謂「法定」，若指經國會通過之法律而言，舊律是無此特色。但舊律設定條文，採取具體、個別規定的方法，以取信於民，防範官司之擅斷，則舊律自有其不同於現代的罪刑法定主義定義，戴炎輝稱認為非從正面規定罪刑法定主義，只從側面令官司斷罪時須引正文而已。[36]日本學界對於唐律乃至於傳統刑律，有無罪刑法定主義的特質問題，素來持謹慎的贊否，不能單純地問其有無，而必須從歷史條件去思考東西方歷史的差異性。[37]最近大陸俞榮根對此問題，作了詳細整理，歸納為肯定說、否定說、介二者之間的第三說，而提出罪刑法定與非法定「和合一體」的新說。所謂「和合一體」，指罪刑法定主義與非法定主義共存、兼有，但兩者並非自相矛盾，或對立雜陳，而是有機地整合在一起，是個和諧體。[38]此說似可列為第四說，

---

35 參看拙著《中國傳統政治與教育》（臺北，文津出版社，2003），55-58。

36 參看戴炎輝，《唐律通論》，頁8-9；戴炎輝，〈中國古代法上之罪刑法定義〉（收入《傳統中華社會的民刑法制——戴炎輝博士論文集》，臺北，戴炎輝文教基金會發行，1998），頁295。

37 各說（包括小野清一郎、仁井田陞、瀧川政次郎、奧村郁三等人）的詳細檢討，參看岡野誠，〈中國古代法の基本的性格——いわゆる「罪刑法定主義」をめぐって〉（收入唐代史研究會編，《中國律令制とその展開——周邊諸國への影響を含めて——》，東京，刀水書房，1979）。

38 參看俞榮根，〈罪刑法定與非法定的和合——中華法系的一個特點〉（收入倪正茂主編，《批判與重建：中國法律史研究反撥》，北京，法律出版社，2002），頁101-144，尤其頁133。

值得重視。惟愚意以爲仍與戴炎輝說有相近之處，可視爲戴說之延伸，故此處取戴說爲據。(二)立法與司法集權於中央，司法與行政合一，民刑不分。這些特點，不外是表現東方的專制主義，中央集權高於一切。[39]日本除武家前期而外，亦充分表現這個特色。其中有關民刑不分一事，歷來都在探討爲何傳統時代無出現一部民事法典？此一命題，就傳統時代的政社會結構而言，實無意義，蓋當時的環境本來就無意要編撰民事法典，因此有關民事部分，散見在律令法制中，所以此處用民刑不分作說明。[40]

至於唐玄宗開元年間所編纂的《唐六典》，一般認爲是第一部有系統的官撰行政法典。[41]此說有待商榷，因它非爲強制性的法典，實際主要是對開元前令的整理，可說是一部制度法典，以供官員處理政務的參考，其淵源來自《周禮》，並影響日後的《會典》。[42]這一類的制度法典，構成中國法制史上另一特色，但不能列入此處所談的成文法典特質。日本在律令法、武家法，乃至明治初期的立法，皆具有

---

39 參看張晉藩，《中國古代法律制度》（北京，中國廣播電視出版社，1992），頁25所述中華法系特點的第四點，前引中華法系三學說當中的第二說，應該就是指張晉藩此說。筆者對其說，只採部分贊同。

40 參看拙作〈隋唐律令的立法原理〉（收入鄭州大學歷史學院編，《高敏先生八十華誕紀念文集》，北京，線裝書局，2006；拙書第八章第一節），頁292。

41 例如張晉藩、李鐵，《中國行政法史》（北京，中國政法大學出版社），〈前言〉，頁2。

42 參看仁井田陞，〈唐六典〉（仁井田陞，《唐令拾遺》，東京，東京大學出版會，一九六四年覆刻發行。初版於一九三三年由東方文化學院東京研究所發行），頁61-65。內藤乾吉，〈唐六典の行用について〉（收入內藤乾吉，《中國法制史考證》，東京，有斐閣，1963），頁64-89。最新的看法，參看奧村郁三，〈唐六典〉（收入滋賀秀三編，《中國法制史——基本資料の研究》，東京，東京大學出版會，1993），頁257-260。前引錢大群、李玉生，〈《唐六典》性質論〉，頁248；錢大群，〈論唐代法律體系與《唐六典》的性質〉、〈再論唐代法律體系與《唐六典》的性質〉（均收入錢大群，《唐律與唐代法律體系研究》，南京，南京大學出版社，1996），頁98-170。

成文法典的特質，[43]雖然各個時代所公布的法典內容與中國同時代法典有所差異，這是國情有別的緣故。

二、則天應時立法設刑

自古以來，既已存在人間行事要合乎自然法則，違反秩序的處罰也不例外。這樣的則天、法天思想，也就是天人合一論，到漢代成爲施政原則。孟子名言：「順天者存，逆天者亡。」[44]是眾所周知的，此處的順天，也就是則天。《漢書‧刑法志》，曰：

> （聖人）必通天地之心，制禮作教，立法設刑，動緣民情，而則天象地。故曰先王立禮，「則天之明，因地之性」也。刑罰威獄，以類天之震曜殺戮也；溫慈惠和，以效天之生殖長育也。書（師古曰：「此虞書咎繇謨之辭也。」）云：「天秩有禮」，「天討有罪」。故聖人因天秩而制五禮，因天討而作五刑。

所謂「制禮作教，立法設刑」，即指施政、制法、行刑，均要「則天象地」，也就是順天應時，因爲王者是「通天地之心」。所以《唐律

---

43 有關日本各時期的立法，最近的研究，可參看國學院大學日本文化研究所編，《律令法とその周邊》（東京，汲古書院，2004）、同所編《法文化のなかの創造性》（東京，創文社，2005）諸論文，尤其是高塩博，〈中國法の受容と德川吉宗〉、高塩博，〈「刑法新律草稿」の發見〉、後藤武秀，《新律綱領の虛像と實像》諸論文（均收入前引《律令法とその周邊》），以及小林宏，〈德川吉宗と法の創〉一文（收入前引《法文化のなかの創造性》）等，論及日本立法與明、清律的關係。

44 《孟子‧離婁》。

疏議・名例律》《疏》議序，首曰：「夫三才肇位，萬象斯分。」又引《易・繫辭上》曰：「天垂象，見吉凶，聖人象之。」也是表明此意。簡言之，施政、制法、行刑，均要合乎天的自然法則。班固《白虎通》卷一「爵」條曰：「爵所以稱天子何？王者父天母地，爲天之子也。」基於此故，陰陽五行原則與自然和諧原則，成爲傳統法律表現其自然主義特徵最重要的兩原則。[45]這樣的立法思想在漢代成熟，到唐代完備。

《漢書・董仲舒傳》記載仲舒對策一曰：

> 王者欲有所為，宜求其端於天。天道之大者在陰陽。陽為德，陰為刑；刑主殺而德主生。是故陽常居大夏，而以生育養長為事；陰常居大冬，而積於空虛不用之處。以此見天之任德不任刑也。……刑者不可任以治世，猶陰之不可任以成歲也。為政而任刑，不順於天，故先王莫之肯為也。

董仲舒於《春秋繁露》卷十三〈四時之副〉進一步解說：

> 天之道，春暖以生，夏暑以養，秋清以殺，冬寒以藏，暖暑

---

45 有關這方面的詳細探討，參看朱勇，〈中國古代法律的自然主義特徵〉，收入朱勇，《中國法律的艱辛歷程》（哈爾濱，黑龍江人民出版社，2002），頁3-24。此處不用「自然法」，而曰自然主義，朱氏以為西方古代自然法學派將自然理性、自然公正的作為精髓的自然法，置於實在法的最終依據，而常與實在法處於對立。但中國古代所說的自然，強調秩序與和諧，所以法律與自然在精神上成為一體，東西方的著眼點有別。（同前引文，頁14）中國文化中與西方古代所說的「自然法」相近的概念是「天理」，但如《易經》所見的天理，包括本體界和自然界的宇宙運行原則，實較「自然法」為廣。參看羅光，《中西法律哲學之比較研究》（臺北，中央文物供應社，1983），第二章〈自然法〉，尤其頁85-86。此外，梁治平亦有相近的看法。梁治平，《尋求自然秩序中的和諧》（北京，中國政法大學出版社，1997），第十二章，尤其頁349-350。

清寒，異氣而同功，皆天之所以成歲也。聖人副天之所行以
為政，故以慶副暖而當春，以賞副暑而當夏，以罰副清而當
秋，以刑副寒而當冬，慶賞罰刑，異事而同功，皆王者之所
以成德也。慶賞罰刑與春夏秋冬，以類相應也，如合符，故
曰：王者配天，謂其道。天有四時，王有四政，若四時，通
類也，天人所同有也。慶為春，賞為夏，罰為秋，刑為冬。
慶賞罰刑之不可不具也，如春夏秋冬不可不備也。

這兩段話，尤其所謂「慶爲春，賞爲夏，罰爲秋，刑爲冬」，可以說
是中國歷史上最持久和最有影響的慶賞刑罰與時令相配合的理論，[46]
可稱爲「法律自然主義」。其特徵，就是把「天」或「天道」當成立
法的根據，把四季變化和自然災異當成執行刑罰的前提；前者就是
「則天立法」，後者就是「順天行罰」。總的而言，就是本節所說的
「則天應時，立法設刑」。

　　前引董仲舒對策及其《春秋繁露》說，已經是相當完備與系統
化，並非爲始創者。始創者難考，但迄今爲止最早而較有系統地提出
刑德與陰陽結合，而以陰陽作爲刑德的自然根據，陰陽則由「道」派
生，也就是以「道」作爲萬物本源，宇宙的普遍規律，當是馬王堆漢
墓出土的《黃帝四經》。若再參照戰國時期的文獻，如《易傳》、
《管子‧四時》、《禮記‧月令》、《周禮‧秋官司寇》等，可知到
戰國時期對法律與自然關係（指自然現象與自然法則等），已有比較
全面性的論述，而成爲董仲舒學說的重要源流。就實際施行的例子看
來，西漢時期已經開始實施順時行刑，尤其是冬季執行死刑，秋季並

---

46 梁治平，《尋求自然秩序中的和諧》，頁338。馬作武主編，《中國傳統法律文化研
　究》（廣州，廣東人民出版社，2004），上編第一章〈「天人合一」：中國古代刑法
　的自然觀〉（傅鴻棟執筆）。

不行刑，所以董氏說：「罰爲秋，刑爲冬。」在實踐時仍然有可疑之處。但是到東漢以後，秋季已有行刑（尤其是死刑）之例。[47]

　　則天應時、立法設刑原則，到唐代的律令規定，已達於完備、定型。此即《唐律疏議・斷獄律》「立春以後、秋分以前決死刑」條（總496條）規定：

　　　諸立春以後、秋分以前決死刑者，徒一年。其所犯雖不待
　　　時，若於斷屠月及禁殺日而決者，各杖六十。待時而違者，
　　　加二等。

《疏》議曰：

　　　依獄官令：「從立春至秋分，不得奏決死刑。」違者，徒一
　　　年。若犯「惡逆」以上及奴婢、部曲殺主者，不拘此令。其
　　　大祭祀及致齋、朔望、上下弦、二十四氣、雨未晴、夜未
　　　明、斷屠月日及假日，並不得奏決死刑。其所犯雖不待時，
　　　「若於斷屠月」，謂正月、五月、九月，「及禁殺日」，謂
　　　每月十直日，月一日、八日、十四日、十五日、十八日、
　　　二十三日、二十四日、二十八日、二十九日、三十日，雖
　　　不待時，於此月日，亦不得決死刑，違而決者，各杖六十。
　　　「待時而違者」，謂秋分以前、立春以後，正月、五月、九
　　　月及十直日，不得行刑，故違時日者，加二等，合杖八十。

---

47 崔永東，《簡帛文獻與古代法文化》（武漢，湖北教育出版社，2003），第四章〈帛
　書中的法律自然主義理論與中國古代法制〉；〈論中國古代的法律自然主義〉（收入
　中國人民大學書報資料中心編，《法理學、法史學》，2002.5，頁51-63，原載《中
　外法學》，2002.1，頁64-76）。

其正月、五月、九月有閏者，令文但云正月、五月、九月斷
屠，即有閏者各同正月，亦不得奏決死刑。

關於禁止行刑日期，歸納起來，包括：

(一)從立春（大約爲陽曆的二月四日）到秋分（大約爲陽曆的九
月二十三日），共七個多月。此即將唐以前規定春夏兩季禁止行刑的
停刑日，延長到秋季開始後的前六個星期。

(二)陰曆一月、五月、九月，這幾個月是佛教的齋戒月。

(三)二十四個節令日，這是根據太陽運行位置，而將全年畫分爲
約每十五日爲一段，共二十四段。這二十四個節令日中，包括冬至、
夏至、春分、秋分、立春、立夏、立秋、立冬等。

(四)其他一些固定的獻祭日和節日。

(五)陰曆每月的一、八、十四、十五、十八、二十三、二十四、
二十八、二十九、三十等共十日，是佛教的齋戒日，其中有四日與陰
曆每月的新月、滿月、上弦月、下弦月四日吻合。

(六)陰雨日和夜間。[48]

到清代法律，除規定停刑日外，又有停審日規定。《清史稿·刑
法志》曰：

停審之例，每年正月、六月、十月及元旦令節七日，上元令
節三日，端午、中秋、重陽各一日，萬壽聖節七日，各壇
廟祭享、齋戒以及忌辰素服等日，並封印日期，四月初八
日，每月初一、初二日、皆不理刑名。然中外問刑衙門，於

48 〔美〕布迪、莫里斯著，朱勇譯，《中華帝國的法律》（南京，江蘇人民出版社，
1995），頁34。

> 正月、六月、十月及封印日期、每月初一二等日不盡如例行
> 也。其農忙停審，則自四月初一日至七月三十日，一應戶、
> 婚、田土細故，不准受理，刑事不在此限。又有停刑之例，
> 每年正月、六月及冬至以前十日，夏至以前五日，一應立決
> 人犯及秋、朝審處決重囚，皆停止行刑。

這些規定，主要是配合時令節慶，宗教齋戒，乃至農忙季節，而停審、停刑。但也有例外規定，如前引唐朝《斷獄律》《疏》議曰：「若犯『惡逆』以上及奴婢、部曲殺主者，不拘此《令》。」所謂惡逆以上，指謀反、謀大逆、謀叛三惡，再加上惡逆為四惡，屬於「十惡」之前四惡，不受前引《獄官令》規定「從立春至秋分，不得奏決死刑」限制。但前引《獄官律》規定：「其所犯雖不待時，若於斷屠月及禁殺日而決者，各杖六十。」則基於佛教禁忌，而規定「所犯雖不待時」，仍不得於斷屠月及禁殺日執行死刑。《清史稿》卷一四三〈刑法志〉曰：

> 斬、絞，同是死刑。然自漢以來，有秋後決囚之制。唐律除
> 犯惡逆以上及奴婢、部曲殺主者，從立春至秋分不得奏決死
> 刑。明弘治十年奏定真犯死罪決不待時者，凌遲十二條，斬
> 三十七條，絞十二條；真犯死罪秋後處決者，斬一百條，絞
> 八十六條。順治初定律，乃於各條內分晰注明，凡律不注監
> 候者，皆立決也；凡例不言立決者，皆監候也。自此京、外
> 死罪多決於秋，朝審遂為一代之大典。

此處說明到清律時，更明確規定：「凡律不注監候者，皆立決也；凡例不言立決者，皆監候也。」

　　由於法律賦予皇帝有獨斷之權，如《唐律疏議‧名例律》「除名」條（總18條）《疏》議曰：「非常之斷，人主專之。」《唐律疏議‧斷獄律》「諸制敕斷罪」條（總486條）《疏》議曰：「事有時宜，故人主權斷制敕，量情處分。」此即所謂君主擅斷權。因此，在法律明定上請奏裁或以格破律的情況下，君權常肆意破律，而出現隨人君喜怒定罪，刑罰寬嚴不一。如《隋書‧刑法志》記載隋文帝曾規定：「四人共盜一榱桶，三人同竊一瓜，事發即時行決。」又曰：

　　帝嘗發怒，六月棒殺人。大理少卿趙綽固爭曰：「季夏之月，天地成長庶類，不可以此時誅殺。」帝報曰：「六月雖曰生長，此時必有雷霆。天道既於炎陽之時，震其威怒，我則天而行，有何不可。」遂殺之。

此即大理少卿趙綽以夏季不宜誅殺之時令理由勸阻文帝，仍然無法改變文帝的擅權。

　　但是也有守法的君主，如《唐會要》卷四十〈臣下守法〉曰：

　　永徽元年正月，有洛陽人李宏泰，誣告太尉長孫無忌謀反，上令不待時而斬之。侍中于志寧上疏諫曰：「陛下情篤功臣，恩隆右戚，以無忌橫遭誣告，事並是虛，故戮告人，以明賞罰。竊據《左傳》聲子曰：『賞以春夏，刑以秋冬，順天時也。』又按《禮記‧月令》曰：『孟春之月，無殺昆蟲，省囹圄，去桎梏，無肆掠，止獄訟。』又《漢書》董仲舒曰：『王者欲有所為，宜求其端于天，天道之大者，在于陰陽，陽為德，陰為刑，刑主殺，而德主生，陽常居大夏，而以生育長養為事，陰常居大冬，而積于空虛不用之處。』

> 以此見天之任德不任刑也。伏惟陛下暫迴聖慮，察古之言，
> 儻蒙垂納，則生靈幸甚。」疏奏，從之。

這個案例，是唐高宗以洛陽人李宏泰誣告太尉長孫無忌謀反，事屬虛構，裁定「不待時而斬之」。侍中于志寧上疏進諫，以為孟春（正月）主生，不宜殺戮，期望高宗「任德不任刑」，終獲採納，此是君臣「守法」之例。惟史上君主任刑，無視陰陽時令者，其實比比皆是。雖然如此，仍不能否定君主在中國法史上有其重視自然時令之特質，而使政治運作呈現理性化。

　　總之，自然現象與法律的確在不同角度、不同層次相互聯繫，法律借重自然，自然闡釋法律，構成中國傳統法律的一個重要特徵。[49]

　　再者，前引《唐律疏議・名例律》《疏》議序首曰：「夫三才肇位，萬象斯分。稟氣含靈，人為稱首。」此即以人為萬物之首，透過自然的靈氣而通天地，所以天、地、人曰三才。《唐律疏議・賊盜律》「以物置人耳鼻孔竅中」條（總261條）規定：「諸以物置人耳、鼻及孔竅中，有所妨者，杖八十。」這樣的刑責，比鬥毆傷（按，指見血為傷）人及以他物毆人者（杖六十）[50]為重，至清律亦然，其故何在？《疏》議無解說，《淮南子》說或可供參考，其〈天文訓〉曰：

> 天地之襲精為陰陽，陰陽之專精為四時，四時之散精為萬
> 物。

---

49 朱勇，〈中國古代法律的自然主義特徵〉，頁10。
50 《唐律疏議・鬥訟律》，總302條。

又曰：

> 天地以設，分而為陰陽。陽生於陰，陰生於陽。陰陽相錯，
> 四維乃通。或死或生，萬物乃成。蚑行喙息，莫貴於人。孔
> 竅肢體，皆通於天。

此即以天地——陰陽（四時）——萬物（莫貴於人）的關係立論，
或可簡化為天——人（氣‧孔竅）——地三者相通，所以「孔竅肢
體，皆通於天」。這樣的自然主義論，尚可見於南朝劉宋太祖元嘉初
（424），司徒長史傅隆對當時有一個判流二千里案件的議論，曰：

> 原夫禮律之興，蓋本之自然。求之情理，非從天墮，非從地
> 出也。父子至親，分形同氣。[51]

或許因此之故，以物入孔竅而有所妨者，可解為妨礙孔竅之氣通於天
地，所以刑責加重。據此而言，所謂法律的自然主義，其原理指：
天（自然）——人（稟氣含靈）——地（萬物），三者實為一體而互
通，不可違背。

三、倫理化的法典

就立法原理的實質內容而言，基於儒家思想而訂立倫理化的法

---

51 《宋書》卷五十五〈傅隆傳〉。

典，也是中華法系的特質。這一點，可說是學界共識最高的一項。於是依親疏、尊卑、貴賤等人倫關係，作成等差性質的法律規定。這種人倫等差性質規定，非只限於血親、姻親的親屬關係，同時適用於「義合」的非血緣關係，如君臣、師生、夫妻、宗教界的師主與僧尼、道士、女官，乃至主人與部曲、奴婢（寺觀內亦比照處理）等。

倫理化法典的總體表現，可說是納禮入法，進而建立家父長制的法理結構。自家至國的組織，依此原理展開，國家、天下成為家族主義的擴大、外延。法律的作用，其實在維繫「名教」，而作為道德的補助法。就這個意義而言，日本與中國存有些許差異，日本格外重視家名、家業，即較重視家的社會功能；而中國則重視個人對家乃至宗族的承續功能。[52]再者，在家父長制的影響之下，中國可以產生以皇帝為中心的專制體制；在日本則否，就律令法時代而言，這是因為藤原氏等有力氏族的制約，而相對壓制天皇權力的運行。[53]雖是如此，以儒家思想作為立法的基本原理，而在法制上建立倫理秩序，則無二致。[54]法制上的人倫道德主義，是根據禮制來建立國家社會秩序，其目的在於要求各安本分，追求和諧。所以刑罰非只作威嚇、懲罰而

---

52 參看滋賀秀三，《中國家族法の原理》（東京，創文社，1967），頁58-68。石尾芳久以為唐律是重視「家長的家產官僚制支配」，而日本律則重視「名望家制支配的傳統」，這個看法與滋賀氏也相近（參看石尾芳久，〈日唐律の比較研究〉，頁200，收入石尾芳久，《日本古代法の研究》，京都，法律文化社，1991九刷，1959一刷）。

53 參看前引島田正郎，《東洋法史》，頁178-179；利光三津夫，《日本法制史一‧古代》（東京，慶應通信株式會社發行，1986），頁46-47。

54 桑原騭藏以為中國法律異於西洋，其特色有下列三點：1.家族主義；2.道德主義；3.差別主義。（參看桑原騭藏，〈支那の古代法律〉，頁144，收入桑原騭藏，《桑原騭藏全集》第三卷《支那法制史論叢》，東京，岩波書店，1968）此說，愚意以為可由此項「法典的倫理化」作概括說明。又，此項與戴炎輝以「道德人倫主義」作為唐律諸特質之一，亦有相近之處。（參看戴炎輝，《唐律通論》，臺北，國立編譯館，1977臺四版，1964初版）

已，同時亦兼顧恤刑等寬刑精神。**55**

四、民族和諧的法理化

在本國法明定保障內外諸民族的和諧，尊重諸民族的習性，也是為中華法系的特質。簡單說，在維護主權的前提下而將民族和諧法理化，可包括兩方面，一是以法律（含成文及非成文）的規定，代表歷代境內諸民族融合的結晶，所以境內諸民族同受本國法的約束；一是以法律明定尊重境外各民族的習俗，此處的境外民族，在政治秩序的範疇是指外臣，就法律用語則為「化外人」，明清律特指「化外來降人」。就前者而言，從傳說的象刑到隋唐、明清完備的成文法典，無一不是繼承與損益前代立法規定而來。因而在法制上顯現出多民族的大家庭體制，**56**這是東亞諸民族能吸收、適用中國法律的重要歷史背景。就後者而言，法律規範本身顯現包容性，也正是中華法系的一大特徵，實踐「率性之謂道」（《中庸》）的理想。從今日的法律觀點

---

55 戴炎輝以為唐律的特質，除上舉罪刑法定義外，尚包含道德人倫主義、教育刑主義及威嚇刑主義、恤刑主義、客觀具體主義、同害刑主義等六大項。惟教育刑主義以下諸特質，事涉罪刑之實質問題，可另當別論。此處所指東亞法系特質，係就大的立法原理原則而言，所以除罪刑法定義外，再取道德人倫主義一項。戴氏指出道德人倫主義在於以人倫本於天，故刑罰權亦源於天。道德者天理之具現，而道德之基本在於父子、兄弟，推及於國家、社會，天子因係代天行命之尊，成為民之父母，在唐律乃有名分、親屬一體的觀念、律之道德性表現。（參看前引《唐律通論》，8-28，尤其18-22）楊一凡對中華法系的特徵的各家說法，亦有簡單介紹，包括介紹日本淺井虎夫、陳顧遠、陳朝璧以及近年來的說法，並指出法律倫理化、禮法結合、家族本位這幾點是大多數學者的共識。（參看楊一凡，〈對中華法系的再認識〉，收入前引倪正茂主編，《批判與重建：中國法律史研究反撥》，187-188）這些論點，其實皆可藉由道德人倫主義來說明，而這一特徵，也可說是學界的最大共識者。

56 關於這一點的說明，可參看前引張晉藩，《中國古代法律制度》，頁25所述中華法系特點的第五點。

看來，展現進步的國際法概念。

　　固有法的具體規定，見於唐律〈名例律〉「化外人相犯」條（總48條）曰：「諸化外人，同類自相犯者，各依本俗法；異類相犯者，以法律論。」疏議曰：「『化外人』，謂蕃夷之國，別立君長者，各有風俗，制法不同。其有『同類自相犯者』，須問本國之制，依其俗法斷之。『異類相犯者』，若高麗之與百濟相犯之類，皆以國家法律論定刑名。」這個立法原則，相近於現代國際私法觀念的所謂「屬人主義」與「屬地主義」。[57]其後，沿襲此項規定者，包括《日本律》、《宋刑統》、《遼制》、《金律》、《高麗律》、《安南黎律》等。明、清律改採用屬地主義，而規定：「凡化外來降人犯罪者，並依律擬斷。」（明律），越南的《皇越律例》亦同。[58]惟由明、清兩朝實際執行看來，原則上仍依唐律規定辦理。[59]

　　也就是說，以唐律為代表的涉外規定，基本上尊重各民族的「風俗、制法」，這就是傳統時代能透過法律而使複合民族的中國歷

57 參看陳惠馨，〈《唐律》化外人相犯條及化內人與化外人間的法律關係〉（收入陳惠馨，《傳統個人、家庭、婚姻與國家——中國法制史的研究與方法》，臺北，五南圖書出版公司，2006），頁284-308，尤其文中論及德國《普魯士邦法典》的發展過程，於頁304作結論說明：「德國刑法制度中，關於《刑法》如何對於化外人或外國人發生效力的規定是近兩百年開始逐漸發展的，其有了現代刑法的形式是在一百來的發展。這個發展其實也是在德國國家逐漸形成的過程中，因應社會及時代的發展而產生的。」唐律的規定，以今日看來雖有些不足，但就當時而言，仍具有先進性、精密性。（參看前引陳惠馨，〈《唐律》化外人相犯條及化內人與化外人間的法律關係〉，尤其頁306）
58 以上參看仁井田陞，《補訂‧中國法制史研究：刑法》（東京，東京大學出版會，1980補訂版，1959初版），頁418。
59 參看前引仁井田陞，《補訂‧中國法制史研究：刑法》，頁414；愛德華（R. Randle Edwards）（李明德譯）〈清朝對外國人的司法管轄〉（收入高道蘊等編，《美國學者論中國法律傳統》，北京，中國政法大學出版社，1994），頁416-471。清代對蒙古的統治，另訂有《蒙古例》，其適用方式，大致採用屬人主義。參看島田正郎，〈清律‧名例「化外人有犯」條と蒙古例〉（日本明治大學法律研究所，《法學論叢》54-5，1982），頁1-38。

經變亂而存續至今，同時將東亞諸農耕國家結合爲同一法系的重要理由。羅馬法規定凡非羅馬市民，即爲外國人，不適用市民法而適用萬民法，有類於唐律。但唐律不強迫同類化外人適用異類人法律，其所以懷遠人者，較羅馬法之規模爲弘遠。按，羅馬法成於530至533年，而唐律定型於隋開皇律（五八三年），其藍本爲西晉泰始律（268年），所以晉唐律相較於羅馬法，並不遜色。**60**

---

60 參看徐道鄰，《唐律通論》（臺北，臺灣中華書局，1966臺二版；重慶，中華書局，1945初版），頁24「化外人」條。但徐氏將唐律定位於高宗永徽四年（653）完成的《唐律疏議》（前引書，頁20），此說太保守。

結　語

　　中華法系的各國，都有其各自的國情民生，在攝取當時較先進的中國法制時，根據其需要而作某種修正，是很自然的事。但因文化交流過程當中，仍有文化的公分母要素在流通，而成為共相現象，所以能自成法系，呈現為東亞文化圈當中的一個特色。中華法系最基本的法文化共相，就是禮。此處的禮，並非直接指源自漢以來國家所完成的諸禮典；而是指漢代所完成的先秦禮學（以《儀禮》、《周禮》、《禮記》為代表），分而言之，包含禮之儀、禮之制、禮之義三者。禮之三義，自西晉以來已被納入律、令（隋唐時期包含格、式）條文中，其意指違禮由律處罰。所以必須取律令及禮典相互參照，方能了解當時禮的全貌。漢以來的國家禮典，著重於儀注，展現統治階層的威儀，但不包含庶民的禮儀；正面上當代的這些禮典，並非法官斷案直接的法文根據。因此，前述違禮由律處罰，除指融入律、令的禮以外，尚包含「理」，也就是禮之義，狹義為人間關係的義理。這個義理，主要是由儒家經典去探求法理，在當時的朝野應該有共識。基於此故，中華法系當中「不應為」條的存在，是很特殊的一條法文，不能等閒視之。

　　拙稿所論中華法系的特質，雖無新意，但相信較為明確。中華法系在東亞地區的成立，若以七、八世紀計起，至十九世紀末解體，其存在時間至少逾千年。就此一法文化現象，在東亞地區能存在千年以上而言，實是值得仔細研究的歷史課題，不能一味以落伍、封建加以抹煞。

　　清末民初以來的立法，追隨日本及西方歐陸法，幾乎捨棄傳統法文化。這種現象與建制新的教育體制極為類似。問題是：傳統的法文化在現代社會真的一文不值嗎？其實無須過度苛責傳統文化、鄙棄傳統文化，亦無須過度頌揚西方強勢文明而為帝國主義的侵略免罪。

蓋法律是現實的反映，若果法律能夠適時維護社會秩序，懲罰不法，就是良法。中國從春秋時代發展出成文法以後，到隋唐時期，已經過千餘年的經驗累積，終於發展出兩大法律形式，一爲穩定性的法律形式，以律和令爲代表；一爲變通性的法律形式，如比、故事、科、格、敕等，這是用來彌補法律的不足，有時也兼顧道德、習俗的需要。到唐朝前時期，這兩者配合運用妥當，**61**所以有唐太宗「貞觀之治」的政風。

從唐朝後半葉以後，穩定性法律逐漸後退，而變通性法律則愈來愈強化，宋以後政體走上獨裁，明清時期成爲典型的獨裁政治。這樣的政治發展，影響法律形式的變化。到清代中葉又遇到歷史上未有的西方強勢文明衝擊，法律與教育等體制，的確已到非變不可的地步。

此一歷史發展趨勢，說明歷史的「變」，有其內在的與外在的必然因素，不能只作外在因素的思考。清末以來的立法，乃至完成六法，過分追求外在的西方要素，而有所謂「超前」立法現象。例如《民法》第七章對於家中重要事務的決定，規定要召開「親屬會議」（1129條至1139條）；財產繼承規定子女均分（1138條、1141條）等。試問到今日，民間社會有幾家作到這一點？法律無法反映當社會需要，條文遂有成爲具文之虞。此時固有道德被鄙棄，作姦犯科者無罪惡感，社會乃常呈現脫序現象。爲挽救社會的脫序現象，百多年來不知有多少獻議，就矯正法制的缺失而言，能夠同時正視傳統追求穩定性與變通性立法原理而下針砭者不多，拙文或許可供一思。

---

61 參看馬小紅，《禮與法》（北京，經濟管理出版社，1997），第十五章〈中國封建社會的法律形式〉。惟馬氏將「令與刑統」作爲特殊的法律形式，即以它代表由變通到穩定、由穩定到變通的變化過程。但筆者於此將「令」視爲穩定的法律形式之一，而「刑統」可視爲變通的法律形式之一。

結論

　　戰國秦漢以來到隋唐的法制發展，總的說來，終於完成在國內實施律令法，對外則實施「天下法」；律令法是用來約束每一個人的行為，天下法是用來約束域外君長，但兩者終極目標均在德化百姓。在漢以後逐漸建立以「禮」作爲立法基礎，到隋唐而完備。這樣的歷史意義，在於以禮、律（此處也可稱爲法）作爲建立秩序的兩大要素，而律（法）則是禮的外在表現。天下法最能具體落實的地區，是歷史上被稱爲「東亞世界」；其法制上的共通特質，學界或稱「中華法系」，或稱「東亞法文化圈」。

　　漢武帝以後，建立儒教主義國家，這是從政策上初步落實先秦儒學的理想。兩漢之際，儒者不斷建言實施禮治，施政上也有局部建樹，但較全面性在禮、律大法予以實踐，恐要等到魏晉以後，至隋唐時期乃集其大成。所以中古時期可視爲儒學在禮、律大法的實踐時期，並非如一般所謂儒學已轉趨衰微。

　　中古時期，法制方面（禮制方面，另文說明）具體實踐儒學的成就，在於律令法典的儒教化、政治運作的法制化，及以「令」作爲制度法典等三方面，就法制的演變而言，有其進步意義。簡單說，律令政治的總目標，在於依據禮而完成政治的法制化。惟在隋唐時期所完成的律令制度，隱藏有不易克服的兩大內在問題，一爲聖君政治凌駕律令政治，一爲隋唐繼承北朝法制系統的內在包袱，貞觀、開元由於仁君德治，所以將這些內在問題降至最低點，而有盛世的開創；至安史之亂前後，乃引爆這些問題，終於使律令政治爲之變形。

　　隋唐所承擔的歷史文化大包袱，尤其北朝的部族社會文化，在唐朝時期本來有太宗、武則天、玄宗三次變法機會，終因未能根除前朝

不合時宜的舊制，以因應大一統的新格局，而導致安史亂後無法收拾的殘局，北朝遺留的舊制，如府兵制、均田法、租調役（庸）法等，遂在新形勢的衝擊下，流爲形式，而逐一被他法所取代，如募兵制、兩稅法的實施，但未見皇帝明令廢除上述諸法。最近發現的明鈔本《天聖令》殘卷，從其編纂體例，明示「右令不行」諸唐令條文中，已顯示包括府兵制、均田法、租調役（庸）法等條文，這是今所見在法制上第一次具體提示廢止上述諸法的法律文件。按，《天聖令》是宋仁宗天聖七年（1029）編成、十年（1032）頒行，其距唐玄宗開元年間實施募兵（722、737）、德宗建中初（780）實施兩稅法，已有二、三百年，法令與現實之差距何其遙遠！

從魏晉以來，隨著士族社會的形成，到隋唐時期，而有律令政治的實施，本來有機會使中國的政治法制化，奈因對歷史內在的人治因素無法作有效的約束，政治力的增長、社會力的削弱走向極端化，終使政治法制化的契機一去不返。安史之亂前後是政治法制化成敗的分水嶺，令典重要性逐漸後退，律與令二大法制的運作系統成爲形式化，格後敕躍居要位，宋以後更以詔敕、編敕行事，助長政治的獨裁化。律典雖至明清猶見遵行，令典至明初則罷廢。宋以後千年間的歷史發展，的確與唐以前的中古時期大不同了，法制史上的變化，可爲這個變化作一注腳。

附錄一

《律令法與天下法》原刊論文目錄

1. 1991.07，〈從律令制度論隋代的立國政策〉，收入中國唐代學
   會編，《唐代文化研討會論文集》，臺北，文史哲出版社，頁
   359-396。

2. 1993.06，〈論武德到貞觀律令制度的成立—唐朝立國政策研究之
   二〉，《漢學研究》十一卷一期，臺北，頁159-207；亦收入楊一
   凡主編，《中國法制史考證》乙編第一卷，北京，中國社會科學出
   版社，頁289-353，2003.09。

3. 2007.10，〈也談中華法系〉，收入《中華法系國際學術研討會論
   文集》，北京，中國政法大學出版社，頁14-23。

4. 2008.10，〈法文化的定型：禮主刑輔原理的確立〉（收入柳立言
   主編，《中國史新論：法律史分冊》，臺北，聯經出版公司。

5. 2008.12，〈天下秩序與「天下法」—以隋唐的東北亞關係為
   例〉，《法制史研究》第十四期，臺北，頁1-48。

6. 2009.12，〈天聖令的發現及其歷史意義〉，《法制史研究》第
   十六期，臺北，頁1-32。

7. 2010.12，〈中華法系基本立法原理試析〉，《中華法系》（朱勇
   主編，北京，法律出版社）第一卷，頁16-32。

8. 2011.07，〈唐律中的「理」〉，收入黃源盛主編，《唐律與傳統
   法文化》（臺北，中國法制史學會發行，元照出版公司總經銷），
   頁1-40。

9. 2011.12，〈中國中古法制化的發展及其歷史意義—儒教初次較全面性的具體實踐—〉，《唐研究》第十七卷，北京，北京大學出版社，頁521-560。

附錄二

唐律研讀會*

一、研讀會簡史

在臺大校園內有著各式各樣的研讀會團隊，由臺灣大學歷史學系名譽教授高明士先生創立於一九九四年，並持續運作至今的「唐律研讀會」，是個長期精耕細作且收穫豐碩的團隊。

有鑑於解讀基礎史料為法制史研究必經之途徑，若無法真正掌握第一手材料，研究品質將大打折扣；如求速成，只擷取和自己研究相關部分，將原典斷章取義，更將影響研究的可信度與縝密度。為培養扎實學風，並為臺灣的中國法制史研究注入新血輪，起初在教育部顧問室支持之下，由長年研究中國禮制與法制的臺灣大學歷史學系高明士教授擔任召集人，自八十三學年度起，結合臺大、政大、師大、文大等校歷史系與法律系對法制史有興趣的師生，共同組成「唐律研讀會」，長期逐條研讀唐律條文。

一九九四年十月四日，在臺大歷史系傅樂成教授紀念研究室召開第一次「唐律研讀會」以來，迄二○一一年三月已召開186次。自八十三至九十一學年度，共有七個年度（八十三、八十四、八十五、八十七、八十八、九十、九十一）獲得教育部顧問室補助，每一年度

---

* 有關唐律研讀會，拙作參考張文昌，〈「唐律研讀會」的耕耘與收穫〉（收入《法制史研究》創刊號，2000，頁321-330）以及二○○七年七月、二○一○年十二月本研讀會向國科會人文學研究中心提出申請補助「人文學專家著作研讀會」申請書，讀者可一併參照。

並有「研讀成果報告書」送交教育部備查。當時研讀活動地點，或在臺灣大學歷史系，或在政治大學法律系。八十三至八十五學年期間，屬於基礎研究階段，成員依個人興趣與專長，選擇與自己研究較接近之唐律條文逐字解讀，同時著重探求立法原理，該條成立之歷史背景、淵源與演變，以及學界有關此條之研究成果說明，以期了解法律與政治、社會等關係，進而探討中華法系的特質。八十六學年度，本會研讀工作暫停，各會員根據個人研習心得，撰寫可發表之研究報告，以展現並反省三年來的研討成果。

　　一九九八年三月至五月間，「唐律研讀會」成員召開二次論文研討會，報告各自之研究成果。這些研究論文，其後獲「洪瑞焜先生學術著作獎助出版委員會」獎助，並以《唐律與國家社會研究》[1]之書名出版，爲本研讀會第一次透過論文發表會而出版的研究成果。此書雖不敢說篇篇都是佳作，卻是「唐律研讀會」長期在教育部顧問室補助下的一點業績，出版後廣獲法制史學界好評。

　　藉由研討會與論文專書的出版，學員們深刻感受到自身的長處與不足；不足之處，如學界對於唐律條文與現實社會間的關聯性、唐律對後代法典與歷史發展的影響，仍有疑團未解。故自一九八八年（八十七學年度）開始，本研讀會改變過去只依個人興趣條文解讀方式，再從頭由《名例律》開始解讀。蓋《名例律》屬於總則性規定，必須先徹底理解，才能明瞭唐律各律的內容。

　　二〇〇一年將《唐律・名例律》研讀完畢後，本研讀會在教育部顧問室贊助下，於當年七月十九、二十日，假臺北縣烏來鄉那魯灣渡假飯店，正式舉辦唐律研究成果發表會。除研讀會的成員外，還邀請

1　高明士編，《唐律與國家社會研究》（臺北，五南圖書出版公司，1999.1）。

多位海內外專研唐律與法制史的學人共同參與研討，總共發表十三篇論文。此次研讀成果發表會的主題，是透過《名例律》來考量唐律整體的立法理念，一方面作為「唐律研讀會」之成果展示，另一方面則與海內外法制史研究者進行交流。會後，這些發表論文經修改後，彙集成專書，於二○○三年四月，以《唐代身分法制研究──以唐律名例律為中心》[2]為名出版，這是本研讀會出版的第二本專書。

　　二○○三年（九十二學年度），本研讀會由中國文化大學史學研究所所長王吉林教授擔任召集人，仍然賡續此一研讀計畫。在二○○二年至二○○三年（九十一、九十二學年度），陸續將《唐律‧衛禁律》、《唐律‧職制律》解讀完畢。有感於「東亞文明研究」逐漸成為東亞文明圈共同專注的研究主題，本研讀會自二○○四年起更名為「東亞法制與教育研讀會」，希望在過往的研究基礎上，更進一步將研讀主題擴及「東亞法制與教育研究」。

　　二○○四年五月二十二、二十三日，本研讀會在臺大東亞文明研究中心贊助下，舉辦「東亞教育與法制研究的新視野」研討會，發表十六篇論文。二○○五年七月出版《東亞傳統教育與法制研究(一)：教育與政治社會》、《東亞傳統教育與法制研究(二)：唐律諸問題》等兩本專著，後者可謂為本研讀會出版的第三本專書。[3]

　　二○○五年上半年，本研讀會在臺大東亞文明研究中心贊助下，舉辦兩次國際研討會。第一次為四月二十九日，舉辦「東亞傳統家庭教育與家內秩序國際研討會──教育與法制的探討之一」；第二次為六月二、三日，舉辦「傳統東亞的家禮與國法國際研討會

2　陳惠馨等著，高明士編，《唐代身分法制研究──以唐律名例律為中心》（臺北，五南圖書出版公司，2003）。
3　高明士主編，《東亞傳統教育與法制研究(一)：教育與政治社會》、《東亞傳統教育與法制研究(二)：唐律諸問題》（臺北，國立臺灣大學出版中心，2005）。

——教育與法制的探討之二」，合計發表論文二十四篇；並於二〇
〇五年九月出版《東亞傳統家禮、教育與國法(一)：家族、教育與國
法》、《東亞傳統家禮、教育與國法(二)：家內秩序與國法》等兩
本專著，**4**可列為本研讀會出版的第四、五種專書。至二〇〇五年六
月，將《唐律‧戶婚律》解讀完畢。

　　二〇〇五年下半年度起，本研讀會獲國科會人文學研究中心補
助，並在二〇〇六年一月，將《唐律‧廄庫律》解讀完畢；二〇〇六
年七月，將《唐律‧擅興律》解讀完畢；二〇〇七年七月，將《唐
律‧賊盜律》解讀完畢。至此時，「唐律研讀會」已經陸續解讀完畢
唐律三百零一條，等於唐律全部條文（五百零二條）的五分之三。

　　二〇〇六年十月，中國現存年代最早的私家藏書樓，「天一
閣」，**5**正式出版其著名藏書《明鈔本（北宋）天聖令》，並委由北
京中國社會科學院歷史研究所的學者專家進行初步校釋，同時附有
《唐令》的復原研究，其書全名為：《天一閣藏明鈔本天聖令校證附
唐令復原研究》。**6**這部《明鈔本天聖令》是現存最早的北宋令典，
書中又附有221條的《唐令》令文，對唐宋史研究投下巨大的震撼
彈。

　　鑑於一九九九年以來，國際學界對《明鈔本天聖令》的積極解讀
與研究，吾人起步雖稍晚，因有堅強研究團隊持續進行，乃於二〇〇
七年七月解讀唐律《賊盜律》完畢後，暫時停頓，此後二年改為解讀

4　高明士主編，《東亞傳統家禮、教育與國法(一)：家族、教育與國法》、《東亞傳
　　統家禮、教育與國法(二)：家內秩序與國法》（臺北，國立臺灣大學出版中心，
　　2005）。
5　天一閣位於浙江省寧波市區，始建於明嘉靖四十年（一五六一），有中國大陸南國書
　　城之稱。
6　天一閣博物館編，中國社會科學院歷史研究所天聖令整理課題組校證，《天一閣藏明
　　鈔本天聖令校證附唐令復原研究》全二冊（北京，中華書局，2006）。

《天一閣藏明鈔本天聖令校證附唐令復原研究》。經過兩年四期的努力，本研讀會將全書研讀完畢，並於二〇〇九年十一月召開三場學術研討會：第一場是與臺灣大學日本語文學系、日本お茶の水女子大學文教育學部比較歷史學コース合辦，於二〇〇九年十一月一、二日在臺灣大學國科會人文學研究中心會議室舉行，研討會名稱為：「中日文化交流史──唐日令比較研究研討會」；第二場是與臺灣師範大學歷史學系、中國法制史學會聯合舉辦，研討會名稱是「新史料‧新觀點‧新視角──天聖令國際學術研討會」，於二〇〇九年十一月六、七日在臺灣師範大學國際會議廳舉行；第三場於二〇〇九年十一月八日在臺灣大學國科會人文學研究中心會議室舉行「《天聖令》工作坊──研讀成果發表會」。連續三場的研討會，除展現本研讀會所有成員對於《天聖令》的解讀成果，深化臺灣學術界對於《天聖令》研究之根基外，同時亦期待與世界學術研究同步進展。今（2011）年一月，將上述諸研究成果加以彙集，由元照出版公司出版《天聖令論集》上下兩冊，**7**藉以推廣「天聖令學」研究，這是本研讀會出版的第六種專書。

　　二〇一〇年春，本研讀會恢復研讀唐律，陸續完成《鬪訟律》、《詐偽律》、《雜律》解讀，目前正解讀《捕亡律》。二〇一一年二月二十五、二十六日，由中國法制史學會、中央研究院歷史語言研究所、國立政治大學法學院、國立政治大學法學院基礎法學研究中心、國立師範大學歷史學系主辦，唐律研讀會、國立空中大學社會科學系協辦，假政治大學綜合院館五樓國際會議廳，舉行「秩序、規範、治理──唐律與傳統法文化國際學術研討會」，本研讀會成員有多位發

7　國立臺灣師範大學歷史學系、中國法制史學會、唐律研讀會主編，《新史料‧新觀點‧新視角──天聖令論集》上、下冊（臺北，元照出版社，2011）。

表學術論文，展現長年來的研究成果，並藉以促進學術交流，將來亦將出版研討會論文集。

　　預計在今（2011）年七月，會將《唐律疏議》五百零二條全部研讀完畢，同時預定今秋再舉行一次小型唐律研讀成果學術論文發表會，會後亦預定出版專書，以資紀念。

二、研讀會成員及研讀方式

　　「唐律研讀會」現有成員，在師資方面，包含臺大、政大、臺師大、臺北大學、臺東大學、嘉義大學、文化大學、東海大學、東吳大學、嘉南科技大學、醒吾技術學院和中研院史語所、近史所、國科會人文學研究中心等單位的教師或研究員；研究生包含臺大、政大、臺灣師大、文大、中興、中正等各校歷史研究所的碩、博士生，以及部分大學部學生。成員皆為自動參與，每次研讀活動，約有三十位左右，由史學界、法學界等不同領域的師生三世代，組成一個陣容龐大而且堅強的跨校際、跨領域學術研究團隊。另外，也常有外賓受邀或慕名前來出席，參與研讀或發表研究心得、感想等，對成員們裨益甚大。

　　本研讀會的教本方面，是以（唐）長孫無忌等撰、劉俊文點校，《唐律疏議》（北京：中華書局，1983）為主。主讀人對於每條律文之解讀，須包括以下六項：

　　(一)本律條立法意旨。

　　(二)內容解析（含專有名詞，如重要官職之釋義）。

　　(三)歷代沿革（針對本律條之相關規定，自秦漢以迄清代為止，尋繹其相關規範）。

(四)司法實例（就本律條歷代曾發生之司法實例，提出檢討與分析；以隋唐五代爲主，若無實例，則以其他時代之相關司法實例作參考）。

(五)問題與討論（針對本律條可以引伸討論的歷史問題提出解說）。

(六)參考書目。

以下擬分別作說明。首先，本研讀會成員（包括研究生在內）依照分配到的條目，提出解讀報告，輪流解讀律文及律疏內容。主讀者，先針對點校本《唐律疏議》每條律文及疏議，逐字逐句進行解釋，儘量蒐羅各注解家意見，務求字句的正確解釋，梳理出各律文規範的犯罪主體、客體當中所蘊含的法理，不同身分的罪犯所受的刑度等，辨析其內涵。這是因爲唐律特重倫常秩序，如尊卑、貴賤、長幼、男女等，同一行爲，因倫常及身分地位關係有別，量刑亦異，體會固有法制之特質。理解立法意旨及字詞意義後，進一步追溯《唐律》本條律文的淵源及其流變，考察該律文對前代法條的繼承，向上找出最早的法源，往下探討對後代律法甚至對現行法的影響，作貫穿古今的追蹤。了解同一法律在不同的時空下，因應不同時代的社會價值及當時狀況，探求歷代立法與制刑的原則，以及對法律的繼承與創新。經過這樣的比較後，《唐律》的歷史地位，可獲得更全面的檢視與認定。其次，在可能的情況下，儘量尋找司法實例，以及學界對該律文的研究成果，提出個人對該條律文的歷史思考以及研究問題意識，以期對《唐律》每條律文作通盤性研究，進而探討歷史問題，他日再撰成具有開創性的研究論文。

當主讀者對各自負責的條文報告完畢後，接著進入自由討論時間。本研讀會鼓勵研究生及大學部學生踴躍發言，參與討論，藉此訓練同學對史料的理解及批判能力，然後由教師提出更深入的問題，最

後則由主持人高明士教授爲大家解說、講評。

三、研讀會展望

相較於日本各種研究會研讀速度與成果，本研讀會並不遜色。本研讀會累積研究成果，已經受到國際學界矚目，尤其是大陸、日本、韓國學界。例如研讀會成員十餘年來，以中國法制史撰寫博士論文者，就有五位；若含碩士論文，其成果亦遠超越法學界，可謂「小兵立大功」。這五篇博士論文均由五南圖書公司出版，列入《中國法制史叢書》，北京大學出版社亦已將《中國法制史叢書》出版簡體版，此事是本研讀會之研讀成果受到學界肯定的最佳證明。

「唐律研讀會」經過長時間的研讀，踏實積累了豐厚的研究能量，建立了學術交流的平臺，並且透過研究及交流，隨時掌握國際學術研究風潮；也建立了自身的學術地位，對於臺灣的中國法制史研究卓有貢獻。同時對於提掖後進，培養扎實學風，提振研究風氣，亦有所裨益。本研讀會亦建置網站，[8]用以向學界介紹本研讀會相關的活動訊息及研讀成果摘要。

經十幾年來的堅持與努力，整部《唐律》即將全部解讀完成。在欣喜豐收與緬懷過往的成果之餘，本研讀會正積極尋找下一個階段的努力目標。不僅要積累法制史方面的研究成果，更要開拓新的方向，藉由研讀會的形式，將這份對學術的堅持與熱情，由一代代的師生們薪火相傳接續下去。

8　唐律研讀會網址：http://sites.google.com/site/tangreading/Home。

　　（嚴茹蕙整理，收入《臺大歷史系學術通訊》十期，國立臺灣大學歷史學系，2011.4，頁38-42。）

　　筆者按，有關「唐律研讀會」最近活動成果報告如下：

　　(一)二〇一一年二月二十五、二十六日，由中國法制史學會、中央研究院歷史語言研究所、國立政治大學法學院、國立政治大學法學院基礎法學研究中心、國立臺灣師範大學歷史學系主辦，唐律研讀會、國立空中大學社會科學系協辦，假政治大學綜合院館五樓國際會議廳，舉行「秩序、規範、治理——唐律與傳統法文化國際學術研討會」論文集，業已出版。其出版資訊如下：

　　黃源盛主編，《唐律與傳統法文化》，臺北：元照出版社，2011。

　　(二)二〇一一年七月已將整部《唐律疏議》解讀完畢。二〇一一年九月二十四日，由唐律研讀會與中國法制史學會合辦，假國科會人文學研究中心會議室舉行「唐律與國家秩序研討會」，共發表十二篇學術論文，預定二〇一二年末可出版《唐律與國家秩序》專書。

　　(三)二〇一一年九月起重新再解讀《明鈔本天聖令》殘卷，預定二〇一二年末全部解讀完畢，然後出版《譯註天聖令》專書。

跋

　　「律令法」對我而言，在一九七三年還沒去日本東京大學進修以前是陌生的。其後在池田溫先生於大學院（研究所）所開授的「古文書」課程以及每週一晚上的「律令研究會」，才初步認識到傳統「律令法」的法律條文，尤其是日本令與唐令。條文是逐字解讀，同時也留意到學界研究成果，進度緩慢，所謂「慢工出細活」，正是這種解讀工作的最佳說明。另外，透過閱讀「唐代史研究會」出版有關「律令制」諸研究成果，也是極佳學習文獻。其實日本有關法史研究，在日本法史方面，中田薰是重要開拓者；在中國法史方面，則當數仁井田陞。其兼具中、日法史或謂東洋法史研究的繼承者，池田溫先生是重要代表之一。日本的法史研究，史學界與法學界的共同研究，值得矚目，個人有幸在池田先生指導下學習到這樣的科際整合方式。

　　一九七六年，我歸國後，在教學上也適度地將這種扎實的解讀式融入教學課程中；同時鼓勵學生從事禮、律研究。初步成果，展現在臺灣大學歷史學系發行的學生刊物園地，此即《史繹》十九期（一九八五年三月），刊載大學部學生諸篇論文。到一九九四年，正式結合北部若干大學師生，組成「唐律研讀會」，並開始獲得教育部補助。從此以後，研讀會的活動逐漸深入且擴大，接著也獲得國科會人文學研究中心的補助。到二〇一一年七月，才將整部《唐律疏議》以及《明鈔本天聖令》殘卷解讀完畢。這段期間，「唐律研讀會」與大學相關系所合辦過若干大小型學術研討會，以及出版若干研究專書，詳情請參閱拙書附錄二。

　　無可諱言，臺灣地區自從一九七三年司法專業人員特考不考「中國法制史」科目以後，法制史課程在大學法律系成為冷門學科，

而大學歷史系也同樣不重視法制史研究，所以到一九九〇年代爲止，
法制史研究乏善可陳。但從一九九〇年代起，我們研讀會成員陸續以
法制史範疇作爲碩、博士論文，同時也不斷發表相關著作以後，法制
史研究的風氣開始重生，以迄今日。（可參看拙作，〈臺灣近五十年
來大學文學院法史學研究趨勢——以碩博論文爲分析對象〉，《法制
史研究》第十七期（臺北，中國法制史學會、中央研究院歷史語言研
究所出版，元照出版公司總經銷），頁149-170，2010.6）就我個人
而言，飲水思源，實在非常感謝恩師池田溫先生的啓蒙與指導，才有
今日的成果。

　　茲逢池田溫先生八十大壽，謹藉日本古代釋道慈詩句，恭祝
池田先生「壽共日月長，德與天地久。」（《懷風藻》）

高明士謹識於臺北溫州書齋
2011年12月27日

國家圖書館出版品預行編目資料

律令法與天下法／高明士著. －－初版. －－

臺北市：五南，2012.05

　面；　公分

ISBN 978-957-11-6620-9（平裝）

1.中國法制史

580.92　　　　　　　　101005107

1WG6

律令法與天下法

作　　者－ 高明士

發 行 人－ 楊榮川

總 編 輯－ 王翠華

責任編輯－ 陳姿穎

封面設計－ 童安安

出 版 者－ 五南圖書出版股份有限公司

地　　址：106台北市大安區和平東路二段339號4樓

電　　話：(02)2705-5066　　傳　真：(02)2706-6100

網　　址：http://www.wunan.com.tw

電子郵件：wunan@wunan.com.tw

劃撥帳號：01068953

戶　　名：五南圖書出版股份有限公司

台中市駐區辦公室/台中市中區中山路6號

電　　話：(04)2223-0891　　傳　真：(04)2223-3549

高雄市駐區辦公室/高雄市新興區中山一路290號

電　　話：(07)2358-702　　　傳　真：(07)2350-236

法律顧問　元貞聯合法律事務所　張澤平律師

出版日期　2012年5月初版一刷

定　　價　新臺幣480元